Christiane Rohn

Man nennt mich Hundeflüsterin

Christiane Rohn

Man nennt mich Hundeflüsterin

Die Geheimnisse der Verständigung mit dem Tier

ComArt

Zu den Fotografien
Der Autorin geht es neben der Vermittlung konkreter Sachinformationen vor allem darum, Gefühle und Stimmungen, die Freundschaft und Verbindung zwischen Mensch und Hund sowie spezielles Ausdrucksverhalten der Tiere zu zeigen. Deshalb wurden auf ihren Wunsch auch Fotografien von weniger guter technischer Qualität verwendet.

Gesamtherstellung:	*ComArt, N & M Wengerek, Seestraße 54, 6353 Weggis, Schweiz* *Tel. +41 41 783 27 77 · info@comart.ch · www.comart.ch*
(Digital-)Fotografien:	*Monika Bodenmüller, Tom Gonsior, Markus Höld, Thomas M. Krebs, Bernd Krug, Uschi May, Christiane Rohn, Wulf Rohn, Holger Schueppel, Klaus Schuhmacher, Hans Silvester, Marianne Wengerek, Norbert Wengerek, Arne Zuckschwert*
Texterfassung:	*Thomas Götz, Gerlinde Pilz, Klaus Schuhmacher, Sylvia Sohler, Marianne Wengerek, Norbert Wengerek*
Redaktion & Lektorat:	*Marianne & Norbert Wengerek*
Einband, Gestaltung, Satz, Scans & Bildbearbeitung:	*ComArt, Weggis, Schweiz*
Druck:	*Longo Group, Bozen, Italien*

Printed in Italy

ISBN 9-905319-88-8

Wer zu Tieren grausam ist,
wird auch auf Menschen wenig Rücksicht nehmen,
so wie umgekehrt ein wirklich guter Mensch
die Tiere so weit als nur irgend möglich schonen wird.
Archaisch ist die Identität,
nicht die Unterscheidung von Mensch und Tier,
und was man glaubt, den Tieren
an Leid und Schmerz zufügen zu können,
wird unmittelbar auch dem Menschen zugefügt werden.

Eugen Drewermann

Inhaltsübersicht

Inhalt

Danksagung

An erster Stelle möchte ich allen Tieren danken, die ich kennenlernen durfte und die mich begleitet haben: Nur durch sie bin ich zu meinem heutigen Wissen und zu meiner Erfahrung gekommen.

Von ganzem Herzen danke ich meinen Eltern, die immer an mich geglaubt und mich von Anfang an dabei unterstützt haben, meine Träume zu verwirklichen.

Ein ganz besonders lieber Dank geht an meinen Partner Klaus Schuhmacher, der während der Entstehung dieses Buches viel Geduld und Verständnis für mich aufgebracht hat; zudem hat er bei der Texterfassung mitgeholfen, und er steht mir stets mit großem Einsatz bei der Arbeit auf dem Gnadenhof zur Seite.

Mein aufrichtiger Dank gilt auch meiner langjährigen Weggefährtin Regina Speidel, die so manche Höhen und viele Tiefen mit mir durchlebt und sich immer für den Gnadenhof engagiert hat.

Ich danke meinen Mitarbeitern, die insbesondere während meiner Arbeit an diesem Buch viele Überstunden gemacht haben, und den ehrenamtlichen Helfern, die für die Tiere da waren. Sie alle sind maßgeblich an der Erreichung meiner Ziele beteiligt.

Herzlich danke ich allen Freunden, Tierpaten, Sponsoren, Spendern und Fördermitgliedern des Vereins »Lebenswürde für Tiere e. V.«, die unser Tierschutzprojekt möglich machen und es am Leben erhalten.

Mein besonders tief empfundener Dank gilt Marianne und Norbert Wengerek, die Tag und Nacht unermüdlich zusammen mit mir am Buch gearbeitet haben und ohne deren Begeisterung es in dieser Form nie entstanden wäre.

Christiane Rohn, im November 2004

»An ihren Werken sollt ihr sie erkennen«

Im Fernsehen sah ich Christiane Rohn zum ersten Mal, zufällig, im Februar 2004 bei Günther Jauch im *stern TV*. Das meiste hatte ich bereits verpaßt. Dennoch war ich tief beeindruckt von dieser Frau und ihrer Arbeit. Sie hatte doch bestimmt ein Buch geschrieben?! Aber es gab kein Buch.

Statt dessen sah ich sie kurz darauf ein zweites Mal im Fernsehen, in einer Wiederholung der SWR-Sendung *»Leute night«* im Gespräch mit Wolfgang Heim. Faszinierend, fand ich, was dank der Gesprächsführung dieses sympathischen Moderators alles von Christiane Rohn zu erfahren war. So hörte ich, daß sie nicht nur ihre Karriere als Cellistin aufgegeben hatte, sondern sogar die gesamten Einnahmen aus ihrem eigentlichen Beruf, der Malerei, verwendet, um geschundenen und verhaltensgestörten Tieren zu helfen, rund 300 an der Zahl, die auf ihrem Gnadenhof leben. Viele von ihnen sind bissige, als besonders aggressiv geltende Hunde, an die sonst niemand mehr herankommt, oder verletzte Pferde aus Tiertransporten, von deren traurigem Schicksal ich aus anderen Reportagen wußte. Um solchen Tieren zu helfen, hat die junge Frau mit ihren knapp 35 Jahren die Bürde auf sich geladen, Monat für Monat mehrere zehntausend Euro zu beschaffen.

Ich stellte mir vor, selbst jeden Monat für einen solch großen Finanzbedarf aufkommen zu müssen – ein wirklich beklemmendes Gefühl. Wer würde so etwas wohl freiwillig auf sich nehmen? Und dann die tägliche harte Arbeit. Den meisten Menschen ist es ja schon zuviel, wenn ihre eigenen Verwandten oder Haustiere alt oder krank werden … In solchen Situationen ist es für mich zwar immer eine Selbstverständlichkeit gewesen, eigene private, berufliche oder finanzielle Interessen zurückzustellen – aber das hier hatte schließlich ganz andere Dimensionen.

Schon bei unserem ersten Treffen Ende April wurde klar, daß wir eng zusammenarbeiten wollten, damit es möglich sein würde, noch im Jahr 2004 ein Buch herauszugeben. Dies schien meinem Mann und mir dringend geboten, denn wenn man Christiane Rohn und ihre Arbeit kennt, werden die Defizite der bestehenden Hundeliteratur recht deutlich. Wir hatten früher beruflich mit Hundebüchern zu tun, und wenn wir auch keine Hundeexperten

sind, so ist doch offensichtlich, daß rezeptartige pauschale Lösungsvorschläge für Probleme mit dem Hund mit großer Vorsicht zu genießen sind; sie können niemals jedem Tier und jeder Situation gerecht werden. Abgesehen davon gibt es neben grundsätzlich brauchbaren Lösungsansätzen auch völlig absurde, sogar gefährliche Ratschläge. Aber was bleibt einem hilfesuchenden Hundehalter in seiner Not schon übrig, als einem vermeintlichen Experten Glauben zu schenken? Oft mit dem Ergebnis, daß sich die Probleme erheblich verschärfen oder sogar eskalieren – wie wir von betroffenen Hundebesitzern bei unseren Besuchen von Christiane Rohns Seminaren wiederholt zu hören bekamen.

Mit umso größerer Freude haben wir uns und unsere Freizeit fortan Christiane Rohn und ihren Hunden bzw. ihrem Buch verschrieben. Wir haben mit ihr zusammengelebt und -gearbeitet, auf dem Gnadenhof und bei uns. Wir haben ihre Arbeit gründlich kennengelernt, ihren Tagesablauf, ihre Tiere, Mitarbeiter, Seminare, Besucher, Beratungsgespräche, aber vor allem sie – eine großherzige, unkomplizierte, starke, schwache, engagierte, zurückhaltende, aufgeschlossene, humorvolle, ernste, moderne, konservative, kritische, gutgläubige, schüchterne, selbstbewußte Vollblutfrau, deren Hauptschwäche, wie sie selber sagt, ihre Unordnung ist. Sie paßt in kein Schema – glücklicherweise! Sie ist, die sie ist.

Sie, die Hauptperson, steht eigentlich viel lieber im Hintergrund als im Mittelpunkt und würde am liebsten in einer heilen Welt harmonisch mit Mensch und Tier zusammenleben. Statt dessen muß sie immer wieder kämpfen, eben weil es ihr nicht um sich selbst, sondern um das Wohl und die Würde der Tiere geht – wohl wissend, daß das, was sie tun kann, nur »ein Tropfen auf einen heißen Stein« ist. *Und doch ist es sehr viel mehr als das!* Es wäre völlig fehl am Platz, den Sinn und Wert ihrer Arbeit in Zahlen messen und damit relativieren zu wollen. Christiane Rohns Einsatz, ihr rücksichts- und respektvoller Umgang mit dem Tier ist wie ein leuchtender Sonnenstreifen der Hoffnung am Horizont – vielleicht werden einzelne dadurch sogar »wachgerüttelt«.

Ein von den Medien eher vernachlässigter Teil ihrer Arbeit und ihres Engagements gilt den Menschen, den schwächsten unserer Gesellschaft, den Kindern, straffälligen Jugendlichen, Behinderten und psychisch Kranken – so ganz nebenbei.

Seit 17 Jahren hatte sie keine Ferien mehr. Auf dem Hof ist sie so gut wie unabkömmlich. Die vergleichsweise wenigen Tage, an

Christiane Rohn bei der Arbeit an diesem Buch. Sien und Basira dürfen dabei nicht fehlen.

denen sie ihn verlassen mußte, um mit uns am Buch zu arbeiten, waren eine echte Belastungsprobe für den Hof, und bei uns ging ständig das Telefon: Christiane, dieses – Christiane, jenes! Auch galt es, von ihr mitgebrachte Siebenschläferbabys zu versorgen, die alle anderthalb Stunden gefüttert werden mußten, ihre kleine Hündin Sien wollte lieber spielen, als uns arbeiten lassen, und da gab es auch noch Basira, den blinden Welpen aus Spanien, dem man die Augen ausgestochen hatte und den wir gemeinsam am Flughafen Zürich in Empfang genommen haben, und, und …

Mit ihr zusammen auf dem Gnadenhof am Buch zu arbeiten, war ein von uns zwar gutgemeintes, aber aussichtsloses Unterfangen. Ständig wollte jemand etwas von ihr, Hunderte von Anforderungen wurden an sie gestellt: Anrufe über Anrufe, stapelweise Briefe, E-Mails, Anfragen, Nachfragen, Beschwerden (meist weil sie, die ja sonst nichts zu tun hat, nicht umgehend oder wie erwartet reagiert hatte), Aufnahmegesuche, Einladungen, Termine – von ratsuchenden Hundebesitzern, Mitarbeitern, Besuchern, Tierschutzvereinen, Presse- und Fernsehleuten, Tierärzten, Freunden, Helfern, Verwandten, Sponsoren, Behörden, der Bank, dem Anwalt, dem Schreiner, dem Architekten und einer Vielzahl anderer Personen und Institutionen.

Wenn man es nicht aus nächster Nähe miterlebt hat, kann man sich keine Vorstellung davon machen, was alles auf Christiane Rohn lastet. Ihr Arbeitspensum ist einfach unbeschreiblich – ob mit oder ohne Buch. Deshalb bitte ich jeden, der mit ihr zu tun hatte oder hat und sich vernachlässigt fühlt, um ein wenig Verständnis. Selbst mit bald 40 Grad Fieber war sie noch auf den Beinen, hat Futterpackungen mit einem Gewicht von 50 kg herumgeschleppt, die Tiere versorgt, mitunter die Nächte durchgearbeitet, unermüdlich. Nie habe ich sie klagen hören! Sie lacht, wo sie nur kann, und freut sich mit Mensch und Tier. Diese Kraft kann nur von innen kommen.

Es grenzt an ein Wunder, daß das vorliegende Buch überhaupt in so relativ kurzer Zeit zustandegekommen ist – obwohl die Autorin ihr Manuskript Stück um Stück handschriftlich verfaßt hat und ihre Notizen erst von einigen Helfern abgetippt werden mußten, bevor wir sie weiterverarbeiten konnten.

Was ich Ihnen sonst noch alles vom Gnadenhof, den Tieren und ihren Schicksalen erzählen könnte? So vieles, daß mir das Herz überquillt. So Schreckliches, daß ich beim Gedanken daran ganz unwillkürlich die Luft anhalte. So Anrührendes, daß ich innerlich ganz still werde und meine Augen glänzen. So Ernstes, daß jegliche Heiterkeit in mir erstirbt. Und so Lustiges, daß ich mich erinnere, wie mir der Bauch vor lauter Lachen schmerzte. Auf Christiane Rohns Gnadenhof wird vor allem eines – gelebt!

Eine heile Welt? Nein, das ist sie nicht – jedenfalls nicht, wenn man die Sache oberflächlich betrachtet. Es gibt tausendundein Problem. Die Arbeit ist nicht nur erfüllend und beglückend, sondern sie ist auch schmutzig und hart. Wer will schon Ställe misten, schwere Heuballen und Futtersäcke schleppen, Pferde striegeln, Hundezwinger und Schweinekoben säubern, Futterschüsseln reinigen, Gemüse verlesen, bei Regen und Schnee, bei Wind und Wetter auch im Freien arbeiten müssen – und das Tag für Tag, jahrein, jahraus. Dazu muß man wirkliche Begeisterung im Herzen tragen – und dann, aber nur dann, ist der Gnadenhof tatsächlich ein Stückchen »heile Welt«.

Am 15. November, wenn dieses Buch in Druck geht, wird Christiane Rohn der »Tierschutzpreis Baden-Württemberg 2004« verliehen. Wir gratulieren von Herzen!

Lassen wir zum Schluß Christiane Rohn zu Wort kommen: »Mein größter Wunsch ist es, wieder viel mehr Zeit für meine eigentliche Arbeit zu haben, die Arbeit mit den Tieren!«

Marianne Wengerek, im November 2004

Eine Frau der Praxis

Ich durfte Christiane Rohn erstmals in meiner Eigenschaft als Polizeihundeführer kennenlernen. Zur damaligen Zeit wurde für eine alte, schwer erkrankte Hündin ein Platz gesucht, an dem sie ihren Lebensabend in Ruhe und Würde verbringen konnte. Christiane Rohn erklärte sich sofort bereit, die Hündin bei sich aufzunehmen, die nun seit über drei Jahren auf dem Gnadenhof lebt.

In einer Vielzahl von Fällen unterstützte die engagierte Tierschützerin die Arbeit der Polizei, indem sie Hunde zu sich holte, die aufgrund ihrer Gefährlichkeit in anderen Einrichtungen infolge mangelnder Kenntnis im Umgang mit Problemhunden keine Aufnahme finden konnten. Mehrfach wurden solche Tiere unentgeltlich auf dem »Gnadenhof Lebenswürde für Tiere e.V.« untergebracht.

Immer wieder war hierbei zu beobachten, wie schnell sich Christiane Rohn in die Psyche der Tiere hineindenken und -fühlen konnte und an aggressive, als gefährlich eingestufte Hunde herankam, die unsererseits nur mittels Fangstange und Beißkorb geführt werden konnten; sie konnte sie immer problemlos anfassen und führen.

Die Selbstverständlichkeit ihres Umgangs mit diesen Problemhunden ist einzigartig! Ihre geradlinige, konsequente, ehrliche Art im Kontakt mit den Tieren ist das, was Christiane Rohn auszeichnet. Ihr geschultes, wachsames Auge und die Fähigkeit, Situationen rechtzeitig – und vor allem schneller als alle anderen – zu erkennen, ist hierbei (über-)lebenswichtig.

Christiane Rohn ist eine Frau der Praxis, die dank der Vielzahl der Hunde, mit denen sie bislang gearbeitet hat, auf einen reichen Erfahrungsschatz zurückgreifen kann. Dennoch: Für sie ist jedes Tier einzigartig, und entsprechend behandelt sie jedes mit dem ihm gebührenden Respekt. Pauschalisierungen und Patentrezepte bei Problemen, die im Zusammenleben von Mensch und Hund auftreten, werden von ihr – im Gegensatz zu vielen anderen selbsternannten Fachleuten – tunlichst vermieden. Sie versucht immer, die eigentliche Ursache des Problems herauszuarbeiten, statt nur Symptome zu bekämpfen.

Gerade der Umgang mit besonders verhaltensauffälligen, gefährlichen Hunden macht den großen Unterschied zwischen ihr und anderen Personen aus. Verhaltensregeln, wie sie nicht nur in Büchern zu finden sind, sondern auch von sogenannten Hundetrainern verbreitet werden – wie etwa einen Hund auf den Rücken werfen, ihm die Faust in den Rachen stecken, Wasser über ihn schütten, ihm Wasser ins Ohr spritzen und dergleichen mehr –, oder gar Methoden, die dem Hund Schmerzen bereiten, werden von ihr nicht propagiert. Solche Formen der »Therapie« verursachen nur Angst bzw. noch mehr Angst und weitere Aggressionen. Hundeschulen, die mit solchen Mitteln arbeiten, sind als äußerst fragwürdig anzusehen: Es ist schlichtweg unmöglich, daß sie jemals mit *wirklichen* Problemhunden gearbeitet haben.

Christiane Rohn vertritt und praktiziert eine gewaltfreie, konsequente Art der Hundeerziehung, die auf dem gegenseitigen Vertrauen von Mensch und Tier aufbaut. Sie benutzt dabei, außer einem normalen Halsband und einer Leine, niemals irgendwelche Hilfsmittel.

Ihre Art, mit Hunden umzugehen, hat auch mich in meiner Art der Hundeausbildung stark beeinflußt. Ich mußte erkennen, daß Zwang nicht wirklich der Erreichung eines Zieles dienen kann, sondern daß allein Konsequenz, Geradlinigkeit, Berechenbarkeit, Ausgeglichenheit und Freundschaft mit dem Tier die Schlüssel zum Erfolg darstellen.

Durch positive Bestätigung wird die Bindung zwischen Hund und Hundeführer gestärkt, und nur dann wachsen mein Hund und ich zu einem »Team« zusammen. Nur wenn und weil wir ein Team sind, kann ich in meiner Arbeit bestehen und mir sicher sein, daß mein Hund mich auch in Extremsituationen nicht im Stich läßt.

Im November 2004

Klaus Schuhmacher
Leiter der Polizeihundeführer Ravensburg

JUST DO IT

Persönliches Vorwort

Warum helfe ich Hunden, die Menschen gebissen haben, Pferden, die niemanden mehr auf sich reiten lassen, Schweinen, die aufeinandergestapelt zum Schlachten transportiert werden, damit der Mensch sie später verzehren kann, oder Zirkustieren, die beschlagnahmt wurden und mit denen man dann nicht wußte, wohin?

Es begann damit, daß meine Eltern mir beibrachten, alle Lebewesen seien gleichbedeutend. Ich stelle kein Tier über den Menschen und keinen Menschen über das Tier. Jedes Lebewesen hat ein Recht auf Respekt, auf Würde und auf persönliche Freiheit. Im Laufe der Zeit hat sich das Verhältnis von Mensch und Tier sehr verändert, aber eines ist immer gleich geblieben – die Suche beider nach Sicherheit und Geborgenheit.

Die Sprache der Tiere verstehen zu lernen bedeutet, einen Weg zu sich selbst und den eigenen Gefühlen zu finden.

Die Sprache der Tiere verstehen zu lernen bedeutet, einen Weg zu sich selbst und zu den eigenen Gefühlen zu finden. Hat man diesen Weg einmal beschritten, so gibt es kein Zurück mehr. Jedes Lebewesen, das fühlen kann, hat auch eine Seele. Ohne Seele, ohne Gefühle gibt es kein Leben. Deshalb ist es für mich unbegreiflich, wie man daran zweifeln kann, daß Tiere eine Seele und Gefühle besitzen.

Die Seele und die Gefühle der Tiere sind mir heilig – die Tiere spüren das ganz genau, und sie reagieren positiv darauf. Die Menschen können die damit verbundenen emotionalen Interaktionen aber normalerweise nicht so recht nachvollziehen und vermuten mitunter sogar, es sei eine Art von »Magie« oder »Hexerei« im Spiel. Wohl deshalb nennt man mich »Hundeflüsterin«.

Die Seele und die Gefühle der Tiere sind mir heilig – die Tiere spüren das ganz genau, und sie reagieren positiv darauf.

Ich selbst habe mich nie als »Hundeflüsterin« bezeichnet; das haben andere getan, meist Journalisten, die – in Analogie zum Ausdruck »Pferdeflüsterer«, der durch den gleichnamigen Film mit Robert Redford weltweit bekannt wurde – für meine Art des Umgangs mit Tieren und für meinen Erfolg, vor allem auch mit schwerst aggressiven Hunden, ein griffiges Schlagwort suchten. Mir ist es allerdings gar nicht recht, wenn ich aufgrund dieser Bezeichnung einfach in eine »große Kiste« mit der Aufschrift »esoterisch« geworfen werde, in der Echtes und Falsches, Wertvolles und

GANZ LINKS: Das Leben soll schön für beide sein – für den Menschen und für den Hund.

Scharlatanerie kunterbunt durcheinanderliegen. Was ich tue, hat nichts mit der Art von Telepathie oder Hellsehen zu tun, wie sie von manchen Menschen geschickt vermarktet wird, und ich flüstere den Hunden (Pferden usw.), mit denen ich arbeite, auch keine Beschwörungsformeln ins Ohr – das wäre schlicht unmöglich, wenn ich von der Polizei gerufen werde, um einen tobenden Hund zu beruhigen, an den sich sonst niemand mehr heranwagt.

Die Art meiner Arbeit, die Technik, wenn man so will, ist vermittelbar, erlernbar.

Was ich tue, beruht auf Respekt vor dem Tier, auf genauer Beobachtung, Einfühlungsvermögen und Erfahrung. Eines bedingt und ergänzt das andere. Und was mir als Kind sozusagen in die Wiege gelegt wurde, als besondere Gabe, ist heute eine Arbeitsmethode, ohne die ich auf dem Gnadenhof und bei meinen verschiedenen Einsätzen gar nicht zurechtkäme.

Die Art meiner Arbeit, die Technik, wenn man so will, ist vermittelbar und somit erlernbar. Und man kann auch lernen, die Gefühle und Stimmungen eines Tieres wahrzunehmen; daran ist absolut nichts Mysteriöses. Das Grundwissen, die elementaren Ansätze werden in diesem Buch dargelegt – als Information, Anleitung und Hilfestellung für alle, die privat oder beruflich mit Hunden zu tun haben. Wie erfolgreich jemand allerdings bei der Anwendung dieser Methode ist, hängt allein von der betreffenden Person ab. Jeder kann lernen, einem Instrument Töne zu entlokken, aber nicht jeder wird ein berühmter Virtuose.

Dieses Buch stellt keinen Beitrag zu einer theoretischen oder akademischen Diskussion dar, sondern es ist für die Praxis bestimmt.

Dieses Buch stellt keinen Beitrag zu einer theoretischen oder akademischen Diskussion dar, sondern ist für die Praxis bestimmt – damit Menschen, die Hunde besitzen oder mit ihnen umgehen, lernen zu sehen, zu begreifen und eine Beziehung aufzubauen.

Weiterbildung der Polizei.

Meine Erfahrungen mit über 3000 Hunden sind nicht ins Zahlenwerk abstrakter Statistiken eingegangen, sondern in meinem Innern präsent und lebendig. Wenn das Buch dazu beiträgt, daß auch nur *einige* Menschen die Probleme, die sie mit ihrem Hund möglicherweise haben, entschärfen, lösen oder die Beziehung zu ihrem Tier vertiefen können und mehr entspannte und glückliche Momente mit ihrem vierbeinigen Freund erleben, hat es bereits seinen Zweck erfüllt.

Meine Aussagen in diesem Buch stützen sich zuerst und vor allem anderen auf Beobachtungen, die ich bei meiner Arbeit mit Hunden – normalen, gefährlichen und verhaltensgestörten – gemacht habe. Dazu kommen Beobachtungen an meinen Seminaren, Kursen, Einzeltherapien und Beratungsgesprächen – in Situationen also, in denen man die Beziehungen und die Interaktionen von Mensch und Hund aus nächster Nähe studieren kann. Ausgehend von diesen konkreten Erfahrungen und direkten Wahrnehmungen, kam ich zu der Erkenntnis, daß nur ganz wenige Mensch-Tier-Beziehungen intakt sind.

»Seit ich die Menschen kenne, liebe ich die Tiere«, ist eine Redewendung, die vielen Tierschützern leicht über die Lippen kommt. Dieser Aussage kann ich aber keineswegs beipflichten: Nur wer selbst ein gesundes Sozialverhalten hat, kann lernen, das organisierte Miteinander von Tieren zu verstehen.

Bei der persönlichen Beratung.

Tiere begleiten den Menschen seit Jahrtausenden. Das trifft insbesondere auf den Hund und das Pferd zu. Heutzutage erforscht und spricht man mehr als je zuvor von den Tieren. Aber haben uns Forschung und Wissenschaft auch dabei geholfen, ein engeres Verhältnis zu den Tieren zu entwickeln? In dem Bemühen um »neutrale Ergebnisse« ist man bestrebt, Gefühle möglichst vollständig auszuschalten. Feldforschung oder Ethologie kann aber nicht emotionslos betrieben werden, weil es keine Menschen ohne Gefühle gibt. Schon an der Entwicklung der Fragestellungen sind Gefühle beteiligt, ebenso an den Interpretationen der Ergebnisse. Und werden Emotionen an der einen Stelle unterdrückt, schleichen sie sich an einer anderen wieder herein. Und schließlich: Wie sinnvoll ist es, Gefühle zugunsten der Fiktion der Wissenschaftlichkeit ausschalten zu wollen, wenn es sich beim Forschungsgegenstand um gefühlsbegabte Lebewesen handelt?

Es tun sich immer mehr Schwierigkeiten auf, harmonisch mit den Tieren zusammenzuleben. Der moderne Mensch ist konsumorientiert und verwöhnt. Das hat ihn zu einem Egoisten gemacht; er hat es verlernt, sich einfach am Tier selbst zu freuen. Sein Bestreben geht tendenziell vielmehr dahin, dem Tier ein vom Menschen gewolltes »schickes« Aussehen zu verschaffen und ihm schablonenartige Verhaltensmuster anzuerziehen. Mit anderen Worten: Der Mensch nutzt die Unterlegenheit der Tiere aus, um seinen eigenen Egoismus zu befriedigen.

Zu meinen wichtigsten Zielen gehören die Förderung und Bewahrung von Individualität und Authentizität – sei es beim Menschen oder beim Tier. Es ist einfach nicht zu rechtfertigen, daß wir unsere Komplexe ungeniert ausleben, indem wir Macht über Schwächere ausüben.

Zu meinen wichtigsten Zielen gehören die Förderung und Bewahrung von Individualität und Authentizität – sei es beim Menschen oder beim Tier.

Der Mensch enstscheidet: Tiere, die nicht in unsere Norm passen, müssen sterben.

Der Mensch steckt im allgemeinen so sehr inmitten des Alltagsgeschehens, daß er vergißt, Individuum zu sein, in sich hineinzuhorchen, seine Gefühle wahrzunehmen und ihnen zu vertrauen. Dadurch wird sein Wunsch, ins eigentliche Reich der Gefühle zurückzugelangen, immer stärker und zugleich immer beängstigender.

Was haben wir Menschen in unserer Entwicklungsgeschichte nicht alles erreichen und bewerkstelligen können. Aber das Ursprünglichste, nämlich die Bindung zur Natur und die Beziehung zu anderen Lebewesen, wird uns immer fremder. Und alles, was wir als fremd empfinden und nicht einschätzen können, macht uns unsicher und fördert Ängste. Tiere, die nicht in unsere Norm passen, müssen sterben – wie man in jüngster Zeit auch am Thema »Kampfhunde« sehr gut beobachten konnte. Wir bedenken dabei kaum, daß die betroffenen Tiere nur der Bestimmung gefolgt sind, die wir ihnen zugedacht haben, indem wir sie zum Beispiel für den Kampf gegen Artgenossen herangezüchtet haben.

Lilou, eine Bull-Staff-Hündin, war beschlagnahmt worden. Weil sie bei der Verhaftung ihres Besitzers zwei Polizisten angefallen hatte, wurde sie als gefährlich eingestuft und in einem verplombten Tierheim-Zwinger verwahrt. Für sie bestand ein Einschläferungsbefehl. Heute lebt sie auf dem Gnadenhof; sie ist mir eine besonders gute Freundin geworden.

Eine der faszinierendsten Erkenntnisse aus meinem Zusammenleben mit so vielen verschiedenen Tieren ist, daß jedes für sich immer eine ganz eigene Persönlichkeit besitzt und keines dem anderen gleicht. Dies ist eine fundamentale Wahrnehmung.

Gut und böse kann man nicht trennen. Nur gemeinsam sind sie der Ursprung jeglichen Lebens, wie wir es kennen.

Eine weitere, ganz wesentliche Erkenntnis ist diese: Zu jedem Pol gibt es immer einen Gegenpol. Zum Beispiel löst Angst nicht nur Flucht-, sondern auch Angriffsverhalten aus. Daran zeigt sich deutlich, daß Angst eine ebenso lebenserhaltende Antriebsform ist wie Aggression.

Und was Aggressionen angeht, so gilt: Gut und böse kann man nicht trennen. Nur gemeinsam sind sie der Ursprung jeglichen Lebens, wie wir es kennen.

Eine Anmerkung über sogenannte »Kampfhunde«

Ich habe ungemein vielen »Kampfhunden« verschiedener Rassen und unterschiedlicher Herkunft auf dem Gnadenhof ein vorübergehendes Zuhause bieten können. Beim Kontakt mit diesen Tieren ist mir jedoch etwas sehr aufgefallen, das in krassem Widerspruch zu ihrer gegenwärtigen gesellschaftlichen Ächtung steht. Ihnen allen ist eine ganz besondere Form des Umgangs mit vertrauenswürdigen Menschen gemeinsam, nämlich die soziale Friedfertigkeit.

»Kampfhunde« wurden zum Kampf gegen Hunde und andere Tiere gezüchtet. Dem Menschen gegenüber sind sie friedfertig.

Man sollte immer bedenken, daß zum Beispiel der Pitbull gezüchtet wurde, um gegen Artgenossen – also andere Hunde – zu kämpfen und nicht gegen den Menschen. Ganz im Gegenteil: Wenn sich ein solcher Hund – unabhängig von der Schwere der Verletzungen, die er sich während eines Hundekampfes zugezogen hatte – aggressiv gegenüber seinem Halter zeigte, wurde der Hund meistens sofort getötet.

Man darf allerdings auch nicht den Fehler begehen, das erhebliche Energiepotential und die hohe Beißkraft dieser Hunde außer acht zu lassen, das heißt, man muß sich im Umgang mit ihnen genug Zeit nehmen und die Hunde ausreichend beschäftigen.

Wird ein Hund, gleich welcher Rasse, bewußt zu aggressivem Verhalten angeleitet oder entsprechend manipuliert – also mißbraucht –, ist das menschliche Perversion. Deshalb kann ein Haltungsverbot von Rassen, die den »Kampfhunden« zugerechnet werden, keine Lösung sein. Oder wollen wir so enden: Erst der Pitbull, morgen der Rottweiler, übermorgen der Pudel und schließlich der Dackel?

Der Größenwahn des Menschen, alles manipulieren, kontrollieren und besitzen zu müssen, wird spätestens dann offenbar, wenn er Bestehendes und von ihm Geschaffenes wieder vernichten will.

Anzumerken ist, daß in Deutschland die Zahl der Hunde schneller ansteigt als die Bevölkerungszahl. 1970 waren in Westdeutschland rund 2,4 Millionen Hunde gemeldet – heute sind es bereits über 5 Millionen (Breitsamer, 2003). Im Verhältnis zur Bevölkerung liegt die Zahl der Hunde dennoch weit unter der in Frankreich oder England.

Die Haltung mehrerer Hunde stellt eine potentielle Gefahrenquelle dar.

Es ist zu einer verbreiteten Modeerscheinung geworden, mehrere Hunde zu halten. Damit wächst die potentielle Gefahrenquelle erheblich, denn nun gesellt sich nämlich zu den gängigen Problemen der Hundehaltung ein weiteres nicht zu unterschätzendes Problem: der meutetriebliche Anreiz.

Statistiken zufolge werden in Deutschland jährlich weit über 100'000 Hunde wegen sogenannter Verhaltensstörungen eingeschläfert, aber die Dunkelziffer ist – wie immer – wesentlich höher. Seit Beginn der statistischen Erfassung im Jahr 1970 hat sich die Zahl der Einschläferungen von Problemhunden nahezu verdoppelt. Dafür gibt es mehrere Gründe:

- die stetig steigende Anzahl von Hunden;
- die fehlende Sachkenntnis vieler Hundehalter;
- immer mehr Hundehalter auf einem immer enger werdenden Lebensraum;
- die Vielzahl gesetzlicher Vorschriften;
- die Mehrhundehaltung;
- die rückläufige gesellschaftliche Akzeptanz.

Alles, was ich in diesem Buch erzählen werde, haben mich die vielen Tiere gelehrt, die ich im Laufe meines Lebens als faszinierende Persönlichkeiten kennenlernen durfte. Ihre unerschütterliche Freundschaft, ihre Gefühle, ihre Sprache, ihr Denken, ihr Vertrauen und die bedingungslose Liebe, die sie mir selbst nach vorausgegangenen furchtbaren Erlebnissen und schlimmsten Mißhandlungen durch Dritte noch entgegengebracht haben, haben mich zutiefst beeindruckt.

In der Welt der Gefühle sind wir den Tieren unterlegen – vor allem, was die Liebe angeht.

Es ist für mich immer wieder ein ganz unbeschreiblich schönes und tief beglückendes Gefühl, wenn mir ein gehetztes oder mißhandeltes Tier sein Vertrauen schenkt. Dazu kommt mir die Geschichte einer Hündin aus Deutschland in den Sinn, der es gelungen war, vier Jahre lang wild zu leben, obwohl sie von der Polizei und den Jagdbehörden verfolgt wurde und sich deshalb bei Tageslicht praktisch nicht mehr zeigte. Diese Hündin kam in genau dem Moment, als ich ihr die Freiheit nehmen mußte, freiwillig

Mit Jourok, einem Red Nose-Pitbull, der sich im Tierheim extrem in die Gitterstäbe seines Zwingers verbiß und an den sich niemanden mehr heranwagte, verbindet mich eine ganz besondere Freundschaft.

langsam auf mich zu, drückte sich beschwichtigend an mich und wich fortan nicht mehr von meiner Seite. Weder damals noch heute habe ich bei ihr je eine Leine benutzt.

In der Welt der Gefühle sind wir den Tieren unterlegen – vor allem, was die Liebe angeht (siehe auch Dröscher, 1984).

Im allgemeinen scheinen die Menschen der Ansicht zu sein, schon alles über die Tiere zu wissen (schließlich wird man ja tagtäglich mit ihnen konfrontiert). Aber diese Annahme ist trügerisch und falsch: Kaum jemand weiß wirklich, wie ein Tier fühlt, denkt oder kommuniziert. Tatsächlich zu sehen, zu begreifen und zu akzeptieren – das ist es, was wir an allererster Stelle wieder lernen müssen, wenn wir friedlich mit den Tieren zusammenleben wollen. In den vielen Jahren intensiven Miteinanders mit sogenannten verhaltensgestörten Tieren habe ich kein einziges bösartiges Tier kennengelernt! Warum? Es gibt sie nicht. Wohl aber habe ich ängstliche, unsichere, verzweifelte oder durch menschliches Fehlverhalten dominant »gemachte« Tiere vorgefunden. Sie alle hegen immer den gleichen tiefen Wunsch: Sie sehnen sich nach Sicherheit, nach Geborgenheit und nach Vertrauen.

In den vielen Jahren meines intensiven Miteinanders mit sogenannten verhaltensgestörten Tieren habe ich keinen einzigen bösartigen Hund kennengelernt!

Die Wahrheit ist einfach, aber manchmal unbequem

Unbequeme Tatsachen

Bei meinen diversen Seminaren und Kursen muß ich immer wieder das Folgende feststellen:

- Die Teilnehmer, die mit ihren Hunden anreisen, schätzen die Art und Qualität ihrer Beziehung zu ihrem Hund oft völlig falsch ein.
  - Die überwiegende Mehrheit aller Teilnehmer meint, sie hätte eine gute Beziehung zu ihrem Tier. Aber anhand simpler Tests läßt sich sofort, zweifelsfrei und für jedermann nachvollziehbar erkennen, daß in Wirklichkeit nur eine oberflächliche, eine schlechte und mitunter auch gar keine wirkliche Beziehung vorhanden ist.
    Nur weil der Hund »keine Schwierigkeiten macht« und im Alltag »alles in Ordnung« zu sein scheint, wiegen sich manche Besitzer in der trügerischen Sicherheit, eine intakte Beziehung zu ihrem Hund zu haben.
    Wie trügerisch diese Sicherheit ist, davon können am besten die Menschen berichten, deren Tiere scheinbar »plötzlich« und »wie aus heiterem Himmel« zu beißen beginnen.

Sehr viele Hundebesitzer wiegen sich in der trügerischen Sicherheit, eine intakte Beziehung zu ihrem Hund zu haben.

An den Seminaren erleben die Teilnehmer meist einige Überraschungen, was die Beziehung zu ihrem Hund angeht.

- Die Minderheit der Seminarteilnehmer lebt in großer Unsicherheit, zweifelt an sich und befürchtet, alles falsch zu machen, was die Beziehung zu ihrem Hund anbelangt. Doch gerade für diese Menschen, Hundebesitzer mit starken Selbstzweifeln, gibt es tendenziell eher positive Überraschungen: Oft orientiert sich der Hund tatsächlich an ihnen, nur fehlen den Betreffenden entscheidende Grundkenntnisse, was das richtige Führen eines Hundes angeht.

Ob eine Verallgemeinerung meiner Feststellungen zulässig ist, kann ich nicht beurteilen. Doch es gibt Grund, dies anzunehmen, wenn man bedenkt, daß in Deutschland jährlich mehr als 10'000 Menschen gebissen, Tausende von Hunden ausgesetzt und rund 100'000 Hunde eingeschläfert werden. Bundesweite Statistiken gibt es (noch) nicht, und die Dunkelziffern liegen vermutlich weit höher.

Wenn mir Menschen von ihren Schwierigkeiten mit ihrem Hund berichten, darf ich mich nicht allein auf das verlassen, was mir erzählt wird. Vielmehr muß ich Mensch und Hund im Zusammenwirken beobachten; nur dann enthüllt sich die gesamte Problematik. Was ein Mensch schildert, ist – naturgemäß – im wesentlichen eine Rechtfertigung oder Bestärkung seiner eigenen Sichtweise. Könnte er mir objektiv von den Problemen berichten, wären keine Probleme mehr vorhanden, weil er sie selbst erkannt hätte und sie deshalb auch beheben könnte.

- Die häufigsten Fehler, die gemacht werden, sind diese:
  - Der Mensch führt den Hund nicht richtig. Der Hund meint dann, er müsse die Führung übernehmen und will seinen Menschen fortan pflichtbewußt beschützen. Daraus ergibt sich oft eine Verkettung von Mißverständnissen zwischen Mensch und Tier, die bis hin zu Beißvorfällen – harmlosen wie sehr gefährlichen – führen kann.
  - Der Mensch reagiert viel zu langsam, so daß zwangsläufig der Hund entscheidet.
  - Den Menschen fehlen oft jegliche Sach- und Fachkenntnisse, die sie überhaupt erst in die Lage versetzen würden, verantwortungsbewußt mit ihren Hunden umzugehen.
  - Der Mensch projiziert seine eigenen Gefühle, Vorstellungen, Gedanken und Reaktionsweisen auf den Hund und »vermenschlicht« (wie ich es nenne) ihn damit auf unzulässige Weise.

Nur wenige Menschen wissen, wie man einen Hund richtig führt.

Der Hund braucht das Gefühl, beim Menschen Schutz zu finden, wenn er ihn als Leitfigur anerkennen und sich im Miteinander nach ihm ausrichten soll. Dieses Gefühl wird ihm der Mensch auf Dauer nur geben können, wenn es ihm gelingt, eine echte Beziehung zu seinem Hund herzustellen. Es liegt allein am Menschen, eine solche Beziehung zum Tier aufzubauen und ein »Hundeleben« lang zu erhalten.

Der Hund braucht das Gefühl, beim Menschen Schutz zu finden.

Einen Weg zueinander finden

Viele Menschen, die mit einem Hund zusammenleben, suchen intensiv nach Möglichkeiten, sich mit ihrem vierbeinigen Lebensgefährten zu verständigen. Das ist eine wunderbare Entwicklung! Nur ist das Ergebnis dieser Suche manchmal das krasse Gegenteil von Verständigung – nämlich ein völliges Aneinander-vorbei-Kommunizieren, Irrtümer mit fatalen Folgen und Mißverständnisse, die im schlimmsten Fall zur Auflösung der Beziehung führen.

Der Hund lebt inzwischen seit Jahrtausenden mit dem Menschen zusammen. Seine Lebensformen und sozialen Strukturen sind denen der Menschen immer ähnlicher geworden, weil er so eng mit ihnen zusammenlebt, daß ihr Lebensrhythmus, ihre Lebensweise, technischen Einrichtungen usw. inzwischen zum integralen Bestandteil seines eigenen Daseins geworden sind. Weder

Tashun und ich als Kletterpartner in luftiger Höhe.

Mensch noch Hund sind darauf angelegt, als Einzelgänger zu existieren. Der Hund steht uns Menschen heute wesentlich näher als dem Wolf; dennoch betrachtet er uns nicht als Artgenossen, sondern als soziale Partner und Bezugspersonen.

Eine große Vertrautheit zwischen Mensch und Hund kann nur dann entstehen, wenn die Beziehung von einer absoluten gegenseitigen Anerkennung der Eigenarten der anderen Spezies in ihrer ganzen Vielfalt getragen wird. Nur so werden Mensch und Hund zu wahren Freunden, die einander beeinflussen und vor allem auch miteinander und voneinander lernen.

Hunde können sich hervorragend auf den Menschen einstellen.

Es ist faszinierend zu beobachten, wie sehr sich ein Hund auf den Menschen einstellen und sich ihm anpassen kann und umgekehrt. Aus diesem Grund ist es geradezu absurd und wahrhaft ein Armutszeugnis für den Menschen, wenn er eine Zwangsbeziehung zum Tier herstellt, indem er es unterwirft oder seinen Willen bricht. Aber auch eine sogenannte »freie« Beziehung, in der das Zusammenleben von Orientierungslosigkeit und Unsicherheit geprägt ist, kann nicht zu einer echten Verbindung und Freundschaft mit dem Tier führen.

Soll es zu einer von wirklichem gegenseitigem Verstehen getragenen Beziehung kommen, ist es unabdingbar, daß der Mensch dafür eine Basis schafft. Diese Basis besteht aus Vertrauen, Orientierung, Sicherheit und der Achtung der individuellen Stärken und Schwächen des Tiers.

Die Verständigung zwischen Mensch und Tier vollzieht sich über kleinste optische, akustische und taktile Signale und Bewegungen, auf die der Hund ganz unwillkürlich achtet und reagiert, weil es ihm angeboren ist. Weil aber die Aufmerksamkeit des heutigen Menschen vor allem auf den verbalen Ausdruck (Stimme und Worte) fixiert ist, hat er zumeist verlernt, auf seine eigene Körpersprache und die anderer Lebewesen zu achten. Nur wenn er sie wieder beachtet und richtig interpretieren lernt, kann er sich dem Hund wirklich verständlich machen und ihm dabei helfen zu erfassen, was er, der Mensch, von ihm erwartet.

Nur wer lernt, die Körpersprache wieder zu beachten, kann sich dem Hund wirklich verständlich machen.

Unsere Körpersprache ist wesentlich vielseitiger und vielschichtiger, als uns bewußt ist. Dehalb sind auch der Vielfalt an Mißverständnissen, die sich für den Hund aus der Uneinheitlichkeit zwischen unserem verbalen und unserem körpersprachlichen Ausdruck ergeben, keine Grenzen gesetzt. Und weil er anders reagiert, als wir es erwartet haben und wir zudem *seine* Art, sich auszudrücken,

Wenn ein Hund nur wenig Vertrauen zu seiner Bezugsperson hat, wird er ihr nur sehr zögernd durch ihm gefährlich erscheinende Situationen folgen.

nicht erfassen, deuten wir die Reaktion des Hundes falsch und mißverstehen ihn – so entsteht ein Teufelskreis. Aus einem ursprünglich kleinen Irrtum entstehen im Lauf der Zeit gravierende »Fehlschaltungen«, was die gegenseitige Verständigung betrifft, und die Mensch-Hund-Beziehung entgleist und wird für beide Seiten zu einer Belastung.

Harmonisch zusammenzuleben bedeutet einen lebenslangen Lernprozeß für beide, Mensch und Hund. Der Mensch muß sich Kenntnisse über den Hund aneignen, über sein artspezifisches Sozialverhalten, seine Kommunikation, sein Lernverhaltens und natürlich seine Gefühle, die sich kaum von den unseren unterscheiden. Und der Hund muß sich dauernd darum bemühen, das Konglomerat aus verbaler und Körpersprache des Menschen richtig zu erfassen. Er muß immer ausreichend Zeit und Gelegenheit haben, um die gesamte Ausdrucksweise (also die Gestik, Mimik und die verschiedenen Wort- und Tonlaute eines Menschen) in all ihren Facetten – von überschwenglich bis gehemmt – richtig deuten und begreifen zu lernen.

Harmonisch zusammenzuleben bedeutet einen lebenslangen Lernprozeß für Mensch und Hund.

Eine Beziehung kann niemals als vertrauensvoll und harmonisch bezeichnet werden, wenn der Mensch den Hund wie einen Gebrauchsgegenstand behandelt und für seine Führung Hilfsmittel einsetzt, als ob er eine Maschine vor sich hätte, die man mit Knopfdruck ein- und ausschalten kann. Eine wirkliche Beziehung kann nicht durch Technik zustandegebracht oder aufrechterhalten werden, und Probleme im Zusammenleben sind niemals mit Gewalt und dem Zufügen von Schmerzen zu lösen.

In der Natur gibt es in keinem Rudel einen überaggressiven Herrscher, der gefürchtet werden möchte, sondern nur ein Leittier,

- das über herausragende soziale Fähigkeiten verfügt,
- an das sich alle anderen freiwillig binden und dem sie sich freiwillig unterordnen,
- an dem sie sich orientieren,
- das den anderen Schutz gewährt und
- das den anderen ein Gefühl der Sicherheit gibt.

Ein völlig verunsicherter Hund.

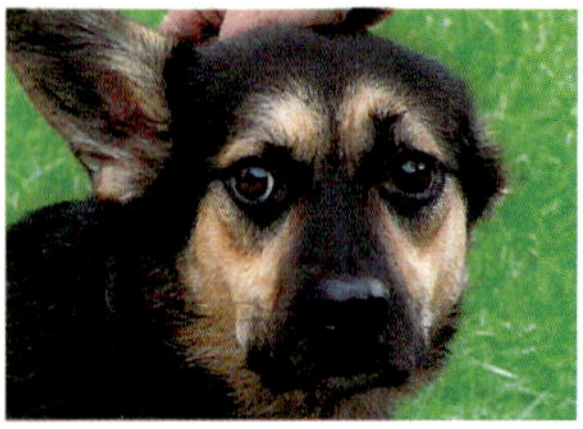

Hunde, denen ständig physische oder psychische Schmerzen zugefügt werden, leben ununterbrochen in Angst- und Streßzuständen, ohne Vertrauen und Sicherheit. Ihr Ausgeliefertsein, ihre

große Hilflosigkeit und andauernde Frustration führen zwangsläufig zu Fehlentwicklungen im Verhalten.

Hunde, denen ständig physische oder psychische Schmerzen zugefügt werden, leben ununterbrochen in Angstzuständen, und es kommt zu Fehlverhalten.

Zu einer ähnlich starken Desorientierung des Hundes kann es aber auch durch eine »antiautoritäre« Erziehungsweise oder dann kommen, wenn der Mensch seine eigenen Vorstellungen auf den Hund projiziert (wie etwa: »Mein Hund hat ein schlechtes Gewissen; er weiß genau, was er falsch gemacht hat!«). Dem Hund ist es nicht möglich, seine Grenzen von sich aus zu erkennen oder das Handeln des Menschen zu verstehen; daher fehlen ihm Orientierung und Sicherheit, und er entwickelt Verhaltensweisen, die vom Menschen unerwünscht sind.

Härte einerseits und allzu große Nachsicht andererseits sind extreme Umgangsformen, die meist die gleichen Fehlentwicklungen in einer Mensch-Hund-Beziehung nach sich ziehen. Es ist mir ein wirklich großes Anliegen zu verhindern, daß Hunde *durch den Menschen,* sei es absichtlich oder aus Unwissenheit, zu verhaltensauffälligen Individuen werden, die das Leben von Mensch und Tier gefährden. Bestimmte Erziehungsmethoden oder Erziehungshilfsmittel können vielleicht im Einzelfall nützlich sein – das ändert aber nichts an der Tatsache, daß ihr grundsätzlicher und allgemeiner Gebrauch gefährlich und abwegig ist und bestehende Probleme nicht auf Dauer löst, sondern nur Symptome bekämpft und unterdrückt.

Beispiel: Filou, ein als Familienhund gehaltener Golden Retriever knurrte bereits im Alter von sechs Monaten die Kinder an, und zwar immer dann, wenn er etwas zu fressen bekam. Die Mutter machte sich große Sorgen über dieses Verhalten des Welpen und beschloß, mit ihm eine Hundeschule aufzusuchen. Dort bekam der Hund ein Stromreizgerät um den Hals und die Mutter die Anweisung, die Kinder sollten Leckerbissen vor den Hund legen, der Hund dürfe sie aber nicht aufnehmen. Bei jedem Versuch, die Leckereien zu fressen, wurde dem Hund ein Stromschlag verpaßt. Der auf diese Weise traktierte Golden Retriever brachte den Schmerz aber nicht mit den Leckereien, sondern mit den Kindern in Verbindung und wurde in kürzester Zeit zu einer lebensgefährlichen Bedrohung für Kinder und andere Menschen. Ob mit oder ohne Leckereien: Der Hund biß fortan jeden, der ihm die Hand hinstreckte, ohne vorher irgendwelche Drohgebärden zu zeigen, und schnappte auch nicht nur »sanft verwarnend« zu (denn jeder

Filou, der aus Notwehr kurz vor einer Beißattacke steht.

Hund weiß genau, wie fest er zubeißt); durch den Schmerz war er regelrecht in einen panischen Verzweiflungszustand mit Tötungsdrang gestürzt worden.
Er war einer der gefährlichsten Hunde, die wir je auf dem Gnadenhof aufgenommen haben. Inzwischen ist er es aber nicht mehr und hat es gelernt, wieder Warnsignale zu geben, wenn er Angst bekommt, aber sein Vertrauen zum Menschen ist derart erschüttert, daß er noch heute, nach vielen Monaten, außer mir und seiner Hauptbezugsperson niemanden an sich heranläßt.

Hier sieht man, daß sich Filou bei seinem neuen Menschen wirklich geborgen und sicher fühlt.

Mein erstes Ziel bei der Arbeit mit einem solchen Hund ist es, daß er wieder Vertrauen zum Menschen faßt und vor allem auch wieder Drohgebärden erlernt; dieses Drohen wird dann, Schritt für Schritt, abgebaut und überflüssig, weil der menschliche Führer dem Hund ganz gezielt Sicherheit und Orientierung gibt. Der Hund bekommt das Gefühl, sich nicht mehr wehren zu müssen und läßt sich allmählich wieder vertrauensvoll vom Menschen beschützen.

Schmerzvolle Fehlbehandlungen sind Tierquälerei und verursachen bleibende Schäden.

Fehlbehandlungen mit Elektroreizen (umgangssprachlich auch »Elektroschocks« genannt) wie die erwähnte sind nicht nur Tierquälerei, sondern verursachen bleibende Schäden, wie das Beispiel deutlich macht; allein durch menschliches Versagen wird aus einem liebenswerten Tier eine Bestie, auf die zum Schluß nur noch die Zwangstötung wartet. Derartige vom Hund nicht deutbare, schmerzhafte Maßregelungen bergen nicht nur unkontrollierbare Gefahren und fördern Ängste auf extreme Weise, sondern zerstören jegliches Vertrauen in den Menschen und untergraben somit die Mensch-Hund-Beziehung.

Nicht der willenlose Gehorsam des Hundes darf im Zentrum der Mensch-Hund-Beziehung stehen, sondern die Förderung und Pflege einer Freundschaft, in der sich der Mensch seiner Verantwortung bewußt ist. Für mich bedeutet Gehorsam oder Grundgehorsam nicht ein perfekt ausgeführtes »Sitz«, »Platz« und »Fuß«, sondern ein harmonisches, angstfreies und gefahrloses Zusammenleben mit anderen Menschen und anderen Tieren – sei es zu Hause oder unterwegs. Nur auf einer solchen Beziehung kann eine weitere Ausbildung, welcher Art auch immer, aufbauen.

Der willenlose Gehorsam des Hundes darf nicht im Zentrum der Mensch-Hund-Beziehung stehen.

Ein Hund, der in der ständigen Angst lebt zu versagen, wird beim kleinsten Fehler in Panik geraten und den Menschen dann zwangsläufig enttäuschen. Häufig habe ich Gelegenheit, fremde Hunde bei Prüfungen zu beobachten, und oft brechen sie unter dem Leistungsdruck zusammen, weil ihnen im entscheidenden Moment das Vertrauen zu ihrem Führer fehlt. Ein Hund, der einem Menschen lediglich als Mittel zur Selbstdarstellung dient, wird fast immer irgendwann enttäuschen.

Ein Hund, der in der ständigen Angst lebt zu versagen, wird beim kleinsten Fehler in Panik geraten und den Menschen dann zwangsläufig enttäuschen.

Ein weiterer sehr wichtiger Aspekt einer guten Mensch-Hund-Beziehung ist der, daß beide Partner sich selbst und ihren arteigenen Verhaltensweisen treu bleiben. Es ist nämlich offenbar große Mode geworden, daß der Mensch den Hund im Bemühen um eine Verständigung imitiert und versucht, seine Verhaltensweisen zu übernehmen: Wie mir anläßlich meiner Seminare wiederholt und öffentlich berichtet wurde, werden Hundebesitzer zum Beispiel ernsthaft dazu aufgefordert, einen für den Hund neuen Raum vor den Augen des Tieres »abzuschnüffeln«, um dem Hund zu verstehen zu geben, daß er sich dort sicher fühlen könne. Wie sehr unterschätzen wir doch die Intelligenz der Tiere, auf die wir in einer solchen Situation ebenso lächerlich wirken wie auf andere Menschen!

Imitieren wir Verhaltensweisen des Hundes, die uns nicht entsprechen, wirken wir lächerlich auf ihn und erniedrigen uns vor ihm.

Eine Beziehung haben bedeutet, füreinander dazusein.

Bei aller Liebe zum Tier darf man sich selbst nicht vergessen. Wenn wir die Achtung vor uns selbst verlieren, sind wir für das Tier keine Leitfigur mehr. Eine echte Beziehung kann nur auf gegenseitigem Respekt beruhen, auf der Achtung vor der Persönlichkeit des anderen. Entsprechend sollte der Mensch den Hund als Hund respektieren und der Hund den Menschen als Menschen. Wir werden uns nie wirklich wie Hunde benehmen und verständigen können, und genauso werden Hunde nie lernen können, sich wie Menschen im Gespräch zu verständigen: Für die Fähigkeit zur Kommunikation gibt es immer biologische Grundlagen.

Anders als beim Menschen nimmt die körperliche und emotionale Intensität der Bindung des Hundes an den Menschen mit dem Alter nicht ab. Ein Kind wächst heran, wird irgendwann selbständig und verläßt das Haus, aber ein Hund bleibt sein ganzes Leben lang »ein Kind« und ist auf eine soziale Beziehung, auf Vertrauen und Gefühle angewiesen; ein Hundehalter sollte sich deshalb von Anfang an darüber im klaren sein, daß er dem Hund dauerhafte Sicherheit bieten muß.

Alle problematischen Verhaltensweisen von Hunden sind fast ausschließlich auf Beziehungsprobleme zurückzuführen, deren Lösung sich im Grunde auf wenige Aussagen reduzieren läßt. Beachtet man sie, kommt eine gefestigte, gute Beziehung zustande.

Die gesamten Probleme, die im Umgang mit Hunden auftauchen können, sind im Grunde Beziehungsprobleme.

Der Mensch sollte

- sich stets seiner Führungsrolle bewußt sein;
- seine Führungsaufgabe mit Feingefühl, Konsequenz und Selbstdisziplin erfüllen;
- sich selbst gut und kritisch beobachten;
- seinen Hund beobachten, ihn verstehen lernen und seine Stärken und Schwächen entdecken;
- dafür sorgen, daß der Hund körperlich und geistig ausgelastet ist und einen Sinn im Leben findet;
- immer das Alter und das Leistungsvermögen des Hundes beachten; er darf ihn nicht überfordern;
- rassenspezifische Besonderheiten respektieren;
- darauf achten, daß der Hund in einem intakten sozialen Umfeld eingebettet ist: der Hund darf nicht isoliert und einsam aufwachsen oder leben;
- in der Lage sein, Fehlentwicklungen, die im Leben jedes Hundes vorkommen, zu erkennen und darauf in angemessener Weise zu reagieren;
- den Hund motivieren, indem er gutes Benehmen belohnt und ihm das Gefühl gibt, gebraucht zu werden.

ACTIVE
SPORTS

Begriffliche Grundlagen

Die Persönlichkeit des Hundes

Was sind Gefühle? Haben Tiere eine Seele? Worin besteht der Unterschied zwischen Reflex, Instinkt und Trieb?

Uns ist es bis heute nicht gelungen, die Seele zur Gänze zu erforschen. Für viele Menschen ist die Vorstellung, daß auch Tiere Gefühle und eine Seele haben, unannehmbar. Nicht einmal die Verhaltensforscher sind sich hinsichtlich der Gefühlswelt der Tiere einig und streiten immer noch über angeborene und nicht angeborene Triebe.

Die Augen – das Fenster zur Seele.

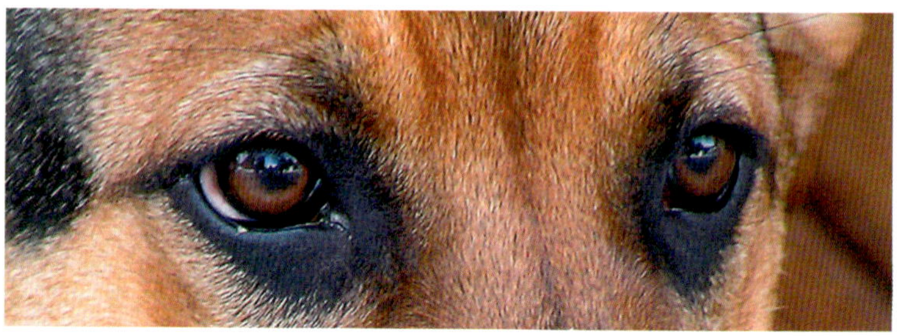

Für mich stellt sich die Sache so dar: Die Seele steht, genauso wie der Organismus, am Ursprung eines jeden Lebewesens. Sie entwickelt sich unaufhörlich weiter, wird jedoch, im Gegensatz zum Körper, niemals alt und nützt sich auch nicht ab. Aber die Seele kann verkümmern und krank werden, und zwar intensiver als jeder Körper (siehe auch Aldington, 1994). Zu jeglichem Leben auf Erden gehören Körper und Seele als untrennbare Einheit.

Zu jeglichem Leben auf Erden gehören Körper und Seele als untrennbare Einheit.

Ich möchte mit Hilfe dieses Buches deutlich machen, daß Tiere niemals bösartige und blindwütige Wesen, auch keine gefühlskalten, seelenlosen Sachen, aber auch keine Menschen sind. Aus diesem Grund ist es mir ein großes Anliegen zu betonen, daß kein einziges Lebewesen – sei es Mensch, Tier oder Pflanze – nach »Schema F« behandelt werden darf.

Für den richtigen Umgang mit einem anderen Wesen gibt es keine allgemeingültige »Bedienungsanleitung« und keine »Rezeptsammlung» – auch nicht, wenn es um Hunde geht. Genausowenig wird es jemals eine »Werkstatt« geben, die alle Wunden heilen und alle Schäden reparieren kann, die ein Lebewesen je erlitten hat.

Verhalten

Als Verhalten bezeichnet man das variantenreiche Zusammenspiel von Körperhaltung, Bewegung, Verständigungsarten, körperlichen Vorgängen und Reaktionen eines Organismus. Eine Verhaltensweise ist keine zufällige Reaktion auf eine Situation, sondern sie ist eine vielschichtige, ganz persönliche Ausdrucks- und Reaktionsform, bei der auch alle angeborenen und erlernten Reflexe, die auf bestimmte äußere Reize hin einsetzen, mitwirken. Jedes Lebewesen hat einerseits Verhaltensweisen, die seiner Spezies entsprechen und deshalb einem mehr oder weniger vorgegebenen Ablauf unterliegen, und andererseits ganz individuelle persönliche Verhaltensmuster.

Unter Verhalten versteht man auch Handlungsweisen, die durch eine Vielzahl von Mechanismen verursacht werden. Diese Mechanismen lassen sich mittels der Sinnes-, Nerven-, Hormon- und Muskelphysiologie sowie der Kybernetik (die sich auch mit der Kommunikation befaßt) erklären. Nach neuerem Verständnis werden heute auch innere Erlebnisprozesse (wie etwa das Denken und das Wollen) als »Verhalten« bezeichnet.

Einerseits ergibt sich das Verhalten demnach aus äußeren Rahmenbedingungen, nämlich

- der Evolution,
- der stammesgeschichtlichen Entwicklung bzw. Arten- und Rassenzugehörigkeit sowie
- der Individualentwicklung bzw. Ontogenese,

und andererseits aus individuell verschiedenen Faktoren, die einander bedingen und ergänzen:

- der Physiologie; dazu gehören
  - die körperliche Konstitution (Sinnes-, Nerven- und Hormonfunktionen sowie krankheitsbedingte Probleme),
  - das Geschlecht,
  - das Alter,

- der Erbkoordination, dazu gehören
  - das Temperament,
  - die unbedingten Reflexe,

- die Instinkte,
- die Triebe,

- dem Verstand (denken, wollen, entscheiden), der zu bewußtem oder unbewußtem Handeln veranlaßt, und zwar auf der Grundlage von
  - Prägung,
  - Erziehung,
  - Umwelteinflüssen,
  - Ausbildung,

- und den Gefühlen (Seelenbereich).

Es sind die Gefühle, in denen sich das Seelenleben am deutlichsten spiegelt.

Über die Gefühle drückt sich die Seele – auch die des Hundes – am deutlichsten aus.

Das Wesen

Es gibt viele Interpretationen des Begriffes »Wesen«, der auch in der Hundefachwelt unterschiedlich definiert wird.

In manchen Bereichen bewertet man offensichtlich die gute oder schlechte Arbeitsleistung als Wesenszug des einzelnen Hundes, in anderen Bereichen wird das Wesen des Hundes mit dem des Menschen identifiziert, das heißt, typisch menschliche Eigenschaften werden auf das Tier übertragen (zum Beispiel: »Mein Hund denkt wie ich!« oder: »Mein Hund ist hinterlistig!«, siehe »Vermenschlichung«, S. 84).

In Wahrheit können wir meist nur den äußeren Schein, aber nicht wirklich das Wesen beurteilen, da jeder Hund in Verbindung mit einem anderen Menschen auch anders erscheint. Es gibt unterschiedliche Verhaltensprüfungen, die man auch »Wesenstests« nennt; je nach Bedarf und Nutzen werden dabei die Wesenseigenschaften eines Hundes anders beurteilt. Ein »Kampfhund« sollte bei einer Wesensüberprüfung möglichst wenig auf äußere Reize reagieren, das heißt, er sollte in bedrohlichen Situationen seiner Umwelt gegenüber gleichgültig und eher teilnahmslos reagieren. Im Gegensatz dazu sollte ein Gebrauchshund jedoch selbstbewußt, aufmerksam, mutig und verteidigungsbereit auftreten.

Wenn man das Wesen eines Hundes, der sich in einer Ausbildung befindet, richtig erfassen will, ist immer der jeweilige Leistungsstand zu beachten: Bei fortgeschrittenem Training hat ein Hund bestimmte Situationen nämlich schon häufig erlebt und gerät somit weitaus weniger in Konflikt, wenn er mit ihm vertrauten Abläufen konfrontiert wird. Er erscheint uns dann sicher und selbstbewußt, ohne es tatsächlich zu sein.

Mancher Hund wirkt sicher und selbstbewußt, ohne es zu sein.

Ob ein Hund nun tatsächlich so selbstbewußt ist, wie er mit seinem Halter in einer bestimmten Situation auftritt, ist nicht ganz einfach zu erkennen. Ein feinfühliger Mensch kann manche sogenannte Schwäche seines Tieres ausgleichen: Er wird seinem Hund in dem Moment, in dem er eine ihm abverlangte Aufgabe nur zögernd, unsicher oder gar ängstlich bewältigt, so viel Anerkennung im richtigen Moment geben, daß das Tier ein wohliges Sicherheitsgefühl bekommt und auf genau diese Aufgabe künftig mit besonders großer Freude reagiert.

Ich habe schon mit so manchem »Kampfhund« (wenn ich von solchen Hunden schreibe, handelt es sich praktisch immer um

Dieser Hund zeigt beim Bewachen des Korbes ein selbstbewußtes, aufmerksames und verteidigungsbereites Auftreten.

beschlagnahmte oder verhaltensauffällige Tiere, die bei mir abgegeben wurden), der in Alltagssituationen meist aufgeregt, unsicher und reizbar war, die Wesensprüfung bestanden – und zwar weil ich ihm durch viel Übung und Bestätigung im richtigen Moment genug Sicherheit und Vertrauen geben konnte, daß er in Bedrohungslagen innerhalb des abzuleistenden Tests ruhig und gelassen blieb.

Das von der Umwelt wahrgenommene Verhalten eines Hundes verändert sich mit dem jeweiligen Hundehalter.

Das Wesen des Hundes bzw. das, was die Umwelt von diesem Wesen wahrnimmt, verändert sich somit mit dem jeweiligen Hundehalter oder -führer. Ein ängstlicher Hund kann bei einem unsicheren Menschen plötzlich sehr dominant erscheinen, und ein aggressives Tier kann bei einem gelassenen Menschen eher gleichgültig wirken. Und so mancher Hund reagiert Artgenossen gegenüber sehr ängstlich, zeigt sich beim Menschen aber sehr selbstbewußt – oder umgekehrt.

Das Wesen kann und muß unter zahlreichen Gesichtspunkten bewertet werden; es kann sein, daß es im Laufe des Lebens auf immer wieder andere Weise in Erscheinung tritt. Dies gilt insbesondere, wenn einem Tier prägende Erlebnisse wie etwa Halterwechsel widerfahren oder wenn es entweder mit viel Druck und Strenge oder aber antiautoritär erzogen wird, wenn es erkrankt usw. Wie ich bereits erwähnte: Wir erkennen im Alltag meist nur den Schein, aber nicht das tatsächliche Sein eines Lebewesens – was zu verhängnisvollen Fehleinschätzungen führen kann.

Wir erkennen im Alltag meist nur den Schein, aber nicht das tatsächliche Sein eines Lebewesens – was zu verhängnisvollen Fehleinschätzungen führen kann.

Nach dem bisher Ausgeführten bezeichne ich die Gesamtheit aller angeborenen Faktoren (Anlagen und Temperamente) als das »Wesen« eines Hundes. Unter »Wesen« verstehe ich demnach die Neigung des Tieres, aus seiner Anlage heraus auf Umweltreize zu reagieren. Alles Erlernte (also das, was man in den sogenannten Wesenstests prüft) möchte ich eher dem Begriff »Verhalten« zuordnen.

Aaron kam im Alter von vier Jahren auf den Gnadenhof; er war sehr ängstlich und unsicher. Ich konnte ihm wieder Vertrauen und Sicherheit geben, so daß er den Wesenstest selbstbewußt und gelassen bestanden hat.

Wesensschwäche

Eine Wesensschwäche kann es aus biologischer Sicht gar nicht geben, denn das ursprüngliche Wesen eines Hundes ist niemals von Anfang an »schwach». Es gibt, wenn überhaupt, nur eine angeborene Nervenschwäche, eine Überempfindlichkeit, wie sie zum Beispiel bei einem extremen Melancholiker vorkommen kann.

Landläufig wird ein sehr unsicherer und ängstlicher bis scheuer Hund als »wesensschwach« bezeichnet. Ich halte einen solchen Rückschluß vom Verhalten eines Hundes auf sein Wesen für völlig

Vm Verhalten eines Hundes auf sein Wesen zu schließen, ist falsch.

Angst, Unsicherheit usw. beim Hund haben ihren Ursprung fast immer in Fehlbehandlungen seitens des Menschen.

falsch, denn Angst, Unsicherheit usw. haben ihren Ursprung fast immer in Fehlbehandlungen seitens des Menschen.

Eine dieser Fehlbehandlungen besteht in der mangelnden Sozialisation eines Welpen. Davon spricht man, wenn das Jungtier zuwenig mit seiner Umwelt konfrontiert wurde, zum Beispiel erst nach seiner achten Lebenswoche den ersten Kontakt mit Menschen hatte. Kann sich ein Hund nicht frühzeitig mit Menschen vertraut machen, werden sie für ihn zeitlebens etwas Fremdes bleiben. Selbst wenn sich das Tier irgendwann an eine bestimmte Person binden lernt, wird seine Angst vor anderen Menschen nie mehr ganz verschwinden.

Welpen sollte man niemals zu früh allein lassen.

Ein weiterer Grund für von Menschen verursachtes »wesensschwaches« Verhalten besteht darin, einen Welpen zu früh immer wieder ganz allein zu lassen. Es ist völlig unnatürlich, daß ein Welpe zu großen Abstand zu seinem Rudel hat. So etwas würde in der Natur unter Umständen sein Todesurteil bedeuten. Darum ist es absolut nicht verwunderlich, wenn ein Welpe Panik davor hat, irgendwo alleine zurückzubleiben.

Das Alleinbleiben sollte man ihm frühestens im Alter von vier Monaten langsam und in einer Weise beibringen, die ihm Vertrauen gibt. Ein Welpe, der zu häufig und zu lange allein gelassen wurde, wird zeitlebens Verlustangst zeigen.

Ich meine natürlich nicht, daß man einen kleinen Hund ständig auf dem Arm herumtragen sollte – ganz im Gegenteil, er sollte sich unbedingt mit sich selbst beschäftigen können und persönliche Freiräume haben. Doch wichtig dabei ist, daß er die Nähe seiner Bezugspersonen spürt.

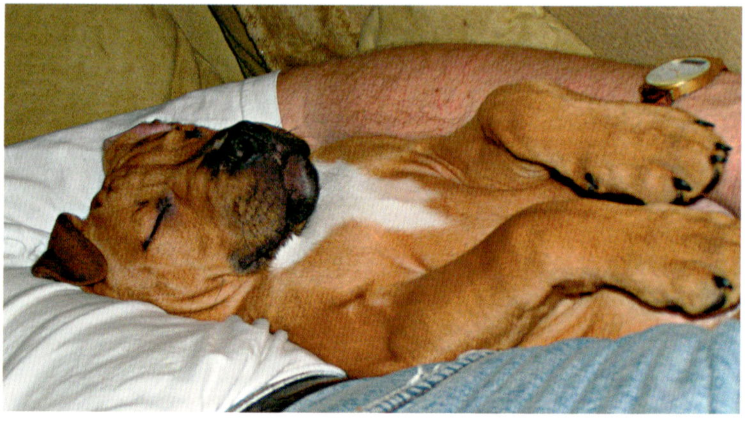

Ein Welpe sollte immer genügend Körperkontakt haben und sich stets geborgen fühlen können. Das Bild zeigt June, einen von fünf beschlagnahmten American Staffordshire-Welpen.

Genauso verhält es sich mit inkonsequenter und undisziplinierter Bestrafung: Dies führt zu einer extremen Verunsicherung des Hundes, der dann zwangsläufig als »wesensschwach« erscheint. In Wirklichkeit wird ihm nie bewußt, was richtig und was falsch ist.

Inkonsequente und undisziplinierte Bestrafung führt zu extremer Verunsicherung.

Als wesensschwach erscheint uns ein Hund, der

- zuwenig Selbstbewußtsein besitzt,
- an Einsamkeit leidet,
- zu intensiv umsorgt wird,
- aufgrund einer ungeordneten oder ungeregelten Lebensweise Ängste entwickelt hat,
- an Angstzuständen leidet, die durch Mißverständnisse im Zusammenleben mit dem Menschen entstanden sind, usw.

Nanuk wurde mit zwölf anderen Hunden aus einem Keller befreit, in dem die Tiere völlig isoliert aufgewachsen und schließlich beschlagnahmt worden waren. Ein solcher Hund wird nie mehr wirklich selbstbewußt mit Menschen umgehen können.

Temperamente

Grundsätzliche Komponenten des Verhaltens sind die unterschiedlichen Temperamentsformen. Damit ist die jeweilige Gemütserregbarkeit bzw. die Lebhaftigkeit eines Hundes gemeint. Die verschiedenen Temperamente entsprechen seinem ursprünglichen, angeborenen Wesen.

Bei seinen Untersuchungen zur Konditionierung stellte Iwan Pawlow fest, daß manche Hunde auf einen bestimmten Reiz anders reagierten als andere. Die Ursachen dafür sah er in den Temperamentsunterschieden der Tiere, und dies führte ihn zur Ausarbeitung einer Typeneinteilung gemäß der Stärke der Nervenprozesse. Nach diesem neurophysiologischen Konzept Pawlows lassen sich alle Hunde den folgenden Temperamentsgruppen zuordnen:

- zwei extremen Gruppen,
  - dem erregbaren Typ und
  - dem hemmbaren Typ.

  Hierbei handelt es sich um gegensätzliche Temperamentsformen: Der erregbare Typ ist oftmals ein recht aggressives Lebewesen; der hemmbare Typ ist eher ein ängstliches Tier.

LINKS: Erregbarer Typ.
RECHTS: Hemmbarer Typ.

- einer dazwischenliegenden, zentralen Gruppe:
  - Erregbarkeit und Hemmbarkeit sind ausgeglichen.

LINKS: Ruhiger, schwerfälliger Typ.
RECHTS: Lebhafter, beweglicher Typ.

Diese zentrale Gruppe des ausgeglichenen Charaktertyps untergliedert sich wiederum in zwei Gruppen:
- den ruhigen, schwerfälligen Typ und
- den lebhaften, beweglichen Typ.

Das Temperament spiegelt die ursprünglichsten Eigenschaften des Nervensystems eines Individuums wieder und prägt seine gesamte Handlungsbereitschaft ebenso wie seine Reflexbewegungen und sein Instinktverhalten.

Klassifizierung der Temperamente
Zur Vervollständigung des Themas »Persönlichkeit« hier eine Tabelle, die die Klassifizierung der vier Temperamente nach Galenus, einem der bedeutendsten Ärzte der römischen Kaiserzeit, zeigt.

Der Extreme	
Gruppe der Erregbaren	Gruppe der Hemmbaren
Choleriker – schnell und leicht erregbar – aggressiv – aktive Verteidigung (Angriff) – immer aktiv – niedrige Reizschwelle	**Melancholiker** – hektisch und überaufmerksam – ängstlich und furchtsam – passive Verteidigung (Flucht) – immer aktiv – niedrige Reizschwelle
Der Ausgeglichene	
Gruppe der Erregbaren	Gruppe der Hemmbaren
Sanguiniker – beweglich, lebhaft, widerstandsfähig – Aktivität und Passivität ausgeglichen – mittlere Reizschwelle	**Phlegmatiker** – ruhig, gleichmäßig, eher schwerfällig – Aktivität und Passivität ausgeglichen – hohe Reizschwelle

Diese Klassifizierung umfaßt viele Zwischenformen, die hier nicht aufgeführt werden. Pawlow kam durch entsprechende Kombinationen auf 24 Erweiterungen oder Mischtypen. Auch daran läßt sich unschwer erkennen:

Man darf ein Lebewesen auf keinen Fall schematisch einem der oben genannten vier Typen zuordnen; das wäre unqualifiziertes Schubladendenken. Dennoch ist die Klassifizierung eine große

Man darf ein Lebewesen auf keinen Fall nur nach einem Schema bewerten.

Hilfe, wenn es darum geht, die ursprüngliche Veranlagung eines Lebewesens besser einschätzen zu können – wie auch immer es sich aufgrund der Einflüsse, denen es ausgesetzt war (Umwelt, Prägung, Erziehung usw.), entwickelt haben mag.

Bei der Betrachtung der verschiedenen Temperamentsmerkmale ist zum Beispiel auch die Arten- oder Rassenzugehörigkeit, also die genetische Herkunft, ein bedeutsamer Gesichtspunkt. Durch stetige Selektion hat man bei den verschiedenen Hunderassen eine beeinduckende Ansammlung reingezüchteter Temperamente und Körpermerkmale geschaffen.

Doch trotz dieser Tatsache und trotzdem sich Rassehunde in grundlegenden Punkten ähnlich sind, unterscheidet sich auch innerhalb der Rasse ein jegliches Individuum zweifelsfrei und unverkennbar vom anderen.

Zwei reinrassige Deutsche Schäferhunde.
LINKS: Der Phlegmatiker.
RECHTS: Der Sanguiniker.

Reflexe

Reflexe sind für einen reibungslosen Ablauf der Lebensvorgänge verantwortlich; sie schützen unseren Körper, ohne daß das Gehirn ständig Entscheidungen treffen muß.

Reflexe erfolgen unbewußt und ohne jedes absichtliche Zutun. Sie laufen dauernd und unermüdlich ab. Ihnen liegt ein einfacher Mechanismus zugrunde: Ein Nerv leitet einen Reiz, den er empfangen hat, an das zentrale Nervensystem weiter, wo ein anderer

Nerv praktisch zeitgleich einen Antriebsbefehl an die Muskulatur weitergibt. Ohne einen Reflex ist keine Handlung möglich; aber der Reflex allein kann deshalb noch lange nicht als eigenständige Handlung bezeichnet werden.

Man unterscheidet zwischen unbedingten und bedingten Reflexen. Unbedingte Reflexe sind ganz natürlich einsetzende physiologische Reaktionen (wenn zum Beispiel Schmutz ins Auge gelangt, füllt es sich mit Tränenflüssigkeit, damit die Schmutzpartikel hinausgespült werden können). Bedingte Reflexe sind erlernte oder anerzogene Reflexe, das heißt, eine Erfahrung, die mit einem bestimmten Reiz verbunden ist, wird »gespeichert«; sie äußert sich als reflexartige Reaktion, sobald der entsprechende Reiz erneut wahrgenommen wird.

Werden Erziehungs- und Therapiemethoden falsch angewendet, kann aus Angst Freude und aus Freundschaft Haß entstehen.

Die wohl bekannteste Unterscheidung zwischen unbedingtem und bedingtem Reflex gelang Pawlow am Beispiel eines hungrigen Hundes, dem das Wasser im Maul zusammenlief, wenn man ihm Futter vorsetzte (= unbedingter Reflex). Pawlow ließ nun jedesmal kurz vor der Fütterung eine Glocke läuten. Nach einigen Wiederholungen speichelte der Hund bereits beim Glockenton; dies tat er sogar noch dann, als ihm im Lauf der Zeit kein Futter mehr gereicht wurde. Der Reiz allein genügte, um den Reflex auszulösen.

Sanfte Konditionierungen (wie etwa die auf Wortkommandos) können eine Erziehungshilfe sein. Aber starke und einseitige Konditionierungen (etwa auf Geräusche) sind unzulässige Manipulationen des Wesens und bedeuten für den Hund den Verlust seiner Persönlichkeit.

Solch ein andressierter, erlernter Reflex wird als »bedingter Reflex« bezeichnet. Bedingte Reflexe stellen eine Möglichkeit dar, ein Lebewesen auf das Extremste zu manipulieren und umzuprogrammieren – im Guten wie im Bösen.

Ob nun der Mensch betroffen ist oder das Tier: Es wurde bis zum heutigen Tag eine Vielzahl von Erziehungs-, Dressur- und Therapiemethoden – bis hin zum Verabreichen elektrischer Impulse – entwickelt. Werden sie angewendet, kann aus Angst Freude und aus Freundschaft Haß entstehen.

Der Reflexforscher J. B. Watson begründete im Jahr 1914 den »Behaviorismus«. Er machte sehr fragwürdige Versuche (siehe Dröscher, 1984) mit seinem eigenen Kind, indem er jedes Mal, wenn er es für eine falsche Handlung tadeln wollte, einen Pfeifton erklingen ließ. Schon bald bekam das Kind Angst, sobald es diesen Pfeifton hörte: Es entstand ein manipulierter, erlernter, sogenannter bedingter Reflex.

Watson polte die Gefühle seines Söhnchens dann sogar so weit um, daß der kleine Junge jedesmal, wenn er zu seinen geliebten Meerschweinchen krabbeln wollte, den Pfeifton zu hören bekam.

Menschen und Tiere können an einer »Andressierung« bedingter Reflexe seelisch zerbrechen.

Obwohl niemand mit ihm geschimpft hatte, bekam er schließlich so große Angst vor den Tierchen, daß er zu schreien anfing.

Behavioristen verstehen unter »Verhalten« lediglich ein Funktionieren nach dem Reiz-Reaktions-Schema; sie lehnen nicht nur jede Verhaltensdeutung ab, sondern leugnen auch das Vorhandensein psychischer Faktoren. Während der experimentelle Ansatz in der Verhaltensforschung allgemein Anklang gefunden hat, konnte sich die Denkrichtung des Behaviorismus nicht durchsetzen.

Bei Tieren, denen Ängste oder Abneigungen andressiert wurden, verschwinden die entsprechenden Reaktionen in der Regel wesentlich schneller als beim Menschen, wenn die Reize nicht ständig wiederholt werden. Es gibt aber auch Menschen und Tiere, die an einer solchen Andressierung bedingter Reflexe seelisch zerbrechen und nur noch Befehlsempfänger ohne Persönlichkeit und ohne Selbstvertrauen sind.

Durch die Manipulation von ursprünglich wesenskonformen Verhaltensweisen mittels bedingter Reflexe ergeben sich zahllose Möglichkeiten der Beeinflussung und der versteckten oder offenen Machtausübung. Dem betroffenen Lebewesen muß lediglich etwas vermittelt werden, das eine neue Sicherheit für seine Zukunft verspricht. Beispiele dafür sind etwa die Werbung oder auch Filme, die uns ein völlig verdrehtes Realitätsbewußtsein und Wahrheitsempfinden suggerieren. Besonders in der Politik wird die Bevölkerung häufig mit Ängsten und daraus resultierenden

Tausende solcher Pitbulls und anderer sogenannter »Kampfhunde« warten oft jahrelang auf ein neues Zuhause.

Wunschvorstellungen manipuliert. Bedenklich ist eine solche Massenumpolung auf der Gefühlsebene vor allem dann, wenn eine von maßgeblichen Kreisen bevorzugte Sichtweise ganz bewußt und kalkuliert zu einer allgemeingültigen, verbindlichen Wahrheit gemacht werden soll.

Seit 1961 gibt es die von Slonim erweiterte Klassifikation der Reflexe und deren Wirkungsfelder:

- Reflexe, die zur Arterhaltung beitragen (Sexualverhalten, Brutpflege),
- Reflexe, die den Organismus erhalten (Nahrungsaufnahme),
- Reflexe, die durch Umwelteinflüsse erzeugt werden (Situationsreflexe, Selbstschutzmechanismen).

Weitere Aussagen der Reflexpsychologie sind (nach Dröscher, 1984):

- Es gibt einen ein bestimmtes Verhalten auslösenden Reiz.
- Es gibt einen ein bestimmtes Verhalten hemmenden Reiz.
- Es gibt Reflexe zweiten, dritten, vierten (usw.) Grades (vgl. Pawlow-Beispiel von weiter oben: Dem Hund wurde der erste bedingte Reflex durch den Glockenton andressiert; wird nun vor dem Glockenton zusätzlich ein Lichtsignal ausgestrahlt, beginnt der Hund nach einigen Wiederholungen bereits beim Auftreten des Lichtsignals zu speicheln).
- Es gibt bedingte Reflexe, die einander entgegenwirken und so einen Konflikt erzeugen können.

Beispiel: Der Hund wird darauf dressiert, daß sein Futter nach dem Glockenton hinter eine Wand gestellt wird; beim Ertönen der Glocke fängt er sofort an, sein Futter hinter der Wand zu suchen. Sobald diese Dressur funktioniert, lernt der Hund, nicht hinter die Wand zu laufen, wenn vor ihr ein Lichtsignal aufleuchtet, denn sonst wird er mit einem elektrischen Impuls bestraft. Hat der Hund es gelernt, beide Signale zu unterscheiden, werden Glockenton und Leuchtsignal gleichzeitig abgegeben. Nun ist der Hund in seinen Gefühlen hin und her gerissen und zeigt eine völlig zwiegespältige Körpersprache, vom Wedeln mit eingeklemmter Rute bis hin zum gestreßten Vor- und Rückwärtslaufen. In einer solchen Situation wird fast jeder Hund eine Ersatzhandlung ausführen, indem er zum Beispiel einen Artgenossen anfällt.

Es ist immer die Gesamtpersönlichkeit eines Tieres, die für sein Verhalten insgesamt ausschlaggebend ist.

Der Beeinflussung des Verhaltens über die Reflexe sind bei Mensch wie Tier keine Grenzen gesetzt. Es beginnt mit dem einfachen bedingten Reflex à la Pawlow, geht mit unterschiedlichen Dressurmethoden weiter und macht auch vor der Manipulation von Gefühlen nicht Halt. Solcherart erzeugte unnatürliche Gefühle werden zum Antrieb für Verhaltensweisen, die nicht mehr als bedingte Reflexe gelten können, sondern als entartete Weiterführung bedingter Reflexe zu bezeichnen sind.

Zusammenfassend gesagt: Reflexe entstehen nur aus der Eigenreaktion von Teilen eines Organismus auf bestimmte Umweltreize; sie sind vom Bewußtsein mehr oder weniger unabhängig. Alle Reflexe (die angeborenen unbedingten ebenso wie die erlernten bedingten Reflexe) machen grundsätzlich nur einen Teil des Gesamtverhaltens aus und sind daher auch nur als solcher zu bewerten. Es ist immer die *Gesamtpersönlichkeit* eines Tieres, die für sein Verhalten insgesamt ausschlaggebend ist.

Instinkte

Im Gegensatz zum Reiz-Reaktions-Schema ist der dem Instinktverhalten zugrundeliegende Schaltmechanismus wesentlich komplizierter (siehe auch Dröscher, 1984). Hier wirkt zusätzlich eine Vielfalt von Hormonen mit, die je nachdem hemmen, verstärken oder modifizieren. Hormone müssen aber zunächst produziert und gespeichert werden, damit sie bei Bedarf zur Verfügung stehen.

Anders als das Reflexverhalten läßt sich das Instinktverhalten nicht roboterhaft auslösen: Je nach Menge und Bedarf der einwirkenden Hormone werden nämlich zu verschiedenen Zeiten völlig unterschiedliche Aktionsbereitschaften hervorgerufen.

Auf dem Weg über die Gefühle gelangt der innere Drang ins Bewußtsein.

Das Instinktverhalten entspricht bei jedem Lebewesen dem ganz individuellen inneren Drang oder der Motivation zu einer bestimmten Handlung. Es ist durchaus möglich, Motivationen über konditionierte Reflexe herbeizuführen. Auf dem Weg über unsere Gefühle gelangt der Drang, die Motivation ins Bewußtsein. An dieser Stelle schaltet sich der Verstand ein und möchte die Motivation beherrschen. Aber wir erleben nur allzu oft, daß der innere Drang stärker ist als alle Argumente des Verstandes.

Inju versucht immer, Fische zu fangen. Die Motivationen sind verschiedene Triebe (Jagen, Beutemachen, Spielen usw.).

Unsere heutige Lebensweise bringt es mit sich, daß wir unsere Instinkte als etwas Urtümliches, Fremdes und irgendwie Unbe-

Werden aber Instinkte bzw. Stimmungen ständig unterdrückt, wird der Antrieb, die damit zusammenhängende Handlung auszuführen, immer stärker.

herrschbares empfinden; aus diesem Grund versuchen wir, sie immer mehr zu kontrollieren. Werden aber Instinkte bzw. Stimmungen ständig unterdrückt, wird der Antrieb, die damit zusammenhängende Handlung auszuführen, immer stärker, und umso leichter und schneller wird schließlich eine triebgesteuerte Aktion durch einen äußeren Reiz ausgelöst: Die Reizschwelle wird also immer niedriger – das trifft auf den Menschen und auch auf das Tier zu.

Beispiel: Die meisten Hunde können ihrem Jagdtrieb nicht mehr im eigentlichen Sinne nachgehen; daher sind sie umso schneller bereit, auf »fliehende Ersatzobjekte« wie fahrende Autos, Radfahrer, Jogger usw. umzuschwenken.

Genauso kann aber auch dies geschehen: Wird eine instinktive Motivation häufig ausgelebt, findet ein Lebewesen immer mehr Gefallen an dieser Handlung, und der Drang, sie auszuführen, verstärkt sich.

Beispiel: Ein Hund verspürt den Drang, sein Territorium zu verteidigen, und findet seine Selbstbestätigung zum Beispiel darin, daß er es schafft, den Briefträger täglich »zu verjagen«. Dem Hund ist natürlich nicht bewußt, daß dieser Mensch das Haus nach dem Briefeinwurf auch ohne sein Zutun wieder verlassen wird. Der Hund wird aber durch seinen regelmäßigen Erfolg immer selbstsicherer bei seiner Handlung, und seine Aggressionsbereitschaft nimmt unter Umständen bis zum Beißvorfall zu.

Instinkte sind in einem gewissen Ausmaß angeboren; ihre jeweilige Stärke hängt eng mit der Temperamentsveranlagung zusammen. Je nach Umwelteinflüssen prägen sie sich stärker oder schwächer aus. Zudem sorgt das hormonelle körperliche Geschehen für ständige Schwankungen.

Es ist ebenfalls möglich, daß eine Triebveranlagung allzu lange nicht geweckt und somit gar nicht mehr wahrgenommen wird.

Beispiel: Ein Hund, der als Welpe nie spielen gelernt hat, wird auch später kaum einen nennenswerten Spieltrieb zeigen. Nur durch intensive Bemühungen kann der Drang zum Spielen wieder wachgerufen werden.

Jedoch kann auch das genaue Gegenteil eintreten, daß nämlich der Drang zu einer bestimmten Instinkthandlung völlig erlischt. Dies ist dann der Fall, wenn der auslösende Reiz sehr häufig auftritt.

Beispiel: Ein Hund hat Freude daran, Radfahrer zu fangen, und stärkt damit sein Selbstbewußtsein. Begegnen ihm aber täglich extrem viele Radfahrer, verliert der Hund meistens das Interesse an ihnen.

Instinktives Verhalten wird von Gefühlen angekündigt, begleitet und beendet.

Beispiel: Ein Mensch verliebt sich und hat »Schmetterlinge im Bauch». Während des Kennenlernens durchläuft sein Gefühlsleben alle möglichen Stadien, angefangen bei Unsicherheit und Angst bis hin zu Geborgenheitsempfinden und Glücksgefühl.

In jeder Situation, die von Instinkten beeinflußt wird, verändert sich die Gefühlslage durch die in dem betreffenden Lebewesen aufsteigenden Empfindungen. Es ist unmöglich, die Fülle der unterschiedlichen Empfindungen, deren Mensch und Hund fähig sind, zu beschreiben; jede einzelne von ihnen ist Antrieb für ein bestimmtes Verhalten. Zu Instinkthandlungen kommt es aber nur dann, wenn der entsprechende Drang verspürt wird – ob er nun von innen kommt oder durch Druck von außen erzeugt wurde.

Triebe

In der Psychologie bezeichnet man einen Trieb als eine dem Instinkt nahestehende und vielleicht aus ihm herzuleitende Handlungsbereitschaft und darüber hinaus als eine sich oftmals in Affekthandlungen äußernde, weitgehend unbewußte Verhaltensgrundlage. Man kennt zahlreiche Formen des Triebs:

- Selbsterhaltungstrieb,
- Wehrtrieb,
- Aggressionstrieb,
- Sexualtrieb,
- Bindetrieb,
- Brutpflegetrieb,
- Beutetrieb,
- Besitztrieb,
- Spieltrieb usw.

Beute- und Spieltrieb können miteinander ausgelebt werden – was der Aggressionsbewältigung dient.

Gefühle wie Angst, Freude, Frustration usw. sind triebauslösend. Wenn ein Hund also Angst verspürt, regt sich aufgrund dieses Gefühls entweder der Wehrtrieb oder der Fluchttrieb. Diese beiden Triebe dienen der Selbsterhaltung – und darauf sind fast alle Lebensvorgänge ausgerichtet.

Kein gesundes Lebewesen erlebt seine Umwelt passiv und wartet einfach darauf, daß es etwas erlebt.

Kein gesundes Lebewesen erlebt seine Umwelt passiv und wartet einfach darauf, daß es etwas erlebt. Wir alle sind an den meisten Handlungen aktiv beteiligt, das heißt, wir werden von inneren Antrieben motiviert. Wir bekommen Hunger oder wir werden durstig – beides aktiviert den existentiellen Selbsterhaltungstrieb.

Die wohl wichtigste Triebform, wenn es darum geht, daß sich Hunde zu einem Sozialverband zusammenschließen, ist der Bindetrieb. Dieser Trieb löst aggressionsbeschwichtigende Verhaltensweisen und das Bedürfnis nach Schutz und Nähe aus. Die Befriedigung des Sicherheitsbedürfnisses erfolgt in erster Linie durch die Mutter, später aber auch durch andere Artgenossen. Die Gefährten werden zum Fluchtziel und geben dem einzelnen das Gefühl von Geborgenheit. Wegen dieses Zusammenhangs wird die Angst zu einer Bindungsmotivation; das erklärt auch, warum sich ein

Hund, der seelisch oder körperlich mißhandelt wird, seinem Herrn und Peiniger oft noch enger und verzweifelter zuwendet.

Ein Hund, der seelisch oder körperlich mißhandelt wird, wendet sich seinem Herrn und Peiniger oft noch enger und verzweifelter zu, weil die Angst zur Bindungsmotivation wird.

Eine grundlegende Form des Bindetriebs ist der Brutpflegetrieb, der Behüte- und Betreuungsgefühle in einem Lebewesen weckt. Jungtiere lösen in Erwachsenen besonders durch ihr Aussehen, ihren Geruch oder ihre Lautäußerungen (das sogenannte Kindchenschema) den Brutpflegetrieb aus. Aber auch erwachsene Tiere setzen kindliche Signale ein, um bei anderen den Brutpflegetrieb zu aktivieren. Nach Irenäus Eibl-Eibesfeldt bilden ausschließlich brutpflegende Tiere exklusive Gruppenverbände. Nur sie konnten über die Aggression hinweg ein individuelles Zusammengehörigkeitsgefühl entwickeln. Aus diesem Brutpflegetrieb ist eines der mächtigsten Gefühle entstanden – die Liebe.

Die Hündin versucht, die angespannte Situation aufzulösen, indem sie sich auf den Rücken legt und den rechten, dominanteren Rüden mit dieser kindlichen Geste der Unterwerfung zum Spiel auffordert.

Beispiel: Es kommt häufig vor, daß ein Welpe oder Junghund seine Menschen aufgeregt und mit einer aktiven Geste der Unterwerfung begrüßt, das heißt, er legt sich auf den Rücken und läßt ein paar Tropfen Harnflüssigkeit fallen. Mit diesem kindlichen Verhalten möchte der junge Hund den Menschen »beschwichtigen« und in ihm den Drang zum Betreuen aktivieren. Ein erwachsener Hund säubert in dieser Situation seine Welpen nämlich sofort, was ihnen ein Gefühl der Geborgenheit gibt. Der Mensch hingegen ärgert sich über den Welpen und löst damit bei dem Junghund extreme Unsicherheit aus; in der Folge wird der Welpe in ähnlichen Situationen noch mehr zu beschwichtigen versuchen, und die Situation kann immer mehr eskalieren.

Es ist deshalb sinnvoll, eine allzu hektische und aufgeregte Begrüßung zu vermeiden, indem man ruhig mit dem Welpen redet und zunächst nicht stehenbleibt, sondern einfach ein Stückchen weitergeht. Erst wenn sich die primäre, überschwengliche Freude gelegt hat, sollte der Junghund ruhig und liebevoll gestreichelt und begrüßt werden.

Konrad Lorenz vertritt die Meinung, daß der Zusammenschluß zu einer Verteidigungsgemeinschaft Ausgangspunkt für die Bildung individualisierter Gruppen war. Er ist der Ansicht, daß Aggression »ansteckend« wirkt und daß sie befreundete Individuen zusammenhält, denn in der Gruppe ist man bekanntlich stark.

In einer Verteidigungsgemeinschaft kommt es nicht auf die Größe der einzelnen Mitglieder an.

Beispiel: Hunde, die einander vorher nicht kannten und sich in einer unserer Freilaufanlagen zum ersten Mal unter Aufsicht begegnen und vorsichtig anzufreunden beginnen, verbellen plötzlich vorbeikommende Objekte oder Lebewesen, die offenbar als willkommener Anlaß zum Streßabbau dienen. Meistens machen alle Hunde sofort bei einer solchen Aktion mit – und der Bann ist gebrochen, ganz nach dem Motto: Wer es schafft, jemanden oder etwas gemeinsam zu verjagen, gehört zusammen.

Der Brutpflegetrieb ist in einer sozialen Gemeinschaft mit die wichtigste Ursache für wahre Freundschaft.

Trotzdem ist die Aggression keine grundlegende Ursache für den Zusammenhalt von Individuen; sie fördert nur das gemeinschaftliche Denken und Handeln, solange eine Verteidigungsbereitschaft nötig ist. Für eine wirkliche Freundschaft zwischen Individuen ist hingegen der Brutpflegetrieb weitaus entscheidender.

Inju, ein erwachsener Schäferhund-Malinois-Mischlingsrüde, kümmert sich immer äußerst liebevoll um die Erziehung der jüngsten Gnadenhof-Neuankömmlinge.

Gefühle

Die Gefühle von Lebewesen konnten noch nicht bis ins letzte erforscht werden – weder beim Menschen noch beim Tier. Dazu kommt, daß Biologen unter »Gefühl« etwas anderes verstehen als Psychologen oder Philosophen.

Ich halte Gefühle für die Grundelemente des Seelenlebens. Vertrauen zum Beispiel ist für Mensch wie Hund fühlbar.

Ich halte Gefühle für die Grundelemente des Seelenlebens eines jeden Individuums. Jedes Lebewesen wird von ihnen nachhaltiger und grundlegender in seinem Wirken beeinflußt als vom Willen oder vom Verstand. Gefühle können in krassem Gegensatz zu unserer gegenständlichen Wahrnehmung stehen. Sie verändern unseren Körperzustand (Angstschweiß, erhöhter Pulsschlag usw.) und sind vom Verstand, wie hoch er auch entwickelt sein mag, praktisch nicht zu beeinflussen. Von Gefühlen wird im Folgenden noch viel die Rede sein.

Die Mensch-Hund-Beziehung

Domestikation

Domestizieren bedeutet soviel wie »zum Haus gehörig machen« bzw. »zur Familie gehörig machen«. Die Tiere, mit denen wir in häuslicher Gemeinschaft leben und die wir deshalb als unsere Haustiere bezeichnen, sind nicht mehr mit gezähmten Wildtieren zu vergleichen: Wir haben sie durch unentwegte Selektion für unsere Zwecke geformt. Durch dieses künstliche Ausleseverfahren wurden unterschiedliche Verhaltensweisen, Eigenschaften, Fähigkeiten und äußeren Merkmale – je nach Nutzungsabsicht des Menschen – verstärkt oder abgeschwächt.

Die komplexen natürlichen Verhaltensweisen der Wildtiere wurden durch die Bevorzugung bestimmter Temperamente (Hemmbarkeit – Erregbarkeit) und deren selektive Zucht auf einseitige Weise ausgeprägt. Jeder Gewinn zugunsten des Menschen war nur durch die Einschränkung der ursprünglichen Verhaltensvielfalt eines Wildtieres zu erreichen.

Die Haustiere müssen unseren Vorstellungen entsprechen, unsere Bedürfnisse befriedigen und unsere Wünsche erfüllen.

Die Haustiere müssen unseren Vorstellungen entsprechen, unsere Bedürfnisse befriedigen und unsere Wünsche erfüllen. So wurden zum Beispiel aus robusten, widerstandsfähigen Wildrindarten krankheitsanfällige Milchproduzenten; lebhafte Wildschweine wurden zu völlig überbauten Fleischbergen, die ohne die Fürsorge des Menschen nicht mehr lebensfähig sind, und wild le-

Vertrauensvolle Begegnung mit einem Wolfshybriden.

bende, agile Truthähne machten wir zu Lebewesen, die nach einem Lebensjahr so schwer sind, daß sie sich nicht mehr auf den Beinen halten können. Im Laufe der Zeit hat die Selektion durch den Menschen eine unglaubliche Vielfalt an Spezialisierungen entstehen lassen.

Das tägliche Miteinander ist sehr wichtig, um eine dauerhafte Beziehung zu den scheuen Wolfshybriden zu bekommen.

Im Gegensatz zu diesen Haustierarten waren dem Menschen bei der Domestikation des scheuen Wolfs (oder war es der Schakal? Oder der Kojote?) Partnerschaft, Treue und Arbeitswilligkeit am wichtigsten, da die sozialen Strukturen von Mensch und Wolf einander sehr ähnlich sind. Laut Stanley Coren ist es noch nicht bewiesen, welchen biologischen Ursprung der heutige Haushund hat. Andere Autoren wie zum Beispiel John Paul Scott behaupten allerdings, es sei inzwischen nachweisbar, daß der indische Wolf der Urahn aller Hunde sei.

Konrad Lorenz war lange Zeit der Meinung, daß der Goldschakal als Stammvater des Haushundes in Frage käme. Erst später schloß er sich der Meinung an, daß der Wolf der Urahn aller Hun-

Vieles spricht dafür, daß der Wolf der Vorfahre des Hundes ist.

de sein müsse. Es gilt als erwiesen, daß es keine Haustierart gibt, die mehrere Wildtierarten als Vorfahren hat, denn die Fortpflanzungsfähigkeit bleibt nur dann erhalten, wenn ausschließlich eine Wildtierart im Spiel ist, und eine Fortpflanzungsgemeinschaft wird als grundlegendes Artkennzeichen angesehen. Auch neuere, aus der Genetik hergeleitete Befunde weisen immer mehr darauf hin, daß nur der Wolf als Vorfahr des Hundes in Frage kommt.

Der Mensch erkannte jedenfalls schnell, zu welchen Leistungen diese Tiere fähig waren. So züchtete er, seinen vielfältigen Bedürfnissen entsprechend, ein intelligentes, lernbegabtes und zu hohem Kommunikationsvermögen fähiges Lebewesen heran, den Hund. Es entstanden Tiere, die ursprünglich sehr kraftvoll, schnell, widerstandsfähig und geschickt waren (und es teilweise bis heute geblieben sind) und sogar in der Lage waren, ihre eigenen Vorfahren zu bekämpfen – wie dies etwa bei Herdenschutzhunden der Fall ist. Alle Verhaltensmerkmale der Urahnen des heutigen Haushundes findet man bei den zahlreichen heutigen Hunderassen wieder, wenn auch mit unterschiedlicher Gewichtung.

Hinzu kam, daß Wolf und Hund imstande waren, eine tiefe, durch Vertrauen und Freundschaft geprägte partnerschaftliche Beziehung mit dem Menschen einzugehen. Die enge Bindung an

Chardash, ein Slowencky Cuvac (Herdenschutzhund), in liebevollem Kontakt mit seinem Schützling.

den Menschen gibt dem Hund ein breites Spektrum an Lernmöglichkeiten; der Hund ist also keineswegs dümmer als der Wolf (wie oft behauptet wird), sondern lediglich spezialisiert.

Es ist eine faszinierende Leistung des Menschen, rund 400 Hunderassen herangezüchtet und dabei die Reinerbigkeit erhalten zu haben.

Es ist eine besonders faszinierende Leistung des Menschen, derart viele verschiedene Hunderassen (rund 400) geschaffen und dabei deren Reinerbigkeit erhalten zu haben. Dennoch fühlen sich alle Hunde zueinander hingezogen – unabhängig davon, wie groß sie sind und welcher Rasse sie angehören –, ihre Fortpflanzung ist möglich und ihre Kommunikationsweise ist gleich. Die Sozialordnung der Hunde ist einfacher und starrer als die der Wölfe; daraus resultiert auch eine einfachere Kommunikation.

An dieser Stelle möchte ich nachdrücklich auf das Folgende hinweisen: Kreuzt man einen Hund mit einem seiner Urahnen, zum Beispiel einem Wolf, so entstehen daraus immer Mischlinge, die besonders furchtsam und ängstlich sind – meist weit ängstlicher und scheuer, als dies bei ihren Vorfahren der Fall war. Die Verpaarung eines Wolfes mit einem Hund stellt deshalb einen fatalen Rückschritt dar (siehe Beispiel »Dakota« auf Seite 415).

Die Verpaarung eines Wolfes mit einem Hund stellt einen fatalen Rückschritt dar.

Es ist ein Aberglaube, daß Wolfshybriden besonders gefährlich sind. Aber das Gegenteil ist der Fall: sie sind ganz besonders scheu.

Diese Wolf-Hund-Mischlinge versuchen zwar, vieles vom Menschen anzunehmen, und es ist auch möglich, sie in gewisser Weise zu erziehen, aber wenn man das Erlernte nicht ständig wiederholt, sind die Erziehungserfolge schnell vergessen, und die Tiere fallen in ihre ursprüngliche Scheuheit zurück. Beim reinen Wolf, der seine Scheuheit gegenüber dem Menschen durch den Umgang mit ihm und die Gewöhnung an ihn verloren hat, ist der Rückfall in die natürliche Scheuheit weniger extrem.

Verlust ursprünglicher Instinkte – Steigerung der Intelligenz?

Wenn Hunde, die ausgesetzt wurden oder sich verlaufen haben, wieder nach Hause finden, oder wenn Hunde genau wissen, zu welchem Zeitpunkt ihr Besitzer von der Arbeit heimkommt oder wann es täglich etwas zu fressen gibt, ist es wohl kaum noch nötig, ständig nach Beweisen für das Vorhandensein ihrer Intelligenz zu suchen. Im Zusammenleben mit Tieren darf man es sicher nicht bei reinen Vermutungen hinsichtlich des Denkens und Fühlens der vierbeinigen Freunde des Menschen belassen; aber genausowenig darf man nur eine rein biologisch-mechanistische Denkweise gelten lassen.

Der Aufbau des Nervensystems höherer Säugetiere entspricht ungefähr der Physiologie des Menschen. Auch Psychologen nutzen Beobachtungen an höheren Wirbeltieren, um zum Beispiel das Verhalten von Kindern in bestimmten Situationen vorhersagen zu können. Wissenschaftliche Untersuchungen sind mit Sicherheit eine große Hilfe, um die Verhaltensweisen der Tiere nicht nur subjektiv betrachten zu können; aber man darf als logisch und wissenschaftlich denkender Mensch den Tieren nicht einfach Gefühle oder Bewußtsein absprechen, nur weil ihr Vorhandensein angeblich nicht beweisbar ist. Manche Wissenschaftler behaupten sogar, diese Beweisführung sei noch nicht einmal im Hinblick auf den Menschen gelungen.

Der Hund ist durch die Domestikation nicht nur ein zahmer Wolf geworden, sondern er hat sich physisch wie psychisch entscheidend von seinem wilden Vorfahren wegentwickelt – dies deshalb, weil dem Menschen die kindlichen Verhaltensweisen des Wolfes bei der »Erschaffung« des Hundes besonders wichtig waren: Nur durch die starke Ausprägung kindlicher Züge war die dauerhafte Bindung des Hundes an den Menschen möglich (Mutter-Kind-Prinzip). Auch der erwachsene Hund behält sein Leben lang wesentliche Eigenschaften eines Junghundes bei; dies gilt

Nur durch die starke Ausprägung kindlicher Züge war die dauerhafte Bindung des Hundes an den Menschen möglich.

nicht nur für das Verhalten, sondern auch für äußere Merkmale (zum Beispiel verkürzte Schnauze, rundlicher Kopf, Hängeohren, ausgeprägter Spieltrieb, kein nachhaltiges Rangstreben usw.).

Kindliches Aussehen war dem Menschen insbesondere bei der Zucht des Gesellschaftshundes wichtig.

Je mehr der Hund durch die jahrhundertelange Selektion sein wölfisches Erbe, seine ursprünglichen Instinkte, verloren hat, desto mehr erfüllt er die Bedürfnisse des Menschen, entspricht er dessen Anforderungen. Einerseits sind seine Sinne zum Teil schwächer ausgeprägt als beim Wolf, und etliche ursprüngliche Verhaltensweisen sind nahezu verschwunden, doch andererseits wurden durch die Zucht spezielle Fähigkeiten und erwünschte Verhaltensweisen verstärkt. Der Hund hat *zwangsläufig* nicht nur sein äußeres Erscheinungsbild, sondern auch sein »Innenleben« (das heißt seine Gefühle und sein Verhalten) dem Menschen anpassen müssen, auch wenn bei den Hunderten von Hunderassen, die es heute gibt, die körperlichen und mentalen Fähigkeiten, je nach Zuchtziel, stark voneinander abweichen.

Intelligente Hunde manipulieren

Ein intelligenter Hund wie Aaron hat meist auch einen sehr starken Willen.

Leider gehört es nur allzu oft zum Selbstverständnis Menschen, daß er, als »höheres« Lebewesen, ausgestattet mit Verstand und Moralvorstellungen, dem »nur mit Instinkten« ausgerüsteten und unvollkommenen Tier alles abspricht, was in irgendeiner Weise mit Denken und Fühlen zusammenhängt.

Entgegen dieser voreingenommenen Denk- und Betrachtungsweise kann man das Zusammenleben von Mensch und Hund auch durchaus anders erleben. Je intelligenter, wahrnehmungsstärker und feinfühliger ein Hund ist, desto mehr ist er in der Lage, seinen Menschen zu beobachten und zu durchschauen. Er entdeckt dessen Gewohnheiten, übernimmt von ihm insbesondere solche Verhaltensweisen, die den Menschen ganz offensichtlich erfreuen, und kombiniert sie mit arteigenem Verhalten. Ein Beispiel hierfür ist das Pfotengeben des Hundes (Pföteln), das er nicht erlernt hat, sondern von sich aus tut. Dieser Geste bedient sich der Hund in vielen Situationen, etwa nach einer Bestrafung als Beschwichtigungssignal, im Alltag als Ausdruck liebevoller Verbundenheit, aber auch dann, wenn er sozialen Kontakt einfordert und gestreichelt oder gekrault werden will.

Ein intelligenter Hund beobachtet und durchschaut seinen Menschen.

Der Hund zeigt also mittels der Kombination aus arteigenem und vom Menschen übernommenen Verhalten, wie sehr er sich dem Menschen anpaßt – natürlich auch, damit seine eigenen Wünsche befriedigt werden. Dadurch beeinflußt er wiederum das Verhalten des Menschen.

Typische Situationen

Der Hund stupst den Menschen an, bis der ihn streichelt; er bettelt herzerweichend, um eine Kleinigkeit von dessen Teller abzubekommen, und erhält sie schließlich auch. Mitunter kann man sich des Eindrucks nicht erwehren, der Hund erziehe den Menschen! Da heißt natürlich nicht, daß jeder Hund diese kleinen Erfolge seiner »Menschenerziehung« sofort und immer ausnutzt. Ich kenne jedoch Manipulationsgenies, die den Tagesablauf ihrer Besitzer aktiv mitbestimmen und sie dadurch völlig im Griff haben.

Intelligenz nichts mit Rassenzugehörigkeit zu tun, denn jede Rasse ist in einer bestimmten Weise spezialisiert und in diesem Bereich eben am besten.

Beispiel 1: In einem Fall wurde das besonders deutlich. Der Hund wollte in den Garten gelassen werden. Der Besitzer ließ den Hund nach draußen und schloß die Tür hinter ihm. Schon wenige Minuten später bat der Hund um Einlaß, um kurz darauf wieder nach draußen zu wollen. So ging das eine Weile hin und her. Das ganze Vorgehen erweckte den Eindruck, als sei der Mensch zum Türsteher seines Hundes geworden!

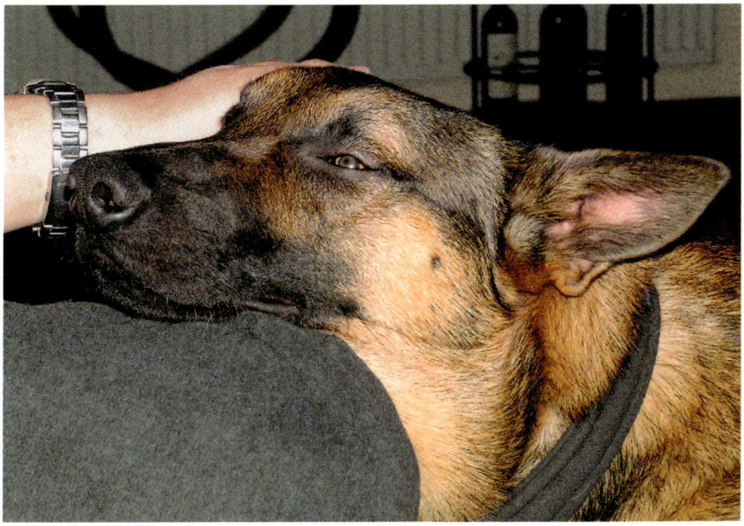

Intelligente Hunde manipulieren ihre Besitzer gerne, indem sie bestimmen, wann und wie oft sie gestreichelt werden möchten. Aber nur selten entwickelt sich aus solchen Manipulationen ein Rangordnungsproblem.

Beispiel 2: Es kommt häufig vor, daß Hunde bei einem Gewitter ängstlich werden und die Besitzer darauf mit einer besonders liebevollen Behandlung reagieren. Der Hund merkt sich diese Art von »Belohnung« sehr genau und wird es lernen, seine Ängste sogar gezielt einzusetzen, um in den Genuß der Belohnung zu kommen.
Sie sollten daher einen ängstlichen Hund so normal, selbstverständlich und gelassen wie möglich behandeln und ihm weder besondere Strenge noch besondere Fürsorge entgegenbringen. Zeigen Sie ihm vielmehr, daß es keinen Grund gibt, Angst zu haben, und belohnen Sie ihn, sobald er sich gelassen verhält.
Es ist völllig normal, daß sich ein Hund vor Gewittern fürchtet; in einer solchen Situation bedarf es keiner außergewöhnlichen Aufmerksamkeit des Menschen. Der Mensch sollte dem Hund lediglich das Gefühl vermitteln, daß ein Gewitter etwas Selbstverständliches ist, das er nicht zu fürchten braucht.

Den Hund besser verstehen, Mißverständnisse durchschauen

Fähigkeiten und Bedürfnisse eines intelligenten Hundes

Gerade besonders intelligente Hunde landen oftmals auf dem Gnadenhof! Es sind genau *die* Hunde, die eine auffallend gute Wahrnehmungs-, Lern- und Assoziationsfähigkeit besitzen und deshalb die Gewohnheiten, Stärken, Schwächen und Wünsche des Menschen rasch erfassen und, vor allem, den Menschen durchschauen.

Ein intelligenter Hund, der zuwenig Aufmerksamkeit bekommt, lernt schnell, wie er sich bemerkbar machen kann.

Die Aufmerksamkeit des Menschen ist für jeden Hund wichtig, aber der intelligente Hund lernt wesentlich schneller, wie er die Aufmerksamkeit seiner Bezugsperson auf sich ziehen kann. Jemand, der das positive Verhalten seines Hundes zuwenig belohnt, sollte sich deshalb nicht wundern, wenn der immer häufiger etwas anstellt: Negative Aufmerksamkeit (den Hund anschreien, schlagen usw.) ist besser als gar keine Aufmerksamkeit. Aus diesem

Ein intelligenter Hund ist ständig auf der Suche nach Beschäftigung.

Die Schwächen von Menschen wahrzunehmen und deshalb selbst Entscheidungen zu treffen, ohne daß Berechnung im Spiel ist, kann einen Menschen im Leben weiterbringen – und einen Hund hinter Gitter.

Grunde neigen gerade die intelligenten Hunde zu Verhaltensauffälligkeiten – und zwar von ganz geringen bis hin zu ganz extremen. Gibt man ihnen zuwenig Anerkennung, bestätigen sie sich selbst (sie erschrecken harmlose Spaziergänger, gehen auf andere Hunde los, vertreiben den Briefträger usw.).

Ein intelligenter Hund, der Ihre Schwächen bemerkt, wird – sofern aus seiner Sicht nötig – eine andere Rollenverteilung anstreben und durchsetzen. Um einen intelligenten Hund zu führen, ist ein noch intelligenterer Besitzer notwendig!

Um einen intelligenten Hund zu führen, ist ein noch intelligenterer Besitzer notwendig.

Einem intelligenten Hund wird es schnell langweilig, und er sucht sich eigenständig Beschäftigungsmöglichkeiten und ihm wichtig erscheinende Aufgaben (Jogger jagen, das Territorium beschützen bzw. verteidigen usw.). Er lernt wesentlich schneller als ein anderer Hund, wie beispielsweise Türen und Schränke zu öffnen sind – nicht immer zur Freude seines Besitzers.

Ein intelligenter Hund läßt sich jedoch auch schneller irritieren, wenn zu viele Menschen Anforderungen an ihn stellen, wenn er unter- oder überfordert ist, wenn er zuwenig Bindungsmöglichkeiten an eine Bezugsperson hat (zu häufiger Halterwechsel), wenn er zu einsam ist usw. Es verhält sich beim Tier nicht anders

Trügerische Ergebenheit.

als beim Menschen: Hochbegabte Kinder werden auch in vielen Fällen (zunächst) nicht erkannt und wirken entweder sehr intro- oder aber sehr extrovertiert und mitunter sogar aggressiv.

Ein intelligenter Hund entdeckt die Gefühle seines Besitzers oft wesentlich schneller als dieser selbst und weiß, wie er ihn manupulieren bzw. dominieren kann.

Ein intelligenter Hund benötigt eine besonders konsequente, geordnete und von Feingefühl geprägte Beziehung zum Menschen, Sinn im Leben, mehr Aufgaben und ausreichend Anerkennung; das Zusammenleben kann andernfalls niemals harmonisch verlaufen. Er entdeckt die Gefühle des Menschen rasch – oft wesentlich schneller als sein Besitzer – und lernt umgehend, wie er ihn manupulieren bzw. dominieren kann.

Beispiel: Ein aggressiver Hund, der nach seiner Beschlagnahmung in einem Tierheimzwinger auf sein weiteres Schicksal wartet, ist gerade der, der sich nicht ohne weiteres herausholen läßt, denn er
- *ist durch das Erlebte äußerst mißtrauisch und vorsichtig geworden,*
- *läßt sich nicht bestechen,*
- *schließt sich keiner Person an, bei der er keine Sicherheit findet (dazu gehört, daß der Mensch sich selbstdiszipliniert verhält, innere Ruhe ausstrahlt),*
- *reagiert stärker auf planloses Verhalten des Menschen,*
- *reagiert stärker auf Hilflosigkeiten des Menschen (zum Beispiel auf die Anwendung von Gewalt),*
- *testet den Menschen auf Schwächen,*

- *bemerkt Unsicherheiten bei dem Menschen, der ihn herausholen will, wesentlich schneller,*
- *läßt sich zu nichts zwingen und zu nichts drängen,*
- *erwartet von einem Menschen, dem er sich anschließen möchte, besondere Führungsqualitäten,*
- *vertraut keinem Menschen, der sich vor ihm erniedrigt,*
- *erwartet absoluten Respekt vor seiner Persönlichkeit und*
- *absolute Ehrlichkeit im Umgang mit Gefühlen.*

Ein Hund, der den Mut und die Entschlossenheit aufbringt, sich gegen Fehlbehandlungen seitens des Menschen zu wehren, ist keinesfalls eine Bestie – zu dieser Beurteilung kommt der Mensch nur wegen seiner mangelnden Fach- und Sachkenntnis und seiner fehlenden Objektivität –, sondern im Grunde eine bewundernswerte Persönlichkeit!

Nur dank Hundepersönlichkeiten wie Tshai konnte ich im Umgang mit Hunden so viel Wissen erwerben.

Ein Hund, den ich überzeugen konnte

Wie gefährlich der Umgang mit aggressiven Hunden sein kann, möchte ich gerade an diesem Beispiel aufzeigen: Verschiedene Personen haben mich dazu aufgefordert zu beschreiben, wie es in diesem Beispielfall weiterging bzw. zu erläutern, was genau ich tat, um das Vertrauen des Hundes zu gewinnen.
Es war nur eine kleine, einfache Aktion, mit der ich Zugang zu Ben Hur fand. Weil aber bei uns auf dem Gnadenhof kein Platz frei war, mußte der Hund vorerst im Tierheim bleiben; so gab ich den Mitarbeitern einige Hinweise, wie sie sich bei dem Hund verhalten sollten, und fuhr wieder ab.
Eine Mitarbeiterin des Tierheims hatte mich bei meiner Kontaktaufnahme mit Ben Hur beobachtet, und sie versuchte einige Tage später, das zu wiederholen, was sie von außen (!) bei mir gesehen hatte. Die Sache ging gründlich schief: Der Hund fiel sie an und verletzte sie schwer.
Im Umgang mit einem gefährlichen Hund darf man niemals jemanden imitieren! Nicht das von außen sichtbare Verhalten ist maßgebend, sondern ein umfassendes Bewußtsein der Vorgänge zwischen Mensch und Hund.
Es genügt nicht, allein die vom Hund ausgehenden Signale zu beachten, sondern man muß zugleich die eigenen Gefühle und damit auch Schwächen sowie den eigenen Körperausdruck wahrnehmen und dem Tier ehrlich gegenübertreten.

Ben Hur war ein elfjähriger, unkastrierter Bullterrier-Rüde, mit dem mich eine besondere Freundschaft verband, seit ich sein Vertrauen gewonnen hatte. Er lebte in einem Tierheim, und niemand wagte sich mehr an ihn heran, weil er zur Verteidigung seines Zwingers gegenüber Menschen ein offen aggressives Konfrontationsverhalten zeigte. Ich erlebte inmitten eines mit Exkrementen völlig verunreinigten Zwingers einen ungemein stolzen Hund, der mich herablassend und mit Todesverachtung ansah. Sein Blick schien auszudrücken: »Lieber sterbe ich mitten im Schmutz, als jemals wieder einen Menschen an mich heranzulassen. Seine ganze Körpersprache (stocksteife Haltung, jeder Muskel angespannt, starr fixierender Blick, aufgerichtete Rute) verriet mir, wie ernst es ihm damit war, sofort zuzubeißen.
Es gibt selten Hunde, die in einer Notwehrsituation mit einem derartigen Selbstbewußtsein auftreten. Dennoch weiß ich: Jeder Hund, hinter einer wie starken Aggression er seine Verzweiflung auch verstecken mag, sucht nach Schutz und Geborgenheit.
Mitarbeiter des Tierheims, die versucht hatten, den Hund mit Leckereien zu beruhigen, ignorierte er völlig. Er ging unvermittelt zum Angriff über, sobald sie sich dem Zwinger näherten. Besonders geduldige Mitarbeiter hatten sogar dieses versucht: Sie hatten sich mehrere Stunden lang mit dem Rücken zum Zwinger auf den Boden gesetzt, um das Tier zu beschwichtigen. Ben Hur reagierte jedoch auch noch nach mehreren Stunden aggressiv auf die kleinste Bewegung.
Die beschriebenen und auch weitere Methoden sind in vielen Fällen durchaus erfolgreich – aber nicht in einem Fall wie diesem.
Schon allein die Tatsache, daß mehrere Methoden der Beschwichtigung ausprobiert werden, genügt, um einem solchen Tier planlos zu erscheinen und ihm das Gefühl zu geben, daß der Mensch sich vor ihm erniedrigt. Ein selbstbewußter Hund wird den Betreffenden keinesfalls mehr als Leitfigur akzeptieren.
Ein solches Tier läßt sich weder bestechen noch zu etwas drängen. Der Hund muß wollen – insbesondere muß er die Nähe des Menschen wollen und sogar suchen.
Wer solch einen Hund führen will, muß nicht nur die Ursachen der Probleme des Hundes sofort zweifelsfrei erkennen, sondern zugleich seine eigenen Schwächen und Stärken richtig einschätzen,

sich und anderen nichts beweisen wollen und zu jeder Sekunde Ruhe und Selbstbeherrschung ausstrahlen; nur dann kann sich der Mensch auf Anhieb richtig verhalten. Alles andere ist lebensgefährlich!

Was Gefühle angeht, ist der Mensch sehr kontrovers

In der Mensch-Hund-Beziehung sollten immer Verstand *und* Gefühl gemeinsam eingesetzt werden. Gefühle kann man vor einem Hund nicht verbergen, denn sie werden über die Körpersprache sichtbar – und genau diese nonverbale Ausdrucksweise verbindet uns mit allen Wirbeltieren. Blicke und Berührungen beruhen auf Gefühlen und sind der Beginn einer von Vertrauen getragenen Kommunikation. Man sieht einem Hund durchaus seine Stimmungen und Gefühle an, aber die *Ursache* für seine Befindlichkeit erkennen die meisten Menschen nicht.

Beispiel: Jeder Mensch sieht, wenn ein Hund aggressiv ist. Aber den Grund für die Aggression erkennt er in der Regel nicht. Ist es Angst? Ist es Wut? Oder ist es Schmerz?

Bei dieser ägyptischen Hündin ist Angst die Ursache der Aggression.

Dennoch interpretiert der Mensch vorschnell das Verhalten oder die Stimmung des Hundes und unterstellt ihm menschliche Gefühle oder Motive, die der Hund in dieser Form nicht hat.

Beispiel: Wenn der Hund laut bellt oder knurrt oder beißt, halten ihn die meisten Menschen für aggressiv. Die entscheidende Frage ist aber: Welche Ursache liegt dem Bellen usw. zugrunde?

Für die meisten Menschen ist es sehr schwer, die wahre Ursache für aggressives Verhalten zu erkennen.

Daraus resultieren zahlreiche Mißverständnisse, die sich wie in einer Spirale »nach oben schrauben«, bis die Lage eskaliert.

Menschen, die das Verhalten eines Tieres dauernd beschönigen (beispielsweise einen Welpen auch dann noch goldig und niedlich finden, wenn er Schuhe zernagt) oder dauernd verteufeln (beispielsweise Bellen immer als Bedrohung interpretieren), beweisen damit weder Tierliebe noch Fachkenntnis. Wir Menschen nehmen Hunde eben aus menschlicher Sicht wahr und müssen deshalb dringend darauf achten, unsere Gefühle, Vorstellungen und Sichtweisen nicht auf die Tiere zu projizieren. Einem Hund menschliche Denk- und Handlungsweisen zu unterstellen, ist völlig falsch und hat mit unseren fixen Vorstellungen oder auch mit unseren Sehnsüchten und Träumen zu tun.

Auch wenn ich mich wiederhole: Manche Wissenschaftler behaupten, Gefühle und Bewußtsein ließen sich nicht beweisen. Aber wir alle wissen aus eigener Erfahrung, daß sie vorhanden sind. Die Tatsache, daß der Mensch nicht fähig ist, die Gefühle von Tieren zu messen, bedeutet nicht, daß die Tiere keine Gefühle haben. Als »Frau der Praxis« kann ich nur dieses sagen: Gerade wenn man die (definitiv vorhandenen!) Gefühle der Tiere nicht beachtet, entwickeln sich Verhaltensstörungen, die dem Menschen einmal gefährlich werden können.

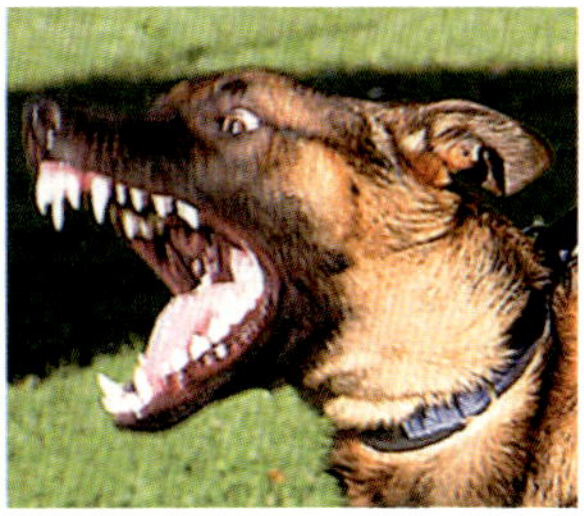

Unabhängig von den Ursachen: So sieht es aus, wenn aggressives Verhalten eskaliert …

Wenn der Hund dem Menschen hilft

Sie erwarten hier vielleicht Beispiele für Hilfe, die dem Menschen durch eigens dazu abgerichtete Hunde zuteil wurde (Blindenhund, Rettungshund, Mantrailer usw.). Ich meine aber eine ganz andere Art von Hilfe, die man dem Tier nicht beibringen kann, sondern die es dem Menschen ganz von sich aus zukommen läßt.

Dies war für mich einer der bewegendsten Momente in meinem Leben: Ich konnte beobachten, wie ein als »schwer verhaltensgestört« klassifizierter Hund einem Mitarbeiter half, der sich selbst jeglichem zwischenmenschlichen Kontakt verschlossen hatte. Ich hätte es niemals geglaubt, wenn ich es nicht mit eigenen Augen gesehen hätte.

Die Tatsache, daß der Mensch nicht fähig ist, die Gefühle von Tieren zu messen oder zu erkennen, bedeutet keinesfalls, daß die Tiere keine Gefühle haben.

Beispiel: Angi, eine als besonders gefährlich eingestufte Rottweilerhündin, ist äußerst einfühlsam auf einen meiner Mitarbeiter – einen in sich gekehrten, depressiven Menschen – zugegangen. Dieser von der Hündin willentlich herbeigeführten Annährung und der Zutraulichkeit des Tieres ist es zu verdanken, daß mein Mitarbeiter wieder Lebensfreude empfinden, Mut fassen und das Gefühl des Verbundenseins erleben konnte.
Angi hat die Fähigkeit – wie sie Tieren im allgemeinen und Hunden im besonderen eigen ist – Liebe, Zuneigung und körperliche Berührung zu schenken, ohne Dankbarkeit dafür zu erwarten. So kann das Tier dem Menschen ein Gefühl von Wichtigkeit und Wert vermitteln. Dank dieses Erlebnisses ist es meinem Mitarbeiter

jedenfalls gelungen, den Weg in zwischenmenschliche Beziehungen zurückzufinden.

Angi war eine Hündin, die Menschen und Tiere aus Unsicherheit sofort angriff. Mit dem ihrer Art eigenen, untrüglichen Gespür für Menschen erkannte sie meinen Mitarbeiter sofort als schutz- und zuwendungsbedürftig und verhielt sich entsprechend – bis heute. Wenn sie mit ihm zusammen ist, wirkt sie ausgeglichen und tut niemandem etwas zuleide. Sobald jedoch andere Mitarbeiter mit ihr spazierengehen, geht es weit weniger harmonisch zu.

Inzwischen wurde durch sozialmedizinische Studien belegt, daß Heimtiere allgemein einen »positiven Effekt auf die Psyche und die körperliche Gesundheit des Menschen« haben (Gutzwiller).

Eine ganz besondere Freundschaft.

Was bedeutet »Vermenschlichung«?

Kein Hund kann jedes Wort seines Halters verstehen oder jeden seiner Gedanken erraten.

Vielen Menschen eröffnet das Tier, allen voran der Hund, einen Ausweg aus dem Alltag und aus der Einsamkeit. Daher dient das Tier immer häufiger als Ersatz für den Partner oder für Kinder. Das wäre eigentlich gar kein Problem, wenn man bei der Hundeerziehung zum einen konsequent und zum anderen feinfühlig und verständnisvoll vorginge – und vor allem ohne die Erwartungshaltung, daß das Tier jedes Wort und jeden Gedanken seines Halters verstehen müsse. Dieser Art von Leistungsdruck ist kein Tier gewachsen! Dazu darf es nicht kommen!

Zusammen mit dem Hund im Bett zu liegen oder auf dem Sofa zu sitzen hat nichts mit Vermenschlichung zu tun.

Die Zuneigung zwischen Mensch und Tier ist etwas Wertvolles, etwas ganz Besonderes. Auf keinen Fall darf dabei »Vermenschlichung« ins Spiel kommen. Unter »Vermenschlichung« verstehe ich eine Projektion seitens des Menschen auf das Tier, mit der man dem Tier typisch menschliches Verhalten und Reagieren unterstellt (»Mein Hund hat ein schlechtes Gewissen!« – »Der Hund meines Nachbarn ist hinterhältig!« usw.).

Mit anderen Worten: Vermenschlichung bedeutet, von einem Hund oder irgendeinem anderen Tier zu erwarten, es solle ebenso (un-)rational denken wie ein Mensch und sich entsprechend verhalten. Aber gerade diese Art der Vermenschlichung ist eine weit verbreitete Tatsache, und in der Regel reagiert der Halter enttäuscht und frustriert, wenn sein Tier in bestimmten Situationen ganz und gar nicht so reagiert, wie er es von ihm erwartet.

Wenn der Hund beginnt, den Menschen zu führen …

Beispiel: Der tägliche Spaziergang sollte ein harmonisches, erfreuliches, komplikationsloses Miteinander sein. Oft wird der tägliche Spaziergang mit dem Hund jedoch zum Horrorerlebnis: Nicht nur, daß der Hund allem möglichen nachjagt – er greift auch entgegenkommende Hunde und manchmal sogar Menschen an.

Aus Sicht des Menschen ist solch ein Tier »unkontrollierbar«, »stur« oder »dumm«. Häufig heißt es: »Unser Hund ist so irre, daß er sogar in die Reifen fahrender Autos beißen will.«

Unter »Vermenschlichung« verstehe ich eine Projektion seitens des Menschen auf das Tier, mit der man dem Tier typisch menschliches Verhalten und Reagieren unterstellt.

Aus Sicht des Hundes verhalten sich die Dinge jedoch völlig anders. Kein Tier betreibt über längere Zeit einen so enormen Energieaufwand, ohne triftige Gründe dafür zu haben. Solche Gründe können sein: Nahrungsbeschaffung, Territorialabgrenzung, Langeweile usw. Es gibt durchaus Hunde, die auch langweilige Spaziergänge akzeptieren, aber natürlich gibt es genauso solche, die ihrem Halter unbedingt zeigen möchten, was für sie wirklich wichtig ist – nämlich zum Beispiel auf Beutefang zu gehen. Der Jagdtrieb wird sich aber je nach Tier auf ganz verschiedene Weise äußern: Der eine Hund gräbt nur nach Mäusen, der andere stellt Großwild nach.

Eine wirkliche Beziehung zwischen Mensch und Hund ist nur dann möglich, wenn der Mensch begreifen lernt, daß sein Tier eine nach eigenen Gesetzen lebende Persönlichkeit ist und als solche anerkannt und ernstgenommen werden muß. Ein Hund bleibt immer ein Hund, und doch ist kein Hund wie der andere.

Ein Hund bleibt immer ein Hund, und doch ist kein Hund wie der andere.

Die Zuneigung zwischen Mensch und Tier ist etwas Wertvolles.

Die Mimik und die Körpersprache eines Hundes spiegeln immer seine momentanen, ehrlichen Gefühle wider. Beim Menschen ist dies nicht der Fall.

Wenn der Mensch erwartet, daß ein Hund anfängt, so zu denken wie er, entsteht eine Vielzahl von Mißverständnissen. Obwohl der Haushund vom Menschen gezüchtet wurde und bereit ist, viel von seinem Halter zu lernen, wird er niemals wirklich die Bedeutung eines jeden Wortes verstehen können.

Die Mimik und die Körpersprache eines Hundes spiegeln immer seine momentanen, ehrlichen Gefühle wider. Auf den Menschen trifft dies aber nicht zu: Wie oft passen seine Worte nicht zu seinem Gefühl und schon gar nicht zu seiner Körpersprache. Gefühlsausdrücke – zum Beispiel sich ängstigen, traurig, wütend oder eifersüchtig sein – sind in ihrer ursprünglichen Form in unserer Gesellschaft gar nicht mehr möglich; vor allem in der Öffentlichkeit gelten sie als inakzeptabel und werden unter erheblichem Einsatz diverser Hilfsmittel ständig überspielt.

Und bei all dieser Schauspielerei erwarten wir tatsächlich von unserem Tier, unsere oft zwiespältige Ausdrucksweise zu verstehen und uns in keiner Situation im Stich zu lassen? Doch trotz seines enormen Einfühlungsvermögens wird es dem Tier niemals möglich sein, genauso zu denken wie ein Mensch. Aus diesem Mißverständnis, der »Vermenschlichung« des Tieres, erwachsen zahllose Ängste und Unsicherheiten beim Hund. Der Mensch sollte sich seiner Verantwortung stets bewußt sein und den Hund möglichst nicht vermenschlichen, aber auch nicht versachlichen. Die soziale Stellung, die ein Mensch in der Beziehung zu seinem Hund einnimmt, muß er sich erst verdienen!

Falsch interpretierte Dominanz

Vermenschlichung hat nicht das geringste damit zu tun, daß der Hund etwa bei seinem Halter im Bett schläft oder auf dem Sofa liegt.

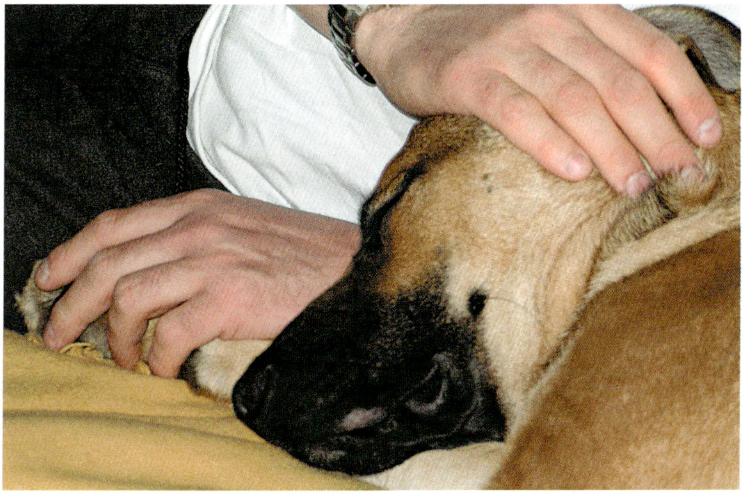

Jeder Mensch sollte selbst entscheiden, ob sein Hund in seinem Bett oder auf dem Sofa schlafen darf. Signale der Verbundenheit sind in jedem Fall unerläßlich.

In vielen Fachbüchern liest man, daß durch solches »Liegen auf gleicher Ebene« Dominanzprobleme entstehen können. Ich bin jedoch der Meinung, daß jeder Mensch für sich selbst entscheiden sollte, ob sein Hund mit ihm im selben Bett schlafen darf oder nicht. Ein Dominanzproblem entsteht jedenfalls nicht erst durch das Im-selben-Bett-Schlafen, sondern ist bereits vorher durch zu schwache und unsichere Führung zustandegekommen.

Richtig ist lediglich, daß ein Hund seine Dominanz deutlicher zeigt, wenn es um Besitzansprüche (zum Beispiel auf das Bett oder auf Futter) geht; aber für diese Dominanz hat es im gesamten Zusammenleben mit Sicherheit schon längst Anzeichen gegeben – der Mensch hat sie nur nicht wahrgenommen. Sich auf der glei-

Ein Dominanzproblem entsteht nicht dadurch, daß der Hund in unserem Bett schläft, sondern durch eine zu schwache und unsichere Führung.

chen Höhe mit dem Hund zu befinden, kann allenfalls ein bereits vorhandenes Dominanzproblem verstärken, aber kein Dominanzproblem hervorrufen.

Territorialabgrenzung durch Spaziergänge

Wählen Sie immer wieder andere Wege für Ihre Spaziergänge mit dem Hund.

Legt man mit seinem Tier täglich immer den gleichen oder einen ähnlichen Weg zurück, leitet der Hund daraus ab, es handle sich beim abgeschrittenen Territorium um das von ihm zu beschützende Revier – und damit nimmt er es sehr genau. Weil der Mensch ja immer wieder dessen Grenzen abläuft, geht der Hund davon aus, daß dieses Revier dem Menschen sehr wichtig sein müsse. Für den Hund wird es daher mit jedem Tag zwingender, Eindringlinge sofort zu verjagen, ob es sich nun um Autos, Radfahrer, Jogger oder andere Hunde handelt.

Der Hund versucht jeden Tag aufs Neue, seinen Menschen oder sein Territorium zu verteidigen.

Das Verjagen »bewegter Objekte« macht dem Hund sowieso immensen Spaß, weil er meistens schneller ist, weil für ihn das fliehende Objekt immer eine enorme Beutestimulation bedeutet und weil sein Selbstbewußtsein ungemein gestärkt wird, wenn ein Mensch oder ein so furchterregendes Ding wie ein Auto vor ihm flieht.

Zahlreiche Menschen berichten mir, daß ihr Hund beim Spazierengehen von Tag zu Tag aggressiver auf andere Hunde reagiere, obwohl er sie doch »langsam einmal kennen« müsse. Natürlich kennt er sie – und er ist jeden Tag aufs Neue empört darüber, daß sie es trotz seiner unmißverständlichen Drohgebärden immer wieder wagen, in sein Territorium einzudringen. Zudem zeigt ihm ja auch sein Halter jeden Tag aufs neue, wieviel Angst er selber vor dieser Situation hat; umso wichtiger wird dem Hund die Verteidigung. Dem Hund ist nämlich nicht bewußt, daß sich die Ängstlichkeit des Menschen auf die unerwünschten Aktionen des Hundes beziehen und daß der Mensch vor allem eine Eskalation der Lage fürchtet und nicht, wie der Hund glaubt, andere Hunde oder sonstige »Eindringlinge« (siehe auch »Führen lernen«, S. 112).

Was macht Spaß?

Was möchte mein Hund?

Ich habe dank der vielen Hunde auf dem Gnadenhof die verschiedensten Charaktere kennengelernt. Darunter sind begnadete Schauspieler, virtuose Solokünstler, intro- und extrovertierte Persönlichkeiten, Führungspersönlichkeiten, Manager, Hochstapler, Schwindler und einfache Statisten. Bestimmt finden Sie Ihren Hund in einer dieser Rollen wieder, ohne ihn dabei zu vermenschlichen. Was nun die richtige Beschäftigung für Ihren Hund angeht, so ergeben sich grundsätzliche Fragen:

- Welche Alternativen hinsichtlich einer Ausbildung oder Erziehung bieten sich an? Welche Methode liegt Mensch und Hund besonders?
- Wie gelingt es, die natürliche Neugier des Hundes anzufachen und zu nutzen?
- Wie und wodurch kann ich meinen Hund am besten motivieren (durch Spielzeug, Futter oder den eigenen Gemütsausdruck wie etwa Freude)?
- Welches Spiel, welche Art und Weise des Umgangs liebt er ganz besonders?
- Wie steht es um die Gefühlswelt meines Hundes? Ist er stabil, labil, schwankend usw.? Neigt er zu Extremen?
- Welche Eigenschaften sind bei meinem Hund besonders ausgeprägt (Intelligenz, Triebveranlagung, Reizschwelle, Durchhaltevermögen usw.)?
- Wovor hat mein Hund Angst? Wann ist seine Angst am stärksten?
- Worauf reagiert mein Hund am besten (Stimme, Gestik usw.)?

Welchen körperlichen Anforderungen ist der Hund gewachsen?

- Wo liegen die größten Fähigkeiten meines Hundes? Was tut er besonders gerne?
- Welche körperlichen Veranlagungen und Fähigkeiten hat mein Hund?
- Welche Aufgaben kann mein Hund bewältigen?
- Wo liegt die Toleranzgrenze meines Hundes gegenüber Einflüssen aus der Umwelt?
- Wie verhält sich mein Hund im Umgang mit Artgenossen?

Welches Spiel, welche Art und Weise des Umgangs liebt der Hund ganz besonders?

Die Klärung solch grundsätzlicher Fragen versetzt uns in die Lage, unseren Hund besser kennenzulernen. Je intensiver wir uns mit ihm befassen und ihn erforschen, desto eher können wir ihn verstehen. Und nur wenn wir ihn verstehen, haben wir die Möglichkeit, seine Bedürfnisse in Erfahrung zu bringen und sie angemessen zu befriedigen – angemessen, was die Art und Weise, Intensität und Dauer unseres Eingehens auf das Tier betrifft.

Nur wenn wir den Hund gut kennen und verstehen, sind wir in der Lage, etwaigem Fehlverhalten sinnvoll entgegenzuwirken.

Entsprechend sind wir bei etwaigem Fehlverhalten des Hundes viel eher in der Lage, die Ursache eines Problems zu erkennen und zu beheben. Andernfalls ist man zu einer bloßen Symptombekämpfung gezwungen; sie kann jedoch bestenfalls – zeitlich begrenzt – über das Kernproblem hinwegtäuschen und Mensch wie Hund in trügerischer Sicherheit wiegen.

Jeder Hundehalter muß sich jederzeit im klaren darüber sein, ob der Hund die ihm abverlangte Leistung überhaupt erbringen kann. Es ist deshalb unbedingt erforderlich, stets das Alter des Hundes, sein Leistungsvermögen, seinen Ausbildungs- und Erziehungsstand und vor allem seine emotionale Verfassung zu berücksichtigen.

Der Hund als Träger des Unbewußten

Ich wiederhole häufig, daß Sie die Persönlichkeit Ihres Hundes respektieren und bewahren sollten. In diesem Zusammenhang ist es wichtig anzumerken, daß Sie selbst – und zwar unbewußt – diese Persönlichkeit zu einem erheblichen Teil mitgeprägt haben. Durch das enge Zusammenleben nimmt der Hund wesentlich mehr von Ihnen an, als Sie sich vorstellen können: Er wird zum Träger Ihres Unbewußten.

Es vollzieht sich nämlich nicht nur eine bewußte Willensübertragung, sondern der Hund lebt auch die unbewußten Wünsche seiner Menschen aus. Ein Hund, der genau das Gegenteil dessen tut, was von seinem Menschen gewünscht wird, ist in diesem Sinne sogar manchmal ganz besonders gehorsam, denn er spürt die erfüllbaren und unerfüllbaren Wünsche und Sehnsüchte seines Menschen stärker als dessen Befehle.

Wenn man sich nach einem »Beschützer« sehnt ...

Lernfähigkeit

Lernen in der Gemeinschaft

Zur Aufrechterhaltung einer sozialen Gemeinschaft bzw. einer vertraulichen, engen Beziehung sind Regeln und geordnete Verhältnisse unabdingbar. Diese Grenzen und Regeln erlernen Lebewesen normalerweise im sozialen Miteinander von klein auf, vor allem im Spiel. Der spielerische Umgang ist in einem Hunderudel oder in einer Hundefamilie von Anfang an konsequent ritualisiert und gibt jedem Gruppenmitglied Orientierung und Sicherheit – insbesondere bei Verhalten, das durch Erfolg belohnt und durch Mißerfolg gehemmt wird.

Es ist die Aufgabe des Menschen, dem Hund durch konsequentes und einfühlsames Handeln die gleiche Orientierung und Sicherheit zu geben, wie er sie in der Hundefamilie bekäme.

Spielerischer Rollentausch.

Stärken und Schwächen werden spielerisch erprobt.

Die Welpen lernen im spielerischen Miteinander vieles kennen: ihre persönlichen Grenzen, den Ausdruck von Verbundenheit wie etwa Beschwichtigungsverhalten (sich entschuldigen, dem anderen verzeihen), die Fürsorge, das Gehemmtwerden und den Zärtlichkeitsaustausch; sie lernen aber auch, was Zurechtweisung bedeutet. Dieser Prozeß gehört zur Sozialisation.

Soziale Intelligenz umfaßt Rücksichtnahme, Fairness und die Fähigkeit, sich zu entschuldigen oder zu verzeihen – und genau diese Verhaltensweisen sind bei Hunden stark ausgeprägt.

Ein Zusammengehörigkeitsgefühl – und dazu gehört als soziales Element das Spielvermögen – kann sich nur durch gegenseitige Rücksichtsnahme entfalten. Daher ist für Hunde der Rollentausch, die gegenseitige Unterwerfung im Spiel, etwas sehr Wichtiges; die Häufigkeit des Rollenwechsels und die Rollenverteilung hängt dabei immer von den jeweiligen Spielpartnern (Alter, Dominanz usw.) ab.

Die individuelle Lernfähigkeit hat, je nach den Erfahrungen eines Hundes, positive wie negative Auswirkungen.

Es gibt natürlich sehr, sehr viele Einflüsse, die auf einen Hund und sein Lernverhalten einwirken:

- die Mensch-Hund-Beziehung als solche (in einer guten Beziehung lernt das Tier vom Menschen gewünschte Verhaltensweisen schnell, in einer schlechten kann die Skala bis zur Lernunfähigkeit reichen),
- angeborene Verhaltensweisen und Fähigkeiten,

Es gibt zwei Grundformen des Lernens: die klassische Konditionierung und die instrumentelle Konditionierung.

1. Bei der klassischen Konditionierung lernt der Hund nicht freiwillig und auch nicht bewußt, weil der Lernvorgang vom autonomen Nervensystem ausgelöst wird und als Reflex erfolgt.

2. Bei der instrumentellen Konditionierung sind die Lernvorgänge immer deutlich mit einem Erfolg verbunden (Reiz – Reaktion – Verstärkung).

Es ist von großer Bedeutung, auf welche dieser beiden Arten Ihr Hund lernt, denn die klassische Konditionierung ist nur schwer rückgängig zu machen, während die instrumentelle Konditionierung leichter korrigiert werden kann.

Die ehrliche Freude des Menschen sollte dem Hund wichtiger sein als Leckereien oder Spielzeug.

- die sensiblen Phasen (Prägephase: 3. bis 12. Woche; Umgang mit der Angst: 7. bis 12. Woche) haben Folgen für fast das ganze Hundeleben,
- Umwelteinflüsse und die dadurch bedingten Erfahrungen,
- Krankheiten und körperliche Beeinträchtigungen.

Das Lernen vollzieht sich im einzelnen durch

- elementare Lernvorgänge (Reflexe),
- die ehrliche Freude des Menschen (sie sollte dem Hund die wichtigste Form der Anerkennung sein),

Die größte Freude des Hundes ist ehrlich gemeinte Anerkennung.

- das Harmoniebedürfnis (das Harmoniestreben ist eine Bindungsmotivation für den Hund; er folgt diesem Bedürfnis oft trotz Bestrafung),
- die Motivationsbefriedigung des Hundes durch den Menschen (Belohnung durch Lob, Spiel, Futter, Zuwendung),
- Nachahmung,
- Beobachtung (das Verhalten von älteren und erfahrenen Hunden wird übernommen),
- das Leitbild (= Attraktivität, Nachahmung, Bewunderung),
- Meideverhalten (verursacht durch Schmerz, Angst, Bedrohung usw.),
- Zwang,
- Fehlverbindungen, wenn
  - ein zu strenger oder uneinfühlsamer Ausbilder dem Hund nur noch gefährlich erscheint oder
  - eine Bestrafung vom Hund nicht so verstanden werden kann, wie der Mensch sie gemeint hat (Beispiel: der Hund läuft weg, kommt zurück und wird dann ausgeschimpft oder bestraft; der Hund wird diese Maßregelung immer mit seinem Zurückkommen, aber niemals mit seinem Weglaufen verbinden),
- Selbstbelohnung, das heißt, Triebmotivationen (fixieren, anpirschen, hetzen, packen) werden ausgelebt,
- Triebmotivationen (vom Menschen durch erlernte Erregbarkeit aufgrund von Wehrtrieb, Beutetrieb usw. gesteuert),
- angeborene und antrainierte Hemmbarkeit (sich möglichst unauffällig verhalten oder zurückhalten),
- positive Verstärkung aufgrund operanter (Erklärung siehe S. 97) Konditionierung (der Hund verhält sich aktiv und wird für sein Handeln belohnt oder bestraft),
- Rollenspiele mit spielerischem Rollentausch und Spiele allgemein (ernste Jagd- und Kampfszenen werden spielerisch durchlebt); sie sind auch in einer Mensch-Hund-Beziehung wichtig, damit der Hund seine Grenzen kennenlernen kann,
- Gewohnheit (mitunter verwechselt der Hund eine ihm bekannte Person mit einer anderen, die ähnlich gekleidet ist; bestimmte Verhaltensweisen werden nur auf dem Hundeplatz, in der gewohnten Trainingsumgebung, ausgeführt),
- die Wichtigkeit des sozialen Partners (auch ein Lebewesen, das eigentlich ein Beutetier ist, kann vom Hund als Leitfigur

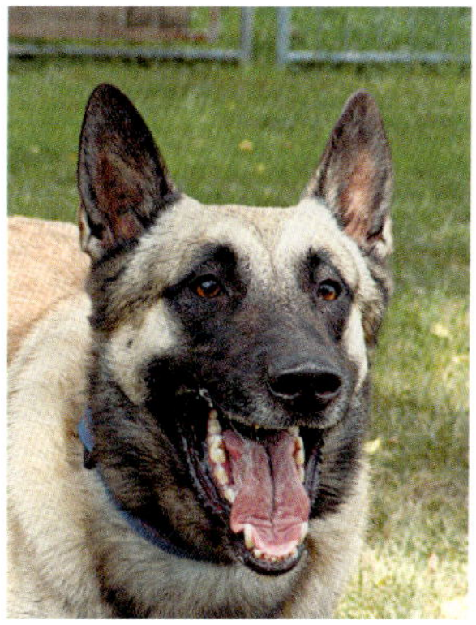

Erwartungsvolle Freude durch Beute-Motivation: Robell wartet ungeduldig auf sein Spielzeug.

Ein Hund lernt dauernd von sich aus und nicht nur dann, wenn der Mensch es von ihm verlangt.

Lernen durch Nachahmung und positive Verstärkung: Semo lernt, ein Behältnis zu öffnen und einen Gegenstand unter der Bodenoberfläche zu suchen.

angesehen werden: Ein Herdenschutzhund, der von klein auf familiär in eine Schafherde eingebunden wurde, lernt, sich dominanten [Leit-]Schafen unterzuordnen und ihnen zu folgen, beschützt die Herde und erlebt die Schafe wie Artgenossen),

- experimentelles Lernen (der Hund macht Versuche, stupst zum Beispiel eine Raupe mit der Nase an und wartet auf eine Reaktion, und kombiniert),
- Konzentrationsvermögen (kann durch Motivation gesteigert werden),
- abstraktes Lernen (Hund kann Symbolik erkennen: Futternapf bedeutet Futter, Ball bedeutet spielen usw.),
- Wiederholung (erfolgt keine Bestätigung, fängt der Hund an, sich zu langweilen und vergißt schließlich das Gelernte, weil ihm das Lernen ohne Bestätigung sinnlos erscheint; bei zuviel Wiederholung und/oder Bestätigung stumpft der Hund ab, und die Belohnung wird von ihm nicht mehr als etwas Besonderes empfunden),
- unregelmäßige und abwechslungsreiche Belohnung (wirkt verstärkend),
- Neugier und Erkundung (hier ist der eigene Antrieb besonders groß),
- Gefühls- und Gedankenübertragung (dazu ist eine intensive Mensch-Hund-Beziehung erforderlich).

Es gibt verschiedene Arten des Antriebs für soziales Lernverhalten, nämlich:

- das Bedürfnis nach Bindung an den Menschen (der Hund möchte dem Menschen gefallen),
- das Bedürfnis nach artübergreifender Kommunikation (der Hund kann sich sowohl auf Menschen als auch auf andere Tierarten einstellen und mit ihnen kommunizieren, wenn er die Möglichkeit erhält, es zu lernen),
- das Bedürfnis zur Problemlösung (legt man ein Spielzeug hinter einen Maschendrahtzaun oder ein ähnliches Hindernis, versucht der Hund, das Hindernis zu bewältigen oder zu umgehen),
- sämtliche lebenserhaltenden Bedürfnisse (das Erlernen von Lebensnotwendigem und Lebenserhaltendem wie etwa die Flucht).

Was vermindert die Lernfähigkeit?

Genau wie auch beim Menschen wirken sich folgende Faktoren ungünstig auf das Lernen des Hundes aus: Angst, Streß, Schmerz, Trauer, Irritation, Krankheit, Mißverständnisse in der Mensch-Hund-Beziehung, Orientierungslosigkeit, Unsicherheit, Isolation, Beschäftigungsmangel, Leistungsdruck usw.

Nanuk ist ein sehr isoliert aufgewachsener Hund und deshalb extrem ängstlich. Hier konzentriert er sich auf die vermeintliche Bedrohung: Er läßt sich zwar beschützen, wirkt in dieser Situation jedoch sehr unsicher und gestreßt.

Lernen über Erfolg

Ein Hund lernt dann, wenn er den Wunsch hat, eine bestimmte Handlung zu wiederholen, weil sie sich für ihn positiv ausgewirkt hat und er mit ihr ein Erfolgserlebnis verbindet.

Dieses Lernen über den Erfolg wird als »instrumentelles Lernen« oder »operante Konditionierung« bezeichnet. Bereits eine Angstminderung ist in diesem Sinne ein Erfolg. Die klassische Konditionierung (siehe Glockenton-Beispiel unter »Reflexe«) nutzt den Lernerfolg durch die Verbindung eines neutralen Reizes (Glockenton) mit einem unbedingten Reiz (Futter). Gemeinsam (Glockenton plus Futter) werden sie zu einem bedingten Reiz (der Hund empfindet bereits den Glockenton als angenehm und daher als Belohnung).

Die Belohnung wird somit als Erfolg und Bestätigung verstanden und bewirkt eine erhöhte Konzentrationsfähigkeit, ein intensiviertes Verhalten sowie ein häufiges Wiederholen des erfolgversprechenden Handelns.

Motivation durch erfolgreiches Beutespiel.

Ehrliche Freude des Menschen als Gefühlsausdruck.

Die mittels Körpersprache oder verbalem Ausdruck gezeigte Freude des Menschen ist die wichtigste Art der Bestätigung!

Was empfindet ein Hund als Belohnung?

Es ist wesentlich besser und unmißverständlicher, an dieser Stelle erst gar nicht von Belohnung, sondern vielmehr von Bestätigung zu sprechen.

Jede Art von Bestätigung bestärkt das Tier in seinem Handeln. Dazu gehört:

a) ***Die bewußte Bestätigung.*** Die mittels Körpersprache oder verbalem Ausdruck gezeigte Freude des Menschen sofort nach dem erwünschten Verhalten des Hundes ist die wichtigste Art der Bestätigung.
Das Lob des Menschen wird ausgedrückt durch

- das reine Gefühl der Freude,
- die Stimme (vor allem die Stimmlage ist wichtig) und die Körpersprache,
- konditionierte Schlüsselworte (etwa »brav« oder »gut so»),
- Berührung (streicheln, tätscheln usw.),
- Futter (Leckereien),
- Spielzeug,
- das Spiel selbst,
- den Hund aus einer ihm aufgezwungenen Situation entlassen (zum Beispiel wenn er nach dem Kommando »Fuß« eine gewisse Strecke korrekt an Ihrer Seite zurückgelegt hat und dann von Ihnen mit »jetzt lauf« entlassen wird).

Durch richtiges Bestätigen kann man motivieren, erfreuen, das Selbstbewußtsein des Hundes steigern, ihm helfen, seine Ängste zu überwinden, usw. – aber natürlich nur dann, wenn der Hund Ihr Handeln tatsächlich als Belohnung empfindet.

b) ***Die Bestechung.*** Sie erfolgt immer mit Hilfsmitteln, nämlich mit Leckereien oder mit Spielzeug, vor oder nach einer vom Menschen gewünschten Leistung.

- Typisch für die Bestechung ist, daß der Hund zum einen selbständig entscheidet, ob er die Leistung erbringt oder nicht, und daß er zum anderen die Leistung ohne die Belohnung nur zögerlich oder gar nicht erbringt.

Der Hund erlebt die Bestechung zwar als Bestätigung, aber sie bedeutet zugleich eine Erniedrigung des Menschen. Wie auf S. 182 beschrieben, wird der Hund dadurch dominant gemacht.

Typisch für eine Bestechung durch den Menschen ist, daß der Hund selbständig entscheidet, ob er eine Leistung erbringen möchte oder nicht.

Die Hundeführerin fördert die Konzentration, indem sie durch Futter, das sie in der Hand hält, die Aufmerksamkeit des Hundes auf sich zieht.
Dabei ist es wichtig, daß der Hund das Futter als Belohnung erhält und nicht als Bestechung.

c) ***Das Ausweichen.*** Der Mensch umgeht unangenehme Situationen: Um unerwünschtem Verhalten des Hundes vorzubeugen, weichen viele Hundebesitzer aus, indem sie zum Beispiel schnell um die nächste Ecke biegen, wenn Jogger oder andere Hunde entgegenkommen.

- Als erste Reaktion auf einen *überreagierenden, aggressiven* oder *extrem ängstlichen* Hund ist das Ausweichen akzeptabel, weil es auf das Tier streßmindernd wirkt. Doch im Verlauf der Zeit sollten Sie als Leitfigur wirkliches Führen lernen.
- Ansonsten ist die Tatsache, daß man ausweicht (es sei denn, es findet ein aktiver Angriff des Entgegenkommenden statt),

Zum Lernen ist man niemals zu groß oder zu klein …

bereits ein Mißstand, weil sie bedeutet, daß der Hund bei seinem Menschen nicht genug Orientierung und Sicherheit findet.

Natürlich bemerkt der Hund das Ausweichen und faßt es sofort als Unsicherheit des Menschen auf. Aus diesem Grund meint er, die Führung und damit auch die Verteidigung des Menschen übernehmen zu müssen. Das Ausweichen bestätigt und fördert dann das unerwünschte Verhalten Ihres Hundes, statt es zu beheben.

Eine Maßregelung ist für den Hund mitunter angenehmer als ständig ignoriert zu werden.

d) ***Die negative Bestätigung.*** Zur Bestätigung gehören nicht nur Belohnung oder Erfolg, sondern es kann sein, daß der Hund Verhaltensweisen des Menschen als Bestätigung empfindet, die der Mensch ganz anders meint:

- Schimpfen und Schreien des Hundeführerers (diese Art der Beachtung kann von einem Hund, der zuwenig Aufmerk-

samkeit erhält und zuwenig Beschäftigung hat, immer noch als Erfolg und als deutlich angenehmer empfunden werden als ständiges Ignoriertwerden);

- falsches Beruhigen (Sie loben oder beruhigen IhrenHund im falschen Moment, nämlich genau dann, wenn er beispielsweise Angst hat oder aggressives Verhalten zeigt);
- Hektik, Unbeherrschtheit oder Lautwerden des Menschen (der Hund kann dies sehr leicht mißverstehen, weil er darin eine Verteidigungsbereitschaft seines Menschen sieht und sich sofort in eine Kampfgemeinschaft gegen eine vermeintliche Bedrohung von außen versetzt fühlt);
- widersprüchliches Verhalten des Menschen (der Mensch weiß, daß das Verhalten des Hundes nicht richtig war, weil der zum Beispiel nach einem unbeliebten Nachbarn geschnappt oder ihn angeknurrt hat; der Mensch tadelt den Hund, aber innerlich freut er sich über dessen »Heldentat« – siehe S. 409);
- Schmerzminderung (der Hund zeigt das gewünschte Verhalten nur deshalb, weil er dadurch Schmerz vermeiden kann, läuft beispielsweise nur deshalb perfekt »bei Fuß«, weil er bei jeder Abweichung Schmerzen durch Stromschläge oder die Einwirkung eines Krallenhalsbandes zugefügt bekommt.

Durch Loben im falschen Moment wurde dieser Hund negativ bestätigt; er ist nun von seinen auf Unsicherheit beruhenden Drohgebärden überzeugt.

An dieser Stelle sei mir eine Zwischenbemerkung erlaubt:

Beispiel: Auf dem Gnadenhof wurden bis heute allein 123 Hunde abgegeben, die ein Krallenhalsband als »Alltagshalsband« trugen. Bei einigen von ihnen war es sogar eingewachsen.

e) ***Das Ignorieren bzw. In-Ruhe-Lassen.*** Das Nicht-Beachten des Hundes während oder nach einer unerwünschten Handlung kann sich sowohl hemmend als auch bestärkend auswirken.

Beispiel: Zeigt der Hund bei einem Spaziergang Angriffsverhalten gegenüber einem anderen Hund, ohne daß der Halter reagiert, so kann dies bewirken, daß der Hund sich beruhigt, dann nämlich, wenn er das Nichtreagieren als hemmend und nicht als bestätigend auffaßt; es kann aber auch sein, daß der Hund umso stärkeres Angriffsgebaren zeigt, weil er die »Ignoranz« des Menschen als dessen Hilflosigkeit ansieht.

Es ist unbedingt erforderlich, daß Sie Ihren Hund gut genug kennen, um zu wissen, ob er in einer bestimmten Situation eine positive oder negative Verknüpfung herstellt.

Es ist unbedingt erforderlich, daß Sie Ihren Hund gut genug kennen, um zu wissen, welche Verknüpfung er jeweils herstellt.

Irrtümer ignorieren, nicht bestrafen

Die Mensch-Hund-Beziehung ist in der Regel von zahlreichen Irrtümern und Mißverständnissen geprägt. Aus oft kleinsten Anfängen erwachsen die allermeisten, mitunter gravierenden Probleme. Lernen Sie deshalb, Irrtümer im Umgang mit Ihrem Hund unter anderem dadurch zu reduzieren, daß Sie ihn intensiv kennen- und verstehenlernen (siehe »Was möchte mein Hund?«, S. 89).

> *Es ist ein schwerwiegender Fehler, dem Hund »irrtümlich« Leistungen abzuverlangen, die er gar nicht oder noch nicht erbringen kann,*

Es ist ein schwerwiegender Fehler, dem Hund »irrtümlich« Leistungen abzuverlangen, die er gar nicht oder noch nicht erbringen kann, und/oder ihm Anweisungen zu geben, zu deren Befolgung er (noch) nicht in der Lage ist, weil er beispielsweise bestimmte Kommandos noch gar nicht gelernt hat.

Für den Hund wird es ganz besonders schlimm, wenn

- der Irrtum, dem er erlegen ist und der bei ihm ein bestimmtes Verhalten ausgelöst hat, vom Menschen verursacht wurde
- und wenn der Mensch sein falsches Handeln nicht bemerkt, folglich den Irrtum des Hundes nicht erkennt (oder nicht erkennen will – was öfter vorkommt, als man meinen sollte) und den Hund sogar bestraft.

> *Der Hund kann in einem Teufelskreis aus Strafe, Angst, Beschwichtigung und neuer Strafe derart in Panik geraten, daß die Situation außer Kontrolle gerät.*

Der Hund kann in einem Teufelskreis aus Strafe, Angst, Beschwichtigung und neuer Strafe derart in Panik geraten, daß die Situation außer Kontrolle gerät.

Beispiel 1: Versehentlich und ohne es zu bemerken, geben Sie dem Hund ein falsches Wortkommando. Sie sagen zum Beispiel »Sitz!«, aber Sie meinen »Platz!«. (Solche Versprecher kommen bei jedem Menschen vor.) Der Hund gehorcht und reagiert richtig, das heißt, dem verbalen Kommando »Sitz!« entsprechend. Dennoch wird er von Ihnen getadelt oder gar bestraft, weil Sie eine andere Reaktion erwartet haben.

Beispiel 2: Ein Wortkommando von Ihnen stimmt nicht mit Ihrer Körpersprache und Tonlage überein. Sie gehen zum Beispiel sehr dominant, hoch aufgerichtet und mit starrem Blick auf Ihren Hund zu und sagen mit scharfer Stimme: »Komm!« Der Hund faßt die widersprüchliche Gesamtinformation so auf, daß er Ihr Dominanzverhalten, Ihre Mimik und Ihre Tonlage stärker gewich-

Der Hund versteht nicht, um was es geht, und versucht deshalb nur noch zu beschwichtigen.

tet. Er ist sehr verunsichert und wagt sich nicht in Ihre Nähe. Weil Ihnen Ihr Körperausdruck aber nicht bewußt ist, unterstellen Sie dem Hund Ungehorsam und bestrafen ihn auch noch.

Diese Beispiele verdeutlichen, daß unerwünschtes Verhalten vom Menschen immer hinterfragt werden sollte und dem Hund niemals mutwilliger Ungehorsam unterstellt werden darf.

Wenn ein Mensch hoch aufgerichtet, mit angespannter Muskulatur und fixierendem Blick auf jemanden zuläuft, wirkt das immer bedrohlich – auch auf den Menschen. Eine scharfe Stimme oder starre Miene betonen das noch. Ein Hund reagiert darauf mit Beschwichtigungs- oder Meideverhalten (er will möglichst nicht auffallen).

Das Bestrafen und das Tadeln

Bei einer *aktiven* Bestrafung wird auf unerwünschtes Verhalten hin Schmerz zugefügt oder Angst eingeflößt. Bei einer *passiven* Bestrafung wird keine Belohnung erteilt und das Verhalten des Hundes ignoriert. Beim Tadeln überträgt der Mensch seine Empfindungen mittels Stimme und Körpersprache auf den Hund und zeigt ihm dadurch Grenzen auf.

Das, was man konventionellerweise unter »Strafe« versteht, nämlich die schmerzverursachende Maßregelung – sei sie körperlich oder psychisch – lehne ich rundweg ab. Jegliche Anwendung

Schmerzverursachende Maßregelungen, seien sie physisch oder psychisch, lehne ich strikt ab.

Bestrafungen, bei denen die Nahrung länger als einen Tag entzogen wird, sind nichts als Tierquälerei.

von Gewalt ist, wie ich auch an anderer Stelle ausführe, das Eingeständnis einer persönlichen Hilfslosigkeit des Menschen. Solche Formen der Bestrafung sind beispielsweise Schläge (oder Schlimmeres), die Benutzung von schmerzverursachenden Hilfsmitteln, die Isolation oder der Entzug von Nahrung über längere Zeit.

Alle anderen Arten der Bestrafung (Übellaunigkeit, der Entzug von Aufmerksmakeit, kürzeres Ein- oder Wegsperren usw.) sind sinnlos. Außerdem werden sie von Hund zu Hund anders empfunden. So ist für ein feinfühliges oder ängstliches Tier schon ein kurzes Wegsperren unter Umständen eine äußerst harte Maßnahme, die es in Todesangst versetzt, während ein anderer Hund eine solche Isolation vielleicht sogar als angenehm empfindet, weil er möglicherweise nach einer Bedrängung oder Überforderung »endlich seine Ruhe« hat. Bei der Bestrafung bzw. beim Tadeln ist ein feinfühliges, auf die jeweilige Hundepersönlichkeit abgestimmtes Vorgehen unerläßlich.

Mißverständnisse durch Bestrafung

Auf Angst zurückzuführendes Verhalten eines Hundes kann niemals durch Bestrafungen korrigiert werden.

Durch Bestrafung verursachte Mißverständnisse und Vertrauensbrüche führen zu erheblichen Komplikationen in einer Mensch-Hund-Beziehung; insbesondere werden dadurch Ängste und Unsicherheiten beim Hund sehr stark gefördert.

Angst verringert die Lernfähigkeit des Hundes ganz erheblich, und er wird demotiviert. Sein auf Angst zurückzuführendes Verhalten kann *niemals* durch Bestrafungen korrigiert werden (hat ein Hund zum Beispiel Angst vor Gewitter und der Halter schreit ihn an, wird der Hund in seiner Angst nur bestätigt). »Bestenfalls« tritt die Angst an anderer Stelle und in anderer Form (Selbstverstümmelung, Sachbeschädigung usw.) wieder in Erscheinung.

Welche Art der »Bestrafung« ein Hund verstehen kann

Auch ein Mensch darf irgendwann einmal »sauer« werden. Mit »irgendwann« meine ich aber keine Situationen, in denen das Fehlverhalten des Hundes auf falsche Behandlung durch den Menschen zurückzuführen ist. Vielmehr meine ich damit Situationen, in denen der Hund Sie bzw. seine Grenzen austestet. In exakt diesen Momenten (und nicht etwa zeitverzögert) dürfen Sie ruhig einmal wütend werden und Ihre Gemütsverfassung durch Tadel (körpersprachliche Elemente sowie die Lautstärke und Tonlage Ihrer Stimme) zum Ausdruck bringen.

Angst wirkt demotivierend.

Auf die Übertragung reiner Emotionen im Sinne von Unmutsbekundungen wird Ihr Hund sehr viel stärker und besser reagieren – sofern Sie dabei niemals die Selbstbeherrschung verlieren – als auf jegliche Form der Züchtigung. Zudem bleibt Ihnen auf diese Weise ein langer und schrecklicher Umweg erspart, weil Strafen und Schmerzen den Hund im Lauf der Zeit abstumpfen und Sie irgendwann keine Möglichkeit mehr haben, die Strafe zu steigern. Sollten Sie es jemals soweit kommen lassen, bleibt Ihnen nur noch der Weg zurück in eine echte Beziehung oder das Abgeben Ihres Hundes.

Auf die Übertragung reiner Emotionen wird Ihr Hund sehr viel stärker und besser reagieren als auf jegliche Form der Züchtigung.

Wie sich eine Bestrafung (oder auch Belohnung) im Einzelfall auf Ihren Hund auswirkt, können nur Sie selbst spüren und beurteilen – unter der Voraussetzung allerdings, daß Ihre Mensch-Hund-Beziehung intakt ist und Sie das Sein Ihres Hundes kennen und nicht nur den Schein.

Wie sich eine Bestrafung, oder Belohnung im Einzelfall auf Ihren Hund auswirkt, können Sie selbst am besten spüren und beurteilen.

Jede Chance zum Lob nutzen

Keinesfalls ignorieren sollte man hingegen günstige Gelegenheiten, um den Hund für eine Leistung zu loben, die er im Alltagsleben in einem unerwarteten Moment erbringt.

Beispiel 1: Sie gehen mit Ihrem Hund spazieren und es ergibt sich eine, aus der Sicht des Hundes, bedrohliche Situation (es kommen zum Beispiel mehrere lärmende Jugendliche auf Sie zu). Der Hund begibt sich von sich aus hinter Sie und sucht bei Ihnen Schutz.

Beispiel 2: Sie nehmen den Hund zum Einkaufsbummel mit und treffen zufällig gute Bekannte. Sie bleiben stehen, um mit ihnen zu plaudern. Im selben Moment setzt oder legt sich Ihr Hund ohne Aufforderung ruhig hin und wartet gelassen ab.

In beiden Fällen sollten Sie sofort die Chance nutzen und Ihren Hund loben.

Ich möchte unterstreichen, daß bei der Erziehung eines Hundes vor allem der gefühlsbetonte Umgang mit ihm zu dauerhaftem Erfolg führt. Die Erziehung sollte stets von Loyalität und Zuneigung getragen sein – nicht von Unterwerfung und Beherrschung. Aus diesem Grunde sollen und müssen Sie tolerieren, daß Ihr Hund auch Schwächen, Fehler und wechselnde Stimmungslagen hat: Er ist keine ständig perfekt funktionierende Maschine.

Ein Hund kann niemals zu einer ständig perfekt funktionierenden Maschine werden: Er hat Schwächen, Fehler und Stimmungswechsel, die Sie tolerieren müssen.

Natürlich darf keine Form der Erziehung jemals grenzen- und orientierungslos werden. Sie sollte sich immer innerhalb eines bestimmten von Ihnen vorgegebenen Rahmens bewegen.

Wenn es Ihnen gelingt, den Hund in seinem positiven Verhalten so zu festigen, daß seine Grundbeziehung zu Ihnen als Ausgangsbasis für alle weiteren erzieherischen Maßnahmen dienen kann, ist er durchaus in der Lage, sein bisheriges, weniger gutes Benehmen durch neues, positiveres Verhalten zu ersetzen.

Hunde, die mit einem bestimmten Verhalten erfolgreich sind – sei es im Umgang mit dem Menschen oder wegen erbrachter Leistungen – und dafür zur richtigen Zeit und in der richtigen Weise belohnt werden, werden in diesem Verhalten positiv bestärkt. Wichtig ist natürlich, daß dieses bestimmte Verhalten vom Menschen auch tatsächlich gewünscht wird.

GANZ LINKS: Allein schon Golias Äußere wirkt auf die meisten Menschen furchterregend – dabei ist er im Grunde ein gutmütiger Kerl.

Die Bindung von Mensch und Hund

Genau wie der Mensch ist auch der Hund ein geselliges Lebewesen, dessen Verhalten dem unseren sehr ähnlich ist. Mensch wie Hund versuchen, innerhalb ihrer Gruppe Streit und Gewalt zu vermeiden, und bemühen sich um ein friedliches Zusammenleben; beide setzen Beschwichtigungsgesten ein und wetteifern spielerisch, mit einer »Prise« Aggressivität.

Beide haben im Zusammenleben mit ihren Artgenossen ähnliche Probleme mit der Aggressionsbewältigung. Beide lassen elterliche Fürsorge walten, beiden ist eine dauerhafte Bindung wichtig, beide haben hochentwickelte Formen der Verständigung, ein feines Gespür für Fairness, können artübergreifende soziale Kontakte aufbauen, haben soziales Lernvermögen, leben in einer sozialen Ordnung usw.

Gemeinsame Aktivitäten verbinden Mensch und Hund.

Der Alltag aus Hundesicht

Aus Sicht eines Hundes sieht das Alltagsleben völlig anders aus als aus der unsrigen. Die gemeinsamen Spaziergänge wirken auf ihn oft planlos, langweilig oder unsinnig.

Welcher Hund wird jemals wirklich von sich aus verstehen können, daß man zwar spazieren geht, aber nicht jagt? Unser stundenlanges Arbeiten am Schreibtisch hat für den Hund keinerlei lebenswichtige Bedeutung, und er überlegt sich wahrscheinlich des öfteren, was wohl die Gründe für unser derartig langes Stillsitzen sein mögen. Den Briefträger, der jeden Tag aufs neue ins Territorium eindringt, darf der Hund nicht verjagen. Und streitet der Mensch mit einer anderen Person und wird dabei etwas lauter als üblich, ist er verärgert, wenn der Hund eine solidarische Kampfgemeinschaft mit ihm bilden möchte und die betreffende Person anknurrt. Falls der Hund dann auch noch bei einer der wichtigsten Aufgaben, der Kindererziehung, voller Inbrunst mithelfen möchte, hat das fast immer fatale Folgen, und die Menschen verlieren jegliches Verständnis für ihren Hund.

Bällen, Stöcken usw. soll der Hund zwar nachrennen, aber Autos, Motorrollern und Fahrrädern natürlich nicht. Bälle und Stöcke soll er zurückbringen, aber ein Tier erbeuten und bringen darf er nicht. In einem See baden darf der Hund selbstverständlich, in einer Pfütze aber nicht, denn für den Menschen ist Wasser nicht gleich Wasser. Ein Rüde sollte sich nicht um läufige Hündinnen kümmern und Haus und Hof niemals verlassen. Wenn unser Hund sich in der Wiese wälzt, dient das meistens der allgemeinen Erheiterung, und wir sagen: »Heute fühlt er sich wohl!« – aber wehe, wenn es etwas anderes war als frisches Gras.

Es ist uns wichtig, daß unser Hund aufpaßt und die Wohnung bewacht, aber selbstverständlich nur bei konkreten Verdachtsmomenten. Eine Katze jedenfalls, die ums Haus schleicht, gehört aus Sicht des Menschen nicht dazu; für den Hund hingegen ist sie ein Eindringling oder leichte Beute. Und wenn ein Mensch nachts beim Spazierengehen allein und etwas unsicher ist und sein Hund deshalb ganz selbstverständlich die Beschützerrolle übernimmt und beide wohlbehalten nach Hause bringen will, muß er logischerweise von selbst darauf kommen, daß ihm nur in dieser Situation eine gewisse Führungsrolle zukommt, er aber ansonsten nichts zu melden hat.

Was für den Menschen interessant ist, muß es für den Hund noch lange nicht sein.

Der Hund erlebt unseren Alltag völlig anders als wir.

Artübergreifende Freundschaft ist nicht selbstverständlich.

Der Hund muß immer gepflegt aussehen, sich geduldig dem Schrittempo seines Herrn auf asphaltierten Straßen anpassen, darf keine fremden Hunde und keine »fliehenden« Menschen wie etwa Jogger oder Radfahrer beachten, und Herumschnüffeln darf er auch viel weniger, als er möchte. Kindern muß er außerdem ein treuer Kamerad sein, der aber keinerlei Rechte besitzt. Und schließlich sollte der Hund nur dann bellen, wenn der Mensch es als richtig empfindet, den Rest seines Lebens aber schweigend im Hundekörbchen verweilen. Der Mensch sieht eben alles ganz anders!

Verbundenheit, Vertrauen und Feingefühl …

… trotzden darf man ein Kind niemals unbeaufsichtigt mit einem Hund – sei er groß oder klein – allein lassen.

Meine Darstellung ist vielleicht etwas überspitzt, doch genau das oder ähnliches erwarten viele Menschen, wenn sie sich einen Hund anschaffen. Eines Tages wundern sie sich dann, daß er Verhaltensstörungen zu haben scheint – die übrigens sehr häufig gar keine sind, sondern gesundes und korrektes »Hundehandeln«, das der Besitzer nur richtig verstehen und kanalisieren muß. Wir erwarten jedoch, daß der Hund *uns* verstehen können müsse, und begreifen seine Reaktionen oft nicht einmal im Ansatz.

Ursachenforschung und adäquate Problemlösung

Ist ein Hund wirklich krank, wenn er ständig bellt? Oder tut er das, damit man ihn endlich einmal beachtet? Oder tyrannisiert er den Menschen, weil er damit schon einmal Erfolg hatte? Oder ist das Bellen bereits eine neurotische Gewohnheit, die der Hund gar nicht mehr steuern kann? Und was soll der Mensch nun unternehmen? Dem Hund das Bellen streng verbieten? Ihn mit Kauknochen davon ablenken? Oder ihn wegsperren, bis er sich wieder beruhigt hat – aber wann wird das wohl sein?

Mit dieser Aufzählung möchte ich verdeutlichen, daß vom Menschen als falsch oder lästig empfundenes Verhalten ganz unterschiedliche Ursachen haben kann. Deshalb gibt es auch niemals eine »Schema-F«-Methode, um eine Störung zu beheben. Jedes Lebewesen ist ein Individuum; Ihre Beziehung zu Ihrem Hund ist deshalb etwas Einzigartiges. Beseitigen Sie daher zum Beispiel das Symptom »Bellen« mit einem rigorosen Verbot, kann es passieren, daß Sie damit lediglich ein bestimmtes Verhalten – für das es ganz konkrete, Ihnen bislang unbekannte Gründe gibt – unterdrücken; das Tier wird dann ein anderes Ventil suchen und erneut reagieren, wenn auch an anderer Stelle und auf andere Weise.

Ein Hund, der verzweifelt ist und auf sich aufmerksam machen möchte, drückt seine Befindlichkeit durch lautes Bellen aus; wird ihm das Bellen verboten, kann es sein, daß er sich selbst annagt, weil Sie sich dann besorgt um ihn kümmern und er Ihre Aufmerksamkeit endlich bekommt.

Es wäre völlig falsch, nun zu denken: »Nun gut, dann verbiete ich die Selbstverstümmelung eben auch!« Eine solche reine »Verbotserziehung« setzt lediglich einen schrecklichen Teufelskreis der Symptombekämpfung in Gang, ohne jedoch die Ursachen für das Verhalten Ihres Hundes zu beseitigen. Die Ursachen sind Minderwertigkeitsgefühle, eine falsche Rollenverteilung und zuwenig Beschäftigung; Verbote verschlimmern häufig die Schwierigkeiten.

Auch wenn sich der Mensch die meiste Zeit des Tages in der Nähe seines Hundes aufhält, beschäftigt er sich oft kaum (oder gar nicht) auf sinnvolle Weise mit dem Hund. Das tägliche Spazierengehen genügt keinesfalls! Mit »sinnvoll« meine ich, den Hund lieber häufig und intensiv während kurzer Zeitspannen geistig fördern, als 24 Stunden am Tag neben ihm her leben.

Gönnen Sie Ihrem Hund das Erlebnis, nicht nur eine mehr oder weniger ausgeprägte körperliche Betätigung zu haben, sondern wirklich etwas für Sie, seinen Besitzer, tun zu können! Er hat die Möglichkeit, Ihnen zu gefallen, er wird angeregt, und seine Stärken werden gefördert – das steigert sein Selbstbewußtsein auf gesunde und erwünschte Weise. Auch wenn er rangniedrig ist, ist er dennoch wichtig und wird gebraucht! Leider wird den meisten Hunden dieses Gefühl nicht vermittelt.

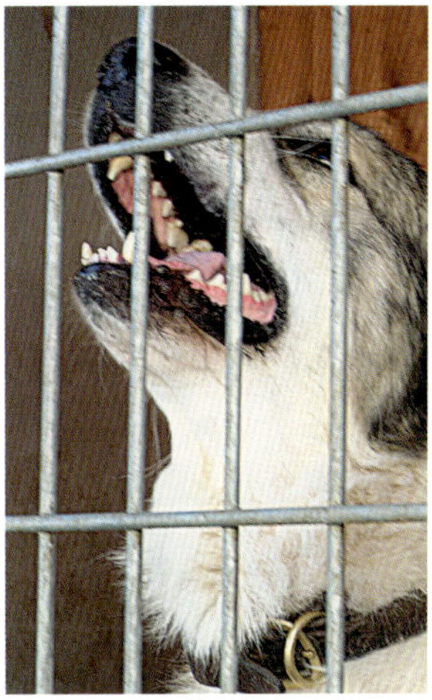

Wenn sie einsam sind, bellen manche Hunde nur, um wenigstens die eigene Stimme zu hören.

Ein Hund sollte im Verhältnis zum Besitzer immer rangniedriger sein, aber sich dennoch wichtig fühlen können und gebraucht werden.

Aus dem Blick dieses Hundes sprechen Verzweiflung und Sehnsucht nach Geborgenheit.

Führen lernen – der wichtigste Weg zu einer sozialen Bindung

Lernen Sie, die Welt aus Hundesicht zu betrachten

Der erste Schritt des Führen-Lernens besteht darin, die Welt »aus der Sicht des Hundes« zu betrachten, und zwar ganz neutral, ohne Beimischung von menschlichen Moralvorstellungen wie »gut« oder »schlecht« und auch ohne menschliche Empfindungen wie »mitleidig«, »trotzig«, »nachtragend« usw. in die Wahrnehmungen hineinzuinterpretieren.

Der erste Schritt des Führenlernens besteht darin, die Welt aus der Sicht des Hundes zu betrachten.

Einem Hund ist ein klares, sicheres und geordnetes Zusammenleben am allerwichtigsten. Er handelt in jedem Moment aus tiefer Überzeugung – unabhängig davon, ob er Angst hat oder sich einer erlernten Verhaltensweise sicher ist. Der Hund meint immer, das Richtige zu tun; und »richtig« ist aus seiner Sicht an erster Stelle immer das, was dem Rudel insgesamt dient.

Wenn er sich selbst als ranghoch betrachtet, wird er von Ihnen erwarten, daß Sie ihm folgen. In diesem Fall bestimmt er, was man auf dem Spaziergang unternimmt (nach Mäusen graben, Wild jagen usw.) oder in welche Richtung man weitergeht – natürlich immer mit der festen Überzeugung, daß Sie auf jeden Fall hinterherlaufen. Er ist sich dann seiner Beschützerrolle voll und ganz bewußt, und er wird die Entscheidung treffen, wer oder was für Sie bedrohlich ist.

Es ist unglaublich spannend, etwas Versecktes zu suchen.

Wie oft höre ich Klagen über »unkontrollierbare« Hunde wie etwa: »Den ersten zehn entgegenkommenden Spaziergängern hat er nichts getan, aber auf den elften ist er plötzlich losgegangen.« Der elfte war diesem Hund eben einfach unheimlich – sei es, weil in dem Tier ungute Erinnerungen aufkamen oder weil dieser Mensch einfach befremdend oder suspekt auf es wirkte. Das ranghohe Wesen hat die Entscheidungen zu treffen, und Ihr Hund traf sie, indem er die aus seiner Sicht bedrohliche Lage für Sie und sich selbst bereinigte.

Dem Menschen kommt der simple Gedanke an eine verdrehte Rangordnung meist gar nicht in den Sinn. Wie leicht ließen sich solche Situationen sonst bewältigen! In unserem Beispiel muß der Rudelführer Mensch den Hund sofort hinter sich nehmen, sobald dieser auch nur im Ansatz Drohgebärden zeigt oder Drohlaute von sich gibt; nur so kann er dem Tier das Gefühl vermitteln, von seinem menschlichen Führer tatsächlich beschützt zu werden.

Der Mensch jedoch sucht meistens nicht nach den Ursachen für das Handeln des Hundes, sondern er achtet nur auf die Symptome (»Mein Hund beißt«) und versucht, sie zu bekämpfen. Vor allem reagiert er in der Regel erst dann, wenn die Lage schon eskaliert ist, das heißt, der Hund bereits agiert hat.

Der Mensch sollte immer vorausschauend handeln und versuchen, alle Situationen aus der Perspektive des Hundes zu betrachten. Ein Hund, der Jogger jagt, tut das niemals, um seinen Besitzer zu ärgern. Bei einer solchen Art der Interpretation geht man von einem typisch menschlichen Verhalten aus, das man auf das Tier projiziert. Es ist eine »Vermenschlichung«. Einem Hund jedoch sind solche instrumentalisierenden Verhaltensweisen fremd: Er ist in jedem Fall davon überzeugt, das Richtige zu tun.

Er möchte beispielsweise ein fliehendes Wesen erbeuten, mit dem rennenden Menschen spielen oder seinen Besitzer vor einem auf ihn zueilenden Fremden beschützen. Und letzteres klappt ja auch wunderbar, denn der Jogger rennt ohne zu zögern weiter: Folglich konnte er erfolgreich in die Flucht geschlagen werden! Aber eines wird Ihr Hund gar nicht oder nur sehr schwer verstehen: daß ein Mensch einfach ohne offenkundige Beweggründe wie Flucht, Spiel oder Jagd umherrennt und Sie nicht mitlaufen, sondern statt dessen womöglich hektisch nach dem Hund schreien; dies bestärkt den Hund in der Annahme, der Jogger sei der Grund für Ihre Aufregung. Vor allem erscheint dem Hund Ihr Verhalten recht planlos. Soll er den Jogger nun beachten oder nicht? Ist er, der Hund, ranghoch oder nicht? Wer fällt jetzt die Entscheidungen?

GANZ OBEN: Ein Hund, der unkontrolliert wirkt, entscheidet oftmals einfach selbst, welches Verhalten in einer bestimmten Situation – aus seiner Sicht – angemessen und richtig ist.
OBEN: Stellt sich der Mensch zwischen die vermeintliche Bedrohung und den Hund und läßt ihn nicht mehr selbständig agieren, fühlt sich der Hund beschützt.

Ein Mensch, der angesprungen wird, weiß meistens nicht, ob der fremde Hund es freundlich meint.

Ein Mensch, der von einem Hund angesprungen wird, weiß meistens nicht, ob das Tier es freundlich meint.
Weil der Angesprungene häufig Angst hat, kommt es natürlich zu – absolut verständlichen – Fehlreaktionen (schreien, kreischen, fuchteln, nach dem Hund schlagen oder treten usw.). Ebenso verständlich ist es jedoch, daß damit eine Kettenreaktion in Gang kommt: Der Hund wird nun seinerseits reagieren – vielleicht freundlich, aber vielleicht auch so, daß die Situation eskaliert.
Jeder Hundebesitzer ist dafür verantwortlich, daß es erst gar nicht soweit kommt.

Ein Hund, dem diese Ungewißheit nicht genommen wird, weil der Besitzer ihm nicht zeigt, wer das Sagen und wie er sich zu benehmen hat, wird immer unsicherer werden. Es ist vom ersten Tag an wichtig, daß Sie dem Hund die Rangordnung klarmachen und daß Sie – und nur Sie – die Entscheidungen treffen. Einem Jogger zu begegnen, ist ein alltägliches Ereignis, das der Hund nicht weiter beachten sollte. Denken Sie niemals: »O Gott, jetzt kommt auch noch ein Jogger! Was soll ich bloß tun?« Diese Unsicherheit wird von Ihrem Hund umgehend registriert, und er glaubt zwangsläufig, reagieren zu müssen.

Erstens richten Sie Ihre Gedanken in diesem Moment nach Ihrem Hund aus, zweitens antizipieren Sie eine unpassende Reaktion des Tieres, was Ihre Unsicherheit hervorruft, und drittens müssen Sie irgendwie in das Geschehen eingreifen: Die Art, in der Sie nun aber reagieren, erscheint dem Hund erst recht planlos. Meistens weiß er dann überhaupt nicht mehr, was Sie eigentlich von ihm wollen. Ihre Unsicherheit, Unruhe, Hektik und Ihr Geschrei lassen den Hund auf eine Kampfgemeinschaft schließen. Vielleicht wollen Sie den Jogger aber auch nur fangen? Doch warum, um alles in der Welt, maßregeln Sie ihn, den Hund? Dazu haben Sie – ohne Führungsqualitäten, wie die Situation deutlich macht – aus Sicht des Hundes nämlich gar kein Recht!

Ihre Unsicherheit überträgt sich auf den Hund.

Der Hundeführer: *»O Gott, jetzt kommt auch noch ein Jogger!«*
Der Hund: *»Soll ich den Jogger verjagen? Oder ihn fangen?«*
Der (unsichtbare) Jogger: *»Rette sich, wer kann!«*

Wenn ein Hund dabei ist, eine Entscheidung zu treffen …

Wenn Sie sich nicht wie eine Führerpersönlichkeit verhalten, haben Sie aus Sicht des Hundes kein Recht, ihn zu maßregeln.

Mir liegt daran, Ihnen hier zu verdeutlichen, in welche Gefühlsverwirrungen Sie Ihren Hund möglicherweise stürzen und daß sich Unbeherrschtheit grundsätzlich negativ auf ihn auswirkt.

Unbeherrschtheit wirkt sich grundsätzlich negativ auf einen Hund aus.

Selbstverständlich muß er eigene Entscheidungen treffen dürfen – aber nur dann, wenn das friedliche Zusammenleben innerhalb und außerhalb Ihrer Mensch-Hund-Gemeinschaft nicht gefährdet ist. Ansonsten müssen Sie in das Geschehen eingreifen – aber in der richtigen Weise!

Selbstverständlich muß ein Hund auch eigene Entscheidungen treffen dürfen, aber nur dann, wenn das friedliche Zusammenleben innerhalb und außerhalb der Mensch-Hund-Gemeinschaft nicht gefährdet ist.

Ihre Beziehung zu Ihrem Hund darf in solchen Momenten jedenfalls nicht geklärt werden, denn dafür ist es nun zu spät; Sie wirken auf den Hund jetzt nur noch unberechenbar. Die Klärung der Rangfolge muß unbedingt in ganz normalen Alltagssituationen stattfinden und nicht in einer emotionell geladenen Ausnahmesituation wie dieser.

Fassen Sie feste Entschlüsse und setzen Sie diese mit Ruhe und Konsequenz durch

Setzen Sie sich Ziele! Was wollen Sie selbst? Im geschilderten Fall wahrscheinlich nur, daß Ihr Hund dem Jogger nicht nachstellt. Überlegen Sie sich nun, ob es andere Situationen gibt, in denen Ihr Hund ebensowenig auf Sie hört und sich ebenso geradlinig verhält, also von seinem Verhalten fest überzeugt ist. Ist das der Fall, wäre es völlig unsinnig, nur das Symptom »Jogger« zu bekämpfen! Und wenn Sie ehrlich sind, kommt Ihr Hund, obwohl er weiß, was beispielsweise »Hier!« oder »Komm her!« zu bedeuten hat, erst nach einigem Zögern und, je nach Ereignis, mehr oder weniger schnell zu Ihnen. Aber nicht der Jogger (oder was auch immer es von Fall zu Fall sein mag) ist die Ursache, sondern die Tatsache, daß Sie Ihrem Hund zuwenig Sicherheit und Vertrauen vermitteln: Sie erscheinen ihm nicht als Leitfigur!

Nur wenn Sie Ihrem Hund Sicherheit und Vertrauen vermitteln können, wird er Sie als Leitfigur anerkennen.

Lassen Sie sich bitte von niemandem einreden, daß Sie Hilfsmittel benötigen, um Ihr Selbstbewußtsein gegenüber Ihrem Hund zu stärken. Wichtig ist allein, daß Sie von Ihren eigenen Entscheidungen überzeugt sind – nicht nur dann, wenn Sie bei-

Ein Mensch nähert sich dem Freilauf. Der Rudelführer (ganz rechts) schätzt die Situation als bedrohlich ein, deshalb bleibt sein Rudel in Bereitschaft hinter ihm, und er verteidigt.

Dieses Mal empfindet der Rudelführer die Situation als zuwenig interessant oder bedrohlich. Er bleibt im Hintergrund (rechts unten) und beobachtet.

In Ihrer Rolle als Leitfigur sind Sie in Ihren Entscheidungen frei.

spielsweise einem Jogger begegnen, sondern im gesamten Zusammenleben mit Ihrem Hund, also auch bei Kleinigkeiten.

Mir ist es zum Beispiel gleichgültig, ob mein Hund vor mir oder nach mir aus dem Raum geht oder ob er eintreffende Besucher vor mir oder nach mir begrüßt. Das heißt, ich entscheide, daß der Hund in den erwähnten Situationen tun kann, was er will. Aber vielleicht ergeben sich Momente, in denen ich anders entscheide: Vielleicht steht eines Tages eine gänzlich fremde Person vor der Türe, und dann treffe ich die Entscheidung, daß mein Hund hinter mir zu bleiben hat! In dieser Situation muß ich ihm natürlich helfen, meinen Willen zu verstehen und zu befolgen. Das tue ich entweder über meine Körpersprache oder mit einem Befehl (etwa: »Bleib hinten!«), den der Hund bereits kennt und daher befolgen kann. Es ist nicht planlos oder irritierend, wenn ich meinen Hund einmal vorauslaufen lasse und einmal nicht. In der Natur beurteilt der Rudelführer auch jede Situation für sich. Konsequent zu sein bedeutet in diesem Zusammenhang, die Rolle des Entscheidungsträgers einzunehmen und sie beizubehalten; auf den »Inhalt« der einzelnen Entscheidungen kommt es dabei gar nicht an. Zweifeln Sie Ihre Entscheidung nicht an, und setzen Sie sie unbedingt durch.

Wichtig!
Es fällt mir immer wieder auf, daß Menschen bei ihren Erziehungsversuchen ständig hektisch und nervös an der Leine ziehen und viel zu häufig viel zu laute Wortkommandos geben. Dabei stumpft ein Hund völlig ab. Sammeln Sie sich innerlich, haben Sie das Erziehungsziel klar vor Augen; strahlen Sie über Ihre Körpersprache, nötigenfalls begleitet von einem deutlichen Wortkommando, vor allem diese Ruhe und Klarheit aus.

Beispiel: Eines der bunt gemischten Rudel des Gnadenhofs befindet sich im Freilauf und erkundet die Höhlenwelt. Ein den Hunden bekannter Tierpfleger betritt die Anlage, um Wasser aufzufüllen. Alle Rangniedrigen stürmen auf den Menschen zu, um ihn zu begrüßen und gestreichelt zu werden. Suni, die Leitfigur dieser Gruppe, wartet gelassen ab und bahnt sich dann konsequent einen Weg zum Pfleger; alle anderen Hunde weichen jetzt zurück und beschwichtigen Suni mit entsprechenden Gebärden.
Etwas später kommt eine völlig fremde Person an den Zaun: Suni rennt sofort los und bellt, die anderen bellen zwar laut mit, bleiben jedoch etwas hinter Suni zurück. Suni hat situationsbedingt entschieden. Und vielleicht entscheidet sie schon morgen, daß sie allein zum Pfleger gehen will und die anderen hinter ihr bleiben sollen.
Viele Hundebesitzer, die mit solchen alltäglichen Situationen konfrontiert sind, haben einfach eine falsche Vorstellung davon, was »konsequent sein« bedeutet. Suni ist konsequent, sogar sehr! Sie entscheidet in jedem Moment völlig frei, was sie will und was zu tun ist, und diese Entscheidung wird von keinem angezweifelt und von allen Rudelmitgliedern akzeptiert.

Auch bei uns Menschen ist es so. Es gibt Lehrer, die die Schulkinder beim Klingelton aus dem Klassenzimmer stürmen lassen und selbst zuletzt hinausgehen; ihre Autorität wird trotzdem nicht in Frage gestellt. Versucht der Lehrer jedoch, den gewohnheitsmäßig bereits eilig und erwartungsvoll aufspringenden und hinauseilenden Kindern schreiend und fuchtelnd mitzuteilen, daß sie warten sollen, bis er das Klassenzimmer verlassen hat, wird ihn kaum ein Kind beachten oder ernstnehmen; in der Folge würde er in seiner Funktion als Leitfigur sogar an Achtung einbüßen. Erklärt der Lehrer den Kindern aber eine Minute, bevor es klingelt, daß er heute das Klassenzimmer als erster verläßt, wird seine Entscheidung akzeptiert.

Wenn also Ihr Hund beim Ertönen der Türglocke losrennt und bellt, weil ihm das seit jeher erlaubt war, dürfen Sie jetzt weder plötzlich losschimpfen, noch in Zukunft einmal schimpfen und einmal nicht – das wäre inkonsequent. Aber Sie können ohne weiteres an der Tür zu dem Hund sagen, daß er hinter Ihnen bleiben soll oder daß er jetzt Ruhe bewahren muß; er wird Sie verstehen, wenn er vorher gelernt hat, was Ihre Wortbefehle oder eventuell auch Ihre Körpersprache zu bedeuten haben.

Ihr Hund wird Sie verstehen, wenn Sie ihm Ihre Entscheidung in der richtigen Art und Weise übermitteln.

Ein Hund, der eigenständiges Handeln und Entscheiden gewohnt ist, wird nur schwer wieder davon abzubringen sein. Ich bewundere die innere Kraft eines solchen Hundes. Aber für ein friedliches Zusammenleben, das auf gegenseitiger Achtung beruht, müssen Mensch wie Hund viel lernen.

Sie müssen unbedingt immer ein Ziel vor Augen haben, und Sie dürfen keine Entscheidungen treffen, die Sie nicht durchsetzen können. Wenn Sie Ihren Hund bisher bei einem Klingelzeichen haben bellen lassen, können Sie nicht erwarten, daß er nun plötzlich damit aufhört, nur weil Sie »Schluß« sagen! Beginnen Sie zudem auch noch zu schreien, wirken Sie auf den Hund planlos. Er weiß wirklich nicht, wen oder was Sie überhaupt meinen. Für ihn stehen lauter Fragezeichen im Raum: Warum ist mein Mensch so hektisch? Regt er sich wegen des ankommenden Besuchers auf?

Hat er Angst vor dem Besucher? Will der Besucher etwa unbefugt ins Territorium eindringen oder es gar selbst in Besitz nehmen? Was muß ich unternehmen, um meinen Menschen angemessen zu beschützen? Hat der Hund jedoch das Wort »Schluß« in seiner Grunderziehung schon verstehengelernt, wird er Sie jetzt anschauen und eine weitere Entscheidung samt entsprechender Bestätigung von Ihnen erwarten.

Als Leitfigur können Sie die Entscheidung treffen, daß Ihr Hund bellen darf. Möchten Sie sich aber ausschließlich selbst um die Situation kümmern und verlangen von ihm, ruhig zu sein und sich still zu verhalten, wird er es respektieren.

Sobald Sie jedoch überlegen: »Was tue ich jetzt bloß?« oder aber Ihrem Hund ständig den Vortritt lassen, werden Sie früher oder später unglaubwürdig.

Statt eines Leckerbissens hat der Hundeführer ein Spielzeug in der Hand, mit dem er den Hund zum Bellen motiviert.

***Beispiel:* Was kann ich tun, wenn mein Hund nicht mehr aufhört zu bellen?**

Hunde, die nicht mehr aufhören wollen zu bellen, steigern sich in ein Fehlverhalten hinein, etwa um Aufmerksamkeit zu erhalten, Streß zu bewältigen oder sich selbst zu bestätigen. Das Bellen ist in solchen Fällen zu einem Automatismus geworden und dem Hund nicht mehr bewußt.

Deshalb gehen Sie am besten indirekt an das Problem heran, und zwar wie folgt:

Damit dem Hund sein Bellen wieder bewußt wird, setzen Sie in dem Moment, wenn er von sich aus bellt, einen Ausdruck wie »Gib Laut« ein und wiederholen ihn immer wieder, solange er bellt, während Sie den Hund gleichzeitig verbal loben. Mit der Zeit stellt der Hund eine Verbindung zwischen dem Ausdruck und dem Bellen her, das heißt, er lernt im ersten Schritt, auf Kommando zu bellen.

Als nächstes halten Sie zum Beispiel einen Leckerbissen in der Hand und fordern ihn zum Bellen auf. Irgendwann geben Sie ihm dann mit einem neuen Wort wie »Ruhe« das Kommando zum Stillsein; weil er diesen Ausdruck noch nicht kennt, zeigen Sie ihm den Leckerbissen, und in der Sekunde, in der er stutzt und das Bellen kurz unterbricht, geben Sie ihm das Leckerli, und loben Sie ihn gleichzeitig überschwenglich. Um ihm zuvorzukommen, geben Sie ihm dann sofort wieder das Kommando zum Bellen und wiederholen Sie kurze Zeit darauf die Aufforderung zum Stillsein;

geben Sie ihm auch dann wieder das Leckerli und Lob, und brechen Sie dann die Übung ab, indem Sie mit ihm etwas anderes unternehmen.
Wiederholen Sie das Ganze nicht öfter als zwei- bis dreimal pro Tag. Lieber etwas kurz und deutlich trainieren, als eine Übung dauernd zu wiederholen, weil die Aufmerksamkeit des Hundes sonst nachläßt und er abstumpft.
So wird Ihrem Hund das Bellen und das Nicht-Bellen wieder bewußt, er bekommt Ihre Aufmerksamkeit (wodurch gleichzeitig die Ursache des Problems behoben ist) und lernt spielerisch und mit Freude, Ihre Entscheidung zu akzeptieren.

Auf das Wort »Ruhe« hin wartet der Hund gespannt und ruhig auf seine Bestätigung, das Spielzeug.

Selbst wenn Sie, gemessen an den herkömmlichen Ausbildungsmethoden, alles falsch machen sollten, gilt dies: Sobald Sie von sich selbst und von Ihrer Absicht überzeugt sind, wird es Ihnen höchstwahrscheinlich dennoch gelingen, sich durchzusetzen! Tiere reagieren nämlich sehr viel stärker auf unsere Gefühle, als wir meinen, und es interessiert sie nicht, ob wir nach einem Lehrbuch vorgehen oder nicht.

In krassem Kontrast dazu steht die Anwendung von Gewalt. Sie ist ein Hilfsmittel, das innerhalb einer Gemeinschaft fast ausschließlich von rangniedrigen Lebewesen zum Durchsetzen ihrer Wünsche angewendet wird. Als Leitfigur sollten Sie demzufolge unbedingt Abstand von Gewalt und von schmerz- oder streßverursachenden Hilfsutensilien nehmen!

Selbst wenn Sie alles »falsch« machen sollten, wird es Ihnen gelingen, sich durchzusetzen, falls Sie von sich und Ihrer Absicht überzeugt sind.

Sie müssen überzeugt sein – auch von einer Hundeschule

Es gibt Menschen, die von einer Hundeschule zur nächsten pilgern und sämtliche Trainingsmethoden im Zweiwochenrhythmus an ihren Hunden ausprobieren. Dennoch verschlechtert sich die Beziehung zu ihrem Tier von Tag zu Tag. Das Durcheinander von Trainingsmethoden wirkt auf den Hund völlig desorientierend. Darüber hinaus bekommt er nie die Zeit, die nötig ist, um etwas Schritt für Schritt gründlich zu erlernen. Für Sie selbst gilt: Sie imitieren jeweils nur das von den Hundeschulen Vorgegebene, stehen dabei aber im Grunde vor Einzelteilen eines Puzzles. Weder können Sie eine einzige Ausbildungsmethode als Ganzes begreifen – und was ein anderer meisterhaft beherrscht, wird bei Ihnen vielleicht gar nicht klappen –, noch können Sie die vielen unterschiedlichen Ansätze zu einem großen Ganzen zusammenfügen.

Es ist gut, richtig und wichtig, sich möglichst umfassend zu informieren. Doch noch wichtiger ist es, nur das zu befolgen, von dem Sie selbst überzeugt sind und das sich tatsächlich auf Ihre Mensch-Hund-Beziehung übertragen läßt. Nur so bleiben Sie für Ihren Hund glaubwürdig.

Welcher Trainer und welche Ausbildungsmethode passen zu mir? Verlassen Sie sich bei Ihrer Entscheidung ausschließlich auf Ihr Gefühl.

Stellen Sie sich daher die Frage: Welcher Trainer und welche Ausbildungsmethode passen zu mir? Verlassen Sie sich bei Ihrer Entscheidung ausschließlich auf Ihr Gefühl. Wenn Sie von einem Trainer überzeugt sind, wird er Ihnen weiterhelfen, auch wenn andere Sie vom Gegenteil überzeugen wollen.

Mit der Hundeerziehung verhält es sich genauso wie mit der Kindererziehung: Es gibt Tausende Methoden, und jeder Psychologe, Lehrer oder Trainer ist meist nur von der überzeugt, die er selbst anwendet und mit der er in seinem Rahmen auch erfolgreich ist. Vielleicht funktioniert es bei Ihnen auch – vielleicht aber auch nicht, einfach weil Sie ein völlig anderer Mensch mit einem anderen Hund sind. Bedenken Sie immer, was für Sie und Ihren Hund überhaupt möglich ist, wieviel Zeit Ihnen für das Training zur Verfügung steht, welche Art Sie selbst natürlicherweise im Umgang mit Ihrem Hund haben und was Ihnen beiden Spaß machen könnte. Alles, was Sie widerwillig unternehmen, wird Ihr Hund auch nicht mögen und wegen Ihrer Unsicherheit auch niemals wirklich lernen können. Macht Ihnen dagegen etwas Freude, wird auch Ihr Hund bestrebt sein, mit Ihnen gemeinsam glückliche Momente zu erleben, wenn dies auch manchmal mit Arbeit verbunden ist.

Hund und Mensch müssen bei der Arbeit und beim Lernen ein Team sein.

Bieten Sie dem Hund Beschäftigungsmöglichkeiten an

Mit dem Hund zu joggen und spazierenzugehen sorgt für seine körperliche Ermüdung und ist für ein so bewegungsfreudiges Lebewesen mit Sicherheit vonnöten.

Doch der Mensch vergißt dabei gern einen wichtigen Punkt: Aus Sicht des Hundes ergibt es überhaupt keinen Sinn, an der Leine auf einer asphaltierten Straße neben einem Menschen herzulaufen oder herzurennen. Ein junger Hund wird sich krampfhaft darum bemühen, etwas Aufregendes zu entdecken, seine Kraft und seine Ausstrahlung an anderen Lebewesen auszuprobieren

GANZ LINKS: Als Team unterwegs.

Zu welchen körperlichen und geistigen Leistungen ist mein Hund fähig?

Heutzutage haben die Hunde zuwenig Bewegung (Freilauf ist in bewohnten Gebieten nicht mehr so oft möglich) und zuviel psychischen Streß (Leistungsdruck, ungeordnete Beziehungen, zuviel Alleinsein) und darüber hinaus in der Gemeinschaft mit dem Menschen keine sinnvollen Aufgaben.

und seinem Menschen irgendwann zu demonstrieren, was einem Hund wirklich Spaß macht! Das Dumme dabei ist nur, daß das Erschrecken, Verjagen und Hetzen oder auch freudige Anspringen entgegenkommender Menschen oder Tiere dem Hundehalter wahrscheinlich sehr viel weniger Freude bereitet als dem Hund – ganz abgesehen von den betroffenen Personen.

Jeder Hund braucht sinnvolle Beschäftigung.

Aus diesem Grund ist es unerläßlich, einem Hund sinnvolle Beschäftigungsmöglichkeiten und Aufgaben zu geben: Kein Hund

Gemeinsam einer Aufgabe entgegensehen …
Alec, einen siebenjährigen Deutschen Schäferhund, habe ich aus einem Tierheim geholt (wie in der SWR-Sendung »Schlaglicht« vom 5.10.04 dokumentiert), wo er niemanden mehr an sich heranließ.

wird als willenloses Stofftier, höriger Sklave oder Statussymbol geboren. Jeder Hund hat Stärken, die der Mensch fördern sollte, und natürlich hat er auch Schwächen, die der Mensch teils ausgleichen und teils akzeptieren muß.

Nun stellt sich zunächst die Frage, zu welchen Leistungen unser Hund geistig und körperlich in der Lage ist. Aus einem jungen Jagdhund werden Sie niemals einen gemütlichen Stubenhocker machen können und aus einem sogenannten Schoßhund wahrscheinlich keinen Hochleistungssportler. Es gibt sehr viele Hunde, die für ihr Leben gerne mit der Nase arbeiten, also stöbern, suchen oder Fährten aufspüren möchten. Je nach Neigung des Hundes sollte man ihm gezielt entsprechende Aufgaben stellen, deren Lösung ohne Leistungsdruck erarbeitet und erlernt werden muß.

Um die Angst des Hundes zu bewältigen und sein Selbstbewußtsein zu stärken, erklimmen wir gemeinsam Höhen.

Jeder Rassehund wurde irgendwann nach den Bedürfnissen und Vorstellungen der Menschen zu einem bestimmten Zweck gezüchtet, das heißt, jeder Hund hat einen rassebedingten Antrieb, der je nach Individuum mehr oder weniger stark ausgeprägt ist. Es ist wichtig, daß Sie auf diese Anlage eingehen, indem Sie eine der Rasse und der Hundepersönlichkeit gemäße Beschäftigung für ihn auswählen.

Eines ist praktisch allen Hunden gemeinsam: ein ausgeprägter Geruchssinn. Die Nase des Hundes ist im wahrsten Sinne des Wortes »Gold wert«, denn mit ihr löst der Hund unendlich schwierige Aufgaben, zu deren Bewältigung ein Mensch niemals in der Lage wäre. Im Geruchssinn liegt das größte Talent des Hundes; zugleich ist die Arbeit mit der Nase für ihn Schwerstarbeit, die in geistig auf das äußerste fordert. Möchte man sein Talent fördern, muß man ihn über Erfolgserlebnisse motivieren.

Im Geruchssinn liegt das größte Talent des Hundes. Möchte man es fördern, muß man ihn über Erfolgserlebnisse motivieren.

Sie sollten deshalb darauf achten, die Stärken, die Dynamik und die Vitalität Ihres Hundes mit täglichen Such- und Beutespielen in die gewünschte Richtung zu lenken. Solche Beschäftigungsmöglichkeiten sind:

- Fährtensuche,
- Versteckspiele (Personen/Spielzeug),
- Auffinden vergrabener Gegenstände,
- Tauziehen,
- Ballspiele,
- Wurfspiele,
- spielerische Wettkämpfe (rennen, schwimmen).

Bei Unbeherrschtheit, Ungeduld und übermäßigem Leistungsdruck seitens des Menschen stumpft der Hund ab.

Es sollte selbstverständlich sein, daß man ein einzelnes Spiel nicht zu oft wiederholt und damit nicht übertreibt. Auch Unbeherrschtheit, Ungeduld und übermäßiger Leistungsdruck seitens des Menschen müssen unbedingt vermieden werden; sonst stumpft der Hund ab oder er wird vor lauter Streß und Unsicherheit hyperaktiv und neigt zu Ersatzhandlungen.

Beutespiele machen immer Spaß – ob mit anderen Hunden oder mit Menschen – und dienen vor allem auch der Aggressionsbewältigung.

Befriedigen Sie die Grundbedürfnisse des Hundes

Die Grundbedürfnisse eines Hundes dienen der Lebenserhaltung. Deshalb sorgt ein entsprechend starker innerer Drang für deren Befriedigung und damit für einen gut funktionierenden Organismus.

Das Bedürfnis nach Bindung überwiegt bei weitem das Bedürfnis nach Futter.

Bedürfnis nach Bindung

Sympathie – als Gegenpol zur Aggression – ist die Voraussetzung für jede Bindung. Zuneigung und Abneigung sind beim Hund persönlichkeitsabhängig und haben nichts mit momentanen Launen zu tun. Die Intensität der sozialen Bindung hängt also vom persönlichen Sympathieempfinden ab.

Ob und wie stark sich ein Hund bindet, hängt von dem Ausmaß an Sympathie ab, die er für einen Sozialpartner empfindet.

Hunde nehmen heute eine ganz andere Stellung in unserer Gesellschaft ein als früher. Das moderne Leben inmitten einer kaum noch durchschaubaren Technologie zieht Leistungsdruck, Zeitnot und Streß nach sich und führt zu einer großen Veränderung bei Mensch und Hund. Die zunehmende Isolation und mangelnde Bindungsfähigkeit des Menschen findet ihren Niederschlag in einem übertriebenen Bindungswunsch an den Hund, der mitunter regelrecht glorifiziert wird. Wir machen ihn, äußerlich betrachtet, zu einem »König«; geht man der Bindung jedoch auf den Grund, lebt der Hund oftmals unverstanden, entweder beziehungslos oder allzu abhängig, jedenfalls aber innerlich vereinsamt neben dem Menschen her.

Die älteste Bindungsmotivation ist die Angst.

So seltsam es klingt: Die älteste Bindungsmotivation ist die Angst, weil sie das Bedürfnis nach Schutz und Nähe auslöst.

Das Grundbedürfnis nach Bindung steht beim Hund an allererster Stelle.

Einsamkeit, Langeweile, fehlende Verbundenheit und viele Unsicherheiten führen zu unterschiedlichen Ersatzbefriedigungen (wie Zerstörungswut, unkontrollierten Aggressionen, pausenlosem Bellen), mit denen der Hund angestaute Energien und Frustrationen zu bewältigen versucht.

Das Bedürfnis, sich zu binden, hat jeder Hund. Es kann nur über Sympathie, Achtung und Vertrauen befriedigt werden.

Ein Hund hat das grundlegende Bedürfnis, sich zu binden, weil das Gefühl von Sicherheit, Geborgenheit, Orientierung und Ordnung lebensnotwendig für ihn ist. Solch ein Bedürfnis können Sie niemals mit Gewalt, bedingungslosem Gehorsam oder Glorifizierung, sondern nur mit Sympathie, Achtung und Vertrauen befriedigen.

Bedürfnis nach Nahrung

Das Auffinden von Nahrungsressourcen und die Beschaffung von Freßbarem ist für den Wolf etwas Elementares, auf das er nicht nur seine geistigen Fähigkeiten, sondern vor allem auch einen Großteil seiner Enegiereserven verwendet. Da sich unsere Hunde nicht selbständig um die Erfüllung dieses Grundbedürfnisses kümmern können, weil sie in absoluter Abhängigkeit vom Menschen leben, sind sie gezwungen, ihre körperlichen wie geistigen Energiereserven anderweitig einzusetzen, soll es nicht zu einem

Gemeinsam aus einer Schüssel zu fressen, ist nicht immer so unproblematisch wie hier.

Energiestau kommen. Ist den Tieren dies nicht möglich, können Ängste entstehen, die sich beispielsweise in Aggression entladen.

Ein verantwortungsvoller Hundehalter wird deshalb seinem Hund niemals die Nahrung vorenthalten – weder um ihn zu bestrafen, noch um ihm eine Leistung abzuverlangen. Wie alle Lebewesen erhält der Hund seine gesamte Körperenergie ausschließlich durch die Nahrung. Nur durch dauernde Aktivität bleibt ein Hund sein Leben lang vital.

Die Reaktion Ihres Hundes wird Ihnen zeigen, ob Ihre Belohnung auch für ihn *eine wirkliche Belohnung ist, denn der eine Hund liebt Leckereien, der andere Spielsachen usw.*

Bedürfnis nach Beschäftigung

Die geistige wie die körperliche Beschäftigung des Hundes, insbesondere das Spiel, dienen dem Ausleben überschüssiger Energie und damit der Aggressionsbewältigung. Wie der Mensch kann auch der Hund durch Aktivität Streß abbauen. Bei ausreichender Beschäftigung des Hundes läßt sein Interesse an den vielen Kleinigkeiten, die aus der Umwelt auf ihn zukommen, deutlich nach und er empfindet sie nicht mehr als reaktionswürdig.

Paju ist sehr motiviert, Spielsachen zu sammeln.

Es ist äußerst wichtig, daß ein Hund lernt, sich selbst zu beschäftigen.

Es ist erwiesen, daß Lernprozesse die Hirnstruktur verändern. Insbesondere die Aktivitäten im Welpenalter bestimmen darüber, welche Bereiche bleiben, wie sie sind, welche sich entwickeln und welche verkümmern.

Kommt ein Antrieb frei aus dem Innern, ist die Lernfähigkeit am größten. Hier steht an erster Stelle das Erkundungsverhalten,

Beschäftigung, insbesondere das Spiel, dient dem Ausleben überschüssiger Energie und der Aggressionsbewältigung.

durch das die Intelligenz rasch und nachhaltig gesteigert wird. Aber nicht nur die naturgegebene Neugier, sondern auch spezielle Trainingsmethoden (siehe »Dogsense®«) verhelfen Ihrem Hund zu Agilität und fördern angeborene Talente.

Ein Hund ruht ungefähr 16 Stunden am Tag, das heißt, er ist nur während acht Stunden wirklich aktiv.

Bedürfnis nach Ruhe und Schlaf

Zu den Grundbedürfnissen des Hundes zählen im weiteren Ruhepausen und vor allem der Schlaf. Die im Schlaf erreichte Regeneration des Organismus ist eine wichtige Voraussetzung für die volle Leistungsentfaltung in bezug auf Sinne, körperliche Belastung, Reaktionsfähigkeit und Dynamik. Wichtig ist, daß der Hundehalter die örtlichen und zeitlichen Voraussetzungen dafür schafft, daß der Hund genügend Ruhe finden kann.

Der Schlafplatz des Hundes sollte
- *sich in der der Nähe des Ihren befinden,*
- *dem Hund als Ort des Rückzugs dienen können, an dem er ungestört ist,*
- *sich niemals im Eingangsbereich Ihrer Wohnung oder Ihres Hauses befinden, weil der Hund sich sonst unwillkürlich zum Bewachen gedrängt fühlt.*

Gemeinsame Momente der Ruhe in Trainingspausen sind enorm wichtig und sorgen für Verbundenheit.

Die Rangordnung

Was bedeutet Rangordnung?

Unter »Rangordnung« versteht man ein hierarchisches System in sozialen Gemeinschaften. Bei Wildhunden und Wölfen, aber auch bei Rudeln verwilderter Haushunde besteht ein dynamisches Rangordnungsprinzip. Das heißt, die Ordnung innerhalb eines Gruppenverbandes wird immer wieder in Frage gestellt und zumeist in Form von Kommentkämpfen (Imponierkämpfen) neu ausgefochten. Solche Kämpfe werden ausgetragen, ohne daß mit ihnen eine Verletzungsabsicht oder -gefahr einhergeht; sie dienen der Verbesserung oder Verteidigung einzelner Rangplätze, und die sich ergebende Rangordnung wiederum dient dem Zusammenhalt der Tiere untereinander sowie einer entspannten, angstfreien Stimmungslage. Eine wirkliche Gemeinschaft entsteht nur aus

Scheinkämpfe dienen der Erhaltung der Rangordnung.

In einer intakten Gruppe kennt jeder die Stärken und Schwächen aller anderen ganz genau. Gemeinsamkeit macht stark.

dem flexiblen sinnvollen Zusammenwirken der ihr angehörenden einzelnen Persönlichkeiten und beruht auf deren Zusammenhalt. Die Rangordnung dient der Aggressionsbewältigung innerhalb der Gruppe und sorgt für Ruhe.

Bis heute sind viele Hundehalter davon überzeugt, daß an der Spitze eines jeden Rudels ein sogenanntes Alpha-Tier steht, das alle anderen Rudelmitglieder quasi diktatorisch beherrscht. Eine solche aggressionsorientierte Diktatur wäre in der Natur aber ziem-

Schein- oder Imponierkämpfe dienen der Festigung von Rangplätzen und werden ausgetragen, ohne daß Verletzungsgefahr besteht.

lich schnell zum Scheitern verurteilt. Doch auch ein Verband, in dem Anarchie herrscht, würde sich in kürzester Zeit selbst zerstören: Zu große Gewaltbereitschaft innerhalb eines Rudels würde viele Ängste fördern; dies wiederum würde Notwehrreaktionen hervorrufen, die immer häufiger mit immer heftigeren Aggressionen beantwortet werden würden. Somit wäre ein soziales Miteinander auf Dauer kaum mehr möglich; jegliches Vertrauen untereinander würde erlöschen, und es wäre kein Zusammengehörigkeitsgefühl mehr vorhanden. Ohne »Teamgeist« hätte die Gruppe keine Jagderfolge mehr, und auch die Nachkommen konnten nur noch unzureichend versorgt und sozialisiert werden. Die Tiere hätten keine Sicherheit, keine Orientierung und auch keine Entfaltungsmöglichkeiten mehr.

Eine »Schreckensherrschaft« ist auf Dauer zum Scheitern verurteilt.

In vielen Mensch-Hund-Lebensgemeinschaften führt allerdings der Mensch ein aggressiv-diktatorisches Regiment; auf Dauer resultieren daraus Verhaltensstörungen beim Hund.

Auch bei der Haltung mehrerer Hunde in zu beengten Verhältnissen kann es passieren, daß ein zu aggressives, asoziales Tier die Herrscherrolle übernimmt. Man darf jedoch nicht vergessen, daß es in jedem Fall der Mensch war, der den Tieren das Rudel aufgezwungen hat: In freier Wildbahn wäre eine solche »Horrorgruppe« nicht nur niemals überlebensfähig, sondern sie würde gar nicht erst zustandekommen. Ein Sozialgefüge kann nur dann sinvoll funktionieren, wenn jedes ihm angehörende Tier seine persönlichen Fähigkeiten frei entfalten kann und sämtliche Mitglieder dennoch eine feste Ordnung und die auf ihr beruhende Orientierung haben.

Ein Sozialgefüge kann nur dann sinvoll funktionieren, wenn jedes ihm angehörende Mitglied seine Fähigkeiten frei entfalten kann.

Jede Rudelgemeinschaft ist, für sich genommen, ein einzigartiger Verband. Zahlreiche Faktoren wie etwa die Genetik, die Prägung der Individuen, aber auch Umwelteinflüsse und die Erfahrungen der Gruppenmitglieder, einzeln und gemeinsam, tragen dazu bei, wie ein solcher Verband im Detail aussieht und funktioniert. Deshalb sollte man keine Lebensgemeinschaft nach einem Schema beurteilen.

Jedes Lebewesen ist nicht nur ein eigenständiges Individuum, sondern gleichzeitig auch Teil einer Gesamtformation, die wiederum nur durch die einzelnen Persönlichkeiten mit ihren unterschiedlichen Fähigkeiten und Eigenschaften auf ihre spezielle Art und Weise existiert und nur als Ganzes auf andere wirkt. Untereinander kennen sich die Tiere mit all ihren Schwächen und Stärken sehr genau. Es gibt eindeutige Verhaltensregeln. Kommt es dennoch zu Beunruhigungen oder Interessenskonflikten, brechen gelegentlich die bereits erwähnten Kommentkämpfe aus; die Ordnung und die Rangeinteilung werden wiederhergestellt oder je nachdem auch neu strukturiert, und das gegenseitige Vertrauen der Rudelmitglieder festigt sich wieder. Passive und aktive Unterordnungsgesten machen die Rangunterschiede offensichtlich.

Die Behauptung, die Rangordnung in einem Rudel entspreche einem simplen hierarchischen Prinzip mit einem »Alleinherrscher« an der Spitze, ist eine unzutreffende Vereinfachung. Es gibt verschiedene Rangordnungsprinzipien, die sich zumeist an den persönlichen Stärken und Fähigkeiten der Einzeltiere orientieren und darüber hinaus mit der jeweiligen Lebenssituation des Rudels zu tun haben. So ist es nicht zwangsläufig das ranghöchste Tier, das die Jagd anleitet, die Wanderrichtung bestimmt usw.

Wer ist hier wohl das »Alpha-Tier«?

Damit eine Rangordnung überhaupt entstehen kann, müssen zwei Voraussetzungen erfüllt sein: Zum einen muß der Antrieb zum Rangstreben und zum anderen die Fähigkeit, sich unterzuordnen, vorhanden sein.

Die Rangordnung in einer Hundefamilie

Entwicklung bedeutet unentwegte Veränderung, aber nicht zwangsläufig nur im positiven Sinn. Sie basiert auf Vergangenem und beeinflußt das Künftige.

Die Rangordnung in einer Hundefamilie ist nicht mit der Rollenverteilung innerhalb einer Menschen-Hunde-Familie oder innerhalb eines willkürlich zusammengestellten Hunderudels zu vergleichen, das aus mehreren erwachsenen Tieren unterschiedlicher Herkunft besteht (diese Situation ist zum Beispiel in Tierheimen gegeben).

In einem Hundefamilienverband leben die Tiere von Geburt an zusammen. Die Welpen wachsen von ihrem ersten Lebenstag an mit der Autorität der Elterntiere – zunächst der der Mutter und später auch der des Vaters – auf, die für ihren Nachwuchs lebenswichtigen Schutz, Orientierung und Geborgenheit verkörpern.

Kein Hund entwickelt sich genau nach einem Schema. Aus diesem Grund können Tabellen nur grobe Anhaltspunkte liefern.

In den kritischen oder sensiblen Phasen prägen Geschehnisse die Persönlichkeit eines Hundes besonders stark.

Welpenentwicklung
(kritische Phasen)

Lebensalter	Phase	Thema
1. – 2. Woche	Neugeborenenphase	Wahrnehmung der Umwelt durch Berührung, Wärme- und Kälteempfindung und Geruch
2. – 3. Woche	Übergangsphase	Wahrnehmung der Umwelt über erweiterten Geruchssinn; anfängliches Sehen und Hören; Laufen, Stehen, Sitzen; erste Erkundungsversuche
4. – 15. Woche	Sozialisationsphase	Optik und Akustik bilden sich vollständig aus; soziale Verhaltensweisen entwickeln sich; Interaktionen der Welpen; die Kommunikation untereinander wird variantenreicher; ist jetzt kein Sozialverhalten möglich, entstehen extreme Unsicherheiten und Ängste

Welpenentwicklung
(kritische Phasen)

Lebensalter	Phase	Thema
7. – 12. Woche	Angstphase	Entwicklung der Angst, d. h., traumatische Eindrücke können zu Unsicherheiten führen, die zeitlebens prägend sind; Lerneffekte sind besonders nachhaltig
6. – 9. Monat	erste Pubertätsphase	Austesten der Grenzen zur Entwicklung der eigenen Persönlichkeit; Selbstkontrolle wird entwickelt, besonders im Spiel
12. – 18. Monat	zweite Pubertätsphase	es wird eine feste Rolle im Sozialgefüge angestrebt; die Geschlechtsreife tritt ein
1,5 – 3 Jahre	Erwachsen-Werden	Territorialverhalten prägt sich aus; Entwicklung der Verteidigungshaltung; deutliches Sichtbarwerden der »gemachten« Dominanz, d. h. einer falschen Rollenverteilung zwischen Mensch und Hund

Etwa in der dritten Woche öffnen die Welpen erstmals die Augen. Ab diesem Moment sind die Aufnahmefähigkeit und die Gehirnentwicklung der Jungtiere von besonderer Bedeutung. Waren sie bislang allein auf Berührung und Geruch angewiesen, um die Umwelt zu erleben, so können sie diese jetzt auch optisch wahrnehmen. Die nun folgende Lebensphase (vierte bis zwölfte Lebenswoche) ist für die soziale Entwicklung der Tiere entscheidend. In dieser Zeitspanne lernen die Welpen, zwischen »Vertrautem« und »Fremdem« zu unterscheiden. Im Spiel lernen sie den Umgang mit anderen Lebewesen, allen voran mit der arteigenen Familie, kennen, und ihr Mienenspiel wird von Tag zu Tag ausdrucksvoller und bewußter. Die Mutterhündin beginnt ab der vierten Woche allmählich damit, ihre Welpen zu entwöhnen, und sie bekommen die ersten etwas festeren Mahlzeiten. Gleichzeitig weist sie ihren Nachwuchs immer häufiger zurück; so bekundet sie auf unmißverständliche Weise ihre Autorität.

Es werden immer deutlichere Regeln für die Mutter-Kind-Beziehung aufgestellt, die aber keinem starren Schema folgen. Man

Optimal für die Welpenentwicklung ist die häufige Beschäftigung mit Menschen.

Sozialspiele mit Wurfgeschwistern, erwachsenen Hunden und Menschen stimulieren das Lernvermögen.

muß jede Familie gesondert betrachten: Jede Hündin hat eine andere Art, mit ihren Welpen umzugehen und sie zu prägen, und jeder Welpe wiederum ruft andere Reaktionen seiner Mutter hervor. Nur in der allerersten Zeit behandelt die Hündin jedes ihrer Kinder gleich, doch dann nimmt ihre Geduld stetig ab, und sie maßregelt die Welpen – mitunter recht geräuschvoll – indem sie knurrt, die Lefzen hochzieht oder nach den Welpen schnappt, ohne sie jedoch zu berühren. So lernen die Kleinen die Bedeutung der unterschiedlichen Drohgebärden verstehen und werden in die Lage versetzt, sie mit der jeweiligen Ursache in Verbindung zu bringen. Oft reichen ein drohender Blick, eine angespannte Haltung oder ein Kräuseln der Nase seitens der Mutter, um die Welpen zum Rückwärtsgehen zu veranlassen. Die Aktivitätsphasen der Jungtiere werden immer länger, und ihre Körpersprache entwickelt sich ständig weiter. Sie spielen und tollen immer ausgiebiger und oft nicht eben sanft. Irgendwann, wenn die Hündin allzu oft »angeknabbert«, festgehalten oder angestupst wurde, erlaubt sie ihren Welpen nicht mehr, sich dauernd in ihrer Nähe aufzuhalten.

Der große Unterschied zu einer Wolfsfamilie besteht darin, daß eine Hundemutter meist ganz allein für die Bedürfnisse ihrer Kin-

Aktive Unterwerfung entsteht aus dem Futterbetteln von Welpen, besonders nach der Abwesenheit der Mutter. Die Welpen springen dabei freudig wedelnd an der Mutter hoch, stupsen sie und versuchen, ihre Maulwinkel abzuschlecken.
Aktive Demut wird im Spiel gezeigt, bei überlegenen Hunden und bei Menschen.

Spielerische aktive Unterwerfung mit Beschwichtigung auch des stehenden dominanten Rüden.

Spielerische passive Unterwerfung.

der sorgen muß, weil ihr keine erwachsenen Artgenossen zur Betreuung und Beschäftigung des Nachwuchses zur Seite stehen, wie dies in natürlichen Rudelverbänden der Fall ist.

Bis etwa zur achten Lebenswoche haben sich alle Verhaltens- und Ausdrucksweisen entwickelt, die für das soziale Miteinander der Gruppe notwendig sind: zunächst das Knurren und später die gesamte Körpersprache und Mimik samt der sich daraus ergebenden aktiven und passiven Unterwerfung.

In diesen ersten Lebenswochen wird spielerisch um die Ressourcen und um die Zuneigung der Eltern gekämpft; doch insbesondere beim Futter wird aus dem Spiel zunehmend Ernst, und es kommt zu Rangeleien um den Status im Rudel. Im nächsten Moment liegen die Kleinen jedoch wieder friedlich vereint dicht beieinander, um zu schlafen.

Das Geschlecht spielt in diesem Alter noch keine große Rolle. Die Aktionen der Welpen untereinander haben eher den Charakter harmloser Rollenspiele und bleiben ohne Konsequenzen; es kommt also weder zu Feindschaften noch zu einer festen Rangordnung. Alle Ausdrucksweisen dienen der momentanen Selbsterprobung und sind nur als ein auf den Augenblick bezogenes Kräftemessen zu betrachten.

Etwa zwischen der siebten und achten Woche kommt es erstmals zu Angriffen der Gruppe auf einzelne Welpen. Es läßt sich jedoch noch kein klares Zusammenrotten einzelner Gruppenmitglieder und keine dauerhafte Parteienbildung feststellen, denn

Die passive Unterwerfung resultiert aus dem Brutpflegetrieb der Mutter, indem sie die Welpen im Genitalbereich reinigend ableckt. Die Junghunde bleiben dabei passiv auf dem Rücken liegen.
Erwachsene Hunde wenden dieses Verhalten an, wenn sie
- *spielen,*
- *Ungutes erwarten, dem sie vorbeugen wollen, oder*
- *sich zur Begrüßung ihres Menschen unterwürfig zeigen.*

Viele Hunde lernen, daß die Rückenlage ihnen Zuwendung verschafft und geben sich deshalb bewußt kindlich.

Rollenspiele dienen der Aggressionsbewältigung, der Stabilisierung der Rangordnung und dazu, sich gegenseitig einschätzen zu lernen.

Rollenspiele bereiten die Junghunde auf das Leben in einem Gemeinschaftssystem vor.

schon wenige Minuten später sind es wieder völlig andere Geschwister, die sich gegen einen Einzelnen verbünden, und kurz darauf wechselt die Konstellation abermals. Dies fördert das Sozialverhalten und die Lernfähigkeit der Welpen; außerdem werden dabei die Schwächen und Stärken der einzelnen Tiere für alle deutlich. Die Rollenspiele bereiten Jungtiere also auf das Leben in einem Gemeinschaftssystem vor.

Das Verhältnis untereinander, insbesondere im Zusammenhang mit Futterressourcen, ändert sich – je nach Rasse und Temperament – im Alter von etwa elf bis 15 Wochen. In dieser Zeit werden erstmals ernsthaftere Futterrangordnungen erkennbar, die aber immer noch keine eindeutigen Konsequenzen für die soziale Rangordnung haben.

Im Zeitraum zwischen der vierten und 15. Woche findet also die sogenannte Sozialisation statt – eine der wichtigsten Phasen im Leben eines Hundes. Nach dieser Phase werden durch das Verhalten der einzelnen Tiere deren Beziehungen untereinander deutlich, und es treten die Unterschiede und Differenzen zwischen den Geschwistern – und damit die Dominanzverhältnisse – klar zutage. So entwickelt sich eine »Ressourcenhierarchie«, die meist bis ins Erwachsenenalter bestehenbleibt.

Im Unterschied dazu haben Wölfe dieses Alters weitaus weniger klare Rangstrukturen. Das liegt daran, daß die Größenunterschiede und die damit verbundenen Kräfteabweichungen bei Hundewelpen (besonders bei Mischlingen) viel stärker variieren als bei jungen Wölfen. Darüber hinaus sind Körpersprache und Mimik der Junghunde – je nach Rasse, Geschlecht und Aussehen – entweder stärker oder schwächer ausgeprägt als bei gleichaltrigen Wölfen.

Nach Erik Zimen besteht ein großer Unterschied der Lebensart von Wolf und Haushund darin, daß das Überleben des Hundes nicht von der Gemeinschaft mit anderen Artgenossen abhängt. Der Hund ist ausschließlich auf seinen menschlichen Besitzer angewiesen. Der Wolf hingegen ist vom Wohlbefinden seiner Rudel-

Die Haltung der passiven Unterwerfung als Zeichen des Wohlgefühls.

Ein Tschechischer Wolfshund wie Yuma hat oftmals noch ein sehr ursprüngliches Verhalten (Scheuheit, große Vorsicht gegenüber Fremden usw.).

mitglieder abhängig, denn nur in der arteigenen Gruppe ist er überlebensfähig. Der Wolf muß sich arrangieren, während der Hund seinen Artgenossen sehr viel gleichgültiger gegenübertreten und sich ein »Konkurrenzdenken« viel eher erlauben kann. Die Mensch-Hund-Beziehung hatte mit Sicherheit einen wesentlichen Einfluß auf die Evolution des Hundes.

Aufwachsen ohne Eltern

Ein bemerkenswerter Faktor im Zusammenhang mit der Rangordnung ist, daß sich das Dominanzverhalten bei Hunde- und Wolfswelpen, die ohne Elterntiere aufwachsen, wesentlich schneller entwickelt als bei autoritätsgebundenen Jungtieren. Fehlen die Eltern, so fehlen einerseits der Schutz und andererseits die Autorität der Erwachsenen, so daß es darauf ankommt, kindliche Verhaltensweisen frühzeitig aufzugeben. Die Jungtiere müssen sich selbst Orientierung geben und ihre Grenzen austesten. Somit kristallisiert sich weit schneller, als das sonst der Fall ist, heraus, welche Motivation bei welchem Tier stärker oder schwächer ausgeprägt ist.

Tierwaisen fehlen einerseits der Schutz und andererseits die Autorität der Eltern.

Diese Waisenkinder bauen in kürzester Zeit eine geordnete Rangfolge auf, um in ihrer Gemeinschaft Stabilität, Ruhe und Angstfreiheit auf Dauer sicherzustellen. In ihrer Altersstufe geht es dabei hauptsächlich um Überlebensprioritäten, also um die Ressourcenrangordnung, das heißt die Rangordnung beim Futter, beim Schlafen usw. Bei elternlosen Tieren kristallisiert sich zwar relativ schnell eine soziale Hierarchie heraus, aber sie ist – wie bei normalen, intakten Familienverbänden – erst in einer späteren Phase von ernsthafter Bedeutung.

Nimmt ein Mensch einen verwaisten Welpen zu sich, so darf er nicht vor Mitleid dahinschmelzen und das Tier grenzenlos verwöhnen, sondern er muß ihm die Eltern ersetzen. Das bedeutet, er muß dem Welpen vom ersten Tag an einerseits viel Liebe und Zärtlichkeit schenken und ihm andererseits aber auch durch vernünftige Autorität Grenzen setzen.

Die Rangordnung von Mensch und Hund

Nirgends gibt es so viele Mißverständnisse, Fehleinschätzungen, Unsicherheiten und ernsthafte Verständigungsprobleme wie in der Menschen-Hunde-Rangordnung.

Die Ansichten vieler Hundehalter nehmen wahrhaft extreme Formen an: Die einen betrachten die Mensch-Hund-Beziehung so, als sei der Mensch unumschränkter Herrscher und der Hund Leibeigener, während die anderen sich ihren Hund als ein perfek-

Obwohl Fibi (rechts im Bild) blind ist, wird sie von allen als gleichwertig respektiert.

tes, quasi »allwissendes« Wesen vorstellen, das immer für sie da ist, auf jede ihrer Gefühlsschwankungen eingeht und gegebenenfalls als »Retter in der Not« in Erscheinung tritt.

Gerade die letztgenannte Konstellation bringt die »großen Beschützer« hervor: Hunde, die todesmutig alles und jeden angreifen, um ihrem Halter zu beweisen, wie sehr sie um sein Wohlergehen besorgt sind. Aus Sicht des Menschen übertreiben diese Hunde ihre Rolle im Alltagsleben natürlich völlig, aber aus Sicht des Hundes ist sein Verhalten die logische Konsequenz aus den Erwartungen und dem Verhalten des Besitzers.

Viele Menschen bringen das problematische Agieren ihres Hundes nicht mit sich selbst in Verbindung.

Es ist immer wieder erstaunlich, mit welch tiefer Überzeugung so mancher Hund seine Ängste überwindet, um seinen Menschen zu verteidigen und alles um ihn herum zu vertreiben. Viele Hundehalter interpretieren das Verhalten ihres Vierbeiners völlig falsch: Einerseits schauen sie nur auf die Symptome, aber nicht auf die Ursachen, und andererseits bringen sie das problematische Agieren ihres Lieblings nicht mit sich selbst in Verbindung. Ein Gruppenverband, auch wenn er nur aus zwei Lebewesen besteht, entwickelt sich immer aufgrund des Zusammenspiels aller an ihm beteiligten Persönlichkeiten.

Meist läßt der Mensch den Hund – wie hier – einfach agieren und wundert sich dann, wenn der Hund selbständig zur Verteidigung übergeht.
Man sieht deutlich, daß der Hund dabei ist, eine Entscheidung zu treffen, und die Besitzerin nichts davon ahnt.

GANZ RECHTS: Beschützt werden und sich geborgen fühlen.

Aus Erfahrung kann ich mit aller Bestimmtheit sagen: In den meisten Fällen wird das Fehlverhalten des Tieres vom Menschen

verursacht, weil er nämlich entweder aus Unkenntnis, Nachlässigkeit oder mangelndem Verantwortungsbewußtsein seiner Führungsrolle nicht gerecht wird.

Mißverständnisse machen den Hund zum Entscheidungsträger

Die meisten Verhaltensproblematiken entstehen aufgrund von »Mißverständnissen«, wie ich es nenne, von Verständigungsproblemen. Wenn ein Hund im Zusammenleben mit dem Menschen beispielsweise keine Orientierung und Sicherheit findet und nicht weiß, was richtig oder falsch ist, übernimmt er irgendwann die Führung, weil aus seiner Sicht der Mensch nicht in der Lage dazu ist. Die meisten Hunde sind einer solchen Führungsrolle ihrem Wesen nach aber gar nicht gewachsen und stehen ab diesem Augenblick unter einem enormen Leistungsdruck: Sie müssen ihr »Rudel« managen. Für den Hund bedeutet das:

Die meisten Hunde sind einer Führungsrolle ihrem Wesen nach gar nicht gewachsen und stehen unter enormem Leistungsdruck, wenn sie dominant gemacht werden.

- er muß für Schutz sorgen und
- er muß die menschlichen Rudelmitglieder in Frieden zusammenhalten.

Das heißt, der Hund muß zum einen sein Rudel und damit auch seine Menschen verteidigen (bei vermeintlichen Bedrohungen von außen) und er muß die Menschen maßregeln, wenn sie wieder einmal alle Hunderegeln innerhalb der Gemeinschaft mißachten oder brechen.

Dieser Hund ist bereit, sein Leben zu geben, weil er meint, für seinen Menschen verantwortlich zu sein.

Nur lassen sich die Menschen von ihrem Hund nicht gerne »etwas sagen«. Eine Maßregelung seitens des Hundes wird vom Menschen meist gar nicht verstanden oder völlig falsch interpretiert; folglich reagiert der Mensch wieder nicht richtig und versucht nun seinerseits, den Hund zu maßregeln. Das Ganze endet meist mit einer heillosen Unsicherheit beider Parteien oder in gefährlichen Erziehungsmaßnahmen bzw. Notwehrreaktionen seitens des Hundes.

Eine Maßregelung seitens des Hundes wird vom Menschen meist gar nicht verstanden oder völlig falsch interpretiert.

Da der Hund von seiner Dominanz überzeugt ist, kann er die ständigen »aufmüpfigen« Reaktionen seines Menschen nicht begreifen. Einerseits wird er dadurch immer unsicherer, und andererseits handelt er immer resoluter, um endlich wieder Ordnung in das Chaos zu bringen.

Der Mensch versucht natürlich seinerseits, dem Hund zu verdeutlichen, daß er sich nicht so benehmen darf. Wenn das Ergebnis solcher Situationen nicht so traurig wäre, könnte ich über derartiges Wetteifern herzlich schmunzeln und Wetten darauf abschließen, wer von beiden wohl in welcher Situation rechtbehält, stärker ist oder so tut, als sei er der Stärkere. In vielen Mensch-Hund-Beziehungen ist es der Hund, der das Zusammenleben besser im Griff hat; umso deprimierter bzw. frustrierter reagiert er, wenn er für aus seiner Sicht mutige Einsätze nicht belohnt, sondern bestraft wird.

Die allseits anerkannte Meinung über die Rangordnung in einer Mensch-Hund-Beziehung ist die, daß der Mensch das Sagen hat und der Hund gehorcht. Warum aber gibt es so viele Hunde, die das nicht zu wissen scheinen, sondern im Gegenteil völlig davon überzeugt sind, daß sie die Führungsrolle innehaben oder übernehmen müssen?

Für jede problembelastete Mensch-Hund-Beziehung muß es einen grundlegenden Neubeginn geben; dieser Neubeginn kann nur darin bestehen, daß der Mensch lernt, wie er sich mit dem Hund verständigen kann, ohne daß es zu Mißverständnissen kommt.

Einen gemeinsamen Neubeginn kann es für Mensch und Hund nur dann geben, wenn der Mensch lernt, wie er sich mit dem Hund verständigen kann, ohne daß es zu Mißverständnissen kommt.

Beispiel: Eine Familie übernahm den zweieinhalbjährigen Jam, einen Berner-Sennenhund-Mischling, aus einem Tierheim. Schon bald übernahm der Hund die Führung in der Familie, indem er sich Menschen in den Weg stellte, sie nicht mehr aus Räumen ließ, seinen Futternapf verteidigte und natürlich auch nie kam, wenn

Das ansprechende Äußere eines Hundes sagt nichts über seine Gemütsverfassung aus. Jam ist ein gutes Beispiel dafür.

man ihn rief. Die Menschen meinten es sehr lieb mit ihm und versuchten, viel mit ihm zu spielen und viel Zeit mit ihm zu verbringen, aber die Probleme steigerten sich immer mehr.

Daraufhin suchte die Frau eine Hundeschule auf, in der man ihr riet, den Hund nur noch aus der Hand zu füttern und ihn mit Futter abzulenken, wenn sie an ihm vorbeigehen wollte.

Diese Art der Therapie hat in vielen Fällen Erfolg gebracht. Aber es gibt keine »vollkommene« Therapie, denn alles hat immer zwei Seiten. Man muß in jedem Fall zuerst Ursachenforschung betreiben und dann nach einer individuellen, kreativen Lösung suchen.

Es gibt keine »vollkommene« Therapie, denn alles hat immer zwei Seiten. Man muß in jedem Fall zuerst Ursachenforschung betreiben und dann nach einer individuellen, kreativen Lösung suchen.

Aus meiner heutigen Kenntnis des Hundes kann ich sagen, daß die Fütterung aus der Hand bei Jam einen genau gegenteiligen Effekt gehabt hat, nämlich den, daß er diese Geste als neuerliche Selbsterniedrigung bzw. als Beschwichtigungsverhalten der Frau empfunden hat. Als sie dem Hund eines Tages beim Spiel den Ball wegnehmen wollte – also aus Sicht des dominanten Hundes provoziert hat und dabei viel zu weit gegangen ist –, biß er sie mehrmals in die Brust.

Daraufhin wurde der Hund verständlicherweise sofort wieder ins Tierheim zurückgebracht, wo er hätte eingeschläfert werden sollen.

Auf dem Gnadenhof, wo man im Umgang mit ihm konsequent ist, ist der Hund völlig unproblematisch. Dennoch ist es schwierig, ihn zu vermitteln, weil er inkonsequentes Handeln des Menschen sofort bemerkt, als Schwäche auslegt und die Führung übernimmt.

Die Suche des Hundes nach menschlicher Nähe

Der Mensch ist dem Hund im Lauf der Evolution wichtiger geworden als seine Artgenossen.

Es ist faszinierend, wie eng der Hund im Laufe der Evolution mit dem Menschen zusammengewachsen ist – so weit sogar, daß der Mensch dem Hund wichtiger geworden ist als seine Artgenossen. Wenn man ein wildes Tier (zum Beispiel einen Wolf oder ein Reh) selbst aufzieht, wird es früher oder später den Drang haben, zu seinen Artgenossen zurückzukehren; manche dieser Tiere verwildern wieder völlig; andere suchen auch weiterhin den Kontakt zum Menschen, aber wenn sie mit Artgenossen zusammenleben, meist weit weniger intensiv als zuvor. Der Hund hingegen sucht immer die Nähe des Menschen, auch wenn er in einem Hunderudel lebt (es sei denn, er wäre als Welpe allzu isoliert aufgewachsen oder

Es fasziniert mich, welch großes Vertrauen mir immer wieder von Hunden entgegengebracht wird, denen von Menschen Schreckliches zugefügt wurde.

fehlgeprägt worden). Durch uns Menschen ist aus dem Hund ein Geschöpf geworden, das unglaublich gerne mit uns zusammenlebt und dieses Bedürfnis von sich aus hat. Warum gibt es trotzdem so viele Verständigungsprobleme? Weil wir viel zu oft von unserem Hund erwarten, daß er uns einfach verstehen muß. In Wirklich-

Der Mensch bemerkt meist gar nicht, was er dem Hund über die Körpersprache mitteilt.

keit aber weiß der Hund gar nicht, worum es geht, und wir haben ihm nicht begreiflich gemacht, was wir von ihm wollen. Wir bemerken meist unsere eigene Körpersprache nicht, wissen gar nicht, was wir mit einer bestimmten Verhaltensweise zum Ausdruck bringen – aber der Hund reagiert immer darauf! Und wir können dann wiederum das Verhalten unseres Hundes nicht verstehen.

Mensch und Hund gehören zwei völlig unterschiedlichen Spezies an. Dennoch ist das Verhalten gar nicht so sehr voneinander verschieden, wie wir immer meinen. In der Hektik des Alltags vergessen wir nur oft, auf »Kleinigkeiten« zu achten – zum Beispiel auf unsere Körpersprache, jene weniger offensichtlichen Signale, die jedoch rechtzeitig und nachhaltig auf bestimmte Wünsche, Absichten oder Handlungen hinweisen. Bei einem Kind etwa, das zusammengekauert in einer Ecke sitzt, schreit und uns abwehrt,

Oft wird ein Hund als bösartig empfunden, der nichts weiter ist als hilflos. Anubis, ein vierjähriger Kaukasischer Ovtcharka, ist taub, und sein Verhalten wird von der Umwelt oft fehlinterpretiert.

Hunde, die sich so bedrängt fühlen, daß sie in Angst und Panik geraten und dann in Notwehr reagieren, können sehr gefährlich werden.

wäre uns schnell klar, daß es enorme Angst hat und »aus Notwehr« bzw. Hilflosigkeit reagiert. Ein Hund mit dem gleichen Verhalten wird von uns hingegen in der Regel als bösartig und gefährlich empfunden.

Jedes Lebewesen neigt in Bedrängnis zu gefährlichen Reaktionen, nämlich dann, wenn es aus lauter Angst meint, um sein Leben kämpfen zu müssen. Und beim Hund beginnen hier meistens schon die Mißverständnisse, denn welcher Hundehalter weiß schon wirklich, ob sein Hund, wenn er knurrt und die Zähne fletscht, dieses Verhalten zeigt, weil

- er Angst hat oder
- er kein Vertrauen in die Situation bzw. in die Stärke seines Rudelführers, sprich Besitzers, hat oder
- sein Halter ihn aus Unwissenheit »dominant gemacht« hat und der Hund unter dem Druck steht, seine Stärke beweisen zu müssen, in Wirklichkeit aber völlig verunsichert ist?

Ein wirklich dominanter Hund ist ein sehr selbstsicheres Lebewesen, das über den Dingen steht und sehr gelassen und ruhig reagiert. Nur äußert selten wird es für ein solches Tier nötig, aggressiv zu reagieren.

Ein wirklich dominanter Hund ist ein sehr selbstsicheres Lebewesen, das über den Dingen steht und sehr gelassen und ruhig reagiert.

Der Hund ist also meistens gar nicht dominant, aggressiv oder gar »bösartig«, sondern seinem Verhalten liegen unzählige Unsicherheiten zugrunde, die seiner Orientierungslosigkeit entsprin-

In gewisser Weise verhält sich ein Hund sein ganzes Leben lang wie ein Kind, dem man immer Orientierung und Sicherheit geben muß.

gen; das Tier ist verzweifelt darum bemüht, wieder Ordnung in das Zusammenleben mit dem Menschen zu bringen und auf diese Weise seine Sicherheit zurückzugewinnen und sich geborgen und verstanden zu fühlen.

Für uns alle ist es selbstverständlich, daß unsere Kinder die Regeln für das gesellschaftliche Miteinander erlernen und befolgen müssen. Es ist uns auch bewußt, daß Schläge oder andere drastische Erziehungsmaßnahmen ein Eingeständnis unserer eigenen Hilflosigkeit, aber gewiß keine geeigneten Mittel zur Bewältigung der anstehenden Probleme sind. Dürfte ein Kind hingegen immer tun, was es wollte, würde es uns schon bald nicht mehr gehorchen und selbst über sein Benehmen entscheiden wollen.

Ich kenne niemanden, der es als Quälerei empfinden würde, wenn sich ein Kind eine Zeitlang ruhig verhalten muß (zum Beispiel in der Schule oder beim Essen stillsitzen, schweigend

Mit anderen klarzukommen, sollte man von klein auf lernen.

Ein ranghohes Lebewesen übernimmt ganz besondere Aufgaben – auch die, für Spaß und Abwechslung zu sorgen.

zuhören usw.). Und man wird wohl auch kaum einen Koffer voll Hilfsutensilien oder voll Süßigkeiten für die Erziehung seines Kindes benötigen. Aber es ist ganz selbstverständlich, daß man sich viel mit seinem Kind beschäftigt und mit ihm spielt.

Auch werden die Eltern von ihren Kindern nicht weniger respektiert, wenn die innerfamiliäre Rangordnung nicht täglich neu festgelegt wird; sie ist selbstverständlich und klärt sich ganz von selbst. Wenn uns eine Situation bedrohlich erscheint, stellen wir Eltern uns unwillkürlich vor das Kind, um es zu beschützen, und lassen es bestimmt nicht wild schreiend vor uns herumhüpfen.

Die innerfamiliäre Rangordnung sollte nicht täglich neu festgelegt werden müssen; sie ist etwas Selbstverständliches. Muß man ständig darum ringen, bedeutet das, daß man nicht ernstgenommen wird.

Warum verhalten wir uns bei unserem Hund nicht ebenso wie bei unserem Kind? Zahlreiche Probleme mit dem Hund wären von vornherein inexistent. Die Sache ist tatsächlich so einfach, wie sie sich anhört!

Auch bei einem Schaufensterbummel durch die Stadt würden Sie Ihrem Kind niemals erlauben, alle Menschen, die Ihnen begegnen, entweder freundlich zu umarmen oder sie zu beschimpfen oder zu kratzen. Es ist für uns ganz selbstverständlich, daß wir uns inmitten einer Vielzahl fremder Menschen bewegen und sie kaum beachten. Genauso normal sollte es für den Hund sein, sich zwischen fremden Menschen oder Hunden zu bewegen. Doch falls er nicht lernen konnte, mit solchen Situationen gelassen umzugehen, weil er bei seinem Menschen nicht die nötige Sicherheit gefunden hat, kommt es zunächst zu »Mißverständnissen« und in der Folge zwangsläufig zu Verhaltensauffälligkeiten.

Ein rumänischer Straßenhund, der in einem Tierheim lebte und nicht vermittelt werden konnte, weil er blind und taub war.

Warum meinen wir Menschen nur immer wieder, daß wir mit anderen Lebewesen nach Belieben verfahren dürfen?

Jeder Erwachsene weiß, daß korrektes Benehmen erlernt werden muß, am besten in jungen Jahren, und zwar auf spielerische Weise (zum Beispiel im Kindergarten). Man wartet nicht ab, bis ein Kind zehn Jahre alt geworden ist und beginnt erst dann mit der Erziehungsarbeit! Man weiß auch, daß einem Kind das Lernen leichter fällt als einem Erwachsenen, daß aber grundsätzlich jeder Mensch bis ins hohe Alter hinein lernfähig ist. Wir wissen auch, was Leistungsdruck und Streß bedeuten und wie gravierend sich beide auf unser Wohlbefinden und unser Verhalten auswirken können. Und wir sind uns dessen bewußt, wie wichtig es ist, die Stärken unserer Kinder zu fördern. Wir wissen auch, daß die Berufswünsche der Eltern nicht immer das Richtige für die betroffenen Kinder sind und daß die Kinder, werden sie gegen ihren Willen oder ihre Veranlagung zu einem bestimmten Beruf gezwungen, oftmals scheitern oder wegen ihrer Motivations- und Antriebslosigkeit an Depressionen erkranken. Jedes Kind, jedes

Lebewesen ist etwas Einzigartiges, besitzt eine ganz eigene, unvergleichliche Persönlichkeit.

Sie tragen bis zum Lebensende Ihres Hundes die Verantwortung dafür, ihn feinfühlig und fürsorglich durchs Leben zu geleiten.

Warum meinen wir Menschen nur immer wieder, nach Belieben mit anderen Lebewesen verfahren zu dürfen? In unserem Stolz kommen wir gar nicht erst auf die Idee, daß die Tiere in vieler Hinsicht ähnlich empfinden und fühlen wie wir. Gerade die einfachsten und deutlichsten Signale des Tieres interpretieren wir oft ganz anders, als sie gemeint sind.

Natürlich gehören Mensch und Hund zwei gänzlich verschiedenen Arten an. Dennoch dürfen wir die Tatsache nicht außer acht lassen, daß die Sozialverbände höherer Lebewesen oftmals ähnliche Grundstrukturen haben, die dem Wohlbefinden des Einzelnen und einem geordneten Miteinander dienen.

Auch in menschlichen Familien, Unternehmen oder Vereinen ist immer ein gewisses hierarchisches System vonnöten, an das sich jeder halten muß, wenn das Miteinander harmonisch und geordnet ablaufen soll. Das bedeutet jedoch nicht, daß der Ranghöhere »mehr wert« ist und den Rangniedrigeren schikanieren oder beherrschen darf. Manche Menschen sind gar nicht bestrebt, eine leitende Position einzunehmen, denn damit ist immer große Verantwortung verbunden. Nur wenn auch der Hund keine Führungsambitionen hat, ist ein »gleichberechtigtes« Zusammenleben von Mensch und Hund möglich. Voraussetzung ist, daß sich Mensch und Tier in so einer »neutralen Zone« verständigen können. Mitunter funktioniert das hervorragend. Doch man darf nicht vergessen: Dies sind Ausnahmen, Einzelfälle. In aller Regel

Wenn es dem Menschen möglich ist, die Kommunikation mit dem Hund so zu verbessern, daß es keine Mißverständnisse mehr gibt, ist ein harmonisches und vertrauensvolles Zusammenleben auch mit vorher schwierigen Hunden möglich.

Auch ein rangniedriges Wesen darf niemals schikaniert werden.

In einer Mensch-Hund-Beziehung kann es keine wirkliche Gleichberechtigung geben, jedoch eine Partnerschaft, in der die Persönlichkeit von Mensch wie Hund gleich viel wert ist.

ist ein gleichberechtigtes Miteinander nicht möglich: Genau wie Ihr Kind erwartet auch Ihr Hund, daß Sie ihn durchs Leben führen, ihn anleiten und ihm Geborgenheit und Vertrauen geben! Ein Hund wird zwar erwachsen, aber im Unterschied zum menschlichen Kind nie wirklich selbständig. Sie tragen also bis zu seinem Lebensende die Verantwortung dafür, ihn feinfühlig und fürsorglich durchs Leben zu geleiten.

Was bedeutet es, die Führungsrolle einzunehmen?

Wenn man bewundert und gebraucht wird …

Bei uns Menschen fängt das Führen in der Familie an und endet im Berufsleben. Ob in einem Unternehmen, einem Verein, einer Organisation, im Militär oder im Staat – überall ist eine Führung und die damit verbundene Ordnung unerläßlich. Ohne Gesetze, Regeln und Verordnungen würden wir uns nicht sicher fühlen.

Leider werden Führungspositionen häufig mißbraucht, und es wird versucht, andere zu beeinflussen, zu manipulieren oder dadurch zu lenken, daß man ihnen Angst macht. Dies kann fatale Folgen haben.

Führungsqualitäten

Ein ranghohes Lebewesen übernimmt ganz besondere Aufgaben und auch sehr viel Verantwortung gegenüber den anderen Gruppenmitgliedern. Wer die Führungsrolle in einem Rudelverband innehat, sorgt insbesondere für den Schutz von Jungtieren sowie Rangniedrigeren vor äußeren Bedrohungen und ist für den Frieden innerhalb des Verbandes zuständig.

Eine Leitfigur muß sich unbedingt ehrlich darstellen und sich auch zu ihren Schwächen und Fehlern bekennen können.

Eine Leitfigur muß sich klar, eindeutig und sicher verhalten, sich beherrschen können und sich unbedingt ehrlich darstellen; das gilt nicht nur für die eigene Persönlichkeit mit all ihrem Wissen und Nichtwissen, mit ihren Stärken und Schwächen – insbesondere das unumwundene Bekenntnis zu eigenen Fehlern ist wichtig –, sondern auch für die eigenen Gefühle.

Wer diese Voraussetzungen erfüllt, wird nicht nur von anderen Menschen, sondern auch vom Hund bewundert und als Führungspersönlichkeit anerkannt werden. Von der Intelligenz, der Erfahrung und der Wachsamkeit des Leitenden hängt das Schicksal der gesamten Gemeinschaft ab. Die Ausstrahlung einer solchen

GANZ RECHTS: Ein Rudelführer muß Ruhe und Sicherheit ausstrahlen.

Die Ausstrahlung einer Führungspersönlichkeit beeindruckt.

Persönlichkeit ist so beschaffen, daß deren Führungsposition unangefochten bleibt. Der Betreffende kommt in der Regel erst gar nicht in die Lage, darum kämpfen zu müssen. Sobald man diesen Zusammenhang begriffen und verinnerlicht hat, kann man einen Hund ohne jede Form von Gewalt führen. Dies wiederum stärkt und fördert die Persönlichkeit des Menschen.

Nicht der besonders Aggressive besitzt Führungsqualitäten, sondern der besonders Besonnene und Ruhige versteht es, die anderen zu faszinieren.

Es ist also nicht der besonders Aggressive, der Führungsqualitäten hat, sondern der besonders Besonnene und Ruhige, der den Überblick behält und es versteht, die anderen zu faszinieren und sich dank seiner Reife auf natürliche Weise Respekt zu verschaffen. Es zählen nicht unbedingt Körperkraft und Imponiergehabe, sondern das Talent und die Fähigkeit, Freundschaften zu schließen, Toleranz zu vermitteln, Vertrauen und Schutz zu geben. In einer natürlichen Umgebung ist es niemals nur die Aggressivität, die über eine Rangstellung entscheidet, denn das würde nur die Angst voreinander fördern. Der Respekt und die Anerkennung der anderen entscheiden über die Rangstellung des Einzelnen, und diese Achtung würde ein zu aggressives Tier niemals bekommen. Das Rangstreben ist zwar aggressiv motiviert, aber in nicht zu beengten Räumlichkeiten werden Streitigkeiten meistens in Scheinkämpfen geklärt, das heißt, es besteht kein ernstzunehmendes Verletzungsrisiko.

Anhand meiner Beobachtungen stelle ich immer wieder fest, daß die Ausstrahlung und die Würde eines ranghohen Hundes völlig ausreichen, um ihm den Respekt und die Bewunderung der Rudelmitglieder zu verschaffen. Es sind die Rangniedrigen, die wesentlich schneller zu körperlichen Auseinandersetzungen bereit sind. Der Ranghohe schlichtet sich anbahnende Streitigkeiten mit sanften Methoden. Zu einem ernsthaften Durchsetzen kommt es bei ihm nur nach außen, wenn Bedrohungen auf das Rudel zukommen. In sehr seltenen Fällen werden die Kämpfe auch innerhalb der Gruppe ernst.

Was ist problematisch?

Im Umgang mit zahlreichen verhaltensauffälligen Hunden habe ich die Erfahrung gemacht, daß die Auslöser für die vielfältigen Problematiken unterschiedlichster Art zumeist in einem oder mehreren der folgenden Punkte bestehen:

- mangelndes Wissen, mangelndes Feingefühl und mangelndes Einfühlungsvermögen des Menschen bei der Führung des Hundes;
- dem Hund gelingt es aufgrund von Führungsschwächen des Menschen nicht, Vertrauen zu ihm zu fassen;
- das Unverständnis des Menschen für die Situation und Befindlichkeit des Hundes führt zu Mißverständnissen in der Mensch-Hund-Beziehung; daraus resultieren gravierende Unsicherheiten und Minderwertigkeitsgefühle des Hundes.

Jegliches ins Extrem ausartende Führen eines Lebewesens schadet grundsätzlich dem Zusammenleben. Weder durch antiautoritäres Verhalten noch durch Prügelstrafen kann eine auf Vertrauen basierende Mensch-Hund-Beziehung geschaffen werden.

Jegliches ins Extrem ausartende Führen eines Lebewesens schadet grundsätzlich dem Zusammenleben.

Die Ausdrucksweise des Tieres verstehen lernen

Wenn man einen Hund durchs Leben führen möchte, muß man zuallererst lernen, die Ausdrucksweise des Tieres zu verstehen. Es ist für jeden Hundehalter unerläßlich, zweifelsfrei zum Beispiel den Unterschied zwischen gesundem Triebverhalten und übersteigerter Aggression oder zwischen extremen Beschwichtigungsgesten und purer Beschäftigungstyrannei (wenn es dem Hund langweilig ist) zu erkennen, bevor er den Hund maßregelt.

Chaplin bellt aus Unsicherheit.

Es gibt Hunde, die ihre Besitzer aus reiner Unsicherheit beschwichtigend anwinseln, während andere Hunde ihre Langewei-

Bestraft man einen Hund für seine Unsicherheit, kann man schnell in einen Teufelskreis geraten.

le mit lautem Winseln kundtun. Wenn man einen Hund für seine Unsicherheit auch noch bestraft, wird er noch mehr Angst empfinden und umso mehr versuchen, den Menschen zu beschwichtigen (in unserem Beispiel: ihn noch heftiger und lauter anwinseln), und der reagiert wiederum noch härter. Der Hund hat keine Wahl: Irgendwann wird er sein Vertrauen zu diesem Menschen gänzlich verlieren und sich zur Wehr setzen.

Viele Hunde erleben ihren Halter als unberechenbar oder sogar als gefährlich. Sie versuchen oft erst gar nicht mehr, diesen Menschen zu verstehen, und zeigen dann häufig ein sehr introvertiertes Verhalten, lassen alles mögliche mit sich machen oder über sich ergehen. Aber wehe, wenn der Mensch irgendwann eine Schwäche zeigt und zum Beispiel stolpert. So mancher Hund wird sich auf ihn stürzen und zubeißen, und der ahnungslose Besitzer erzählt mir dann, wie hinterrücks und heimtückisch sein Hund doch sei …

Unsichere Hunde laufen Gefahr, bei falscher Behandlung immer mehr Ängste zu bekommen.

Gerade die unsicheren und eher ängstlichen Hunde bekommen aufgrund von Mißverständnissen in der Mensch-Hund-Beziehung noch mehr Angst vor ihrem Halter; irgendwann kommt es schließlich zu einer verzweifelten, eventuell äußerst aggressiven Notwehrreaktion des Hundes.

Dann gibt es Hunde, die eigentlich gar nicht ängstlich sind, es aber durch falsche Erziehungsmaßnahmen des Menschen irgendwann werden – nicht nur durch zu harte Maßregelungen, sondern auch durch antiautoritäres Gebaren des Halters.

Nicht, daß ich die antiautoritäre Erziehung ganz und gar ablehne: Freud hat mit Hilfe der Psychoanalyse diese nicht-repressive Erziehungsmethode entwickelt, weil er eine übermäßige Triebunterdrückung verurteilt, die das Selbstbewußtsein schwächt, den Betreffenden desensibilisiert und seine Gewaltbereitschaft fördert. Doch um sich auf die gewünschte Weise zu entwickeln – und ohne daß die antiautoritäre Erziehung gravierende Folgen nach sich zieht –, benötigen Mensch wie Hund Lernanreize und Lernhilfen.

Gerade die unsicheren und eher ängstlichen Hunde neigen zu Notwehraggressionen.

Beispiel: Mongwi, ein Dobermann, kam im Alter von acht Jahren auf den Gnadenhof. Er hatte zuvor bei einem Ehepaar gelebt, das dem Hund u. a. aus Zeitmangel mehr oder weniger alles erlaubt und ihm nie Grenzen gesetzt hatte. Sein Dasein hatte er ausschließlich in Haus und Garten gefristet; nie hatte man ihn zum Spazierengehen ausgeführt, nie hatte man etwas mit ihm unternommen. Der Hund war sich selbst überlassen gewesen, ohne Beschäftigungsmöglichkeiten, ohne Beziehung, ohne Kenntnis von Richtig und Falsch. So suchte Mongwi seine Zuflucht in Ersatzhandlungen, indem er sich immer häufiger selbst belohnte: ununterbrochen trug er Steine und Bälle umher.
Als die Frau schwanger wurde, veränderte sich das Verhalten des Hundes auf eine Weise, daß das Ehepaar ihn nicht mehr einschätzen konnte. U. a. begann er, das Ehepaar und Besucher anzu-

Mongwis Gesichtsausdruck zeigt seine Hilflosigkeit.

Bei einem Hund, der ohne Orientierung und Lernanreize dahinlebt, bilden sich mitunter extreme Verhaltensweisen aus. Aufgrund seiner Beziehungslosigkeit wendet er sich entweder keinem oder allen Menschen zu, oder er verfällt in irgendeine überstarke Abhängigkeit. Ein solcher Hund reagiert entweder sehr unsicher oder aber er überschätzt sich.

knurren und nach ihnen zu schnappen. Im Hinblick auf die möglichen Gefahren für das Baby wollte man den Hund lieber nicht mehr behalten.

Als Mongwi zu uns kam, wurde er erstmals in seinem Leben mit Umweltreizen außerhalb des eng gesteckten Rahmens von Haus und Garten konfrontiert. Er war unfähig, Situationen einzuschätzen, und reagierte entweder zu heftig oder völlig teilnahmslos. Durch die antiautoritäre Erziehungsweise in Verbindung mit fehlenden Umwelteinflüssen reagierte Mongwi auf jede Veränderung mit großer Unsicherheit.

Weil er mangels anderer Möglichkeiten sehr auf sein Beziehungsumfeld fixiert war, bedeutete die Schwangerschaft seiner Bezugsperson für ihn einen grundlegenden Wandel, mit dem er nicht fertig wurde. Er hatte nie gelernt, mit Veränderungen umzugehen.

Damit der Hund überhaupt in der Lage war, sich auf seine Umwelt einzulassen, mußte ich ihm zunächst in sehr kleinen Schritten und mit viel Fingerspitzengefühl beibringen, wieder wahrzunehmen und zu lernen, was Empfindungen sind, was Freude ist, was Sicherheit bedeutet, was Lob ist usw.

Ein Hund (erst recht ein älteres Tier), dessen Gehirn sich durch Deprivation schon in der Welpenphase nicht richtig entwickeln konnte, hat nicht dieselbe Auffassungsgabe wie ein normal entwickeltes Tier. Im Umgang mit einem solchen Tier sind sehr, sehr viel Geduld und klare Strukturen hinsichtlich der Zielsetzung und -erreichung unentbehrlich.

Für den Hund kann die »lieb gemeinte« Art seines Besitzers schreckliche Folgen haben.

Für den Hund kann ein »lieb gemeintes«, autoritätsloses Zusammenleben schreckliche Folgen haben – vor allem dann, wenn der Mensch den Hund als Partnerersatz ansieht (was dem Menschen ja häufig gar nicht bewußt ist), wird die Sache sehr erschwert. Ein Hund wird niemals so selbständig werden, daß er in jeder Situation für seinen Menschen und sich die beste Entscheidung treffen kann. Die Entscheidungen muß zwangsläufig der Mensch treffen – und er sollte dabei immer auch an den Hund denken und nicht nur an sich.

Schmusen hat nichts mit antiautoritärer Erziehung zu tun.

Selbstbelohnung

Verhaltensweisen, die durch triebbedingte innere Motivationen (wie Fixieren, Anpirschen, Hetzen, Packen, Töten) ausgelöst und durch äußere oder innere Reize verstärkt werden, sind selbstbeloh-

nend; durch das Ausleben bzw. die Erfüllung eines inneren Drangs wird ein Zustand der Befriedigung erreicht, stellt sich ein angenehmes Empfinden ein. Ein Hund, der zu isoliert ist und zuwenig Bestätigung erhält, sucht von sich aus nach Erfüllung bzw. nimmt bereits die Auslöser als Erfüllung. Die auf diesem Weg erzielte Befriedigung oder Selbstbelohnung kann so groß werden, daß sie jegliches Schmerzempfinden übertrifft. Aus einem normalen Antriebsverhalten entstehen übersteigerte Handlungen, die schlußendlich zu gravierenden Verhaltensstörungen führen.

Verständigung ist immer möglich.

Beispiel: Bando, ein Pitbull, wurde im Alter von drei Jahren zu mir gebracht. Seine Besitzer wurden mit ihm nicht mehr fertig, weil er sich in alles, was er ergreifen konnte (Stühle, sich im Wind bewegende Vorhänge, seine Leine usw.), verbiß und es schüttelte und mitunter sogar zerfetzte. Wie mir die Besitzer erzählten, konnten sie sich wenig um ihn kümmern, so daß das Tier in seinem Zwinger sich selbst überlassen war. Weil Bando keine anderen Beschäftigungs- und Identifikationsmöglichkeiten mehr hatte, konzentrierte er seine gesamte Aufmerksamkeit auf übersteigerte Bewegungsabläufe. Solche Abläufe sind immer angeborene, in-

Bei Bando ist das Beißen zur Selbstbelohnung geworden.

Bando hat früher die Triebmotivation »packen« ausgelebt und sich selbst belohnt, indem er Reifen zerfetzt hat. Ist solch eine Art der Selbstbestätigung die einzige Anerkennung eines Hundes, kann das zu gravierenden Verhaltensstörungen führen.

Bereits eine einzige Körperhaltung oder ein Teil eines instinktiven Bewegungsablaufs kann dem Hund als Selbstbelohnung dienen.

stinktiv ablaufende Handlungen oder Körperhaltungen (wie etwa Zupacken, Totschütteln, Zerfetzen usw.). Diese Bewegungsabläufe waren für ihn zur einzigen Möglichkeit der Bestätigung und der Aggressionsbewältigung geworden.
Solche ausartenden Handlungsweisen führen zur Instrumentalisierung der gesamten Außenwelt und sind daher für andere Tiere und auch für Menschen sehr gefährlich.
Ich habe diesem Hund zunächst ein neues Körperempfinden gegeben, ihn gestreichelt, massiert usw., damit er sich selbst wieder wahrnehmen konnte (nur über die Selbstwahrnehmung läßt sich logischerweise erreichen, daß ein solcher Hund auch andere Lebewesen wieder als solche wahrnimmt und sie nicht mehr instrumentalisiert). Dadurch habe ich ihn mit einer anderen Form der Bestätigung vertraut gemacht und »seine Welt« der Beziehungslosigkeit nach außen hin geöffnet.

Wenn man einen Hund nicht kennt und/oder er sich extrem aggressiv verhält, kommt es darauf an, ihn in seiner Gesamtheit zu erfassen, das heißt, auf seine Körpersprache und Ausstrahlung – und damit auf seine tiefsten Empfindungen – zu reagieren, ihm aber das Gefühl zu geben, daß man agiere. Nur auf diese Weise kann man für ein solches Tier eine Leitfunktion übernehmen.

Das, was man »Hundeflüstern« nennt

Die Bemühungen des Menschen führen nur dann zum Ziel, wenn sie im Hund ein tiefes Gefühl der Sicherheit und Geborgenheit hervorrufen. Diese Empfindung kann sich beim Hund aber nur dann einstellen, wenn man tatsächlich große Sicherheit und Ruhe ausstrahlt und sie durch seinen gesamten Körperausdruck für den Hund wahrnehmbar macht. Dies wiederum gelingt nur, wenn man absolut ehrlich mit sich selbst ist. Nur dann kann man dem Hund Orientierung geben.

Je intensiver eine Selbstbelohnung ausgelebt wird, desto geringer ist das Schmerzempfinden.

Durch Berührung und Nähe Sicherheit geben.

Beispiel: Während einer Schutzhundeausbildung erlebte ich als Zuschauerin einen Hund, der sich völlig in den Figuranten (der Schutzdiensthelfer, der für den Hund verschiedene Rollen einnimmt) verbiß. Auf das Kommando »Aus!« reagierte der Hund so, daß er noch fester zubiß. Weder durch Schläge auf den Kopf noch durch Stromstöße der höchsten Stufe mit dem Teletakt- bzw. Stromreizgerät konnte das Tier zum Auslassen gebracht werden. Dieses Beispiel macht einerseits deutlich, wie sehr sich ein Hund in eine Selbstbelohnung hineinsteigern kann, und andererseits, welche grotesken Formen die Hundeausbildung annehmen kann.

Sicherheit und Verständnis statt Ablenkung und Leckereien

Kann Ihr Hund Sie wirklich noch ernstnehmen, wenn Sie ihm ständig und überall Leckereien vor die Nase halten? Falls er irgendwann etwas wirklich gut macht, kann er Ihr Lob, das Sie ihm mit einem Leckerbissen bekunden wollen, gar nicht mehr erkennen: Schließlich sind Leckereien für ihn keine Belohnung mehr,

Leckereien sollten immer etwas Besonderes für den Hund bleiben.

Gegenseitige Achtung und gegenseitiges Vertrauen sollten von Anfang an selbstverständlich sein.

Wenn es um Lebewesen geht, gibt es keine allgemeingültigen Regeln, die immer zutreffen.

sondern alltägliche Dauerware. Niemand würde seinem Kind nur dafür, daß es nach Hause kommt, eine Tafel Schokolade geben. Auch würde man ihm nicht ständig Bonbons reichen, weil es beim Bummel durch die Stadt keine Menschen anschreit; aber etliche Hundehalter werfen ihrem Hund sofort Leckereien zu, wenn sich ein anderer Hund nähert; auf diese Weise wollen sie ihr Tier ablenken und dafür sorgen, daß es sich nicht aufregt und nicht auf den anderen Hund losgeht.

Es ist für keinen Hund gut, wenn sein Halter von einer rigiden plötzlich auf eine antiautoritäre Erziehung umschwenkt und umgekehrt. Nur der goldene Mittelweg führt zu einem natürlichen, erfolgreichen und vertrauensvollen Umgang mit dem Hund. Alle gewalttätigen Erziehungsmethoden lösen extreme Unsicherheiten und Ängste aus, an denen ein Hund zerbrechen kann, und alle auf nur scheinbarem Verständnis basierenden Erziehungsmaßnahmen, denen keine klaren Regeln zugrunde liegen, bewirken letztlich das gleiche. In beiden Fällen verliert der Hund die Achtung vor seinem Halter und das Vertrauen zu ihm.

Der geschlagene Hund beißt irgendwann aus Angst, und der ohne Regeln aufgewachsene Hund beißt, weil er meint, die Führungsposition innezuhaben und deshalb seinen »hilflosen« Menschen maßregeln, erziehen oder beschützen zu müssen.

Eines kann ich nicht genug betonen: Über welche Zusammenhänge auch immer ich schreibe – wenn es um Lebewesen geht, gibt es keine starren, allgemeingültigen Regeln, keine »Schubladenweisheiten«. Jedes Individuum und jede Beziehung sind etwas Einzigartiges. Es gibt durchaus Hunde, die trotz übertriebener Dominanzgebärden ihres Besitzers Höchstleistungen vollbringen, und solche, die alles dürfen, nichts können und dennoch nicht auffällig sind. Aber ob diese Hunde wohl wirklich glücklich sind?

Die Verständigung ist in jeder Beziehung das Wichtigste, unabhängig davon, um welche Lebewesen es geht. Wenn Sie die Ausdrucksweise Ihres Hundes nicht richtig deuten können, ist jede Art von Erziehung zum Scheitern verurteilt: Ihr Hund kann nicht verstehen, wofür er belohnt oder bestraft wird. Jeder Mensch, der die Persönlichkeit seines Hundes entweder nicht wahrnimmt oder sie ständig unterdrückt, läßt soziales Verhalten erst gar nicht zu; ein harmonisches Miteinander wird unmöglich.

Ein Mensch, der sich umgekehrt ständig von seinem Hund beherrschen läßt, kann seinem Tier niemals das Gefühl von Sicherheit vermitteln; auch in diesem Fall kommt ein geregeltes Zusammenleben nicht zustande. Wenn Ihr Hund Sie achtet, Ihnen vertraut und keine Angst vor Ihnen hat, ist er lernfähig und motiviert. Sie beide sind dann ein Team mit Stärken und Schwächen, das von Ihnen in die richtige Richtung gelenkt wird.

Die meisten Hunde leben weitaus lieber unter dem Schutz des Menschen, als selbst Entscheidungen treffen zu müssen. Einem Hund, der vor einem Kind oder einem Jugendlichen Angst hat und aus diesem Grund beißen würde, gibt man Sicherheit, indem man sich zwischen die vermeintliche Bedrohung und ihn begibt.

Rangstreben führt zur Rangordnung

Auch für uns Menschen ist die Rangstellung äußerst wichtig. Mit Hilfe von Statussymbolen demonstrieren wir oftmals sehr deutlich, auf welcher Stufe unseres Strebens nach Macht und Anerkennung wir stehen. Das Rangstreben ist ein starker Antrieb, den wir ständig befriedigen, indem wir versuchen, uns auf die eine oder andere Weise Anerkennung zu verschaffen. Ob wir nun eine hohe Position im Berufsleben bekleiden, Anführer einer Motorradgang, Vorsitzender eines Vereins oder Eigentümer eines rassigen Sportwagens sind – es ist uns wichtig, anerkannt zu werden.

Mensch und Hund suchen nach Anerkennung.

Bis heute ist es uns nicht gelungen, ohne irgendeine Art von Rangordnung auszukommen, und alle Revolten und politischen Versuche in dieser Hinsicht sind fehlgeschlagen: Beim Umsturz eines alten Systems etabliert sich umgehend ein neues. Aus jeder Anarchie geht ein neues Herrschaftssystem hervor.

Sollte Ihr Hund Sie ernsthaft bedrohen, so lassen Sie sich bitte niemals auf eine körperliche Konfrontation mit ihm ein! Dies könnte mit schweren Verletzungen enden – und zwar unabhängig davon, ob Ihr Hund aus Überzeugung oder aus Unsicherheit droht. Ignorieren Sie in solch einer Situation ein derartiges Verhalten oder beschwichtigen Sie selbst, indem Sie sich wegdrehen, den Blick abwenden und so tun, als hätten Sie nichts bemerkt.
Bestrafen Sie Ihren Hund auch später nicht dafür, denn er würde aufgrund der Zeitverzögerung den Bezug nicht mehr herstellen können.
Wenn Sie ein solches Problem mit Ihrem Tier haben, müssen Sie ihm in Zukunft zuvorkommen, das heißt, bevor eine ähnliche Situation eintreten kann, sollten Sie Ihren Hund etwas für Sie tun lassen und ihn daraufhin belohnen. So wird er von seinem eigentlichen Vorhaben abgelenkt und kann gezielt Aufgaben erfüllen. Sind Sie jedoch sehr unsicher, benötigen Sie professionelle Unterstützung.

In einem sozialen Miteinander muß es feste Regeln geben – das ist ein biologisches Erfordernis. Aber eine soziale Ordnung hat nichts mit Beherrschen, Ausbeuten oder Unterdrücken zu tun. Solche Perversionen sind ebenso auf das Schärfste zu verurteilen wie blinde Unterwerfung. Beides hat nichts mit dem ursprünglichen Sinn einer Rangordnung zu tun.

Es verstößt angeblich gegen wissenschaftliche Gepflogenheiten, aus dem Verhalten von Menschen Rückschlüsse auf das Verhalten von Tieren bzw. Hunden zu ziehen und umgekehrt. Was aber, wenn man es als Hypothese für seine praktische Arbeit dennoch tut, viele Gemeinsamkeiten entdeckt und das so erworbene Wissen auf eine Weise anwenden kann, daß der Erfolg, die Ergebnisse der Arbeit einem rechtgeben?

Eine entscheidende Phase im Zusammenleben mit einem Hund ist die, wenn er mit etwa 18 bis 26 Monaten erwachsen wird. In diesem Alter merken Sie sehr deutlich, ob Sie Ihre Führungsrolle wirklich mit Feingefühl, Selbstdisziplin und Konsequenz wahrgenommen haben. Wenn nicht, ist jetzt der Zeitpunkt gekommen, zu dem der Hund die Leitung selbst übernehmen möchte. Sollte er entsprechende Verhaltensweisen zeigen – sich in den Weg stellen, extrem verteidigen, beim Fressen knurren, seinen Menschen maßregeln usw. – hat das überhaupt nichts mit Bösartigkeit zu tun: Der Hund fühlt sich vielmehr für die Sicherheit der Gruppe, der Sie angehören, verantwortlich.

Aber nicht jeder Hund hat die Veranlagung oder das Bedürfnis, im Rang aufzusteigen. Im Gegenteil: Die meisten Hunde leben weitaus lieber unter dem Schutz des Menschen, aber sie müssen sich bei ihm auch wirklich sicher fühlen können.

Die Rangordnung in der Mehrhundehaltung

Besitzt ein Halter mehrere Hunde, so ist es immer er, der die Verantwortung trägt. Anders als Wölfe in freier Wildbahn, haben die einzelnen Rudelmitglieder keine Möglichkeit, die vom Menschen willkürlich zusammengestellte Gruppe zu verlassen. Sie werden von ihrem Besitzer bzw. durch die Umstände dazu gezwungen, sich auf die Beziehungen innerhalb dieser vorgegebenen Gruppe einzulassen. Sie haben sich nicht – wie die Wölfe – mit Artgenossen zusammengeschlossen, um überleben zu können; sie sind also

Rudelführer ist die zweite Hündin von links. Mit ihrer dominanten Ausstrahlung und ihrem fixierenden Blick treibt sie die vorauslaufende Hündin, deren nach hinten gerichtete Ohren und steil erhobener Schwanz auf ihre Anspannung hinweisen.

nicht von anderen Hunden abhängig, sondern einzig und allein vom Menschen.

Hinzu kommt, daß die Hunde meistens in keinem arteigenen Familienverband aufwachsen und leben, das heißt, sie konnten nicht von klein auf lernen, wer von den anderen Rudelmitgliedern jeweils wieviel Erfahrung, Stärke und Durchsetzungsvermögen besitzt und wer welchen Rang einnimmt. Sie konnten daher auch nicht lernen, wie man sich gegenüber Älteren oder Überlegeneren angemessen verhält.

Dennoch existiert in jeder Hundegruppe – unabhängig von Herkunft, Alter, Größe, Geschlecht und Rassenzugehörigkeit der Einzeltiere – immer eine soziale Hierarchie, das heißt, es gibt ranghohe und rangniedrige Mitglieder. In welchem Verhältnis die Tiere zueinander stehen, ergibt sich aus den Interaktionen zwischen den jeweiligen Einzelpersönlichkeiten. Ein Hund ist also niemals von Geburt an ranghoch, das heißt, Dominanz ist nicht angeboren. Das Streben nach Dominanz und die Fähigkeit zu einer Führerrolle wird zwar auch von angeborenen Wesensmerkmalen bestimmt, gründet sich aber vor allem auf vom Einzeltier erworbene Erfahrungen und Fertigkeiten.

Kein Hund ist von Geburt an ranghoch.

Da die einzelnen Tiere einer Hundegruppe ihre Erfahrungen in der Regel mitbringen und sie nicht von klein auf gemeinsam gesammelt haben, wachsen sie auch nicht auf natürliche, selbstverständliche Weise in eine strukturierte Gruppe hinein. Sie müssen vielmehr die Stärken und Schwächen der anderen Hunde zuerst

In einer willkürlich zusammengestellten Gruppe müssen die einzelnen Hunde die Stärken und Schwächen der anderen erkennen und akzeptieren lernen.

erkennen und akzeptieren lernen, damit sich in der Folge eine Rangordnung etablieren kann. In einem Familienverband hingegen wird die Dominanz der Eltern kaum angezweifelt, da der tägliche Kontakt vom ersten Lebenstag eines Welpen an für geordnete Verhältnisse sorgt.

Der Mensch ist dem Hund vertrauter als Artgenossen

Bei der Mehrhundehaltung kommt ein weiterer, grundsätzlich erschwerender Faktor hinzu: der Mensch und sein mangelndes Verständnis für Hunde-Zusammenhänge. Mit der menschlichen Dominanz und Ausdrucksweise wächst hierzulande fast jeder Welpe auf – nicht jedoch mit der selbstverständlichen Kommunikation und dem alltäglichen Umgang mit seinen Artgenossen.

Auch der Umgang mit Artgenossen will erlernt sein!

Wir Menschen gehen einfach stillschweigend davon aus, daß ein Hund einen anderen Hund sofort verstehen und begreifen kann. Dabei lassen wir völlig außer acht, daß ein Hund in unserer Gesellschaft normalerweise mehr mit Menschen als mit seinen eigenen Artgenossen zu tun hat. Dazu kommt, daß ein Hund nicht einfach nur irgendein Hund ist: Es gibt über 400 verschiedene Rassen mit einer jeweils charakteristischen, vielschichtigen Mimik, anderer Ausdrucksstärke und Motivation sowie anderen Fähigkeiten, je nach Zuchtziel. Ein Wolf beherrscht alle ursprünglichen artspezifischen Handlungsketten; beim Hund hingegen wurden je nach Bedarf des Menschen einzelne Elemente verstärkt oder unterdrückt. Nur so konnte eine derartige Vielfalt an Rassen geschaffen werden.

Ein Terrier hat gänzlich andere Motivationsschwerpunkte als etwa ein Windhund. Jeder Rassehund ist somit ein »Fachspezialist«, der zum Nutzen des Menschen gezüchtet wurde.

Manche rassespezifischen Merkmale erschweren die Verständigung der Hunde untereinander.

Die Mimik eines bulldoggenartigen Hundes ist für einen Artgenossen mit anderer Rassenzugehörigkeit nicht immer sofort zu durchschauen. Auch kupierte Tiere wirken im ersten Moment oftmals fremd auf andere Hunde. Dennoch staune ich immer wieder darüber, wie selbstverständlich die Kommunikation zwischen den unterschiedlichen Tieren trotz all dieser Schwierigkeiten schlußendlich gelingt.

Ein wenig Selbstbesinnung und Selbstkritik täte uns Menschen gut: Bei den unrealistisch hohen Erwartungen, die wir tagtäglich an unsere Hunde und ihre sozialen Fähigkeiten stellen, sollten wir uns gelegentlich fragen, ob wir denn selbst in der Lage sind, auch auf engem Raum immer sofort friedlich mit Menschen anderen

Für jede Hundegemeinschaft, insbesondere wenn Schwächere und Stärkere beteiligt sind, muß immer der Mensch die Verantwortung übernehmen.
Stärke und Schwäche hängen nicht allein von der Körpergröße (Dackelmischling Sien) oder von einer Behinderung (blinde Fibi, links) ab.

Auch bei den vergnüglichsten Ausflügen ist es immer der Mensch, der den Ton angibt und die Richtung bestimmt.

Aussehens, anderer Herkunft, unterschiedlichen Charakters und unterschiedlicher Umgangsformen zusammenzuleben und zusammenzuarbeiten.

Rassenzugehörigkeit beachten

Nicht jeder Hund, der sich in unseren Augen auffällig benimmt, ist gleich »verhaltensgestört«; häufig verhält er sich nur entsprechend seinem Typ, seiner Rassenzugehörigkeit. Es gibt keine

Dieser Blick sagt alles!

grundsätzliche Feindschaft zwischen unähnlichen Hunden! Will man jedoch mehrere Hunde gemeinsam halten, sollte man sich immer über die Rassenunterschiede und -merkmale informieren.

Es ist aber keineswegs gesagt, daß sich Hunde, die der gleichen Rasse angehören, besonders gut verstehen. Es gibt Hunde, die besonders in ähnlichen Tieren eher Konkurrenten sehen und sie aus diesem Grund umso stärker angreifen als deutlich anders geartete Tiere. Ein weiterer Grund für die Zurückhaltung gegenüber einem Tier anderer Rasse ist der, daß die Unähnlichkeiten auf jedes der betroffenen Tiere eher befremdlich wirken und somit Unsicherheiten auslösen, das heißt, die Hunde verhalten sich dann vorsichtiger und sind mehr um Verständigung bemüht.

Es kann aber auch das Gegenteil eintreten: Ein eher fremd erscheinender Artgenosse löst Ängste aus, was wiederum zu Notwehrreaktionen führt.

Auch in diesem Zusammenhang bestätigt sich wieder: Man kann und darf niemals von einer Norm ausgehen! Jeder Hund ist ein einzigartiges Individuum und muß als solches verstanden und behandelt werden.

Selbstbewußtes Auftreten ist nicht von der Größe oder von der Rasse abhängig.

Mischlinge

Noch sehr viel schwieriger wird es bei den unendlich vielen Mischlingen: Ein Hund, der aussieht wie ein Rottweiler, hat damit nicht gleichzeitig auch dessen Wesen! Hier treten die Mißverständnisse jedoch weit häufiger in der Mensch-Hund-Beziehung als bei Hunden untereinander auf.

Es wurde durch viele Versuche nachgewiesen, daß Mischlingshunde, die sich äußerlich ähnlich sehen, keineswegs auch ähnlich verhalten. Das Aussehen eines Tieres bestimmt also nicht über sein individuelles Temperament und sagt somit auch überhaupt nichts über sein Rangverhalten aus.

Das Aussehen eines Tieres sagt nichts über sein Temperament und auch nichts über sein Rangverhalten aus.

Der Mensch ist und bleibt der verantwortliche Rudelführer

Wenn mehrere Hunde in einem Rudel gehalten werden, bestimmt jedes Individuum das gesamte Gruppenverhalten mit, und auch die räumlichen Gegebenheiten haben Einfluß auf jedes einzelne Tier. Das bedeutet, daß es in verschiedenen Gruppenverbänden niemals nur eine Hierarchieform gibt. Jedes Rudel strukturiert sich durch das Zusammenspiel der Eigenheiten seiner jeweiligen Mitglieder und die gegebenen Lebensbedingungen. Können zum

Ein und derselbe Hund in verschiedenen Situationen.
OBEN: Freundlich und zufrieden.
MITTE: Beschwichtigende Freude.
UNTEN: Aggression aus Unsicherheit.

Selbst Hunden, die in einem Rudel leben, muß der Mensch zusätzliche Beschäftigungsmöglichkeiten anbieten.

Beispiel schwächere Tiere wegen beengter Verhältnisse im Spiel oder im Kampf um Ressourcen nicht ausweichen, steigert dies die Verärgerung des ranghöheren Hundes mitunter ganz erheblich, und die Angst der Schwächeren nimmt ständig zu; das führt dazu, daß vermehrt Aggressionen freigesetzt werden. Die Schwächeren haben keine Möglichkeit, die Gruppe zu verlassen, und werden somit zu einem Beisammensein mit dem gereizten stärkeren Tier gezwungen.

Viele Menschen glauben, daß sich, wenn man die Hunde einfach nur machen läßt, irgendwann klare Dominanzverhältnisse ergeben. Ich halte diese Einstellung für nicht richtig: In jedem Fall ist der Mensch der eigentliche »Rudelführer« und hat als solcher auch alle Entscheidungen hinsichtlich Ordnung, Sicherheit und friedlichem Miteinander der Gruppe zu treffen. Überläßt der Mensch die Entscheidung einfach nur einem in dieser Gemeinschaft dominanten Tier, vernachlässigt er seine eigene Aufgabe und entzieht sich seiner Verantwortung. Daß die subdominanten Hunde eines Rudels untereinander eine Ordnung entwickeln müssen, ist ohne Zweifel richtig und wichtig.

Aber: Der Mensch hat unter anderem für die Befriedigung der Grundbedürfnisse der Tiere, für genügend Raum (zum Ausweichen und Sich-Entfalten) und für genügend Beschäftigung zu sorgen. Ja, selbst ein Hunderudel benötigt zusätzliche Beschäftigungsangebote von außen!

Bei der Mehrhundehaltung hat der Mensch außerdem darauf zu achten, welche Hunde zusammenleben bzw. ob sie zueinander passen, wie sie ihr Miteinander gestalten und daß keine Langeweile aufkommt. Auch wenn die Rangordnung in einem Rudel geklärt wurde, bedeutet das noch lange nicht, daß ernste Kämpfe für immer ausbleiben. Oftmals ist eine friedliche Koexistenz nur deshalb möglich, weil sich rangniedrige Tiere nicht wehren. Es könnte jedoch zu Notwehrreaktionen kommen – allerdings nur dann, wenn sich ein untergeordneter Hund in seiner Position nicht mehr sicher und geborgen fühlt.

Terrier sind nach meiner Erfahrung Hunde mit sehr ausgeprägtem Dominanzverhalten. Dennoch können sie friedlich miteinander und mit anderen leben, wenn die Rangfolge geklärt ist. In einem Rudel mit schwächeren Tieren anderer Rassen entwickeln sich die Terrier oftmals zu regelrechten Tyrannen; die Körpergröße spielt dabei eine völlig untergeordnete Rolle.

Beispiel: Ein Westhighland-Terrier tyrannisierte bei uns auf dem Gnadenhof ein neunköpfiges Hunderudel, in dem alle anderen Mitglieder mindestens die Größe eines Schäferhundes hatten. Diesen Terrier mußte ich zum Wohleder anderen Tiere aus der Gruppe ausgliedern. Er lebt heute glücklich bei einer neuen Besitzerin und wird als Einzelpersönlichkeit mit all seinen Stärken geliebt. Nicht jeder kleine Hund ist folglich größeren Tieren unterlegen.

Es gibt auch Gruppenverbände, in denen sich mehrere Hunde zu einer Gemeinschaft zusammenschließen und gegen rangniedrige Tiere völlig rabiat vorgehen. In solchen Fällen muß man die unterlegenen Tiere umgehend von der Gruppe trennen.

Der Mensch muß einschreiten, wenn ein Hund in einem Rudel von den anderen terrorisiert wird.

Es ist auch niemals vom Geschlecht abhängig, welches Tier die Führungsrolle einnimmt. Oftmals sind es jedoch adulte Hündinnen. Der ranghöchste Rüde fühlt sich eher für den Schutz der Gemeinschaft zuständig, als daß er »tonangebend« ist. Dies ist aber ebenfalls von Gruppe zu Gruppe verschieden.

Ein Rudel sollte für all seine Mitglieder Sicherheit und Orientierung bedeuten.

Wenn ein Rudel zu groß wird

Ein gemischtes Rudel sollte aus nicht mehr als etwa zehn bis zwölf Tieren bestehen: Das entspricht der Rudelgröße wildlebender Caniden unter natürlichen Lebensbedingungen. Wenn ein »menschengemachtes« Rudel mehr als 15 Mitglieder umfaßt, besteht

Wenn es um Ressourcen geht, kann die Lage bei aggressiven Hunden schnell eskalieren.

die Gefahr, daß die Gruppe zu einem eher anonymen Verband wird, und dies widerspricht jeglichem Bindungsstreben und Harmoniebedürfnis von Hunden.

Großrudel sind nicht sinnvoll, weil die einzelnen Tiere zu sehr ums eigene Überleben kämpfen müssen und Aggressionen damit Vorschub geleistet wird.

Wenn zu viele Tiere, die nicht aufeinander angewiesen sind, auf engem Raum zusammenleben müssen, entsteht eine Art anonymer, beziehungsloser Massengesellschaft. Freundschaften sind in einer zu großen Gemeinschaft fast nicht mehr möglich, weil jedes Gruppenmitglied zu sehr auf sich selbst bezogen ist und wie ein Einzelgänger ums eigene Überleben kämpfen muß. Ein friedliches Miteinander wird unter solchen Bedingungen immer schwieriger. Mitunter spalten sich dann kleinere Verbände zu Kampfgemeinschaften ab, und das große Rudel zerfällt in Kleinrudel, die sich gegenseitig bedrohen, aber zuwenig Platz zum Ausweichen haben. In einer solchen Situation können sich die gegenseitigen Aggressionen bis ins Extreme steigern.

In beengten Verhältnissen kann es also leicht geschehen, daß ein besonders aggressiver Hund (und nicht etwa ein von Natur aus dominantes und daher zur Leitung befähigtes Tier) die Herrschaft übernimmt. Hier entsteht also ein Verband, der von einem einzelnen Lebewesen terrorisiert wird, das keinerlei Führungsqualitäten besitzt, sondern die anderen durch besonders aggressives und rigoroses Verhalten unterdrückt. Nur in »Gefangenschaft« kann eine derartige »Hierarchie der Extreme« entstehen, denn unter natürlichen Bedingungen wäre eine solche Gruppe nicht überlebensfähig.

Aggressionen durch tyrannische Anführer

Physische und psychische Defizite (die auch rassebedingt sein können) der einzelnen Gruppenmitglieder (Kurzatmigkeit, Kleinwüchsigkeit, Ungelenkigkeit usw.) tragen oft dazu bei, daß sich ein tyrannischer Führer »nach oben kämpfen« kann. Auch wenn zu viele Welpen und ältere oder schwächliche, kranke Tiere mit einem zwar unsicheren, aber körperlich starken Tier zusammenleben, läßt sich das Prinzip »Opfer machen Täter« deutlich beobachten. Es sind gerade die unsicheren Tiere, die nach Selbstbestätigung suchen; aufgrund der körperlichen Schwäche der anderen Rudelmitglieder bietet sich ihnen die Gelegenheit zu einer Tyrannenherrschaft – und sie ergreifen natürlich diese Chance.

Solche unsicheren »Herrscher« suchen ständig nach Bestätigung und terrorisieren deshalb oft ihre Rudelmitglieder. Sie verweigern ihnen zum Beispiel den Zugang zum Futter. Weil die Grundbedürfnisse der Tiere (Essen und Trinken) nicht mehr befriedigt werden, kommt es in der Folge immer häufiger zu ernsthaften Kämpfen: Notwehrreaktionen nehmen zwangsläufig zu. Die Aggressionen innerhalb der Gruppe werden von dem Pseudo-Führer nicht bewältigt, sondern gefördert. Normalerweise suchen die Rudelmitglieder Schutz bei ihrer Leitfigur – ein überlebenswichtiges Motiv. Doch jetzt suchen sie Schutz vor dem Ranghöchsten, der seine Position mißbraucht. Die Hunde verlieren ihr Vertrauen und dadurch auch ihr natürliches Bedürfnis nach Nähe. Solche Hunde leben im Dauerstreß, was zu schwerwiegenden Erkrankungen führen kann.

Tyrannische Rudelführer lösen bei den anderen Tieren Dauerstreß aus.

Hier ist es nur Spiel! Aber nicht alle Hunde vertragen sich so gut wie diese beiden; der Mensch trägt die Verantwortung, wenn er mehrere Hunde gemeinsam hält.

Jedes Rudel ist anders

Erzwungene und/oder anonyme Rudel vermitteln den Mitgliedern keine Sicherheit, kein Vertrauen und keine Orientierung. Unwillkürlich kommt es unter diesen Umständen bei den rangniedrigen Tieren zu Ersatzhandlungen, und zwar immer mehr. Das führt schließlich zum Zerfall der ganzen Gruppe, und es kann sich sogar ein ständiger Kampf um Leben und Tod entwickeln.

Die Verhaltensmerkmale der verschiedenen Rassen spielen in einem Gruppenverband eine große Rolle. Dominant in der Beziehung zu anderen Hunden ist das Tier, das auf bestimmten Rechten besteht. Je nach Rasse bezieht sich dieses Einfordern von Rechten aber auf ganz unterschiedliche Dinge. Hütehunde sind beispielsweise besonders besitzergreifend, was Territorialverhältnisse anbelangt, während ein ranghoher Terrier vor allem über Futterressourcen herrschen will.

Die Mehrhundehaltung kann somit nie anhand eines einzelnen Modells bewertet werden: Jedes Rudel ist so einzigartig wie jedes einzelne seiner Mitglieder. Aus diesem Grund lassen sich ganz unterschiedliche Formen der Hierarchie beobachten:

Besteht eine Gruppe etwa aus mehreren aggressiven Tieren, ist die Rangfolge fast immer eine stufenförmige: Ein Tier steht an der Spitze, auf der obersten Stufe, und auf jeder tieferen Stufe steht ein weiteres, rangniedrigeres Tier.

In diesem Familienverband führen die Eltern. Noch sind die Jugendlichen untereinander gleichberechtigt.

Bei anderen Gemeinschaften kommt es aber auch häufig zu einer pyramidenförmigen Rangordnungsstruktur: Ein Tier steht ganz oben, aber auf jeder tieferen Etage stehen mehrere gleichberechtigte Tiere – je weiter unten, desto mehr Tiere.

Genauso kommt es vor, daß sich die Aggressionen gegen ein einzelnes »unten« befindliches Tier richten: Die Struktur sieht dann wie eine Doppelpyramide aus, wobei die untere Pyramide auf dem Kopf steht.

Besteht eine Gruppe aus mehreren ausgeglichenen Tieren, führen vielfach ein Rüde und eine Hündin gemeinsam das Rudel.

Eine weitere, häufig zu beobachtende Variante ist die sich mehr oder weniger »auflösende« Hierarchie, innerhalb der es sogar gleichrangige Hunde gibt, die ihr Zusammenleben ganz individuell nach den jeweiligen Stärken und Schwächen der Einzeltiere ordnen.

Grundsätzlich ist jede nur erdenkliche Rudelstruktur möglich. Ich habe schon Gruppen beobachtet, in denen jedes Tier aus allen Schüsseln gefressen hat und in denen man sich auch sämtliche Schlafplätze teilte, ohne daß es je zu Besitzansprüchen einzelner gekommen wäre (kreisförmige Rudelstruktur). Auf so harmonische Weise kann eine Gemeinschaft nur funktionieren, wenn

- die Grundbedürfnisse aller Tiere stets gestillt werden,
- alle Tiere genügend Beschäftigungsmöglichkeiten bzw. Auslauf haben und
- keines der Rudelmitglieder extreme Wesensveranlagungen aufweist.

Ein einzelnes sehr aggressives oder sehr ängstliches Tier könnte eine solche Gruppe sofort völlig verändern.

In einem Familienverband ist die gegenseitige Fürsorge – besonders die der Eltern gegenüber den Kindern – wesentlich stärker ausgeprägt als bei einer bunt zusammengewürfelten Gruppe. Aber in jeder Gruppe kann man innige Freundschaften und großen Zusammenhalt erleben; besonders die Rüden kümmern sich ausgesprochen rührend um so manche Hündin. Dennoch darf der Mensch niemals seine Rolle als Leitfigur und seine Verantwortung für das gesamte Rudel vergessen!

Die Rudelhaltung ist insbesondere in Tierheimen sehr zu befürworten. Durch die Vielzahl von Hunden einerseits und den Personalmangel andererseits ist es dort oft nicht möglich, sich täglich stundenlang mit jedem Tier zu beschäftigen – umso notwendiger

Rangordnungsstrukturen:
a) Stufen
b) Pyramide
c) Doppelpyramide
d) sich auflösende Hierarchie
e) Kreis

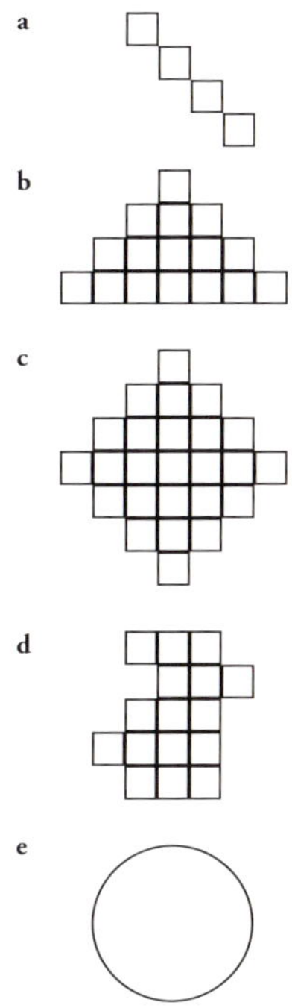

Innige Freundschaft.

So mancher Rüde läßt sich auch von einer kleinen Hündin einiges sagen …

Der ständige Wechsel in Tierheim-Rudeln ist eine große Belastung für die Hunde.

wird der Sozialkontakt zu Artgenossen, denn es gilt, Einsamkeit, Trennungsängste, Unsicherheiten und Beschäftigungsmangel so gut wie möglich zu vermeiden.

Allerdings müssen in Tierheimen einige Punkte besonders beachtet werden:

- durch die Vermittlung und Neuaufnahme von Hunden findet ein ständiger Wechsel statt; deshalb muß sehr darauf geachtet werden, daß dies nicht zu Dauerbelastungen für die Tiere führt;
- es ist wichtig, Sympathien und Antipathien zwischen den Hunden zu erkennen und entsprechend darauf zu reagieren (indem man zum Beispiel keine schwachen oder ängstlichen Tiere in einem eher aggressiven Rudel beläßt); man sollte bei der Zusammenstellung stets um Ausgeglichenheit bemüht sein, auch was eine gesunde Durchmischung verschiedener Altersstufen angeht;
- die effektive Rudelgröße sollte immer in Abhängigkeit von den Lebensbedingungen festgelegt werden; die Hunde brauchen Verstecke, Flucht- und Ausweichmöglichkeiten; je nach zur Verfügung stehendem Platz müssen daher kleinere Gruppen gebildet werden;

- durch die unterschiedliche Herkunft, die verschiedenen Rassen und die Tatsache, daß die Hunde nicht in einem Familienverband, sondern in einer bunt zusammengewürfelten Gruppe leben, sind die Flexibilität und das gruppenbezogene Verhalten der Tiere weniger stark ausgeprägt. Es ist daher unumgänglich, daß der Mensch regulierend in die Zusammenstellung der Gruppe und ins Gruppengeschehen eingreift. Dazu gehört auch, alle Konflikte, die eskalieren könnten (um Futter, Spielzeug, Zuwendung usw.), zu bemerken und die Ursachen zu beheben (möglichst viele Futternäpfe, Spielzeuge, gute Betreuer usw.).

Wollen wir, daß Hunde unterschiedlichen Alters, unterschiedlicher Herkunft, Größe und Rasse dauerhaft friedlich in Gruppen zusammenleben, sind großer Sachverstand, viel Feingefühl und eine gute Beobachtungsgabe vonnöten: Die Verantwortung und die eigentliche Führungsrolle liegen immer bei uns Menschen.

Um Hunderudel zusammenzustellen, ist großer Sachverstand und sehr viel Gespür nötig.

»Gemachte« Dominanz

Wahre Dominanz, etwas sehr Positives

Der Begriff Dominanz hat in unserer Gesellschaft zumeist einen negativen Inhalt. Man verbindet damit »Gewalt«, »Unterdrükkung« und »Herrschsucht«. Ich erkläre mir diesen Umstand damit, daß sich der Mensch wesentlich besser manipulieren läßt als der Hund, denn, wie bereits erwähnt, ist ein Rudel mit einem aggressiven Führer in freier Wildbahn nicht überlebensfähig.

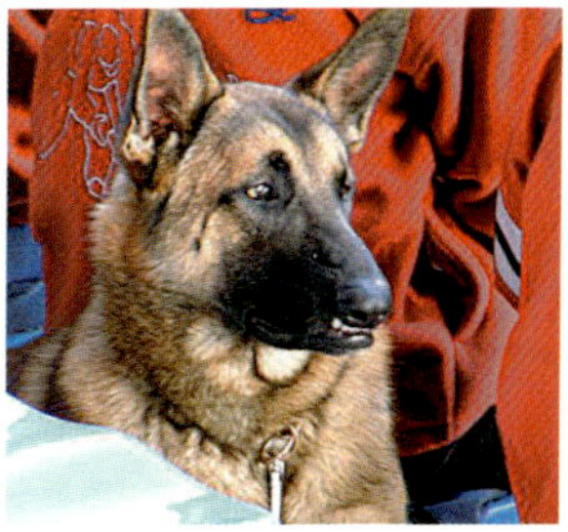

Auch ein behinderter Hund (Vorbiß) kann wahre Dominanz besitzen.

Wie ich die Dinge sehe und erlebe, ist mit »dominant« ursprünglich ein überaus positiver Inhalt gemeint, nämlich genau das Gegenteil von Gewalt. Ein wirklich dominantes Wesen hat es nicht nötig, zu schlagen oder zu quälen oder sich mittels Machtdemonstrationen Respekt zu erzwingen. Vielmehr besitzt es eine faszinierende Ausstrahlung, eine charismatische Persönlichkeit, sowie große Gelassenheit und Ruhe; es ist souverän und verfügt über viel Erfahrung. Aus all dem resultiert eine innere Festigkeit, Entschlossenheit und Ausstrahlung, auf die allein es ankommt (und nicht etwa auf Körperkraft und -größe). Andere werden un-

Ein dominantes Lebewesen besitzt eine faszinierende Ausstrahlung. Golia ist trotz aller Gitter entschlossen, den Fotografen von seiner Freundin fernzuhalten.

willkürlich zu einem sanften und rücksichtsvollen Umgang miteinander veranlaßt.

Den dominanten Hund, im allgemeinen Sprachgebrauch oft als »Alpha-Tier« bezeichnet, gibt es nur sehr selten. Damit es ihn geben kann, müssen alle möglichen begünstigenden Faktoren zusammenkommen: eine angeborene ausgeglichene Temperamentsveranlagung, eine positive Prägung und Erziehung, fördernde Umwelteinflüsse, gute subjektive Erfahrungen, Gesundheit und die Fähigkeit, andere Lebewesen in seinen Bann zu ziehen. Nur dann kann sich eine Persönlichkeit mit einer dominanten Ausstrahlung im positiven Sinn entwickeln.

Ein Hund ist nie von klein auf wirklich dominant, sondern hat als Welpe lediglich ein starkes Streben »nach Höherem« und die

Fähigkeit, sich durchzusetzen. Damit sich Dominanz entfalten kann, ist immer ein Beziehungsumfeld nötig. In der Natur kann ein Leittier nur solange in seiner Rolle bleiben, wie die Gemeinschaft es als solches anerkennt und sich ihm anschließt.

Selbst wenn Sie ständig die »Dominanzregeln« sämtlicher Fachbücher im Umgang mit Ihrem Hund befolgen: Fehlen Ihnen die nötige innere Überzeugung, Sicherheit und Ausdruckskraft, wird Ihr Hund es schwer haben, Sie als Leitfigur anzuerkennen. So viele Menschen überlegen und planen wirklich jeden Schritt, den sie mit ihrem (Problem-)Hund tun wollen. Trotzdem verschärft sich die Situation immer mehr. Der Hund nimmt die daraus resultierende Anspannung seines Menschen als dessen Unsicherheit wahr, hält ihn für submissiv und wird ihn nun immer wieder testen.

Selbst wenn Sie im Umgang mit Ihrem Hund die »Dominanzregeln« sämtlicher Fachbücher beachten: Mangelt es Ihnen an Überzeugung, an Selbstsicherheit oder an Ausdruckskraft, wird Ihr Hund es schwer haben, Sie als Leitfigur anzuerkennen.

Dominanz hat weder etwas mit Härte noch mit physischem Oben oder Unten zu tun.

Der Hund will einen wichtigen Beitrag leisten, anerkannt werden und seinem Menschen gefallen.

Ein Hund wünscht sich, genau wie ein Mensch üblicherweise auch, ein Lebewesen an seiner Seite zu haben, das selbstsicher, erfahren, gelassen, einfühlsam, gerecht und verständnisvoll ist und an das er sich anlehnen kann – einen »Felsen in der Brandung« eben! Mit einem solchen Führer wird Erziehung etwas ganz Selbstverständliches und Unproblematisches, denn für ihn tut der Hund mit Freuden alles, was von ihm verlangt wird; schließlich will der Hund ja nur anerkannt werden, wichtig sein und seinem Menschen gefallen.

Wie ein Hund »dominant gemacht« wird

In der nicht natürlichen, sondern vom Menschen meist aus Unwissen herbeigeführten (= »gemachten«) Dominanz des Hundes liegt eines der größten Beziehungsprobleme von Mensch und Hund. Diese Art von Dominanz entsteht vor allem dann, wenn man dem Hund als unsicher, ängstlich, ziel- und planlos, unbeherrscht, hektisch, aufgeregt, nervös, geistig oder körperlich schwach, hilflos, zwiespältig, widersprüchlich usw. erscheint.

Ein Hund bemerkt und reagiert auf vom Menschen nicht eingestandene und überspielte Schwächen.

Wichtig ist hier dieses: Nicht bewußte und offen eingestandene Schwächen haben Auswirkungen. Es sind vielmehr nicht eingestandene, überspielte Schwächen, die den Menschen unglaubwürdig erscheinen lassen. Der Hund nimmt wahr, wenn der Mensch Stärken vortäuscht, die er nicht hat, und er erscheint dem Hund dann erst recht unglaubwürdig und schwach. Nur mit ehrlichen Gefühlen kann man kommunizieren und faszinieren.

Planlos erscheint ein Mensch dem Hund zum Beispiel, wenn er

- den Hund im falschen Moment bestätigt oder belohnt,
- den Hund im falschen Moment beruhigt,
- immer auf die Wünsche des Hundes eingeht (wenn das Tier um Leckerbissen oder um Streicheleinheiten bettelt usw.),
- anfängliche Anzeichen von gemachter Dominanz des Hundes nicht bemerkt (Verdrängen des Menschen, sich ihm in den Weg stellen usw.),
- den Hund agieren läßt und zu spät auf ihn einwirkt,
- den Hund inkonsequent behandelt,
- den Hund nicht richtig führt (sich u. a. bei drohender Gefahr nicht zwischen den Hund und das bedrohliche Subjekt oder Objekt stellt).

Es ist nicht immer einfach, einen Hund von der Überlegenheit des Menschen zu überzeugen.

Wird ein Hund in einer ihm bedrohlich erscheinenden Situation beruhigt, hat das oft einen gegenteiligen Effekt: seine Aggression wird erheblich gesteigert.

Beispiel: Balco, ein heute vierjähriger Staffordshire Terrier, wurde aufgrund mehrerer Beißvorfälle beschlagnahmt und in ein Tierheim überstellt. Die Behörden stuften ihn als besonders gefährlich ein, und er sollte eingeschläfert werden. Auf Anordnung wurde er in einem Zwinger isoliert gehalten, damit das Personal sicher vor ihm war. Er hatte ein dreiviertel Jahr lang ohne Kontakt zu Menschen oder Tieren in seinem Zwinger gelebt.
Einen Tag vor der geplanten Einschläferung wurde er auf den Gnadenhof gebracht, weil der Besitzer dies auf dem Rechtsweg erwirkt hatte.
Als erstes hat Balco alle Menschen freundlich begrüßt; dann versuchte er sofort, die Beine meiner Mitarbeiter zu umklammern

Gewalt oder Aggression dürfen niemals mit Gegengewalt oder -aggression beantwortet werden.

und aufzureiten, was ich unterband. Mir gegenüber hat er dieses Verhalten nie gezeigt. Wie ich es mit Neuankömmlingen immer halte, damit ich die Hunde und sie die neue Umgebung kennenlernen können, habe ich Balco in meine Wohnung mitgenommen, und er hat mehrere Tage mit mir und anderen Hunden zusammen verbracht, ohne auffällig zu werden. Er wurde auch nicht auffällig, als ich ihn später in einen Zwinger brachte.

Die erste Auffälligkeit zeigte er, als ein Mitarbeiter ihn nach einem Spaziergang in den Zwinger zurückbrachte. Als der Mitarbeiter die Zwingertüre hinter sich schließen wollte, biß Balco blitzschnell und ohne jede Vorwarnung zu.

Der Hund hatte es bei seinem Vorbesitzer bereits gelernt, sich mit Aggression durchzusetzen. Durch die lange Isolation im Tierheimzwinger hatte er zusätzlich ein Trauma davongetragen, das sich in dem Moment, als seine Freiheit durch den Zwinger auf dem Gnadenhof beschnitten werden sollte, als Angst manifestierte. Diese Angst vor dem Alleinsein, gepaart mit seinen durch Aggression erkämpften Erfolgen, ließ ihn in dem Moment, als er die Unaufmerksamkeit des Menschen bemerkte, zubeißen.

Balco vertraut inzwischen auch meinen Mitarbeitern, weil er gelernt hat, daß sein Zwinger nur ein zeitweiliger Aufenthaltsort für ihn ist, der ihm sogar Geborgenheit gibt.

Ein Hund, wie er im obigen Beispiel beschrieben wird, muß seinem Menschen uneingeschränkt vertrauen können. Dies kann und wird nur dann der Fall sein, wenn der Mensch sich nicht nach dem äußeren Eindruck, den der Hund auf ihn macht (schönes und freundliches Tier) richtet, sondern dessen Gesamtverfassung erkennt, die Körpersprache des Hundes mit all den tausend Kleinigkeiten, die dazu gehören, versteht, seinen Gemütszustand und dessen Ursachen wahrnimmt. Nur dann ist der Mensch nämlich in der Lage zu agieren, bevor der Hund durch eine Einengung oder Maßregelung in Bedrängnis gerät und sich dagegen wehrt oder seinen Willen durchsetzt. Gewalt oder Aggression darf man niemals mit Gegengewalt oder -aggression beantworten, weil eine körperliche Konfrontation für den Menschen sehr gefährlich werden kann. Selbst wenn der Mensch es schafft, sich durchzusetzen, darf es nie ein rein körperlicher »Sieg« sein. Dies führt zu Ängsten beim Hund und zu einer trügerischen Sicherheit beim Menschen: Der Hund wird dann nämlich nur auf eine Schwäche des Men-

Ein Hund, der am Freßnapf knurrt, ist deshalb noch lange nicht dominant. Vielleicht hat er, weil er rangniedrig ist, nur Angst, sein Fressen würde ihm wieder weggenommen werden. Bevor Sie den Hund maßregeln, sollten Sie den wahren Grund für das Knurren zweifelsfrei kennen.

Nach einem bewegten Leben konnte Messina endlich wieder Vertrauen zu Menschen fassen.

schen lauern, die er für sich nutzen kann, und sei es die, daß der Mensch irgendwann einmal stolpert und fällt. Wenn der Mensch sich durchsetzen will, muß er mit seinem ganzen Wesen überzeugen und nicht mit schierer Gewalt. Gewalt ist immer ein Zeichen der Hilflosigkeit und das Eingeständnis, nicht weiterzuwissen.

Gewalt ist immer ein Zeichen von Hilflosigkeit und das Eingeständnis, nicht weiterzuwissen.

Grundsätzlich kann jeder Hund wieder in die menschliche Gemeinschaft integriert werden, wenn er einen verantwortungsbewußten, gefestigten Menschen an seiner Seite hat. Der Mensch hat den Hund aggressiv und dominant gemacht, deshalb hat er auch die Verantwortung dafür, daß das Tier wieder ein normales Leben führen kann, ohne andere zu gefährden.

Dominanz durch Ablenkungsmanöver

Ich habe häufig mit Hundebesitzern zu tun, die völlig verzweifelt sind, weil sich ihr Hund ständig wie eine Furie aufführt und sich keinen Augenblick ruhig verhält. Mitunter wird versucht, den

Hund in solchen Momenten mit Spielsachen oder Leckereien abzulenken. Diese Maßnahme kann zwar eine gewisse Wirkung zeigen, zieht aber oft auch ernste Folgen nach sich – dann nämlich, wenn der Hund die wiederholten Ablenkungsmanöver als Unsicherheit des Menschen erkennt und sich deshalb irgendwann dazu entschließt, den Menschen nicht mehr ernstzunehmen und doch lieber zu beschützen … Insbesondere im Grunde unsichere Hunde neigen manchmal zu einem extremen Verteidigungsverhalten, weil sie ihre eigenen Komplexe überspielen wollen.

Insbesondere unsichere Hunde neigen zu einem extremen Verteidigungsverhalten.

Das Vorgehen, ein Tier mit Futter von einer Streßsituation abzulenken, funktioniert nur bei einem ängstlichen Hund und auch nur dann, wenn er das Futter tatsächlich als Belohnung für ruhiges Verhalten erhält. Wird ihm die Leckerei jedoch im falschen Moment angeboten – nämlich noch während er sein drohendes oder aggressives Verhalten zeigt –, wird er darin nur bestätigt. Zudem betrachtet er das Benehmen des Menschen als submissiv und wird ihn entsprechend als rangniedrigeres Wesen behandeln, das heißt, der Hund fühlt sich in seiner Führerrolle bestätigt.

Belohnung und Lob im falschen Moment werden vom Hund falsch verknüpft. Auf diese Weise wird unerwünschtes Verhalten bestätigt.

Solche und andere Vorgänge, die dazu angetan sind, dem Hund ein Gefühl der Überlegenheit zu vermitteln, bezeichne ich als »den Hund dominant machen«. Ob sich der Hund in seiner dominanten Rolle wohlfühlt oder nicht: Bei einem derart ängst-

Besonders unsichere Hunde neigen – völlig unabhängig von ihrer Körpergröße – zu Übertreibungen, wenn sie eine ihnen nicht zukommende Rolle eingenommen haben.

lichen bzw. unterwürfigen Menschen ist er – aus seiner Sicht – allein für den Schutz und die Territorialverteidigung zuständig!

Es ist sehr schwer, wenn nicht unmöglich, einem dominant gemachten Hund Grundgehorsam beizubringen. Aus seiner Sicht ist er für die Erziehung des Menschen zuständig, und nicht umgekehrt. Wer beschützt, stellt auch die Regeln innerhalb der Gruppe auf.

Eine einfache Lösung für die komplizierte Situation: Lernen Sie, den Hund richtig zu führen! Übernehmen Sie die Schutzfunktion, indem Sie den unangenehmen Situationen nicht immer aus dem Weg gehen und statt dessen den Hund bei vermeintlichen Bedrohungen von außen immer hinter sich nehmen, sich also vor ihn bzw. zwischen ihn und das bedrohliche Subjekt oder Objekt stellen.

Wenn Menschen sich unterhalten und der Hund wacht, sollte dennoch der Mensch die Übersicht behalten und den Hund im Auge haben.

Dominanz durch Unsicherheit

Je gestreßter und unkontrollierter zum Beispiel der tägliche Spaziergang verläuft, weil der Hund immer aggressiver und unkontrollierbarer reagiert, desto unsicherer wird der Besitzer. Der Hund nimmt die Unsicherheit und den Streß des Menschen wahr, bezieht dies aber nicht auf sich und sein Verhalten, sondern auf von außen auf ihn und seinen Besitzer Zukommendes, und möchte seinen Menschen folglich noch besser beschützen als bisher.

So entsteht eine Spirale von Unsicherheit und Schutzverhalten, die immer krassere Formen annimmt, bis sich der Besitzer irgendwann nur noch nachts mit dem Hund auf die Straße traut. Dies führt beim Tier zu Bewegungsmangel, und es stauen sich unausgelebte Energien an; beim nächsten Ausgang wird der Hund diese Energie vollständig zum Schutz seines Menschen ausleben.

Unsicherheiten und Streß des Menschen veranlassen den Hund, die Führungsrolle zu übernehmen.

Solche Situationen eskalieren meist dann, wenn der Besitzer plötzlich meint, sein Tier mit einer rigiden Maßnahme zurechtweisen zu müssen; der Mensch ist sich nämlich dessen nicht bewußt, daß er seinen Hund in der Zwischenzeit dominant gemacht hat. Er hat das Tier immer wieder mit Leckereien ablenken wollen; doch der Hund hat die Unsicherheit seines Halters bemerkt und das Austeilen von Leckerbissen als Unterwerfung des Menschen empfunden. Er nimmt sich als den Stärkeren wahr, als den, der die Beschützer- und Führerrolle innehat, und läßt sich die Maßregelung seines Besitzers nun einfach nicht mehr gefallen. Aus Hundesicht ist dies eine völlig korrekte Reaktion!

Anerzogene Verteidigungsbereitschaft und Dominanz

Anerzogene und situationsbedingte Verteidigungsbereitschaft ist keine Dominanz.

Ein Hund, der beispielsweise als Schutzhund ausgebildet wird, lernt, aus dem Beute-, aber auch aus dem Wehrtrieb heraus zu beißen. Durch Konditionierung werden ihm bestimmte Verhaltensweisen (Fluchtverhinderung, Abwehr eines Angriffs auf den Hundeführer, den Täter stellen und verbellen usw.) antrainiert. Er lernt also, auf Kommandos und gewisse Situationen nach Wunsch des Menschen zu reagieren. Deshalb trifft ein solcher Hund niemals eigene Entscheidungen, auch wenn es mitunter so aussieht.

Im Schutzdienst lernt der Hund, in bestimmten Situationen auf Wunsch des Menschen zu handeln.

Dominanz durch manipulative Beschwichtigung

Ein weiteres Beispiel für dominant gemachte Hunde sind die Tiere, die ihre Rangstellung nicht mit aggressiven Gebärden ausdrücken. Solche Tiere verfügen über ein großes Repertoire an Be-

schwichtigungsgesten, mit denen sie den Menschen beeinflussen, um etwas von ihm zu erhalten (Futter, Spielzeug usw.), um ihn zu etwas zu bewegen (streicheln, spielen, spaziergehen) oder um bestimmte Anordnungen nicht befolgen zu müssen. Die Besitzer sind oftmals geradezu amüsiert über die Liebesbeweise und Ablenkungsmanöver ihres Hundes und unterlassen es deshalb, auf dem ursprünglich geforderten Gehorsam zu bestehen.

Es gibt Hunde, die zirkusreife Vorstellungen geben, nur um die Kommandos ihrer Besitzer zu umgehen. Und es klappt meistens auch! Zum Beispiel bei der Übung »Platz«, die so manchem Hund äußerst erniedrigend und langweilig erscheint, bringt er sein Herrchen zum Schmunzeln, indem er sich auf den Rücken dreht und mit den Vorderpfoten nach dem Menschen angelt. Wer kann solchem Hundecharme schon widerstehen?

Ashley beschwichtigt zwar, aber er ist nicht so unsicher, wie es den Anschein hat.

Die Kehrseite: Wer kann sich in dieser Situation wirklich sicher sein, ob sich der Hund aus ehrlicher Unsicherheit so verhält oder ob der Schlawiner es gelernt hat, seinen Besitzer durch dieses Gebaren zu submissivem Verhalten zu bewegen, und so anfängt, ihn zu dominieren? Solche Hunde kennen ihre Menschen haargenau und wissen, wie man ihr Verhalten in bestimmten Situationen beeinflussen kann. Ein Hund stupst beispielsweise seinen Menschen mit der Nase an und wird ganz unwillkürlich von ihm gestreichelt. Das ist nicht weiter schlimm – aber vergessen Sie nicht, daß Sie der leitende Part in Ihrer Beziehung sein sollten und nicht der Hund! Wenn Sie also einmal keine Lust haben, Ihren Hund zu streicheln, dann tun Sie es auch nicht. Lassen Sie sich von Ihrem Hund auf Dauer nichts aufzwingen, sonst wird irgendwann der Hund über Ihr Handeln bestimmen.

In den meisten Fällen sind manipulative Beschwichtigungsgesten des Hundes völlig harmlos, und auch ich lasse mich bis zu einem gewissen Grad mit einem Schmunzeln auf den Lippen von meinen Hunden manipulieren. Nur in seltenen Fällen versucht ein Hund ernsthaft, über das Handeln des Menschen zu bestimmen: Da ich solche Fälle allerdings mehrfach erlebt habe, möchte ich es nicht versäumen, auf die Problematik aufmerksam zu machen.

Aber schränken Sie jetzt bitte nicht aus falsch verstandener Sorge um sogenannte Dominanzprobleme die Streicheleinheiten und die Zuwendung für Ihren Hund ein! Der Hund darf den Menschen nicht drangsalieren, aber der Mensch auch *niemals* den Hund.

Dominanz durch Rituale

Mit Ritualen meine ich täglich wiederkehrende Abläufe wie zum Beispiel den, daß der Mensch seinen Hund vor der Fütterung jedes Mal »Sitz!«, »Platz!« usw. ausführen läßt.

Ritualisierte Gehorsamkeitsübungen können beim Hund Dominanzverhalten auslösen.

Auf solche ritualisierten Kommandos reagieren die Hunde unterschiedlich. Die meisten akzeptieren die Überlegenheit des

Emmy Lou, eine vierjährige Rottweilerhündin, hat, als sie zu mir kam, die Fütterung immer mit unangenehmem Druck verbunden und kam in ein Notwehrverhalten.

Menschen, indem sie dem Kommando Folge leisten und geduldig auf die Erlaubnis zu fressen warten; bei solchen Hunden wird gerade durch das Ritual ein Dominanzproblem vermieden.

Bei manchen Hunden löst das Ritual jedoch genau entgegengesetzte Reaktionen aus: Wegen der permanenten Machtdemonstration des Menschen zweifeln die Hunde an ihm, weil ein wirklich dominantes Wesen es nicht nötig hat, seine Macht immer derart zur Schau zu stellen. Die Hunde fühlen sich dann dazu veranlaßt, den Menschen auf seine Stärken zu testen – meistens nicht bei der Fütterung, denn schließlich möchten sie das Futter gerne haben, aber dafür in anderen Momenten. Die Hunde kommen vielleicht nicht zurück, wenn man sie beim Spaziergehen zu sich ruft, oder sie treffen eigene Entscheidungen, indem sie Menschen ankläffen, hinter Autos herjagen usw. Es ist daher sinnvoll, die Erziehung des Hundes abwechslungsreich zu gestalten und sie nicht an Routineabläufen festzumachen, die nichts mit einer Beziehung, sondern eher mit Dressur zu tun haben. Mit anderen Worten: Sie sollten Ihrem Hund zeigen, was Sie von ihm erwarten, aber nicht routinemäßig Ihre Überlegenheit demonstrieren.

Verbreiteten Ansichten zufolge mache ich im Umgang mit Hunden beinahe alles falsch: Sie schlafen in meinem Bett, laufen vor mir aus der Haustür, ich nehme sie auf den Arm, sie springen an mir hoch oder halten mich fest – dennoch hatte ich noch nie ein sogenanntes Dominanzproblem.

Dominanz falsch verstanden

Fälschlicherweise wird oft behauptet, daß ein Hund, der auf dem Sofa oder dem Bett liegt, bereits zu dominant sei, weil er sich dann quasi »auf einer Ebene« mit dem Menschen befinde. Das ist einfach Unsinn.

Es muß mit dem Hund geklärt sein, daß der Mensch jederzeit einen Platz, auf dem der Hund liegt, für sich beanspruchen kann.

Wichtig ist aber dies: Es muß unbedingt geklärt sein, daß Sie diesen Platz auf dem Sofa oder Bett jederzeit selbst einnehmen können, ohne daß sich Ihr Hund dagegen wehrt. Er muß weichen, wenn Sie seinen Platz für sich selbst oder für Ihre Gäste beanspruchen. Genauso verhält es sich, wenn Ihr Hund Ihnen ständig vorausrennt, um zum Beispiel ankommende Menschen zu begutachten. Dieses Verhalten ist solange normal, wie Sie sicher sein können, daß Ihr Hund sich ruhig hinter Ihnen aufhält, wenn es notwendig ist und Sie es wünschen.

Der Hund muß Ihnen auf Verlangen jederzeit seinen Platz räumen.

Aggression – was ist das?

Niemand kann sagen, ob die Aggression im Innern eines Lebewesens entsteht und sich einen Weg nach außen bahnt oder ob es eines äußeren Anreizes bedarf, um sie auszulösen. Eine genaue Definition des Begriffs bzw. eine exakte Erklärung für den Zustand der Aggression gibt es daher nicht.

Die Aggressionsbereitschaft und die Aggression selbst hängen von den Umwelteinflüssen, dem Erbgut und den individuellen Erfahrungen ab. Aggression dient allen Lebewesen, ebenso wie die Angst, zur Arterhaltung. Das, was ein Lebewesen antreibt, wird oft erst in der Aggression sichtbar, während die individuelle Hemmbarkeit diesen Antrieb je nach Situation mehr oder weniger blockiert oder dämpft.

Aggression ist ein wichtiges Element des Selbsterhaltungstriebs. Das Aggressionsverhalten dient hauptsächlich der territorialen Abgrenzung, es sorgt für eine geordnete Rangfolge innerhalb einer Gruppe, dient der Selbstverteidigung und auch dem Schutz der Schwächeren vor Bedrohungen von außen, der Befriedigung des Sexualtriebs und der Erhaltung von Nahrungsressourcen.

Die Hemmbarkeit sorgt dafür, daß Aggressionen nicht unkontrolliert ausbrechen, sondern daß es durch vorausgehende Warnungen – das sind verschiedene Drohsignale wie etwa Körperhaltung, Mimik und Lautäußerungen – zu einer Verständigung und einer Vermeidung der Aggression kommt. Solch ein »gehemmtes« Verhalten kann durch Erfahrungen und durch Lernvorgänge stark gefördert werden. Dies ist beispielsweise dann der Fall, wenn man

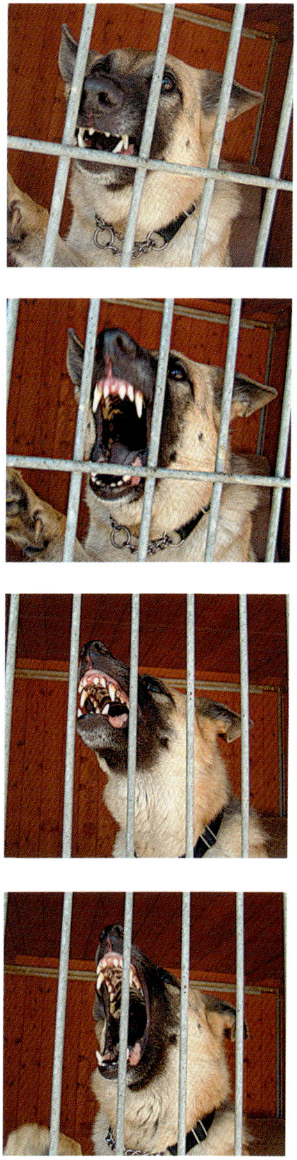

Wenn Angst die Hemmung außer Kraft setzt …

GANZ RECHTS: Aggressives Verteidigungsverhalten verstärkt sich in beengten Verhältnissen wie etwa einem Zwinger.

die Selbstsicherheit seines Hundes auf vernünftige Weise fördert, indem man ihm im täglichen Miteinander genug Bestätigung gibt und ihm Vertrauen vermittelt.

Das Entstehen von Aggressionen beschränkt sich nicht auf bestimmte Gemütsverfassungen, sondern sie können aus jeder Stimmungslage heraus entstehen.

Aggression wird durch Imponiergebaren (Hunde stellen die Nacken- und Rückenhaare auf, machen sich groß oder geben sich sehr steif und angespannt), Drohgebärden (Zähnefletschen, Hochziehen der Lefzen, fixierender Blick usw.) und Lautäußerungen (Knurren, Bellen) ausgedrückt.

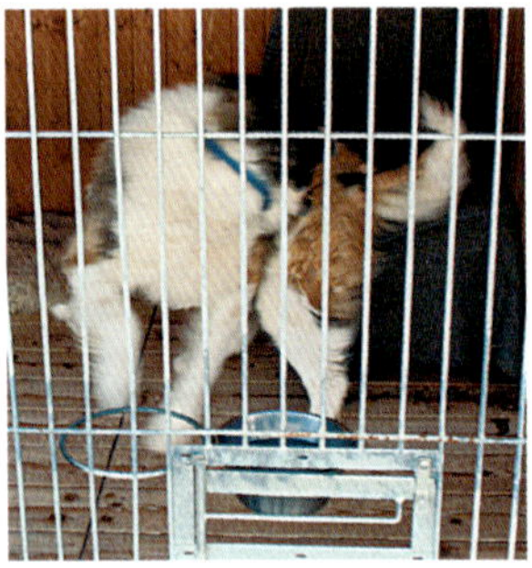

Neurosen (sich ständig in den Schwanz beißen oder dauernd im Kreis drehen) sind die Resultate von zu großer Einsamkeit, Minderwertigkeitsgefühlen, Leistungsdruck usw.

Aggressionsbewältigung durch Ersatzhandlungen

Aggressionen werden zum einen durch äußere Reize ausgelöst, und zum anderen besteht, je nach Veranlagung, eine ständige latente Kampfbereitschaft. Wenn ein Hund seinen Aggressionstrieb lange nicht ausleben konnte (weil es etwa zu einem Energiestau wegen zu beengter räumlicher Verhältnisse gekommen ist), nimmt diese Kampfbereitschaft stetig zu. Mitunter sucht der Hund (und übrigens auch der Mensch) dann regelrecht nach Schlüsselreizen, um sich abreagieren zu können. Auf diese Weise ausgelöste Aktionen bezeichnet man als »Ersatzhandlungen»; dazu kommt es in der Mensch-Hund-Beziehung besonders häufig, wenn der Hund in einer Konfliktsituation einen Erregungsstau hat und der Mensch unsicher ist und/oder überreagiert.

Hier führt Bando eine Ersatzhandlung aus: Wenn er unsicher wird, verbeißt er sich in die Leine oder in die Kleidung des Menschen, um vom eigentlichen Geschehen abzulenken.

Beispiel: Wenn ein Hund ständig unter Leistungsdruck steht, weil er zum Beispiel beim Training überfordert wird, kann sich eine durch diesen Streß bedingte Frustration in Ersatzhandlungen niederschlagen. Solche Ersatzhandlungen (auf andere Hunde losgehen, ununterbrochen kläffen, sich ständig im Kreis drehen usw.), dienen der Aggressionsbewältigung.

Die Antriebsmechanismen der Aggression sind fast allen Lebewesen angeboren, das heißt, die artspezifische Grundform des Aggressionsverhaltens ist, ebenso wie die Hemmbarkeit, im Erbgut angelegt. Umwelteinflüsse und Erfahrungen stärken oder hemmen die angeborenen Antriebsmechanismen. Auch Menschen ha-

ben das Bedürfnis, durch innere oder äußere Reize hervorgerufene Aggressionen abzureagieren. Fast alle Lebewesen haben die Bereitschaft zu Ersatz- oder Übersprungshandlungen: Sie lassen die Aggression an anderen Lebewesen oder an Gegenständen aus.

Formen der Aggression

Aggression aufgrund territorialer Bedürfnisse

Territoriale Bedürfnisse beziehen sich aber nicht nur auf das Gebiet, das der Hund als sein Revier betrachtet, sondern schließen auch die Individualdistanz des jeweiligen Tieres ein. Ein Hund ist nicht zwangsläufig immer und unterschiedslos erfreut, wenn jemand mit ihm auf Tuchfühlung geht und ihn streichelt. Er grenzt sich und den persönlichen Raum um sich herum gegenüber anderen Lebewesen ab. Auch wir Menschen besitzen den Wunsch, daß unsere Individualdistanz gewahrt bleibt, und halten Fremde eher auf Abstand; wir schütteln ihnen vielleicht die Hand, aber umarmt werden nur enge Freunde.

Auch sein Körper ist für den Hund ein »Territorium«, zu dem fremde Menschen respektvollen Abstand halten sollten (Individualdistanz).

Ernstgemeinte Revierverteidigung.

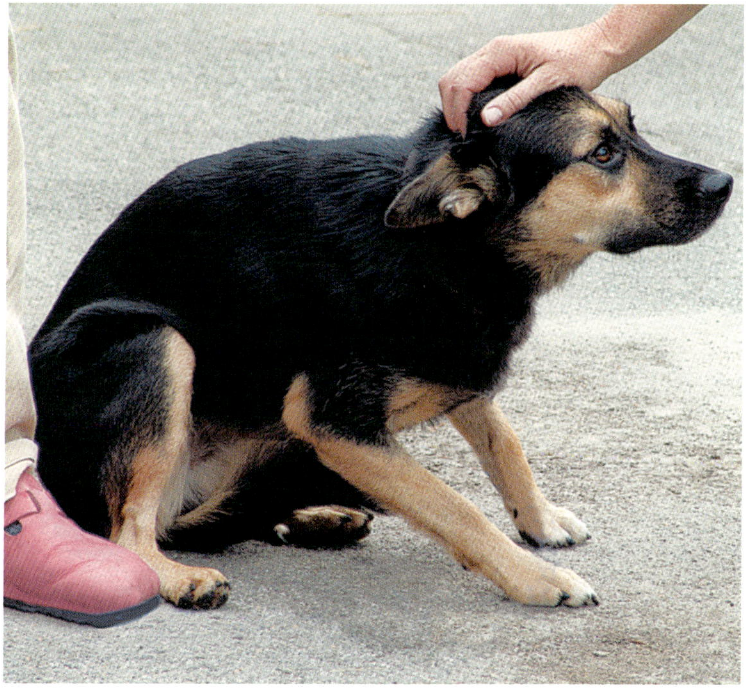

Streicheln wird nicht immer und von jedem Hund als angenehm empfunden.
Die Hand von oben auf den Kopf eines Hundes zu legen, ist zudem eine Geste, die Überlegenheit zum Ausdruck bringt.

Hunde haben Lieblingsplätze, die sie nicht einfach jedem überlassen. Dieser räumliche Besitzanspruch wird besonders Fremden oder Schwächeren gegenüber in Form einer Aggression vermittelt.

Lustmotivierte Aggression

Daneben gibt es auch eine lustmotivierte Aggression, die im Spieltrieb und im Beutetrieb zum Ausdruck kommt. Sie kann sich zum Beispiel in verschiedenen (Wett-)Kampfspielen entladen:

- Um einen Gegenstand kämpfen.
  Es fördert das Selbstbewußtsein des Schwächeren, wenn er gewinnt. Es muß jedoch immer geklärt sein, daß der Ranghohe (also Sie!) gewinnen kann, wann immer er möchte.
- Um die Wette rennen. Wer holt wen ein? Wer ist flinker?
- Spielerisches Anschleichen, Fixieren und Anspringen.
  Diese Verhaltensweisen leiten sich aus dem Jagdverhalten her und dienen im Spiel häufig der Einschüchterung anderer.
- Gegenseitiges, spielerisches passives oder aktives Unterwerfen.
  Es wird von mehr oder weniger dominierendem Verhalten begleitet und bezieht sich immer auf den jeweiligen Spielpartner.

Aggressionen spielerisch kennen- und bewältigen zu lernen, ist für jeden Hund lebenswichtig.

Jumani, ein einjähriger Mischling, verteidigt »seinen« Zweig halb ernsthaft, halb spielerisch.

- Spielerische Ressourcenverteidigung.
  Ein Hund bringt einen Gegenstand und verteidigt ihn, während andere versuchen, ihn zu ergattern.
- Aufreiten.
  Es ist unabhängig von Geschlecht und Alter und dient der Aggressionsbewältigung, der Selbstbestätigung und mitunter auch der Selbstbefriedigung. Es handelt sich um eine Ersatzhandlung und eine Ausdrucksform der Dominanz, die nicht immer spielerisch ist.

Das spielerische Wetteifern – ob es nun dem Beute-, dem Kampf- oder dem Jagdtrieb zuzuordnen ist – dient immer auch der Aggressionsbewältigung bzw. ist eine Aggressionshemmung. Hunde, die kaum Gelegenheit haben, mit Artgenossen oder zumindest einem Menschen zu spielen und ihre Kräfte zu messen, erleben dadurch einen Aggressionsstau.

Ein Hund benötigt auch geistige Herausforderungen. Die täglichen Spaziergänge genügen nicht.

Oberflächlich betrachtet, könnte man meinen, es handle sich um einen durch Bewegungsmangel ausgelösten Energiestau – aber dies trifft nicht immer zu. Wenn man zum Beispiel mit einem sehr aktiven Hund täglich eine längere Strecke radfährt, der Hund sich aber die restliche Zeit des Tages mit sich selbst beschäftigen muß, entwickeln sich schon bald Verhaltensstörungen (Zerstörungswut, Dauerbellen, extreme Territorialvereidigung usw.) – zwar nicht in allen Fällen, aber recht häufig.

Ein Hund benötigt zur Aggressionsbewältigung nicht nur physische und psychische Beschäftigung, sondern auch die freudige, spielerische Auseinandersetzung mit Artgenossen oder seinem Menschen. In welcher Form und wie intensiv das jeweils geschehen sollte, ist von Tier zu Tier verschieden.

Verteidigungsverhalten ist ein Mittel zur Aggressionsbewältigung.

Ein Hund, der nicht gerne spielt, ist oft sehr gehemmt. Entweder besitzt er nur wenig Aggressionsbereitschaft oder er lebt seine Aggressionen auf andere Weise aus. Es gibt Rüden, aber auch Hündinnen, die zwar wenig Kampf- oder Spielbereitschaft zeigen, aber alles und überall markieren. Das heißt, sie leben ihr Bedürfnis nach Aggressionsbewältigung in Form einer extremen Territorialmarkierung aus, ohne ihr Revier jedoch ernsthaft zu verteidigen. Andere Hunde wiederum wollen die Grenzen ihres Reviers durch das Markieren betonen und verteidigen sie auch heftig; in diesem Fall ist das Verteidigungsverhalten das Mittel der Aggressionsbewältigung.

Laut Eibl-Eibesfeldt lassen sich Aggressionsstaus experimentell hervorrufen und wissenschaftlich nachweisen, und ihr Abreagieren kann verfolgt werden – auch beim Menschen. Ein Hund, der viel erlebt und mit Artgenossen spielen kann, hat die Möglichkeit, Aggressions- und Energiestaus abzubauen.

Spielerisches Wetteifern fördert das Wahrnehmungsvermögen und die Lernfähigkeit. Zudem sorgt es für einen gehemmten, das heißt harmlosen Umgang mit Aggressionen.

Aggression aufgrund von Beschäftigungs- und Spielmangel

Häufig ist der Besitzer eines Hundes dessen einziger potentieller Spielgefährte. Unternimmt der Halter zwar die regulären täglichen Spaziergänge mit dem Hund, beschäftigt sich aber darüber hinaus nicht weiter mit ihm, so wird es bei dem Tier zu einem Aggressionsstau kommen, den es in anderen Bereichen abzureagieren versucht. Das kann sich äußern in

- der Zerstörung von Gegenständen,
- Aggressionen gegenüber Artgenossen,
- ständigem Austesten der Grenzen gegenüber dem Besitzer,
- extremer Markierung,
- einem gesteigerten Sexualtrieb (Gegenstände oder auch untergeordnete Lebewesen »bereiten«),
- Konzentrationsschwäche,
- einem vehementen Beute- und Jagdtrieb.

Spielerische Aufreitversuche dienen der Aggressions- und Triebbewältigung. Zugleich sind sie aber auch eine Geste der Dominanz.

Aggression aufgrund zu harter Behandlung

Ein zu harter Umgang mit dem Hund, zum Beispiel eine reine Verbotserziehung, ständiger Kadavergehorsam und zu hoher Leistungsdruck erzeugen bei dem Tier Frustration; der Aggressionsstau (»Wut im Bauch«) wird dann oftmals in Form von Ersatzhandlungen ausgelebt. Solche Hunde sind überaktiv, tendenziell schmerzunempfindlich und in jeder Situation aggressionsbereit.

Frustration und Aggressionsstaus führen oft zu Ersatzhandlungen.

Die reduzierte Schmerzempfindlichkeit ist natürlich nicht angeboren; vor lauter Aggressionsbereitschaft nehmen die Tiere den

Schmerz einfach nicht mehr wahr. Wir alle kennen das aus eigener Erfahrung, wenn wir zum Beispiel vor Zorn mit der Faust auf den Tisch schlagen. Auch wir versuchen, unsere Aggressionen zu bewältigen – durch sportliche Betätigung, das Austragen von Wettkämpfen, Spiele oder das Anschauen von Filmen, mit deren Akteuren wir uns irgendwie identifizieren können. Auch Wortgefechte dienen der friedlichen, nicht-körperlichen Auseinandersetzung. Wir versuchen auf verschiedene Art und Weise, unsere Aggressionen unblutig auszuleben.

Aggressionsbereitschaft ist grundsätzlich in jedem Lebewesen veranlagt. Dieser Hund beschwichtigt nicht, sondern ist sehr aufgeregt, wie der Gesamteindruck verrät.

Je weniger ein Hund die Möglichkeit des spielerischen Kräftemessens hat, desto größer wird sein Aggressionsstau, und umso rascher und spontaner wird er – je nach Temperamentsveranlagung – auf unvorhergesehene Schlüsselreize reagieren.

Aggression aufgrund falscher Erziehung

Auch bei einem Hund, der nachlässig erzogen wird und seine Aggressionen deshalb frei ausleben kann, wird die Aggressionsbereitschaft extrem gefördert. Am fatalsten ist es, wenn man den Hund im Moment des Aggressionsverhaltens belohnt – sei es mit freundlichen Worten oder mit einem Leckerbissen. So wird die Aggression nicht nur toleriert, sondern intensiv gefördert!

Beruhigend gemeinte Leckerbissen im Moment der Aggression haben fatale Folgen.

Jegliche Art von einseitigen Erziehungsmethoden – ob zu hart, zu inkonsequent oder völlig antiautoritär – fördert Aggressionen!

Aggression ist ein lebenserhaltender Antrieb, der sich nicht wegzüchten läßt und infolgedessen in konstruktive Bahnen gelenkt werden muß. Es ist keine Lösung, sämtlichen Reizsituationen aus dem Weg zu gehen; dies funktioniert auch deshalb nicht, weil sich der Hund, ebenso wie der Mensch, sofort andere Schlüsselreize suchen würde.

Aggression gegenüber dem Vertrauten

Manche Hunde fühlen sich durch entgegenkommende Artgenossen an Schmerzen erinnert, weil es früher zu Kämpfen mit Beißvorfällen kam und/oder der Mensch dann immer sehr heftig an der Leine gerissen hat. Oft verlieren die Hunde völlig das Vertrauen zu ihrem Besitzer, und manche geraten so in Panik, daß sie eher das Vertraute beißen, als das Fremde angreifen. Auch wir Menschen neigen dazu, unbewältigte Ängste und Frustrationen eher an Bekannten auszulassen als an Fremden. Frustrierte Hunde suchen verzweifelt einen Ausweg aus ihrer Hilflosigkeit.

Hunde in Panik beißen oft das Vertraute und nicht das Fremde.

Richtig führen zu lernen, ist hier ein unausweichliches Gebot, das heißt, man muß dem Hund das Gefühl geben, daß er in solchen Situationen immer vom Menschen beschützt wird und sich mit seinen Ängsten, Frustrationen und Unsicherheiten jederzeit an ihn wenden kann. Der Mensch trägt die Verantwortung dafür, daß der Hund seine Aggressionen gemeinsam mit dem Menschen bewältigen kann und sie nicht an ihm oder anderen auslebt.

Aggression aus Angst (= Notwehraggression)

Ein Hund, der unsicher oder ängstlich ist, verhält sich meistens gehemmt, vorsichtig und defensiv. Mit seiner Vorsicht versucht er,

Die Frau nähert sich behutsam einem unsicheren Hund, der die entgegengestreckte Hand als Eingriff in seine Individualdistanz empfindet und aus Angst sofort angreift.

Tritt die Frau rückwärts an den Hund heran, fühlt er sich weitaus weniger bedrängt und versucht sogar, selbst Kontakt aufzunehmen.

UNTEN: Ein Hund muß in Situationen, die ihm bedrohlich erscheinen, wieder Vertrauen bekommen – und auch der Mensch zu seinem Hund.

von Fall zu Fall festzustellen, wie die jeweils für ihn angemessene Reaktion ausfallen sollte (Flucht oder Angriff oder Beschwichtigung usw.).

Ein ängstlicher Hund befindet sich immer in einer Verteidigungshaltung. Deshalb spielt Aggression natürlich eine Rolle. Doch ist der Grad der Hemmbarkeit bei jedem anders, so daß der eine Hund aus Angst nur vorsichtig zwickt oder schnappt, der andere schnell und heftig zubeißt und wieder ein anderer in einen Tötungsdrang verfällt, weil er meint, um sein Leben kämpfen zu müssen.

Dieser Hund befindet sich in einer extremen Notwehrhaltung. Aus lauter Verzweiflung würde er jetzt sogar seinen Menschen beißen (= Ersatzhandlung).

Beispiel: Miro, ein zweijähriger Bobtail-Mischling, lebte in einer Familie mit drei Kindern. Die Eltern suchten mich zur Beratung auf, weil er alle paar Wochen nicht nur die Mutter, sondern auch Menschen biß, die nicht zur Familie gehörten. Das Ehepaar fand für dieses Beißen keine Erklärung; es erschien ihm wahllos und unkontrollierbar.

Bei unserem Treffen fiel mir auf, daß die Frau ungemein liebevoll und fürsorglich mit dem Hund umging. Der Mann hingegen hatte große Erwartungen in Sachen »Gehorsam« an ihn und wollte mir ständig beweisen, wie folgsam das Tier war; ein Befehl an den Hund folgte dem anderen, und wurde er von Miro nicht befolgt, zerrte und riß der Mann an der Leine. Dieses rabiate Verhalten wurde von mir natürlich sofort gestoppt.

Hunde lernen bereits als Welpen die Bedeutung der Beißkraft im spielerischen Miteinander kennen, das heißt, sie erlernen ein gehemmtes Beißen. Jeder gut sozialisierte Hund kann seine Beißkraft genau einschätzen.
1. Ein Hund, der maßregelt, möchte nicht ernsthaft verletzen (siehe »Schnauzengriff«); es liegt an der Beschaffenheit der Haut des Menschen oder an dessen Reaktion, wenn es zu Verletzungen kommt.
2. Ein Hund, der aus Angst beißt, will sein Gegenüber möglichst schnell abwehren, das heißt, er beißt einmal, mitunter auch mehrmals, kurz in das, was ihm gerade am nächsten ist – in der Regel die Arme oder Beine des Menschen.
3. Ein Hund, der es absolut ernst meint, versucht immer, den Menschen in die Hals-, Brust- oder Leistengegend zu beißen. Meist springt er am Menschen hoch und beißt intensiv und immer wieder zu.

Das Ehepaar war berufstätig, so daß ihm kaum Zeit zur Beschäftigung mit ihrem Tier blieb. Miro verhielt sich sehr unsicher, desorientiert und desinteressiert.
Es war für mich offensichtlich, daß der Hund zum einen aufs äußerste frustriert war (ihm war alles gleichgültig) und sich zum anderen aus Angst wehrte; er biß aber nicht den, vor dem er Angst hatte, sondern den nächstbesten, der sich in seiner Nähe aufhielt. Wie ich beobachten konnte, tat er den Kindern nichts, weil sein Drang, sie zu hüten (seine einzige sinnvolle Aufgabe), viel stärker war, als seine durch Druck hervorgerufene Angstaggression. Darüber hinaus war sein Wunsch nach Zuwendung so groß, daß er sich über seine »Missetaten« die Aufmerksamkeit seiner Bezugspersonen verschafft hatte, denn diese achteten nach jedem Beißvorfall natürlich ganz besonders auf ihn (siehe »Die negative Bestätigung«). Die Frau trainierte einige Male mit einem meiner Mitarbeiter und wurde zur Bezugsperson des Hundes. Miro erwarb sich auf diesem Weg wieder Selbstbewußtsein und Lebensfreude. Die Therapie hatte aber nur deshalb Erfolg, weil sich der Mann auf meine dringende Empfehlung hin völlig aus der Erziehung des Hundes heraushielt.
Der Hund lebt seither gefestigt und ohne jeden Beißvorfall in der Familie. Gelegentliche Ausrutscher des Mannes kann er verkraften, weil er genug Aufmerksamkeit und Bestätigung erhält und die Frau regelmäßig mit ihm ins Agility-Training geht. Miro gehorcht wesentlich besser als früher und hat keine Angst vor den Kommandos mehr. Hätte man die Beißvorfälle als Symptome bekämpft und mit Gegengewalt reagiert, wäre es höchstwahrscheinlich irgendwann zu einem dramatischen Zwischenfall gekommen.

Denken Sie daran, daß sich ein ängstlicher Hund sehr schnell eingeengt fühlt und dadurch in eine Verteidigungshaltung gedrängt wird. Er sollte auf Sie zukommen und nicht Sie auf ihn zugehen.

Aggressionen sachlich hinterfragen

Aggressionen sind nicht einfach »schlecht«, sondern müssen hinterfragt werden.

Ist ein Hund, der beißt, wirklich böse? Oder ist er verhaltensgestört? Oder hat er Angst und wehrt sich nur? Oder ist er einfach bloß charakterstark?

Über »Gut« und »Böse« wertet allein der Mensch.

Ist ein Hund schlecht, weil er einen Hasen jagt? Oder ist er besonders geschickt und damit gut, wenn er ihn erwischt?

»Gut« und »böse« sind Moralbegriffe, die vom Menschen in unendlichen Varianten subjektiv interpretiert werden, doch kein Tier würde über Gut und Böse richten; es verhält sich aus seiner Sicht immer folgerichtig.

Jedes Lebewesen hat das angeborene Bestreben, existenzerhaltend zu handeln, das heißt, in erster Linie auf den eigenen Vorteil zu achten. Ein Hund wird folglich immer versuchen, für ihn nachteilige Situationen zum Positiven zu wenden. Ungünstigen Situationen wird er ausweichen, sie meiden, umgehen, manipulieren, sich durchsetzen oder sich im Notfall auch wehren. Solange eine Erfahrung für ihn nicht unangenehm ist, hat er keinen Grund zu protestieren. Es sind fast immer nur die besonders charakterstarken Hundepersönlichkeiten, die sich bei Mißverständnissen (denn etwas anderes liegt in der Regel nicht vor) zur Wehr setzen. Die weitaus meisten Hunde ertragen ihr Schicksal mit große Geduld und Ergebenheit, ohne Widerstand zu leisten.

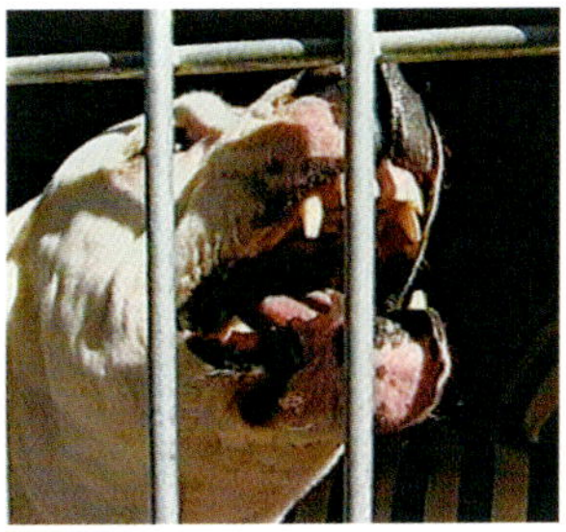

Chato will niemanden mehr an sich heranlassen. Ist er deshalb verhaltensgestört?

Die meisten Hunde ertragen ihr Schicksal, ohne Widerstand zu leisten.

Was hat Gandalf nicht alles ertragen müssen! Dennoch hat er das Vertrauen zum Menschen niemals verloren.

Wie kann man Aggressionen entgegenwirken?

Eine geordnete Gemeinsamkeit gibt dem Hund das nötige Vertrauen zu seinem Menschen.

Aggressionen kann man durch Gefühlsbindungen entgegenwirken. Je mehr Vertrauen der Hund zum Menschen hat, desto weniger Unsicherheiten gibt es im Zusammenleben. Dieses Prinzip gilt auch für das ganze Umfeld des Hundes: Alles, was ihm vertraut ist, wird ihm ein Gefühl von Sicherheit geben. Je weniger ihm eine Situationen vertraut ist, desto fremder und beängstigender wird sie auf ihn wirken. Kann der Mensch seinem Hund eine geordnete Gemeinsamkeit vermitteln, in der das Tier seine Grenzen spielerisch kennenlernt und in der seine Unsicherheiten aufgrund klar verständlicher Regeln abgebaut werden, wird es wesentlich weniger zu Aggressionsstaus und unerwünschten Formen des Abreagierens kommen.

Aggression kann mit feinfühliger, konsequenter Erziehung gut bewältigt werden. Ist der Hund jedoch orientierungslos, kommt sie unkontrolliert und unvorhersehbar zum Ausbruch. Belohnung oder Beruhigung im falschen Moment kann die Aggression sehr stark anfachen.

Schutz und Stärke gleichzeitig vermitteln.

Hochgehoben zu werden, bedeutet für einen Hund nicht immer Geborgenheit. Es ist ein starker Eingriff in seine Individualsphäre.
Das Getragenwerden löst in einem Tier, das nicht daran gewöhnt ist, große Unsicherheiten aus. Es verliert buchstäblich »den Boden unter den Füßen«.
Nehmen Sie daher einen Hund, den Sie (noch) nicht kennen, nicht einfach auf den Arm: Ihr Verhalten könnte bei ihm Notwehraggressionen auslösen.
Der Hund muß es lernen, getragen zu werden.

Nicht bei jedem Hund fällt das »Beschützen« so einfach aus.

Durch Bestrafung kann man Aggressionen zwar unterdrücken, doch können sie in anderen Bereichen als Ersatzhandlungen wieder zum Vorschein kommen. Was unterdrückt wird, ist dennoch vorhanden und staut sich an. Jeder Mensch und jedes Tier sollte

daher mit Aggressionen umgehen lernen und sie in richtige Bahnen lenken können. Dies kann nur funktionieren, wenn man nicht gegeneinander antritt, sondern die anstehenden Aufgaben miteinander bewältigt.

GANZ LINKS: Jeder Hund sehnt sich nach Geborgenheit.

Tragen Sie mit Ihrem Hund spielerische Wettkämpfe aus und achten Sie dabei auf klare Rangordnungsverhältnisse. Lassen Sie Ihren Hund immer wieder einmal gewinnen, so wie Sie auch ein Kind gewinnen lassen würden, und freuen Sie sich, wenn er gelegentlich schneller, stärker oder einfach besser ist als Sie. Wird das Spiel aber zu hektisch, zu grob oder zu ernst, brechen Sie sofort ab oder zeigen Sie mit einem klaren »Nein« die Grenze.

Durch Bestrafung kann man Aggressionen zwar unterdrükken, aber niemals beheben.

Sie werden es spüren, wenn Ihr Hund anfängt, Sie zu testen, seine Grenzen zu überschreiten oder Ihre Schwäche auszunutzen. Klären Sie dann umgehend die Rangordnung, indem Sie das Spielzeug entfernen oder die Befolgung eines Kommandos wie »Platz und Bleib!« verlangen. Natürlich muß Ihr Hund dieses Kommando zuvor bereits erlernt haben. Sie dürfen eine solche Situation nicht dazu benutzen, ihm dieses Kommando beizubringen.

Möchten Sie Ihrem Hund spielerisch zeigen, wer der Stärkere ist (etwa indem Sie ihn kurz festhalten, sich über ihn beugen oder ihn auf den Arm nehmen), können Sie zum Beispiel einem Welpen Ihre Stärke und Ihren Schutz gleichzeitig vermitteln.

Nehmen Sie solche körperlichen Konfrontationen jedoch nur dann vor, wenn

- Sie Ihren Hund sehr gut kennen,
- ein intaktes Vertrauensverhältnis zwischen Ihnen und dem Hund besteht und
- auch sonst keine Problematiken vorliegen.

Ansonsten würden Sie mit einer der oben beschriebenen Aktionen zu sehr in das persönliche Distanzfeld des Hundes eingreifen: Ein unsicherer oder ein dominant gemachter Hund wird aggressiv reagieren – das unsichere Tier aus Notwehr und das dominant gemachte, weil es Sie maßregeln will. Solche Situationen können unter Umständen sehr gefährlich werden.

Angst

Was ist Angst?

Angst, insbesondere Trennungsangst, regt die Darmtätigkeit an.

Eine endgültige, erschöpfende Definition von Angst gibt es nicht. Nach manchen wissenschaftlichen Definitionen unterscheidet sich die Angst von der Furcht durch fehlende oder unbestimmte Objektbeziehungen. In der Praxis gibt es jedoch so viele fließende Übergänge, daß womöglich deshalb im allgemeinen Sprachgebrauch kein Unterschied zwischen Furcht und Angst gemacht wird. So verwende auch ich den Begriff Angst in verschiedenen Zusammenhängen. Jedenfalls aber ist Angst eine emotionale Reaktion auf eine wirkliche oder vermeintliche Bedrohungslage und ruft körperliche Begleitsymptome hervor (erhöhter Puls, Zittern, schnellere Atmung, vermehrte Schweißabsonderung, häufiges Urninieren, Durchfall usw.).

Die Fähigkeit, Angst zu empfinden, ist angeboren. Die Ausformung der Angst und der Bezug zu Auslösern resultiert aus Erfahrungen bzw. überträgt sich von anderen Lebewesen.

Angst entwickeln zu können, ist eine allen Wesen gemeinsame, lebenswichtige Fähigkeit. Sie wird das ganze Leben lang durch dem Individuum gefährlich erscheinende Situationen immer weiter ausgestaltet und modifiziert. Angst ist immer eine subjektive Empfindung (der eine hat Angst vor einer Maus, der andere vor

Durch Angst ausgelöstes Beschwichtigungsverhalten kann eine Gefahr abwenden.

einem Elefanten) und entspricht oft nicht der objektiv wahrnehmbaren Situation.

Angst ist im Grunde etwas sehr Nützliches, nämlich ein art- und lebenserhaltender Antrieb, der Aktionen in Gang setzt, die es ermöglichen, eine Gefahr durch Beschwichtigungsverhalten abzuwenden, sich ihr durch Flucht zu entziehen oder sich einer Bedrohung durch Angriff zu stellen. Aus diesem Grund liegt die Aggression sehr nahe bei der Angst, und zwar so nahe, daß die Angst für das ungeübte Auge nicht immer als Ursache hinter der Aggression zu erkennen ist.

Angst ist die älteste Triebkraft für die Gemeinschafts- oder Gruppenbildung. Die Bindung aufgrund von Angst entsteht durch die Flucht zueinander hin oder durch Aggressionen gegen einen gemeinsamen Feind. Die Unterscheidung von Richtig und Falsch entspringt dem angstmotivierten Bedürfnis nach Orientierung und Sicherheit; das läßt sich damit erklären, daß jedes Lebewesen, das nicht weiß, woran es ist, Unsicherheit und Unbehagen empfindet. Erst wenn es sich und sein Verhalten im Rahmen einer Ordnung positionieren kann, fühlt es sich sicher. Aus diesem Ordnungsprinzip entsteht ein Eltern-Kind-Schema, wobei der Ranghöhere immer die Rolle der Eltern einnimmt (Schutz, Verantwortung, Erziehung) und der Rangniedrigere sich eher kindlich verhält. Aus diesem Grund kann es zu extremen Formen der Abhängigkeit und Unterwürfigkeit kommen.

Vorsichtig zu sein und Angst zu entwickeln, ist oftmals lebenswichtig – besonders für einen blinden Hund.

Die Unterscheidung von Richtig und Falsch entspringt dem angstmotivierten Bedürfnis nach Orientierung und Sicherheit.

Angst ist die älteste Triebkraft für die Gemeinschafts- oder Gruppenbildung.

Angst verbindet: »Gemeinsam gegen den Rest der Welt!«

Die ursprüngliche Bindung durch Angst vor Bedrohungen von außen ist im Grunde sehr positiv, weil sie Zusammengehörigkeitsgefühle hervorruft und die Gruppe stärker macht. Mit anderen Worten: Erst durch die aufgrund von Angst entstandene Bindung wurde eine höhere Form der Sozialisation und die Bildung arterhaltender Gemeinschaften möglich.

Die Bindung durch Angst wird zu etwas Negativem, wenn die Angst zum Schrekken wird, weil sich der Ranghohe als Tyrann erweist, der seine Macht mißbraucht.

Aber die Bindung durch Angst kann auch sehr negative Formen annehmen, dann nämlich, wenn die Angst zum Schrecken wird, weil sich der Ranghohe als Tyrann oder Diktator erweist, der seine Macht mißbraucht. Unterwerfung, Erniedrigung und zwanghafte Abhängigkeit haben niemals etwas mit Gemeinschaft und Zusammenhalt zu tun – ein äußerst wichtiger Aspekt im Hinblick auf die Mensch-Hund-Beziehung.

Bei einem Wesen, das zuviel Angst hat, kann keine Lebensfreude aufkommen.

Angst bewirkt bei den meisten Hunden eine Erhöhung der Bereitschaft zur Aggression, das heißt, eine Herabsetzung der Reizschwelle. Gleichzeitig werden dadurch andere, positive Empfindungen wie zum Beispiel Freude gedämpft.

Zu viel Angst wirkt sich sehr ungünstig auf die betroffenen Lebewesen aus: Sie hemmt die Konzentrations-, Wahrnehmungs- und Lernfähigkeit. Darüber hinaus beeinträchtigt sie die natürliche Neugier, die Auffassungsgabe, die Aufgeschlossenheit, die Zutraulichkeit und das Zustandekommen von Sozialkontakten.

Bei wildlebenden Caniden steigert sich mit dem Erwachsenwerden die Angst vor dem Fremden. Durch die Domestikation des Wolfs zum Hund hat sich dieser Entwicklungsschritt quasi zurückgebildet, so daß der Hund auch als erwachsenes Tier emotional auf der Stufe eines jungen Wolfs stehengeblieben ist. Das Erreichen der sexuellen Reife und die Ausformung der Wachsamkeit sowie der Aggression gehen beim heranwachsenden Wolf Hand in Hand, während sie beim Hund voneinander losgelöst sind.

Verläßt ein ranghohes Rudelmitglied zum Spaziergang die Gemeinschaft, versetzt das alle in hellen Aufruhr.

Formen der Angst

Folgende Formen der Angst kommen vor:

- undefinierbare Angst (Angstzustände überfallen ein Lebewesen ohne erkennbaren äußeren Anlaß),
- Angst vor Unbekanntem;
- allgemeine oder spezifische Angst vor physischen oder psychischen Einwirkungen (Angst vor körperlichem oder seelischem Schmerz, vor Ablehnung, vor Versagen);
- phobische Angst (zwanghafter Angstzustand angesichts bestimmter Situationen oder Objekte),
- hysterische Angst (krankhaft übersteigerter Ausdruck von Angst),
- Existenzangst (Angst wegen fehlender Ressourcen),
- Verlust- und Trennungsangst (tiefsitzende Angst vor dem Alleinsein),

In diesem Buch werden immer wieder Fotos von Hunden gezeigt, die Angst haben oder an seelischem Schmerz leiden. Viele neu bei uns aufgenommene Hunde zeigen diesen Ausdruck, denn sie stammen aus Beschlagnahmungen, Tierheimen usw. und sind durch ihre Erfahrungen traumatisiert.

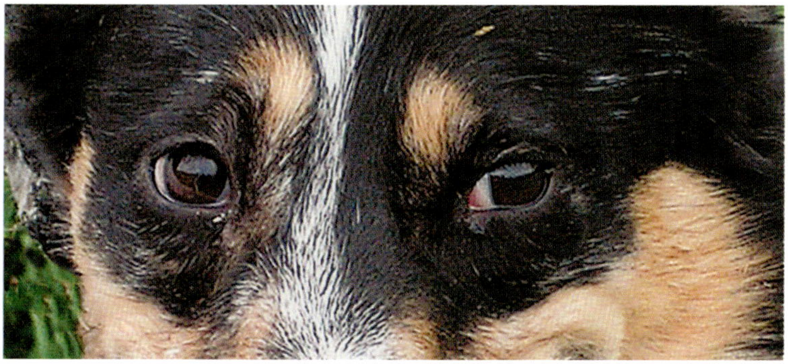

Seelischer Schmerz.

Solch ein extremes Beschwichtigungsverhalten tritt auf, wenn der Mensch für den Hund nur noch eine Bedrohung ist und der Hund panische Angst empfindet.

Die Angstattacke ist überstanden und Mohème faßt wieder Vertrauen.

- Todesangst (akute Angst vor dem Verlust von Leib und Leben und aller damit verbundenen Beziehungen),
- panische Angst (sie ist die intensivste Form der Angst, die mit oder ohne sichtbaren Anlaß entsteht und meist attackenartig auftritt; jede andere Form der Angst kann sich bis zur Panik steigern).

Die meisten Ängste können sich übertragen; insbesondere in der Mensch-Hund-Beziehung werden die Ängste des Menschen oft vom Hund aufgenommen.

Wie entstehen Ängste?

Es gibt wohl niemanden, der zu Recht von sich behaupten kann, alle Ängste eines Lebewesens zu kennen und zu verstehen. Es gibt zwar Ängste, die allen gemeinsam sind, aber dennoch sind sie bei jedem unterschiedlich stark ausgeprägt. Deshalb ist Angst mit ihren diversen Auslösern immer eine individuelle Erfahrung. Was den einen überhaupt nicht tangiert, versetzt einen anderen in Panik. Die Gründe für das Aufkommen von Angst sind so vielfältig wie die Lebewesen, die sie emfpinden.

Die meisten Ängste können sich vom Menschen auf den Hund übertragen.

Ursachen und Auslöser

Ursachen und Auslöser für Ängste können folgende sein:

- Trennung vom Sozialpartner,
- Verlust eines Sozialpartners,
- Bedrohung, Angriff,
- Orientierungslosigkeit,
- Unsicherheit,
- Mißverständnisse im Mensch-Hund-Kontakt,
- Auseinandersetzungen, Streitigkeiten, Konflikte,
- mangelnde Befriedigung von Grundbedürfnissen,
- schwaches Selbstwertgefühl,

Unsicherheit führt oftmals zu einem wirklich überzeugenden Wehrverhalten.

Gerade zwischen ehemals mißhandelten Tieren entstehen oft tiefe Freundschaften, mitunter sogar Abhängigkeiten, die einer Vermittlung des einzelnen Tieres entgegenstehen. Wir achten und respektieren solche Bindungen der Tiere untereinander sehr.

- Isolation, Entzug von Sozialkontakt, ignoriert werden,
- Anerkennungsentzug,
- Vermeidung einer angstauslösenden Situation, wodurch die Angst aufrechterhalten oder sogar verstärkt wird (schnelles Weglaufen mit dem Hund bei Eintreten einer befürchteten Situation),
- Angst vor einer Situation oder einem Objekt, mit der oder dem der Hund selbst noch nie schlechte Erfahrungen gemacht hat (Übertragung durch den Hundeführer, der vor einer Situation oder einem Objekt Angst hat).

Angst bei drohender Gefahr von außen löst in einem Rudel Zusammengehörigkeitsgefühle aus, die auf zweierlei Weise in Erscheinung treten können:

- durch Flucht zueinander hin und
- durch Angriff (das Rudel wird zur Verteidigungsgemeinschaft und zeigt eine gruppengebundene Aggression nach außen).

Der durch Angstgefühle ausgelöste Flucht- oder Wehrtrieb ist bei allen Individuen ähnlich gelagert.

Wer flüchtet sich zu wem?

Alle Faktoren, die uns unsicher machen bzw. Angst erzeugen (zum Beispiel Feinde, Fremdes, Chaos, Einsamkeit, Gewalt), versuchen wir mittels Ordnungen, Regeln und Grenzen zu kontrollieren. Angst ist auch für uns Menschen eine Emotion, die stark verbindet.

Orientierung durch Regeln

Der Versuch, mit Ängsten zurechtzukommen und Harmonie herzustellen, führt zur Ausbildung artspezifischer Regeln, die für Orientierung, Geborgenheit und soziale Sicherheit sorgen sollen. Im Negativfall jedoch begünstigen diese Regeln nur einzelne Individuen, während sie bei anderen eine Unterdrückung und Deformation der Persönlichkeit zur Folge haben. Dann entstehen entweder extreme Abhängigkeiten oder die Gruppe löst sich auf, weil sie nicht mehr überlebensfähig ist.

Für Hunde, die in einer Gemeinschaft leben – ob mit Menschen oder anderen Hunden –, ist es unendlich wichtig, immer zu wissen, woran sie sind. In einer geordneten Gruppe leben die rangniedrigeren Mitglieder in einer sozial sinnvollen Abhängigkeit

Vertrauen, Orientierung und Sicherheit sind Grundvoraussetzungen für ein streßfreies Miteinander.

von den ranghöheren, deren Erfahrung und Wissen sie befähigt, den rangniedrigeren Schutz zu gewähren. Diese Art der Hierarchie ist Bedingung für ein angst- und streßfreies Miteinander.

Welche Ängste und Verhaltensweisen sind normal?

Ein Hund, der sich in manchen Situationen zurückhaltend benimmt, ist deshalb noch längst kein ängstliches Tier.

Mensch und Tier besitzen eine natürliche Neugier, die den Wunsch auslöst, Unbekanntes zu erforschen. Diese Entdeckungslust wird durch die angeborene Angst vor Unbekanntem reguliert und eingedämmt. Ein Hund, der sich in manchen Situationen zurückhaltend benimmt, ist deshalb noch längst kein ängstliches Tier. Auch ein Mensch geht nicht einfach unterschiedslos auf alles Fremde zu. Auch wir begegnen unbekannten Situationen mit Bedacht und versuchen herauszufinden, woran wir sind. Wir besitzen eine angeborene Vorsicht, die uns davor bewahrt, blindlings in eine Gefahr zu stolpern.

Damit sich jedoch die angeborene Fähigkeit zur Furcht vor Unbekanntem in gesunder Weise entwickeln kann, sollte jeder Hund

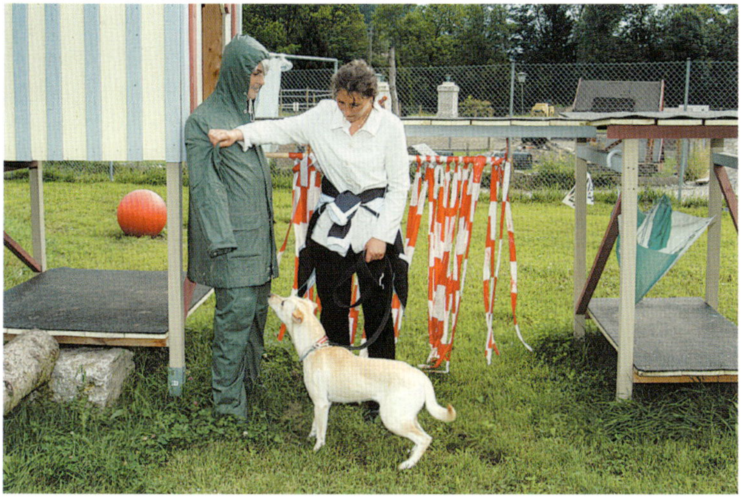

Nelke, unsere »Ägypterin«, hatte schreckliche Angst vor unbekannten Menschen. Jedesmal, wenn es ihr gelang, ihre Angst zu überwinden, war sie sehr stolz.

von klein auf bis ins hohe Alter hinein die Gelegenheit bekommen, Neues zu entdecken und zu erleben. Überwundene Unsicherheiten werden zu einer angenehmen, das Selbstbewußtsein stärkenden Erfahrung – besonders dann, wenn der Hund zum richtigen Zeitpunkt belohnt wird.

Ein Hund muß sich nicht von jedem Menschen anfassen lassen, wenn er unsicher ist, aber er darf auch nicht aggressiv reagieren. Lassen Sie deshalb ein Zurückweichen zu, aber erlauben Sie niemals einen Angriff.

Wir freuen uns mit den Hunden, wenn Menschenattrappen für sie keine Monster mehr sind.

Ein Hund muß sich nicht von jedem Menschen anfassen lassen, aber er darf auch nicht aggressiv reagieren.

Höhenangst ist bei Hunden etwas Normales.

Normal sind im übrigen Ängste (sofern sie nicht übersteigert sind oder gar in Panik ausarten) wie Höhenangst, Angst vor Unbekanntem, vor dem Alleinsein, vor Feuer, Hitze, Schmerzen usw. Normal ist auch ein Erschrecken vor unbekannten oder lauten Geräuschen, aber eine chronische Geräuschempfindlichkeit ist pathologisch.

Ängste, die der Mensch verursacht

Fehlende Sozialkontakte

Eine reizarme Umgebung führt zu extremer Unsicherheit des Tieres und stimuliert unterdrückte, nicht ausgelebte Triebanlagen (zum Beispiel den Beutetrieb).

Viele Welpen wachsen einsam und isoliert auf, aber auch viele erwachsene Hunde sind allein und viel zu sehr auf sich gestellt – eine völlig unnatürliche Situation. Hat ein Hund nur selten die Möglichkeit, sich am Menschen zu orientieren und fehlt ihm die Gelegenheit, sich mit Umweltreizen auseinanderzusetzen, kann er nicht lernen, was richtig und was falsch ist. Eine reizarme Umgebung führt zu extremer Unsicherheit des Tieres und stimuliert unterdrückte, nicht ausgelebte Triebanlagen (zum Beispiel den Beutetrieb). Der Mensch bleibt für einen vereinsamten Hund etwas

Es ist wichtig, Hunden immer genügend Beschäftigung zu geben und ihr Verhalten jederzeit einschätzen zu können.

Fremdes, das er nicht einschätzen kann und das ihm Angst einflößt. So wird er zum Feindbild des Tieres, im schlimmsten Fall sogar zu seiner Beute.

Beispiel: Zwei Schäferhundrüden, die ausschließlich in einer Zwingeranlage gehalten wurden, brachen aus. Sie töteten zunächst eine Katze. Später trafen sie auf einen einsamen älteren Mann und töteten auch ihn. (Breitsamer, 2003)

Ein Hund, der in seinem Leben einfach nicht genügend Erfahrungen sammeln konnte, um die Balance zwischen berechtigter Angst und angemessenem Selbstausdruck zu finden, wird damit zeitlebens Schwierigkeiten haben. Unsicherheiten verstärken sich im Alter oftmals ganz erheblich, und solchen Hunden wird es nur mit viel Mühe gelingen, die Gegebenheiten des Alltags zu begreifen und ihnen sicher und selbstbewußt zu begegnen.

Unsicherheiten des Hundes verstärken sich im Alter oftmals ganz erheblich.

Für einen einsam aufgewachsenen Hund bleiben selbst die alltäglichsten Situationen angsteinflößend.

Die Entwicklung des Gehirns bis zum vierten Monat

Mit ungefähr acht Wochen ist das Gehirn eines Welpen im wesentlichen ausgereift; einige Gehirnfunktionen und Nervenbahnen entwickeln sich jedoch bis zum vierten Monat weiter. Erst danach ist das Gehirn eines Hundes wirklich in der Lage, alle äußeren Reize vollständig zu verarbeiten.

Das älteste körperliche Funktionssystem eines jeden Lebewesens ist der Teil des Gehirns, der für die Übermittlung von Gefühlen zuständig ist.

Wenn Individuen in einem hochorganisierten Gruppenverband zusammenleben, ist ihr angeborenes, entwicklungsfähiges Verhaltensrepertoire äußerst vielschichtig (und keineswegs schematisch). Möglichst viel zu erleben und zu verarbeiten hat von Anfang an Priorität. Jedes Individuum muß also die Gelegenheit bekommen, Erfahrungen zu sammeln und neues zu lernen. Nur dann kann sich Intelligenz in der rechten Weise entwickeln.

Nur andauernde Stimulation sorgt für eine gute Ausbildung der Sinnesorgane.

Einzig und allein durch andauernde Stimulation wird dafür gesorgt, daß sich die Sinnesorgane gut ausbilden.

Ein Hund muß die Möglichkeit haben, Erfahrungen zu sammeln, ohne daß er sich selbst oder andere gefährdet.

Angst in der Entwicklungsphase

Zwischen der siebten und zwölften Lebenswoche durchlebt ein Hundewelpe die Phase, in der er lernt, sich vor etwas zu fürchten. In der Natur ist diese Angstphase für das Überleben der inzwischen recht lebhaften und oftmals sehr unvorsichtigen Welpen außerordentlich wichtig. Ihre Furcht bindet die Jungen an die Gemeinschaft, die ihnen wiederum Sicherheit und Orientierung gibt. Die Angst funktioniert in diesen Wochen gleichsam wie eine unsichtbare Leine. Die Junghunde brauchen gerade jetzt die Möglichkeit, viel zu erleben, denn es ist wichtig, daß sie einerseits lernen, vor wem oder was sie sich fürchten müssen, und andererseits, wohin sie gehören und wem sie vertrauen dürfen. Die Kleinen müssen die Regeln der Verständigung zwischen Mensch und

Zwischen der siebten und zwölften Lebenswoche eines Welpen wirkt die Angst wie eine unsichtbare Leine.

Hund, insbesondere das jeweilige Sozialverhalten innerhalb des Gruppenverbandes, begreifen und anwenden lernen.

Durch isoliertes Aufwachsen bedingte Ängste

Ein Welpe, der in den ersten acht Wochen seines Lebens keine Menschen kennengelernt hat, wird sie später nur noch sehr schwer als etwas Vertrautes ansehen können. Der Junghund gewöhnt sich zwar an seine Bezugspersonen, und er wird seine Angst bei ihm bekannten Menschen ablegen können, aber er wird unbekannten Personen gegenüber immer sehr zurückhaltend reagieren und ihnen zeitlebens mit Mißtrauen begegnen.

Ein Welpe, der in den ersten acht Wochen seines Lebens keine Menschen kennengelernt hat, wird sie später nur noch sehr schwer als etwas Vertrautes ansehen können.

Kritisch wird das Zusammenleben mit solch einem Hund dann, wenn er bei seiner Bezugsperson nicht genügend Sicherheit findet. Dieser Fall tritt dann ein, wenn der Mensch dem Tier unglaubwürdig oder beängstigend erscheint oder wenn sich der Mensch vor ihm erniedrigt. Ein allzu isoliert aufgewachsener Hund kann die Körpersprache und Ausdrucksweise eines Menschen nur langsam und wesentlich schwerer begreifen als ein in guten Verhältnissen aufgezogenes Tier.

Umso wichtiger ist ein von Anfang an konsequenter und sehr feinfühliger Umgang mit dem Hund. Sie müssen ihm unbedingt

Durch zu isoliertes Aufwachsen erzeugte Angst oder auch prägende Erlebnisse lassen einen Hund oftmals sein ganzes Leben lang nicht mehr los.

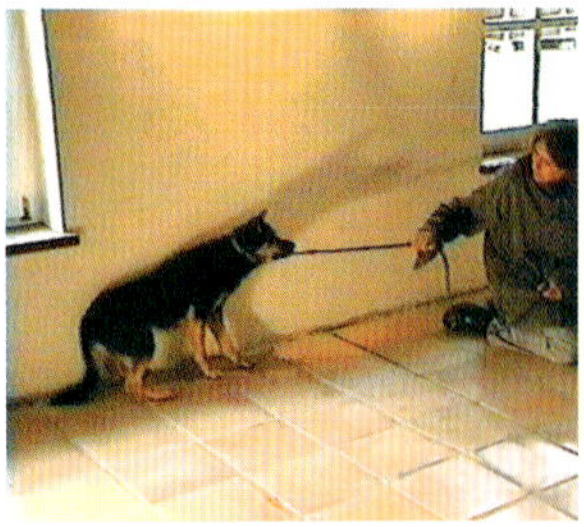

Ein Hund, der in einem Kellerraum ohne Tageslicht leben mußte, bei unserem ersten Kontakt.

Der Hund faßte rasch Vertrauen zu mir, weil er sich geborgen und sicher fühlte.

das Gefühl großer Geborgenheit geben, damit er in für ihn beängstigenden Situationen sein Heil nicht in der Flucht und schon gar nicht im notwehrmäßigen Angriff sieht, sondern allein bei Ihnen Schutz sucht. Wenn ein Tier erst einmal vor Schreck das Weite gesucht hat, werden Sie die größten Probleme haben, es wieder zum Herkommen zu bewegen – vor allem dann, wenn sich fremde Personen in Ihrer Nähe aufhalten. Ich kenne Fälle, in denen die Hunde über Wochen völlig verzweifelt versucht haben, nach Hause zu kommen – vergeblich.

Sie müssen in Ihrer Beziehung zu einem solchen Hund sehr darauf achten, daß Sie als Person ihm wichtig sind – weit wichtiger nämlich, als die Ressourcen in Ihrem Umfeld. Eine bloße »Futterzahmheit« genügt nicht! Sie als Person müssen für den Hund alles sein, seine Sicherheit, seine Ordnung und seine Orientierung – das Zentrum seiner Welt.

Futterzahmheit ist kein Ersatz für eine Beziehung. Belohnungen haben lediglich erziehungsunterstützende Funktion.

Alles was zu Unsicherheiten führt (zum Beispiel ständiges Bestechen oder Anlocken mit Futter), irritiert den Hund oft erheblich. Wenn Sie hingegen gewollte Aktionen mit Futter belohnen, ist dies stärkend für das Selbstbewußtsein des Tieres. Man sollte einen Hund aber nicht ständig mit Futter überschütten: Keine Führungspersönlichkeit wirft immerzu mit Eßbarem um sich oder bettelt darum, daß etwas getan wird. Soll sich ein scheuer Hund bei Ihnen sicher fühlen, muß für ihn ganz klar erkennbar sein, wer Sie sind, was Sie wollen und daß er Ihnen und Ihrer Führung vertrauen kann.

Sie als Person müssen für den Hund alles sein – seine Sicherheit, seine Ordnung und seine Orientierung. Eine bloße »Futterbindung« genügt nicht!

Wie man der Angst vor Fremden entgegenwirkt

Hat Ihr Hund zum Beispiel Angst vor fremden Menschen, so zwingen Sie ihn nicht direkt zu einer Konfrontation. Laufen Sie statt dessen in genau dem Abstand mit ihm an Fremden vorbei, bei dem er sich noch konzentrieren kann und nicht in Panik (hektisches Bellen, auf den anderen losgehen, am Besitzer hochspringen, heftig an der Leine ziehen usw.) verfällt.

Je weniger Aufmerksamkeit Sie einer Situation schenken, desto selbstverständlicher erscheint dem Hund das betreffende Ereignis.

Schnuppern ist immer gut – auch wenn es um eine Puppe geht, die dabei helfen soll, die Angst vor Fremden zu verlieren.

In dieser Situation – die für die Hunde bedrohlich ist, weil sie keine Sicherheit von ihren Menschen bekommen – treffen die Hunde die Entscheidung, ihren Menschen zu beschützen.

Lassen Sie den Hund deshalb an der vom Geschehen abgewandten Seite laufen.

Der Hund rechts im Bild möchte der Situation zwar nach vorne ausweichen, entscheidet aber nicht mehr selbst, weil sein Mensch die Führungsrolle korrekt und zweifelsfrei wahrnimmt.

Es ist alltäglich und selbstverständlich, unbekannten Menschen, Hunden usw. zu begegnen. Deshalb müssen Sie Ihrem Hund in solchen Situationen ein Vorbild sein. Gehen Sie selbst ängstlich oder unsicher an Alltagsbegegnungen heran, werden sich Ihre Gefühle unweigerlich auf den Hund übertragen; der wird nun, weil er Ihr Verhalten nicht auf sich bezieht, sondern auf das, was Ihnen begegnet, auch noch versuchen, Sie zu beschützen.

Ähnlich ist es, wenn Sie versuchen, ihn jetzt, angesichts der in ihm aufkeimenden Unsicherheit und Angst, mit tröstenden Worten zu beruhigen oder mit scharfen Worten zu maßregeln. Der Hund wird sich nur in seiner Angst bestätigt fühlen und möglicherweise auch noch Angst vor Ihnen bekommen, und Sie erreichen das Gegenteil von dem, was Sie erreichen wollten.

Sollten Sie also bemerken, daß Ihr Hund Angst hat, so nehmen Sie ihn ruhig an die Leine, und lassen Sie ihn hinter sich oder an Ihrer dem Geschehen abgewandten Seite gehen. Sie, und nur Sie, sind für seinen Schutz zuständig. Laufen Sie gelassen an dem furchtauslösenden Etwas vorbei, und geben Sie Ihrem Hund die Zeit, das Geschehen zu betrachten. Eine direkte Gegenüberstellung jedoch sollte unbedingt vermieden werden, denn dies würde auf das Tier bedrohlich wirken und es veranlassen zu agieren. Je weniger Aufmerksamkeit Sie einer Situation schenken, desto selbstverständlicher erscheint auch dem Hund das betreffende Ereignis.

Nehmen Sie Ihren Hund in unsicheren Situationen immer hinter sich.

Ist der Hund mit Ihnen ruhig an einer ursprünglich beängstigenden Situation vorbeigegangen, so loben Sie ihn mit Worten, mit Spielzeug oder mit Futter.

Wenn Sie einen Hund haben, der sich vor der ganzen Welt fürchtet, müssen Sie ihm genau diese Welt selbstbewußt und gelassen zeigen und ihm begreiflich machen, was richtig und was falsch ist – niemals mit Gewalt, aber immer mit Konsequenz und viel Bestätigung im richtigen Moment. Haben Sie dabei bitte Geduld, und geben Sie Ihrem Hund genügend Zeit, alles in kleinen Schritten zu erlernen.

Und denken Sie bitte daran: Gelegentliches Ausweichen ist erlaubt, aber dauerndes Ausweichen verstärkt die Probleme, statt sie zu lösen.

Ein zu isoliert aufgewachsener Hund wird nie mehr jedem Menschen vertrauen können; er wird seiner Umwelt immer mißtrauisch, achtsam und ängstlich begegnen, aber er wird Sie, seine Bezugsperson, mehr als alles andere lieben und durch Sie allmählich wieder etwas mehr Sicherheit im Umgang mit der Außenwelt bekommen.

Leidet ein Hund an Angstzuständen, so kann eine direkte Gegenüberstellung fatale Folgen haben. Der Hund im Bild »fixiert« (Signal des Drohens) das Mädchen.

Obwohl das Mädchen sich nicht rührt, sieht der Hund im Angriff seine beste Verteidigung. Ein Hundeführer darf es niemals so weit kommen lassen, sondern er muß schon beim geringsten Signal (in diesem Fall das Fixieren) seines Hundes sofort eingreifen.

Es ist wichtig, dem Hund Sicherheit zu geben, indem man ihn beschützt und sich zwischen ihn und das »bedrohliche Objekt« stellt.

Zu enger Lebensraum und seine Auswirkungen

Bei Welpen

Wächst ein Welpe auf zu engem Raum allein mit seiner Mutter und seinen Geschwistern und ohne Kontakt zur Außenwelt und zu Menschen auf (dies ist mitunter in Zuchtanlagen und Tierheimen der Fall), gerät oftmals sein ganzes Verhalten aus den Fugen. Völlig normales Spielgerangel kann nämlich für ihn sehr bedrohlich werden, weil die schwächeren Welpen in so beengten Verhältnissen nicht ausweichen können und keine Möglichkeit haben, sich zurückzuziehen oder sich zu verstecken.

Zudem sind die Hundemütter oft völlig entnervt: Auf engem Raum reagieren sie wesentlich aggressiver gegenüber ihren Kindern als in geräumigen Verhältnissen mit Ausweichmöglichkeiten. Es ist unnatürlich, daß sich nur die Mutter mit den Kleinen beschäftigt und mit ihnen spielt, denn im Rudelverband kümmert sich auch der Vater intensiv um die Welpen, und darüber hinaus wechseln sich mehrere erwachsene Tiere mit der spielerischen Beschäftigung und Erziehung ab.

Ein Welpe, der keinen Platz zum Ausweichen hatte, wird zeitlebens ängstlicher und mißtrauischer sein als Artgenossen, die unter normalen Umständen heranwachsen konnten.

Es gibt so viele traurige Schicksale von Hunden, die von den Menschen vernachlässigt wurden und zu lange Zeit mit sich selbst allein waren.

Welpen, die über Stunden allein und nur auf sich selbst bezogen sind, fehlen die äußeren Reize, die nötig sind, um Situationen und Gefahren einschätzen zu lernen und ihre Neugierde zu befriedigen. Zudem müssen sie ihre gesamte Energie in der Auseinandersetzung mit ihren Geschwistern ausleben. Schwächere Jungtiere werden bei solchen Verhältnissen zu beliebten »Opfern« und stärkere zu extremen »Tätern«, die wegen der mangelnden Abwechslung und Ablenkung ihre Macht viel zu intensiv ausleben.

Über eine gute Beziehung bekommt ein verängstigter Hund allmählich wieder Sicherheit. Wenn der Mensch sich auf den Boden setzt und sich klein macht , so hilft das.

Ängste um Ressourcen

Die schwächeren Welpen geraten in eine Zwangslage: Sie müssen sich und ihre Ressourcen (Futter, Schlafplätze usw.) immer heftiger gegen die stärkeren Tiere verteidigen. Es entstehen Ängste, die sich in Aggressionen verwandeln. Solche Welpen können sich oft nur noch verzweifelt wehren, und mitunter kommt es zum ernsthaften Kampf ums Überleben.

Eine (Angst-)Aggression gegenüber Artgenossen hat den Zweck, den Abstand zum Gegner zu vergrößern. Sie wird verstärkt, wenn der Hund damit Erfolg hat, wenn der andere Hund auch mit Aggression reagiert oder wenn der Mensch den Hund während seines aggressiven Schubs beruhigt bzw. solchen Situationen gänzlich auszuweichen versucht.

Diese Wolfshybriden tragen nur einen Scheinkampf aus. Doch wenn die Tiere einander nicht ausweichen können, kann sehr schnell Ernst daraus werden.

Auch wenn sie erwachsen sind, bleiben ihre Artgenossen für sie immer furchterregend, und viele Hundehalter verstehen die unkontrollierte Aggression ihres Tieres gegen Artgenossen niemals. Dabei sitzt diese aus Angst entstandene Notwehraggression so tief, daß sie bis zum Tötungsdrang gehen kann.

Die Angst, das Futter werde weggenommen, läßt sich beheben, indem man dem Hund während des Fressens zusätzlich immer mal wieder einen Leckerbissen gibt.

Solchen Tieren kann man nur schwer beibringen, wieder Vertrauen zu anderen Hunden zu fassen. Deshalb muß der Mensch dem Hund ganz besondere Sicherheit geben, denn nur auf diesem Weg kann der Hund allmählich Vertrauen zu seinen Artgenossen bekommen.

Noch ist es Spiel, aber ein kleiner Hund vergißt ab und zu seine Körpergröße, und so kann aus dem Spaß schnell Ernst werden. Deshalb sollte der Mensch seinen Hund immer im Auge behalten.

Beispiel: Bonnie, eine siebenjährige Belgische Schäferhündin, stammte aus einem Tierheim und kam mit ihrem jetzigen Besitzer zur mir in die Therapie, weil sie jede Gelegenheit nutzte, um andere Hunde anzugreifen, und sie dann schwer verletzte. Ein normales Spazierengehen mit ihr war praktisch unmöglich, weil der Besitzer mit Bonnie entweder dauernd vor anderen Hunden ausweichen mußte oder aber sie nicht mehr halten konnte, wenn sie auf die Hunde losging. Für den Besitzer waren diese Ausgänge die reinsten Horrorerlebnisse.

Als ich Bonnie kennenlernte und, wie üblich, ihr Verhalten überprüfte, benahm sie sich Menschen gegenüber sehr aufgeschlossen und freundlich. Bei Hunden hingegen war für sie der Angriff die beste Verteidigung: Bonnie erschien dabei sehr selbstbewußt, und aus Erfahrung weiß ich, daß sie sich ohne jede Vorwarnung und ohne zu zögern unverzüglich in die Hunde, mit denen ich sie kon-

frontierte, verbissen hätte, wenn sie die Gelegenheit gehabt hätte. Dieses selbstsichere, zielgerichtete Auftreten ist ein untrügliches Zeichen dafür, daß die Hündin es gelernt hatte, ihre Todesangst vor Artgenossen durch eine Notwehraggression zu überwinden, mit der sie die anderen Tiere einschüchtern und sich gleichzeitig selbst bestätigen konnte.

Man darf bei einem solchen Hund nicht, wie es oft gemacht wird, das Symptom »Angriff« bekämpfen, indem man der Aggression mit Gegengewalt begegnet (Krallenhalsband, Stromreizgerät usw.). Vielmehr muß man die Ursache »Angst« erkennen und dem Tier Sicherheit und Vertrauen im Umgang mit Artgenossen geben.

Zu diesem Zweck habe ich Bonnie als erstes beigebracht, daß ich sie beschütze, damit sie erst gar nicht mehr in eine Verteidigungshaltung kommt, das heißt, immer wenn uns ein Hund begegnet ist, habe ich sie konsequent auf Distanz von dem Artgenossen gehalten, sindem ich mich zwischen sie und ihn gestellt habe. Ich habe sie immer sehr gelobt, wenn sie sich ruhig verhalten hat.

Bonnie (hinter dem Maschendrahtzaun) ist unsicher; deshalb reagiert sie bei der direkten Konfrontation mit einem anderen Hund ängstlich-aggressiv (Signale des Drohens und der Beschwichtigung gleichzeitig).

Der erste Kontakt ohne direkte Konfrontation, weil Bonnie den anderen Hund von hinten beschnuppern kann.

An den ersten Kontakt mit Artgenossen muß man einen ängstlichen Hund mit sehr viel Feingefühl und Ruhe heranführen. Zu diesem Zweck habe ich einen gelassenen, ruhigen Hund an einen Maschendrahtzaun heranführen lassen, und zwar so, daß sich nicht sein Kopf, sondern der hintere Körperteil am Drahtzaun befand, hinter dem Bonnie mit mir stand. Auf diese Weise war die

Situation für Bonnie nicht bedrohlich, und sie konnte den Hund von hinten beschnuppern und mußte sich keiner Konfrontation stellen. Wichtig war, diese Kontaktnahme nicht zu lange auszudehnen, sondern bald den »Spazierweg« fortzusetzen, um Bonnie das Gefühl von Normalität zu geben. Erst nach mehrmaliger Wiederholung dieser Übung ließ ich den anderen Hund sich langsam umdrehen, später wurden gemeinsame Spaziergänge mit beiden Hunden gemacht, ohne daß sie unmittelbaren Kontakt hatten, aber so, daß sie sich sahen, bis schließlich in vielen kleinen Schritten ein enger Kontakt zustande kam, der Bonnie Vertrauen zunächst zu einem Artgenossen gab. Diesen ganzen Vorgang wiederholte ich dann mit verschiedenen Hunden. Es war wichtig, daß Bonnie jederzeit bei mir Schutz finden konnte, daß ich ihre Sympathien und Antipathien gegenüber anderen Hunden respektierte (sie muß nicht jeden Hund mögen) und sie sofort hinter mich nahm, wenn sie versuchte, auf einen anderen Hund loszugehen (der Mensch trifft die Entscheidung, ob und wann es etwas zu verteidigen gibt oder nicht).

Bitte nicht vergessen:
Jeder Hund muß auf individuelle Weise behandelt werden! Nicht für alle Hunde, die auf Artgenossen losgehen, ist die bei Bonnie angewendete Methode die richtige.

Ein späterer Kontakt mit direkter Gegenüberstellung. Man erkennt Bonnies Beschwichtigungsgeste (Lecken der Oberlippe) sehr gut. Sie zeigt aber immer noch eine angespannte Körperhaltung. Inzwischen spielt Bonnie bereits mit vielen Hunden so, als wäre es das Natürlichste der Welt.

Der nächste Schritt wird sein (denn an diesem Punkt stehen wir gerade), die Sicherheit, die Bonnie bei mir empfindet, auf ihre Besitzer zu übertragen.

Mengida, eine Australian Shepherd-Mischlingshündin, ist von langer Einsamkeit geprägt. Sie war zusammen mit anderen Hunden in einem Stall ohne Tageslicht und ohne jeglichen Kontakt zu Menschen gehalten worden. In dem Tierheim, das diese Hunde aufnahm, ließ sie niemanden mehr an sich heran. Aus diesem Grund kam sie zu uns auf den Gnadenhof.

Das folgende Zitat des Tiefenpsychologen Fritz Riemann ist ohne weiteres auf Hunde bzw. auf Welpen übertragbar:

»Schwer belastend und krankmachend kann eine Angst werden, wenn sie entweder ein gewisses Maß übersteigt oder wenn sie zu lange anhält. Am schwersten belastend sind Ängste, die zu früh in der Kindheit erlebt werden … Immer wenn eine Angst durch Intensität oder Dauer zu groß wird oder wenn sie uns in einem Alter trifft, wo wir ihr noch nicht gewachsen sind, kann sie schwer verarbeitet werden. Der aktivierende positive Aspekt der Angst fällt dann fort; Entwicklungshemmungen, Stehenbleiben oder auch Zurückgleiten in frühere, kindlichere Verhaltensweisen sowie Symptombildungen sind die Folge. … Das schwache, in der Entwicklung begriffene Ich des Kindes kann gewisse Angstquantitäten noch nicht verarbeiten; es ist dafür auf die Hilfe von außen angewiesen und wird Schädigungen davontragen, wenn es mit solchen übergroßen Ängsten alleinegelassen wird.«

Viele das Verhalten betreffende Erkenntnisse, die für den Menschen gelten, gelten auch für den Hund und umgekehrt.

Bei erwachsenen Hunden

Bei Hunden, die zu lange in beengten Verhältnissen leben müssen (sich zum Beispiel täglich 23 Stunden lang in einem Zwinger aufhalten oder den ganzen Tag über einsam in einem Hausflur oder

Zimmer auf ihren Besitzer warten müssen), stauen sich die gesamten Energiereserven an. Die Tiere können sie nicht unter Anleitung ausleben. Sie haben viel zuwenig Möglichkeiten, um Erfahrungen zu sammeln, und sind über zu lange Zeit hinweg nur mit sich selbst beschäftigt.

Ein Hund kann leichter über Stunden auf seinen Menschen warten, wenn er das Warten gelernt hat und die angestauten Energien dann gemeinsam mit seinem Besitzer ausleben kann.

Es ist für einen Hund ein weniger großes Problem, etliche Stunden auf seinen Menschen zu warten, wenn er zum einen das Warten gelernt hat und zum anderen dann gemeinsam mit seinem Besitzer seine angestauten körperlichen und geistigen Energien ausleben kann.

Einfach nur einmal gemeinsam herumtoben ist entspannend und sorgt für die Festigung einer Beziehung.

Aber meistens ist dies nicht der Fall, so daß die Einsamkeit der Tiere zu Verhaltensstörungen führt. Ein Zwinger darf niemals zum Hauptlebensraum eines Hundes werden. Es ist ein absoluter Aberglaube, daß Hunde, die ihr Leben in Zwingern verbringen, wesentlich freudiger arbeiten als andere. Richtig ist, daß sie meist viel verzweifelter als andere um Anerkennung bemüht sind – aber das hat gewiß nichts mit einem ausgefüllten Leben zu tun.

Es ist aber nicht jede Zwingerhaltung von vornherein schlecht. Ich kenne etliche »Zwingerhunde«, deren Halter sich weitaus intensiver mit ihnen beschäftigen und wesentlich mehr mit ihnen unternehmen, als das oftmals bei Familienhunden der Fall ist, die ihren Besitzern nach einiger Zeit nur noch lästig sind. Dennoch bin ich der Meinung, daß ein Hund zu jeder Zeit in unsere menschliche Gemeinschaft integriert und nicht isoliert gehalten werden sollte.

Familienhunde können mitunter vernachlässigter sein als Zwingerhunde.

Hunde brauchen genügend Gelegenheiten, sich selbst zu beschäftigen, und es sollten auch Anreize dazu vorhanden sein.

Da es für ein in einem Sozialverband lebendes Tier völlig unnatürlich ist, längere Zeit mit sich allein zu verbringen, entlädt sich die durch die extreme Langeweile angestaute Energie in Ersatzhandlungen, und die Hunde beginnen zum Beispiel, so ziemlich alles zu verbellen, sie zernagen die Einrichtung, springen aufgrund ihres Bewegungsmangels rastlos an Wänden oder Türen hoch, laufen unentwegt im Kreis, beißen in ihre Ruten oder nagen sich selbst an. Ihr ständiges Winseln, Bellen oder was auch immer ist oftmals ein verzweifelter Hilfeschrei, ein Schrei nach Aufmerksamkeit und Zuwendung.

Ständiges Winseln oder Bellen ist oftmals ein verzweifelter Hilfeschrei, ein Schrei nach Aufmerksamkeit und Zuwendung.

Das Alleinsein und Warten muß genauso gelernt werden wie das richtige Verhalten im Alltag. Viele Hunde geben sich wegen

Auch das Warten willl gelernt sein.

ihrer zu großen Einsamkeit regelrecht auf: Sie resignieren, interessieren sich für nichts und niemanden mehr und werden apathisch. Solchen Hunden wieder Lebensfreude zu geben, ist eine meiner wichtigsten täglichen Aufgaben.

Signale der Verbundenheit zeigen, wieviel Spaß das Training macht.

Der ängstliche, zurückhaltende Hund

Viele Hunde bewegen sich in einer ihnen fremden Umgebung nur sehr vorsichtig, eher steif, und sie kriechen ängstlich unter Tische oder Stühle, wenn etwas Neues in ihr Leben tritt. Dieses Verhalten ist ein sicheres Zeichen dafür, daß sie als Welpen oder Junghunde zu isoliert oder reizarm aufgewachsen sind – zum Beispiel nur in einem einzigen Raum oder in einem Zwinger.

Häufige Besitzerwechsel sind ein großes Problem.

Es kann aber auch sein, daß der Welpe in seiner Prägungsphase mit angstauslösenden Reizen überflutet wurde und zu viele angstfördernde Erlebnisse hatte. Große Probleme in diesem Sinn sind häufige Besitzerwechsel oder zu viele, zu wenige oder gar keine Bezugspersonen. Es ist unnatürlich und irritierend, wenn zu viele Menschen an einem Hund herumerziehen, denn jeder hat eine andere Art des Umgangs, der Körpersprache und der Konsequenz, so daß der Hund nur schwer lernen kann, sich zurechtzufinden.

Auch ständiges Alleinsein, besonders in den kritischen Phasen, und dadurch hervorgerufene Verlust- bzw. Trennungsängste fördern eine ängstliche Veranlagung. Hunde, die eigentlich ein sicheres Leben hatten, aber plötzlich ausgesetzt oder in einem Tierheim abgegeben werden, erleben extrem prägende Trennungsängste und damit verbundene Unsicherheiten. Ich habe völlig introvertierte Hunde kennengelernt, die sich nur noch auf sich selbst verlassen haben; einen Bezug zum Menschen konnten sie nicht mehr oder kaum noch aufbauen. Gerade bei häufigem Besitzerwechsel erlebt das Tier ständig Trauerperioden, die es irgendwann nicht mehr verarbeiten kann; dann kommt es zu einem vollständigen Vertrauensverlust gegenüber dem Menschen.

*Sogenannte **desensibilisierende Erziehungsmethoden** haben fatale Folgen, wenn sie ohne das nötige Feingefühl für den Hund angewendet werden.*
Wenn Ihr Hund vor manchen Situationen große Angst hat und Sie ihn absichtlich ständig aufs neue in solch eine Situation bringen (ohne zum Beispiel so viel Abstand zum bedrohlichen Objekt zu halten, daß er sich noch konzentrieren kann), wird sich seine Angst nur verschlimmern.

Abgegeben oder ausgesetzt zu werden, bedeutet einen einschneidenden Verlust, der die Hunde in tiefe Trauer versetzt. Deshalb kümmern wir uns auf dem Gnadenhof besonders intensiv um Neuankömmlinge.

Wenn Sie bei Ihrem Hund einen Hang zur Scheuheit bemerken, sollten Sie drastische Erziehungsmaßnahmen unbedingt unterlassen! Zwänge werden vom Hund nur mißverstanden: Seine Ängste Ihnen gegenüber werden sich nur vergrößern, und sein Selbstbewußtsein wird noch mehr schwinden. Ängstliche Hunde haben oft erhebliche Lernschwierigkeiten, weil sie sich aufgrund ihrer übermäßigen Achtsamkeit gegenüber der Umwelt nicht mehr richtig auf ihren Menschen konzentrieren können.

Insbesondere bei ängstlichen Hunden darf man niemals zu drastischen Erziehungsmaßnahmen greifen.

Auf dem Gnadenhof hat jeder Hund eine Bezugsperson. Gina ist eine fünfjährige Pitbull-Hündin, die ganz besonders auf diesen festen, sicherheitgebenden Kontakt angewiesen ist, denn sie ist eine unglaublich sensibles Tier, das selbst auf die geringsten Gefühlsschwankungen reagiert.

Ängste eines zurückhaltenden Hundes nehmen im Alter oftmals zu, weil der Mensch ihn im falschen Moment tröstet.

Bei einem zurückhaltenden Hund nimmt die Ängstlichkeit im Alter oftmals zu, denn der Mensch hat meist mehr Mitleid mit einem fehlgeprägten Tier und tröstet es in Situationen, in denen es sich ängstlich verhält – mit dem Ergebnis, daß es sich in seiner

Gerade bei einem so ängstlichen Hund wie Nanuk muß man sehr darauf achten, daß die Angst nicht noch verstärkt wird.

Unsicherheit ständig aufs neue bestätigt fühlt. Der Hund kann in einen regelrechten Teufelskreis geraten, wenn er aus seiner Angst heraus beginnt, unsicher oder aggressiv auf alles Unbekannte zu reagieren.

Für den Halter werden sämtliche Konfliktsituationen bereits im Keim zu einer erheblichen Belastung: Er wird schon beim Anblick fremder Personen oder Tiere angespannt und unsicher und versucht krampfhaft, die Leine gut festzuhalten. Der Hund aber mißversteht das Verhalten seiner Bezugsperson; er bemerkt nur die Unsicherheit des Menschen, die er ausschließlich mit dem entgegenkommenden Lebewesen verbindet und nicht etwa mit seinem eigenen Benehmen. Der Hund glaubt meist, daß sein Besitzer sich sehr fürchtet und sich deshalb verzweifelt an der Leine festklammert. Aus diesem Grund sieht sich der Hund dann trotz der eigenen Ängste oft gezwungen, eine übergeordnete Rolle einzunehmen und seinen Menschen übertrieben zu beschützen. »Übertrieben« sage ich deshalb, weil ein unsicherer Hund in der

Durch die Angst oder Unsicherheit des Menschen fühlt sich der Hund oft gezwungen, die Führungsrolle zu übernehmen.

Sarah und Cafu sind Dackel-Pitbull-Mischlinge – ein Geschwisterpärchen. Sarah (links) hat eindeutig die tonangebende Rolle. Da sie aber selbst nicht immer so sicher ist, beschützt sie, wenn es darauf ankommt, ihren Cafu übertrieben!

Regel über ein reichhaltiges Repertoire an Droh- und Imponiergebärden verfügt, um eindrucksvoll und furchterregend zu erscheinen. Es ist bekanntlich nicht nur in der Hundewelt so, daß Indi-

Unsichere Hunde verfügen über ein großes Repertoire an Drohgebärden.

Nicht jeder Hund sollte seiner »Berufung« folgen, und seinen Menschen beschützen und verteidigen – es sei denn, es wäre wirklich sein Beruf.

Es ist äußerst wichtig, daß sich Ihr Hund in Alltagssituationen nicht das Recht herausnimmt, Sie zu beschützen.

viduen mit geringerem Selbstwertgefühl am meisten auffallen – aber nicht immer positiv.

Der Hund fühlt sich in seinem Handeln natürlich erst recht bestätigt, wenn sein Besitzer auch noch anfängt zu schreien; dies bringt der Hund ebenfalls nicht mit sich selbst, sondern mit dem sich nähernden Jemand oder Etwas in Verbindung, denn er wähnt sich ja in einer Verteidigungsgemeinschaft mit seinem Menschen.

Genauso kann es passieren, daß sich der entgegenkommende »Feind« lautstark beschwert und der Hundehalter beschwichtigend auf ihn einredet. Manche Hunde reagieren dann ihrem Menschen gegenüber regelrecht fürsorglich, weil sie annehmen, daß er wirklich Angst vor dem »Feind« hat, und beweisen in radikaler Art, wie ernst sie ihre Beschützerrolle nehmen.

Ich habe schon in unendlich viele, überaus stolze Hundeaugen schauen können, wenn das »bedrohliche Objekt« endlich erfolgreich verjagt wurde. Den gegen ihn gerichteten Zorn seines Menschen versteht der Hund jetzt natürlich überhaupt nicht mehr.

Es ist äußerst wichtig, daß sich Ihr Hund in solchen Alltagssituationen nicht das Recht herausnimmt, Sie zu beschützen. Schutz zu geben, obliegt allein Ihnen als Führungspersönlichkeit oder als Ranghöherem; daher ist es auch allein Ihre Sache, dem

Semion, ein viereinhalbjähriger Kuvasz-Mischling, ist ein ängstlich-aggressiver Hund, der durch sein schlimmes Vorleben gelernt hat, wie man Menschen Angst machen kann.

Es ist Ihre Sache, Entscheidungen zu treffen – beispielsweise die, wann Sie sich mit wem unterhalten oder beschäftigen wollen. Achten Sie darauf, daß Ihr Hund hinter Ihnen Ruhe bewahrt und nicht versucht, Sie und Ihre sein Verhalten betreffenden Wünsche zu ignorieren.

Hund zu zeigen, in welchen Situationen es überhaupt nichts zu beschützen oder zu verteidigen gibt.

Es ist ebenso normal wie unvermeidlich, daß uns bei einem Spaziergang fremde Menschen und Tiere begegnen, und natürlich ist nicht jede Region, in der wir uns bewegen, entweder unser

Ein Hund muß frühzeitig die Gelegenheit haben, Menschen kennenzulernen. Auch ein vertrauensvoller Umgang mit Kindern ist dann kein Problem.

Es ist nicht sinnvoll, Unbekanntem weiträumig auszuweichen.

»Territorium« oder aber fremdes Terrain, auf dem wir uns besonders vorsichtig bewegen müssen. Es gibt auch keinen Grund, Unbekanntem weiträumig auszuweichen; tun Sie dies, mißversteht der Hund Sie abermals, weil er glaubt, daß Sie Angst davor haben und es meiden wollen. Hunde laufen in einem leichten Bogen distanziert umeinander herum; deshalb sollten Sie es nach Möglichkeit ebenso machen.

Uns Menschen selbstverständliche Verhaltensweisen sind einem Hund grundsätzlich fremd, und er muß sie von klein auf begreifen lernen. Ihr Hund sieht die Welt, wenn man es ihm nicht anders beigebracht hat, aus seiner Sicht; weil er aber in einem »menschlichen Rudel« lebt, muß er lernen, den Menschen zu verstehen und sich in seinem Menschenrudel zurechtzufinden.

Unsicherheiten durch falsches Beruhigen bzw. falsches Bestätigen

Viele Menschen versuchen, ihren Hund durch ständiges Zureden zu beruhigen, wenn er vor etwas Angst hat; sie bedenken dabei aber nicht, daß er nur ihre Stimmlage, aber nicht den Sinn der Worte verstehen kann. Das Beruhigen hört sich für ihn ähnlich an

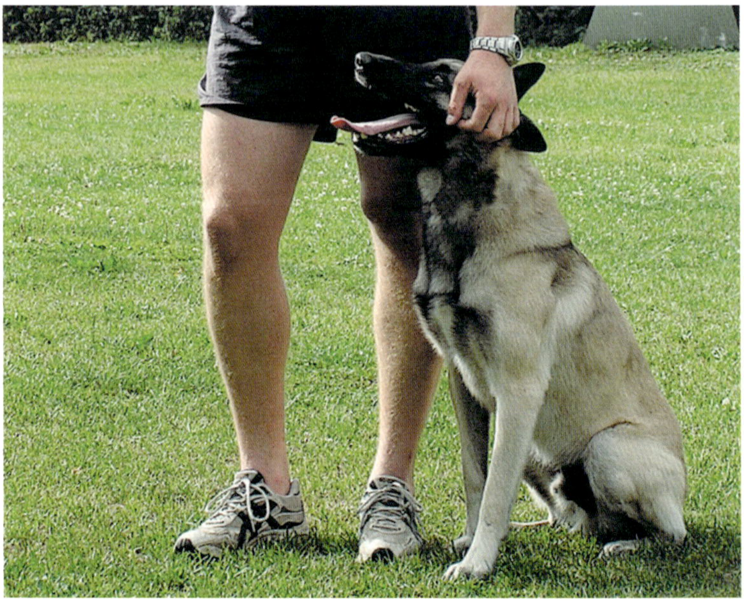

Für den Hund dazusein, bedeutet nicht, ihn ständig beruhigen zu müssen. Eine Hand, die Halt gibt, ist weit wichtiger.

wie das Loben, und wenn der Hund in seiner Angst auch noch bestätigt wird, kann es passieren, daß er in der gleichen bzw. einer ähnlichen Situation immer noch mehr Angst bekommt.

Manche Hunde fühlen sich bei ständiger Beruhigung durch ihren Besitzer in dessen Gegenwart richtig stark und verbellen in dieser »Verteidigungsgemeinschaft« das Angst verursachende Objekt bzw. greifen es an. Reagiert der Mensch auch dann noch beruhigend, fühlt sich der Hund bei soviel Unterstützung in seinem Verhalten enorm bestätigt. Gerade Hunde, die im Grunde nur Angst vor etwas haben, wirken durch die unbedachte Unterstützung im falschen Moment irgendwann sehr von sich überzeugt und richtig gefährlich.

Manche Hunde wollen aus lauter bestätigter Furcht mit Beißattacken einfach alles von sich abhalten: Menschen, Tiere oder sich im Wind bewegende Gräser. Nur äußerst selten sind das Hunde, die eine angeborene Scheuheit und die mit ihr verbundene übertriebene Angst mitbringen. Ich habe zwar sehr vorsichtige und zurückhaltende Hundewelpen kennengelernt, aber kein von kleinauf wirklich scheues Tier (mit Ausnahme von Wildhund- und Wolfsmischlingen oder wirklich extrem isoliert aufgewachsenen Hundewelpen).

Das Beruhigen hört sich für einen Hund ähnlich an wie das Loben; wenn er sich für seine Ängste bestätigt fühlt, kann es passieren, daß er in der gleichen bzw. einer ähnlichen Situation immer noch mehr Angst bekommt.

Hunde dürfen nicht vom Alltag ausgeschlossen werden, aber sie dürfen ihn auch nicht beherrschen.

Hunde mit extrem gesteigerten Grundängsten benötigen im weiteren Verlauf ihres Welpen- oder Junghunddaseins besonders viel Zeit und viele Möglichkeiten, um Erfahrungen zu sammeln (man sollte gute Welpenspielgruppen aufsuchen und/oder es dem Hund gestatten, überall mit dabei zu sein). Sie bedürfen aber auch einer konsequenten und einfühlsamen Erziehung: Die Grenzen im täglichen Miteinander zu erfahren, ist unerläßlich, damit sich die Tiere in der Gemeinschaft mit Menschen und mit anderen Lebewesen dauerhaft sicher fühlen können.

Angst vor der Bezugsperson

Manchmal werden mir Hunde gezeigt, die sich aus Sicht des Halters überaus ängstlich, beinahe scheu verhalten. Wenn ich aber die Hunde verschiedenen Situationen aussetze, um zu sehen, wo die Ursachen für ihr Verhalten liegen (denn sehr häufig ist die Einschätzung des Halters unzutreffend), zeigt sich: Sobald sich die Bezugsperson in einiger Entfernung vom Hund aufhält, lebt das Tier plötzlich auf und begegnet anderen Menschen recht aufgeschlossen (und nur in seltenen Fällen aggressiv). Solche Hunde wurden in der Regel ganz normal sozialisiert, und ihre Ängste rühren meistens von zu drastischen Erziehungsmaßnahmen oder sehr inkonsequentem Handeln der Besitzer her.

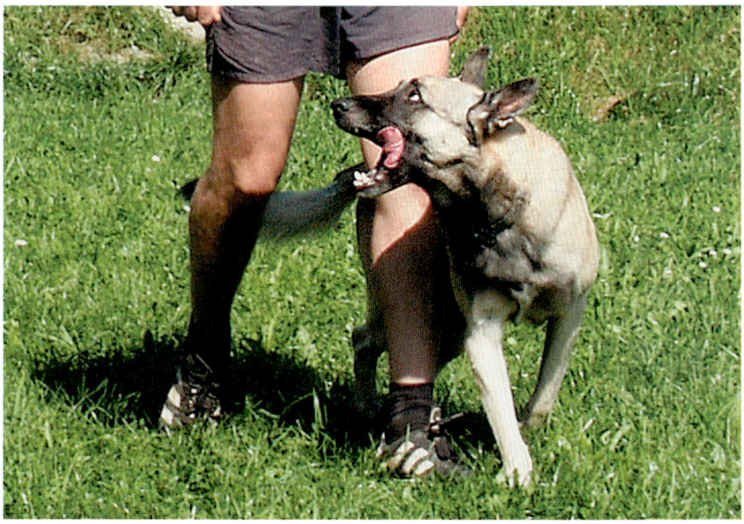

Beschwichtigt ein Hund beim Training zu sehr, sollte man ihm Sicherheit geben, indem man ihn zum Beispiel mit Worten bestätigt.

Mohème versucht zu beschwichtigen. (Ich habe dieses Bild trotz seiner Unschärfe ausgewählt, weil die Stimmung des Tieres so überdeutlich sichtbar wird.)

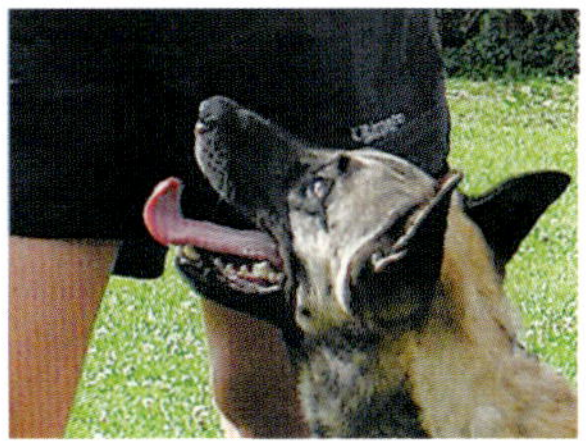

Man sollte niemals versuchen, Konzentration durch Angst herbeizuführen.

Perfektion kann faszinieren.

Wenn ein unbeherrschter Mensch einen sensiblen Hund an seiner Seite hat, erscheint das Tier oftmals ängstlich, obwohl dieses Verhalten seinem ursprünglichen Wesen gar nicht entspricht. Ich habe Hunde erlebt, die beim bloßen Anblick ihres Menschen völlig unkontrolliert wirkten, ständig Ersatzhandlungen vollführten und derartig viele Beschwichtigungssignale zeigten, daß man ganze Abhandlungen darüber schreiben könnte. In der Regel verstehen die Besitzer dieses Verhalten ihres Hundes nicht und wissen sich nicht anders zu helfen, als immer noch ungehaltener zu reagieren: Schließlich muß man dem Hund ja zeigen, »wo es langgeht« – und das jeden Tag aufs neue …

Ernsthafte Arbeit mit dem Hund ist mehr als in Ordnung, aber Mensch wie Hund müssen positiv motiviert sein, und das ist nur möglich, wenn keine Gewalt angewendet wird.

Ein Hund, der vor lauter Angst ganz verzweifelt darum bemüht ist, seinem Herrn alles recht zu machen, wird große Konzentrations- und deshalb auch Lernprobleme haben. Unter solch einem Druck steigert sich mancher Hund in Beschwichtigungs- oder Ersatzhandlungen hinein. Sie haben bestimmt schon Hunde gesehen, die zum Beispiel bei einer »Fuß«-Übung am liebsten in ihren Menschen hineinkriechen würden oder dabei ständig bellen, statt freudig motiviert neben ihm herzulaufen. Man kann im Zusammenhang mit Zwang dreierlei beobachten:

- Der Hund kommt auf Zuruf sehr rasch zu seinem Besitzer. Ein solcher Hund kann zum Beispiel mit schmerzverursachenden Mitteln erzogen worden sein. Vielleicht werden ihm mit Hilfe von Stromreizgeräten Stromstöße versetzt, bis er bei seinem Besitzer ist. Um den Schmerz zu vermeiden, rast der Hund dann, so schnell er nur kann, zum Hundeführer. Das Heraneilen des Hundes sieht nach freudigem Gehorsam aus, aber der Schein trügt mitunter.

- Aus lauter Angst vor seinem Besitzer kommt der Hund kriechend und mit vielen Beschwichtigungsgesten auf ihn zu und klammert sich quasi an ihm fest. Falls der Hundeführer ihn jetzt bestraft, wird der Hund dies falsch verstehen, denn aus seiner Sicht wird er für sein Zurückkommen und nicht für sein Angstverhalten bestraft. Irgendwann wird dieser Hund gar nicht mehr in die Nähe seines Menschen kommen wollen.
- Aus lauter Angst vor seinem Besitzer ist der Hund nicht einmal mehr zum Herkommen zu bewegen. Beginnt der Mensch aus Verzweiflung oder Wut auch noch zu schreien, fühlt sich der Hund in seiner Panik nur bestätigt. Viele Hunde versuchen, ihre Menschen aus der Entfernung beschwichtigend zum Spiel aufzufordern oder sie verlangsamen ihre Bewegungen (bis hin zum Erstarren), scharren und schnüffeln, um die angespannte Situation zu entschärfen oder um abzulenken.

Mancher Hundegehorsam wirkt zwar beeindruckend – doch man sollte immer hinterfragen, durch welche Erziehungsmethoden er zustande kam.

Ein Hund, der seinem Menschen beim Herkommen nicht traut.

Unabhängig davon, ob Sie über Ihren Hund verärgert sind: Wenn er zu Ihnen kommt, darf dies für ihn niemals zu einer negativen Erfahrung werden! Möchte er nicht mehr zu Ihnen kommen, müssen Sie ihm in kleinen Schritten wieder Vertrauen einflößen. Rennen Sie zum Beispiel in die entgegengesetzte Richtung davon, ohne den Hund zu rufen, aber so, daß er es sieht. Normalerweise müßte er nun hinter Ihnen herlaufen; sobald Sie dies beobachten können, loben Sie ihn aus der Entfernung mit Worten. Kommt er dann irgendwann zu Ihnen, so loben Sie ihn zusätzlich mit Streicheln, Leckerbissen oder einem Spielzeug. Wichtig ist, daß der Hund mit der Zeit wieder gerne zu Ihnen kommt.

Manche Hunde wollen um keinen Preis auffallen – wie Apache, eine zweijährige Mischlingshündin.

Manche Hunde übersieht man geradezu. Das sind diejenigen, die sich so sehr darum bemühen, ja nicht aufzufallen, daß man den Eindruck hat, sie wären am liebsten gar nicht da. Oft übersieht man sie geradezu. Sie schleichen beim Gehen meist hinter ihrem Menschen her und verkriechen sich, sobald er sich hinsetzt. Der große Unterschied zu einem wirklich scheuen Hund wird aber in seinem Verhalten gegenüber fremden Personen deutlich, die er meistens zwar zurückhaltend, aber freundlich anwedelt.

Hunde aus dem Tierheim

Falls Sie einen erwachsenen Hund zum Beispiel aus einem Tierheim bei sich aufgenommen haben, der genau solch ein Verhalten zeigt und seine Angst Ihnen gegenüber trotz aller Bemühungen nur langsam verliert, kann das daran liegen, daß Sie zuviel Mitleid empfinden und ständig versuchen, ihn zu trösten und zu beruhigen. Zum einen könnte der Hund ihre wohlwollenden Worte als Bestätigung für seine Angst auffassen, und zum anderen könnte er seine Achtung Ihnen gegenüber verlieren; in letzterem Fall findet er keine Sicherheit mehr bei Ihnen, und das verstärkt seine Ängste Ihnen gegenüber, oder er übernimmt die Führungsrolle und entwickelt aufgrund seiner Angst Aggressionen.

In den Augen des Hundes erniedrigen Sie sich, wenn Sie ihn in jeder Situation übertrieben umsorgen. Ein Hund, der aus einem Tierheim kommt, hat bereits einige Erfahrungen mit anderen Menschen und in verschiedenen Lebenslagen gesammelt und dabei meist auch intensive Trennungsängste durchlebt. Deshalb ist es erforderlich, daß der Hund das Leben mit Ihnen nun als etwas völlig Normales und Selbstverständliches empfinden lernt. Der Hund braucht Ihre Fürsorge, Ihre Zuwendung und Ihre Erziehung, aber keine maßlose Hätschelei.

Sie sollten mit einem Hund, den Sie aus einem Tierheim zu sich genommen haben, ganz normal umgehen.

Ein Hund, der wie Balco zu lange isoliert gelebt hat, verläßt sich nur noch auf sich selbst.

Besonders Hunde, die von ihrem vorherigen Besitzer streng und grob behandelt wurden, verlieren schnell ihren Respekt vor Menschen, die alles immer nur gut meinen. Man kann sich kaum vorstellen, wie rasch sich ein verängstigtes Wesen dann in eine Furie verwandeln kann – ein typisches Beispiel für einen dominant gemachten Hund. Ihre lieb gemeinte, aber vom Hund falsch gedeutete Zuneigung wird von ihm nicht ernstgenommen. Für den Hund stellt sich die Sache nämlich so dar:

Er hatte in seiner bisherigen Rudelgemeinschaft die unterste Rangstellung inne; weil Sie ihn nun plötzlich so aufmerksam umsorgen, meint er, daß ihm ohne Umschweife die Führung in der Gruppe übertragen wurde, und erlebt einerseits einen regelrechten Höhenflug, steht aber andererseits auch unter dem Leistungsdruck eines Rudelführers, der die übrigen Rudelmitglieder erziehen und beschützen muß.

Ich habe schon so manchen »Hundediktator« kennengelernt, der die ihm plötzlich zugefallene Macht ausgelebt und die ganze Menschenfamilie beherrscht, manipuliert und erzogen hat. Aus Hunden, die sich vor ihrer Bezugsperson ängstlich duckten, waren dominant gemachte Herrschertypen geworden, die ihre Rolle nicht mehr aufgeben wollten, aber aufgrund ihrer Wesensveranlagung nur wenig oder gar keine Führungsqualitäten besaßen und mit ihrer neuen Rolle hoffnungslos überfordert waren.

Robin beeindruckt unsichere Menschen gerne mit Drohgebärden.

So lieb sieht Robin aus, wenn er »auf dem Boden« bleiben muß.

Dion versucht bis heute, so intensiv wie nur möglich zu beeindrucken! Die angespannte Haltung, die hocherhobene Rute, der fixierende Blick, die aufgerichteten Ohren und die deutliche Tendenz nach vorn lassen seine Dominanz erkennen.

Und jetzt stehen die Besitzer (und auch ich, weil ich ja gerade in solchen Situationen hinzugezogen werde) vor der überaus schwierigen Aufgabe, solche »Überflieger« wieder auf den Boden zu holen, ohne sich selbst oder andere zu gefährden. Dieses »Her-

Übertriebene Fürsorge kann einen Hund dominant machen.

Aber auch Dion ordnet sich gerne unter, wenn er einen Menschen anerkennen kann.

unterholen« muß vor allem ohne Gewalt geschehen, denn Gewaltanwendung kennen die Hunde aus ihrem Vorleben meist weit besser als ihre neuen Besitzer.

Beispiel: Pinka, eine fünfjährige Deutsche Schäferhündin, kam vor vier Monaten zu uns. Eine sehr nette Familie hatte sie kurz zuvor aus dem Tierheim geholt und als sehr sensibles und verängstigtes, aber äußerst anhängliches und liebevolles Tier kennengelernt.

Bei diesem Eingriff in die Individualsphäre des Hundes kann man gut erkennen: Was der Hund heute spielerisch meint, war früher bitterer Ernst. Dennoch testet Pinka bis heute gerne ihre Grenzen.

Pinka benahm sich anfänglich völlig normal, aber irgendwann ließ sie ihre neue Familie nicht mehr an ihren Futternapf, man durfte sie nicht mehr unter dem Tisch hervorholen, sie griff andere Hunde an usw. Zu guter Letzt biß sie die Frau, als diese in die Küche kam, während Pinka fraß.
Ohne irgendwelche Erziehungsmaßnahmen unsererseits will Pinka uns auf dem Gnadenhof alles recht machen, und ihr Benehmen ist völlig unproblematisch. Daran zeigt sich, wie wichtig es ist, daß Halter und Hund zueinander passen. Darüber hinaus haben wir alle hier natürlich viel Erfahrung im Umgang mit Hunden, so daß die Tiere oft ganz unwillkürlich anders reagieren als zuvor.
Deshalb kann es nur so gewesen sein, daß das Verhalten der Familie Pinka das Gefühl gegeben hat, eine Führungsrolle übernehmen zu müssen, mit der sie überfordert war und die ihr auch gar nicht entsprach. Es ist nicht so, daß Pinka die Freundlichkeit ihrer Besitzer »ausgenutzt« hätte; sie meinte vielmehr, das tun zu müssen, was sie tat.

Einen Hund, der zu oft seine Grenzen austestet, sollten Sie viel für sich tun lassen (Suchspiele, Fährten usw.) und ihn möglichst oft bestätigen.

Pinka hat gelernt, sich wieder einzufügen, und respektiert ihre Bezugsperson.

Ein Hund, der »erlernte« Ängste zeigt, also Ängste, die nicht in ihm veranlagt sind, sondern die er aufgrund schlechter Erfahrungen erworben hat, kann sich in der Beziehung zu Menschen in unterschiedlicher Weise entwickeln.

Touristen lassen sich oft verleiten, Straßenhunde aus südlichen Ländern mit nach Hause zu nehmen.

Straßenhunde

Als Straßenhunde bezeichnet man ausgesetzte, ausgestoßene, streunende oder verwilderte Haushunde. Sie kommen in einer großen Vielfalt vor – in allen Rassen, Mischungen, Farben und Größen. Sie sind vor allem in Süd- und Osteuropa anzutreffen. Andernorts werden solche Hunde möglichst schnell eingefangen und in Tierheime verbracht oder getötet, weil man meint, daß nur ein Hund mit Besitzer eine Existenzberechtigung hat.

Straßenhunde schließen sich oft in Rudeln zusammen, die von einer dominanten Hündin angeführt und von einem Rüden beschützt werden. Die als Einzelgänger meist sehr scheuen Tiere fühlen sich im Gruppenverband stärker und beginnen deshalb vermehrt zu jagen, Nahrungsmittel zu erbetteln und zu erbeuten und Abfälle nach Eßbarem zu durchwühlen. Deshalb sind streunende Hunde bei der Bevölkerung eher unbeliebt.

Obwohl sie in einer Gemeinschaft leben, suchen sie die Nähe des Menschen. Sie sehnen sich nach Führung und Bindung an eine Bezugsperson – und zwar vor allem auch wegen des Kontakts und nicht nur wegen des Futters. Ein kurzes Streicheln ist oft mehr wert als die wohlschmeckendsten Happen.

Auch in einer Rudelgemeinschaft lebende Straßenhunde suchen die Nähe des Menschen und sehnen sich nach Führung und nach Bindung an eine Bezugsperson.

Frei zu leben, hat zwei Seiten: Der Hund hat zwar eine unabhängige Existenz, erlebt täglich neue Abenteuer und kann sich nach Belieben paaren, aber er wird gejagt, ist meist unterernährt und deshalb krankheitsanfällig, wird oft gequält oder vergiftet usw. – er muß also sehr hart ums Überleben kämpfen.

Der elende und traurige Eindruck, den die Einzeltiere oft machen, erweckt Mitleid und bewirkt, daß sich manche Menschen dazu entschließen, einem solchen Hund ein Heim zu geben. Aber so gut und unterstützenswert diese Absicht ist, so sehr muß man sich doch vergegenwärtigen, worauf man sich einläßt und welche Schwierigkeiten sich ergeben können.

Der Hund hat in völliger Freiheit und Unabhängigkeit gelebt und muß sich nun plötzlich an Regeln halten, die er gar nicht kennt, und an extreme Einschränkungen seines Handlungs- und Bewegungsspielraums gewöhnen (manche dieser Tiere reißen aus, um Artgenossen zu suchen). Er hat bislang so gut wie keine Zuwendung erhalten und wird nun plötzlich mit Liebesbezeugungen überschüttet usw. Daß ein solch krasser Wechsel den Hund verunsichert, liegt auf der Hand. Weil der neue Besitzer diesen Sachverhalt aber zuwenig berücksichtigt, kommt es gerade bei diesen

Auf der Suche.

Frei, aber einsam.

Hunden zu vielen Verhaltensauffälligkeiten. Dies ist auch deshalb so, weil die Straßenhunde durch ihren Überlebenskampf äußerst intelligent, sensibel und vorsichtig geworden sind; sie besitzen eine ausgeprägte Wahrnehmungsfähigkeit und eine hervorragende Beobachtungsgabe. Aufgrund ihrer sensiblen Reaktionen gestaltet sich die Eingliederung in ein neues und ungewohntes Familienleben oft deutlich schwieriger, als der Mensch annimmt.

Der Wechsel vom Straßen- zum Haushund bringt viel Gutes, aber auch Probleme mit sich.

Wenn die Aufnahme in eine Familie damit endet, daß das Tier im Tierheim oder auf dem Gnadenhof abgegeben wird, ist nie-

So mancher zum Haushund gewordene Straßenhund muß – unfreiwillig – wieder auf die Straße.

mandem gedient, denn die Aufnahmekapazitäten sind überall sehr beschränkt. Hunde, die keine Zuflucht finden, werden mitunter erneut ausgesetzt oder eingeschläfert – das tragische Ende einer gutgemeinten Rettungsaktion.

Hilfe für Straßenhunde ist wirklich nötig. Aber Tierschutz ist nur dann sinnvoll, wenn er mit Vernunft und Verantwortungsbewußtsein in die Tat umgesetzt wird.

Im folgenden möchte ich Ihnen das Schicksal eines ungewöhnlichen deutschen »Straßenhundes« schildern.

Herr Schröder

Den Namen »Herr Schröder« hatte der heute 14jährige Mischling von seinem ehemaligen Besitzer erhalten. Dessen Maxime war, seinen Hund nicht einzuengen und ihn so leben zu lassen, wie er wollte. Wie alle Hunde, die viele Entfaltungsmöglichkeiten haben, entwickelte sich auch bei Herrn Schröder eine außergewöhnliche Intelligenz, die seinen Lebensinhalt entscheidend mitbestimmte.

So fuhr Herr Schröder zum Beispiel selbständig Bus, um die Stadt zu erkunden, Läden zu besuchen, deren Inhaber und Angestellte ihn mit Eßbarem versorgten, und möglichst viel Kontakt zu Artgenossen herzustellen. Keiner kann sagen, wie oft Herr Schröder Vater wurde. Nach seinen erlebnisreichen Tagesausflügen kehrte der Hund jeden Abend pünktlich zu seinem Besitzer zurück, um den Feierabend mit ihm zu verbringen.

Diese beiden Straßenhunde aus Griechenland gleichen Herrn Schröder und Suni, seiner besten Freundin, wie ein Ei dem anderen.

Herr Schröder liebt seine Freiheit über alles.

Herr Schröder war, wie man sich denken kann, stadtbekannt und bis zu seinem elften Lebensjahr auch allgemein beliebt. Irgendwann entdeckte er einen Badesee und stellte fest, daß die Menschen beim Schwimmen Proviant und Kleidung unbeaufsichtigt am Ufer zurückließen. Natürlich war er der Meinung: »Was zurückgelassen und nicht verteidigt wird, kann ich mir nehmen!«, eine aus Hundesicht korrekte Schlußfolgerung. Doch die Menschen denken hier anders. Sie reagierten auf jeden Fall sehr ungehalten und versuchten, dem Hund seine Beute wieder abzunehmen. Zuerst fand Herr Schröder diese Beutespiele äußerst amüsant und foppte die Menschen gerne damit.

Aber wenn die Menschen – statt ihm belustigt die stibitzten Eßwaren zu überlassen – ernsthaft gegen Herrn Schröder vorgingen, war er damit natürlich überhaupt nicht einverstanden und ließ sich auf einen Streit um seine Futterressource ein und wollte die Menschen maßregelnd in ihre Grenzen verweisen – aus seiner Sicht zu Recht. Nachdem es deshalb zu drei leichteren Beißvorfällen gekommen war, sollte Herr Schröder beschlagnahmt werden. Sein Besitzer wendete sich in seiner Verzweiflung an mich: Zum einen ließ sich Herr Schröder von ihm nicht mehr einsperren, zum anderen wäre dieses Einsperren dem Besitzer wie Verrat an seinem Hund vorgekommen. Herr Schröder lebt seither bei uns in einem Rudel mit größtmöglichen Freiräumen. Seine beste Freundin ist eine Schäferhündin, und auch wir sind eng miteinander verbunden.

Herr Schröder und ich genießen die Freiheit auch gerne gemeinsam.

Unsicherheiten und Ängste durch Bestrafung oder Belohnung

Ein Hund entwickelt mitunter massive Unsicherheiten, wenn

- Sie ihn zu hart maßregeln,
- er Ihre Maßregelung nicht mit dem, was er in Ihren Augen falsch gemacht hat, in Zusammenhang bringen kann,
- Sie ihn ständig belohnen, ohne daß er versteht, weshalb.

Bestrafungen und Zurechtweisungen bzw. Tadel werden vom Hund oft fehlinterpretiert, weil er sie mit etwas anderem in Zusammenhang bringt als der Mensch.

Aus den immer wieder erwähnten Mißverständnissen in einer Mensch-Hund-Beziehung wird deutlich: Bestrafungen werden vom Hund oft fehlinterpretiert. Oder anders gesagt: Sie bestrafen den Hund aus Ihrer subjektiven Perspektive, ohne zu bedenken oder zu verstehen, daß das Tier die Bestrafung immer auf den Moment, aber niemals auf ein zurückliegendes Ereignis bezieht. Es gibt Hunde, die zum Beispiel bei dem Wort »Hier« regelrecht in sich zusammenfallen und sich passiv unterwerfen, indem sie sich auf den Rücken legen und ein paar Tropfen Urin verlieren. Bestimmt kennen Sie selbst einen Hund, der sich zum Beispiel beim Anblick eines Stocks oder einer Zeitung nur noch verkriechen will.

Man sollte eigentlich meinen, daß man in der heutigen Zeit von Prügelstrafen abgekommen ist, aber das Schicksal zahlreicher

Stöcke, Zeitungen oder andere Objekte dürfen niemals zu einer körperlichen Bestrafung benutzt werden, weil der Hund Angst vor den Gegenständen bekommt. Grundsätzlich jedoch gehören körperliche Züchtigungen aller Art ins Mittelalter.

Ein Hund wird unsicher, wenn er zu hart bestraft, nicht beachtet oder aber ständig gelobt wird. Die siebenjährige Pitbull-Hündin Jessi hat sehr viel Energie und kann ohne gute Führung nicht einschätzen, was richtig und was falsch ist.

Maßlose Traurigkeit.

Zu den meisten Beißvorfällen kommt es durch unsichere, »dominant gemachte« Hunde, das heißt also, durch ein falsches Rollenverhalten des Menschen.

Neuankömmlinge auf dem Gnadenhof und das, was ich mitunter auch in meinen Seminaren erlebe, überzeugen mich vom Gegenteil. Nur haben sich die hier lebenden Tiere im Gegensatz zu sehr vielen anderen irgendwann mit Beißattacken gegen ihre Behandlung gewehrt.

Natürlich wurde nicht jeder Hund, der beißt, irgendwann körperlich malträtiert. Im Gegenteil: Zu den meisten Beißvorfällen kommt es durch unsichere, »dominant gemachte« Hunde, das heißt, ursächlich durch ein falsches Rollenverhalten des Menschen das den Hund veranlaßt, dem Menschen gegenüber erzieherische Maßnahmen zu ergreifen. Beißverletzungen ergeben sich zudem auch aus einem Beuteverhalten des Hundes infolge schlechter Sozialisation.

Terrier sind aufgrund ihrer Temperamentsveranlagung oft dominant-aggressiv.

Dennoch: Es gibt viel zuviele Hunde, die sich irgendwann nur noch wehren können. Zu harte Strafmaßnahmen können zu regelrechten Verhaltensstörungen führen, die sich etwa in Streß- und Panikattacken oder einem ununterbrochenen Beschwichtigungsverhalten des Hundes äußern. Ständiges Schlecken, Fiepen, Bellen, Auf- und Abrennen, Ruhelosigkeit oder Sich-im-Kreis-Drehen sind deutliche Zeichen für die extreme Unsicherheit des Tieres.

So klein, wie er ist, und so lieb, wie er dreinschaut: Moritz hat schon manchen Menschen das Fürchten gelehrt …

Hunde, die oft falsch bestätigt wurden, zeigen die gleiche Hilflosigkeit wie Tiere, die zu hart und unkontrolliert bestraft wurden. Mit anderen Worten: Einem zu bedrängten und fast »zu

Man sollte den Beutetrieb nie unterschätzen, vor allem wenn mehrere Hunde ihn gemeinsam ausleben.

Tode« geliebten Hund geht es innerlich häufig genauso schlecht wie einem mißhandelten Tier. Beiden fehlt jegliche Orientierungsmöglichkeit, und beide entwickeln sich zu ängstlichen, übersensiblen und unter Umständen auch extrem abhängigen Wesen, die allein oft völlig handlungsunfähig sind.

In beiden Fällen werden die Hunde nur benutzt, und es fehlt ihnen das Vertrauen zum Menschen. Wehren sich solche Hunde mit Bissen gegen ihre Halter, so handelt es sich bei dem zu hart bestraften Tier um eine aus seiner Angst resultierende Notwehrreaktion und bei dem zu antiautoritär erzogenen um eine Maßregelung bzw. Erziehungsmaßnahme gegenüber dem Menschen.

> *»Kennt ihr das sicherste Mittel, ein Lebewesen unglücklich zu machen? Ihr müßt es daran gewöhnen, alles zu erhalten. Denn sein Verlangen wächst unaufhörlich.«*
> *Irenäus Eibl-Eibesfeldt*

> *Einem mit Liebesbezeugungen überschütteten Tier geht es innerlich häufig genauso schlecht wie einem mißhandelten Hund.*

Moritz, ein neunjähriger Westhighland Terrier, hat 16mal schlimm gebissen (seine Attacken galten meist den Gesichtern der Menschen), obwohl es alle immer nur »gut mit ihm gemeint« hatten. Er sollte eingeschläfert werden.

Der Weidezaun

Strafmaßnahmen oder andere Vorfälle, die mit Schmerzen verbunden sind und im Moment des Geschehens vom Hund nicht eingeordnet werden können, haben oftmals unvorhergesehene Folgen. Man kann dies etwa beobachten, wenn ein Hund an einem elektrischen Weidezaun einen Stromschlag bekommen hat.

Der Hund weiß nicht, mit wem oder was er den plötzlichen, unerwarteten Schmerz in Verbindung bringen soll. War es der Besitzer? War es das vorbeifahrende Auto? War es der Spaziergänger, der gerade vorbeikam? Waren es die grasenden Kühe? Liegt im Ort selbst die Ursache? Usw.

Wurden dem Hund von seinem Halter immer wieder körperliche Schmerzen zugefügt, verbindet er den Stromschlag meist mit dem Menschen und kommt dann nur noch zögerlich und schuldbewußt wieder auf ihn zu; vielleicht versucht das Tier auch zu fliehen oder es rennt dauernd im Kreis herum, weil es nicht weiß, was es falsch gemacht hat.

Unsichere Hunde klammern gerne.

Hunde, die beispielsweise einen Stromschlag an einem Weidezaun erlitten haben, verknüpfen den unerklärlichen Schmerz oft mit ihrem Besitzer und bekommen Angst.

Es gibt Hunde, die sich nach einem Ereignis wie dem Vorfall am Weidezaun regelrecht an ihre Besitzer klammern und verzweifelt darum bemüht sind, ihnen alles recht zu machen. Dieses Benehmen bedeutet aber: den Hunden fehlen Selbstsicherheit und wirkliches Vertrauen, denn sonst wüßten sie, daß die Menschen sie nicht einfach grundlos schlagen würden.

Ähnliche Symptome zeigt ein Hund, dessen Halter ihm ständig und überall Leckereien zukommen läßt und alle Streß- und Gefahrenmomente von ihm fernzuhalten versucht. Doch ein solcher Hund kommt fast gar nicht mehr zu seinem Besitzer, sondern erwartet meistens, daß der Mensch ihm auf der Flucht vor der Gefahr folgt. Das Tier klammert sich auch nicht an den Halter, sondern läuft häufig allein nach Hause zurück, unabhängig davon, wo sein Mensch sich aufhält. Solch ein Hund hat ebensowenig

Falls sich Ihr Hund nicht einmal nach Ihnen umdreht, wenn Sie ihn rufen, haben Sie keine wirklich gute Beziehung zu ihm.

Chancen, eigene Erfahrungen zu sammeln und seine Intelligenz einzusetzen wie ein versklavtes Tier. Und ein solcher Hund findet auch keine Sicherheit bei seinem Besitzer, weil der durch sein aus Hundesicht allzu unterwürfiges Verhalten im Hunde-Menschen-Rudel eine untergeordnete Stellung einnimmt.

Falls Ihr Hund schon einmal einen Schreckmoment wie den am elektrischen Weidezaun erlitten und sofort Schutz bei Ihnen gesucht hat, sollten Sie sich über sein Vertrauen freuen! Seien Sie für ihn immer die Leitfigur, bei der er Sicherheit findet. Besonders schön ist es, wenn Ihr Hund die Fähigkeit zur Problemlösung besitzt und die aus heiterem Himmel kommende, schmerzvolle Ursache seines Leidens mit dem Draht oder dem Ort in Verbindung bringen kann und dann zwar zögerlich, aber dennoch vertrauensvoll mit Ihnen daran vorbeigeht.

Mit obigem Beispiel möchte ich deutlich machen, wie wichtig Sicherheit und Vertrauen sind. Bringen Sie Ihren Hund aber bitte niemals absichtlich in eine solche Situation, nur um zu testen, wie er sich wohl verhält. Im Innersten wissen Sie nämlich auch ohne einen derartigen Versuch, wie Ihr Hund reagiert.

Kommt Ihr Hund nach einem Schreckmoment schnell zu Ihnen, hat er Vertrauen.

Sie wissen im Grunde ganz genau, ob Sie eine gute oder weniger gute Beziehung zu Ihrem Hund haben. Nur die Ursachen sind oft unklar.

Notwehraggression gegenüber dem Halter

Ein Hund, der von klein auf zu hart gemaßregelt wurde und seine Fehler nicht verstehen konnte, greift im Erwachsenenalter seinen Besitzer manchmal aus Angst vor einer Bestrafung an oder zeigt extreme Ersatzhandlungen bzw. Streßsymptome (auffälliges Anbellen des Halters, Festhalten seiner Kleidung usw.). Das große Mißverständnis dabei ist, daß der Besitzer solche Handlungen oftmals als Bedrohung angesieht. In Wirklichkeit handelt es sich aber um besonders extreme Beschwichtigungssignale, um reine »Verzweiflungstaten«, die nur aus einer Notwehrsituation heraus entstehen.

Ein Hund, der von klein auf zu hart gemaßregelt wurde, zeigt oft extreme Beschwichtigungssignale, die der Halter häufig als Bedrohungen fehlinterpretiert – ein Teufelskreis setzt ein.

Ich kann kaum noch zählen, wie viele Hunde allein aufgrund von Notwehraggressionen auf den Gnadenhof kamen.

Ich halte überhaupt nichts vom sogenannten »Alphawurf«, bei dem man den Hund auf den Rücken wirft und ihn in dieser Position eine Weile festhält, um künstlich eine passive Unterwerfung herbeizuführen (es sei denn, Sie wenden ihn im ausgelassenen Spiel mit Ihrem Hund an)!
Zum einen bedeutet er für jedes Tier eine ernsthafte Erniedrigung – insbesondere wenn es den Grund dafür nicht kennt – und einen Vertrauensbruch seitens des Menschen, und zum anderen läßt er sich ohnehin nur an passiven, defensiven Tieren ausführen. Wollte man ihn bei einem wirklich aggressiven Tier anbringen, müßte man damit rechnen, schwer verletzt zu werden.

Der schlimmste Fall tritt dann ein, wenn der Mensch auf das beschwichtigende »Fehlverhalten« seines Tieres erneut mit übertriebener Härte reagiert und sich der Hund in seiner Panik nur noch gegen seinen Menschen wehren kann. Eine körperliche Auseinandersetzung mit einem in Panik geratenen Hund wird für den Menschen immer mit einem erheblichen Verletzungsrisiko verbunden sein.

Wenn es dem Hund gelingt, seinen Halter in solchen Situationen zu erschrecken und dieser sehr unsicher reagiert, erlebt das Tier eine enorme Bestätigung und entwickelt eine »gemachte« Dominanz. Diese Art von Dominanz gegenüber dem eigenen Halter kann wirklich übel ausgehen; sie ist aber nicht mit dem Dominanzverhalten eines wirklich selbstbewußten Tieres vergleichbar.

Im folgenden ein Beispiel für eine zu harte, mißverstandene Maßregelung.

Beispiel: Ein Welpe reagiert auf andere Hunde bei einem Spaziergang sehr unsicher; er sträubt das Fell, knurrt vielleicht und läuft ängstlich rückwärts. Der Mensch reagiert daraufhin sehr besorgt, nimmt den Kleinen auf den Arm und beruhigt ihn. Auf den Wel-

pen wirkt dieses Verhalten aber wie eine wohlwollende Bestätigung dafür, daß er mit seiner Angst recht hat. Aufgrund dieses Mißverständnisses wird er bei weiteren Spaziergängen die anderen Hunde noch wesentlich aggressiver beeindrucken wollen. Der Mensch verliert irgendwann die Nerven und reißt unverhältnismäßig hart an der Leine – oft schon, bevor er es mit Befehlen wie »Aus« oder »Schluß« versucht hat. Der Junghund versteht die Welt nicht mehr. Jetzt weiß er überhaupt nicht mehr, was richtig und was falsch ist.

Ein in Panik geratener, orientierungsloser Hund sucht seine Zuflucht mitunter in einer Beißattacke gegen seinen Besitzer.

Ein Hund, der Angstaggression zeigt und beschwichtigt, wie man an der Pfoten- und Ohrenstellung und dem seitlichen Ausweichen erkennen kann.

Aus solchen Irritationen entstehen in ähnlichen Situationen ganz kuriose Verhaltensrepertoires. Beispielsweise rennt der Hund bei einer Begegnung mit Artgenossen laut bellend und mit gesträubtem Fell in die Leine, um sich sofort und mit eingeklemmter Rute wieder rückwärts zu bewegen, dreht sich wie gehetzt im Kreis oder drängt sich hinter seinen Menschen und prescht im nächsten Moment wieder vor. All dies tut er mit hektisch flackerndem, hilfesuchendem Blick auf den Menschen; der wiederum zieht in dieser Situation krampfhaft an der Leine, ist darum bemüht, nicht hinzufallen, schimpft laut und strahlt auf den Hund überhaupt keine Sicherheit mehr aus.

So wie ein Pferd aus lauter Furcht oft kopflos die Flucht ergreift, sucht ein orientierungsloser Hund, der wegen der Leine nicht fliehen kann, in seiner Verzweiflung den Ausweg oftmals in einem unkontrollierten, gegen den Besitzer oder gegen Dritte gerichteten Beißangriff.

Der Umgang mit aggressiven Hunden erfordert sehr viel Feingefühl und äußerste Konzentration, denn eine Beißattacke erfolgt in der Regel blitzschnell.

Trennungs- und Todesangst

Man darf das Energiepotential und die hohe Beißkraft eines Hundes in einem extremen Angstzustand niemals unterschätzen.

Ein Lebewesen, das in einem höher entwickelten Sozialverband lebt, empfindet die schlimmste Angst nicht beim Verlust von Ressourcen, sondern beim Verlust von Bindungen.

Die unmittelbare Bindung in einer freundschaftlichen Beziehung ist die einzige tiefe, persönliche soziale Bindung, die wirklich zählt – auch beim Hund. Die mittelbare Bindung hingegen, die entsteht, weil man den Hund füttert, ist vorübergehend und austauschbar. Kein Hund läßt sich auf Dauer mit Leckerlis von Ihnen weglocken, wenn Ihre Beziehung intakt ist! Das heißt: Ihr Hund ist nicht dadurch an Sie gebunden, daß Sie ihm Futter geben – wie so oft fälschlicherweise behauptet wird –, sondern durch die unmittelbare persönliche emotionale Bindung an Sie. Im positiven Fall ist dies eine auf Vertrauen basierende Freundschaft und im negativen Fall eine durch Angst hervorgerufene Abhängigkeit.

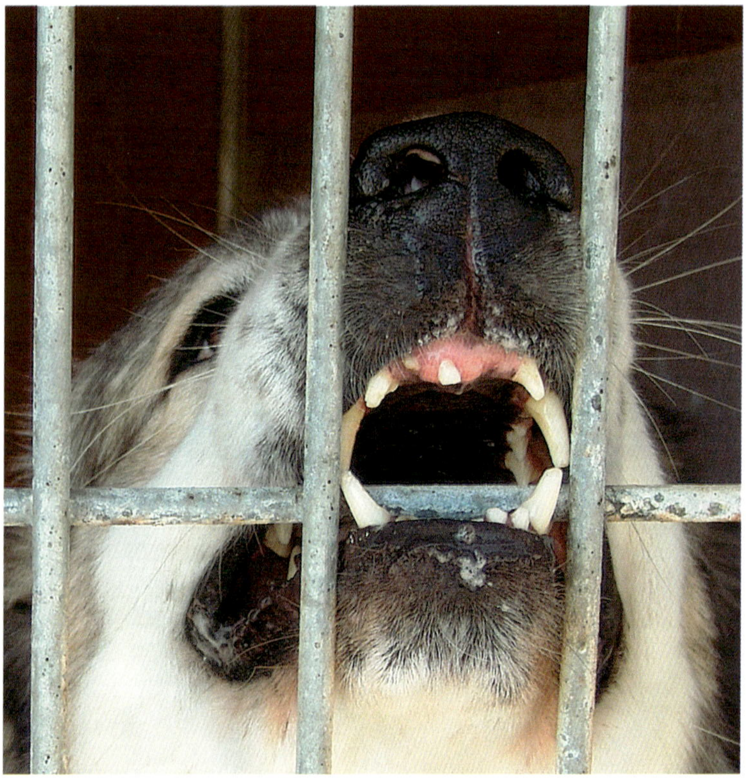

Die Verzweiflung des Alleinseins schlägt oft in Todesangst um.

Ich bin diejenige, die die Gnadenhof-Hunde am seltensten füttert und am wenigsten mit Leckereien bestätigt, aber dennoch die Person, an die sich die Hunde weitaus am stärksten binden. Das tiefe Gefühl von Vertrauen, Sicherheit und Orientierung ist für den Hund (und für andere Lebewesen) wesentlich mehr wert als Nahrung.

Ihr Hund ist keinesfalls dadurch an Sie gebunden, daß Sie ihm Futter geben – wie so oft fälschlicherweise behauptet wird –, sondern durch seine unmittelbare persönliche emotionale Bindung an Sie. Vertrauen, Sicherheit und Orientierung sind für den Hund wesentlich mehr wert als Nahrung.

Beispiel: Sien, die kleinste Hündin vom Gnadenhof, wird von vielen Menschen geliebt und verwöhnt, die sie streicheln, mit ihr spielen und ihr Futter und Leckereien geben. Ihr tägliches Fressen erhält sie auch nicht von mir, sondern von meinem Lebensgefährten, und oft liegt sie stundenlang bei anderen Personen auf dem Schoß. Dennoch springt sie sofort auf, wenn ich mich erhebe, weil sie ständig in meiner Nähe sein und mich auf Schritt und Tritt begleiten möchte. Sämtliche Vermittlungsversuche sind gescheitert, weil Sien stets solange ununterbrochen gejault hat, bis die neuen Besitzer sie wieder zu mir brachten.

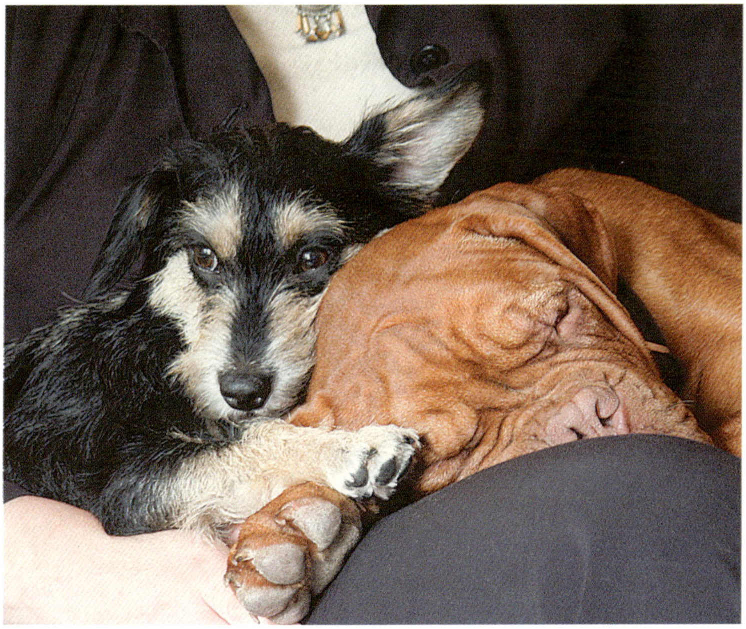

Der Dackelmischling Sien und die Bordeaux-Dogge Basira entspannen auf meinem Schoß. Basira ist ein von Menschen geblendeter Welpe, den ich während der Arbeit an diesem Buch in Begleitung meiner Verlegerin am Flughafen Zürich-Kloten in Empfang genommen habe.

Ich könnte an dieser Stelle zahlreiche Beispiele aufführen, möchte aber statt dessen lieber das Ergebnis einer wissenschaftlichen Studie wiedergeben: Ein Welpe, der Hunger hat, beruhigt sich wesentlich schneller, wenn er auf den Arm genommen wird und Nähe und Körperwärme spürt, als wenn er Nahrung erhält, aber allein gelassen wird.

Fehlt einem Hund die Bindungsmöglichkeit, empfindet er wesentlich mehr Angst, als wenn ihm Nahrung fehlt.

Fehlt die Bindungsmöglichkeit, empfindet der Hund wesentlich mehr Angst, als wenn ihm Nahrung fehlt. Einem Tier, das für das Leben in einer Gruppe bestimmt ist, fehlen nämlich, wenn es allein ist, der Schutz und die Stärke der Gemeinschaft. Es fühlt sich ausgeschlossen, und ausgeschlossen zu sein bedeutet in der Natur oftmals das Todesurteil, denn allein kann der Hund weniger gut jagen, und er muß, will er überleben, sehr vorsichtig sein; daher findet er auch weniger Ruhe. In freier Wildbahn sind Einzelgänger aus diesem Grund fast immer sehr viel mißtrauischer, scheuer und aggressiver als Tiere, die in einem intakten Sozialverband leben.

Unsere Nelke ist eher eine Einzelgängerin. Aber mit Menschen, die sie mag, schließt sie tiefe Freundschaft.

Trennungsängste schlagen beim Hund sehr schnell in Verzweiflung um, die schließlich Todesangst auslöst. Ein ausgesetzter Hund empfindet das Verlassenwerden als Todesstrafe, und man kann nur ahnen, in welcher Panik sich ein solches Tier befindet.

Ein ausgesetzter Hund empfindet das Verlassenwerden als Todesstrafe und entwickelt deshalb panische Angst.

Die ungeheuer große Angst vor dem Alleingelassenwerden ist ein weiterer Grund, warum sich ein mißhandelter Hund trotz seiner Schmerzen und trotz seiner Furcht an seinen Besitzer gebunden fühlt. Mir wurde von einem Fall berichtet, in dem ein

Wegen der zu großen Strenge oder Härte seines Menschen hat ein Hund oft Angst, bei seiner Ausbildung Fehler zu machen.
Das Interesse des Hundes zwar ernsthaft auf die Arbeit zu lenken, aber so, daß er keine Angst haben muß, wäre der bessere Weg!

Mensch sein Tier wiederholt von einem hohen Felsen ins Meer warf, um es loszuwerden. Verletzt und mit gebrochenen Beinen kroch der Hund trotzdem jedesmal aufs neue zu seinem Halter zurück.

Besonders die sensiblen Hunde werden rasch ängstlich oder lernen, ihre Angst durch Aggressionen zu überspielen.

Feinfühlige Hunde empfinden mehr Angst

Es sind die besonders sensiblen, feinfühligen und oftmals sehr intelligenten Hunde, die entweder rasch unsicher und ängstlich werden oder aber ihre Ängste durch Aggressionen überspielen lernen. Diese Hunde lernen rascher als andere, sich selbst zu bestätigen: Das Selbstbewußtsein eines Hundes wird in dem Moment, in dem er es aus lauter Angst schafft, seinen Besitzer zum Zurückweichen zu bewegen, ganz unermeßlich gesteigert; deshalb lernt das Tier, seiner Angst in Konfliktsituationen mit Angriff zu begegnen.

Bei den meisten sehr ängstlichen Hunden, die zum Beißen neigen, liegen keine genetischen Probleme vor; sie haben lediglich gelernt, sich zu wehren. Solche Hunde sind meist bei Menschen aufgewachsen, die recht wenig Selbstdisziplin im Umgang mit ihren Tieren besitzen, inkonsequent handeln und häufig aus für den Hund nicht nachvollziehbaren Gründen die Beherrschung

Unsicherheit hat nichts mit Rassezugehörigkeit zu tun: Ein Hund im Wechselspiel der Gefühle.

verlieren. Wir Menschen führen weit mehr Ersatzhandlungen aus, als wir uns überhaupt vorstellen können, sind uns dieser Tatsache in der Regel aber nicht bewußt.

Sensible Hunde reagieren auf viele Kleinigkeiten, die wir selbst gar nicht bemerken.

Beispiel: Wir kommen gestreßt von der Arbeit zurück und hatten dort vielleicht Ärger. Zu Hause werden wir von den Kindern mit viel Geschrei und Durcheinander empfangen. Genau in diesem Moment springt der Welpe mit besonders schmutzigen Pfoten an uns hoch. Wir schimpfen laut und sind bemüht, den kleinen Hund von uns fernzuhalten; er wird jetzt natürlich immer hektischer, denn er ist furchtbar verunsichert, weil wir uns doch sonst immer gefreut haben, wenn er uns begrüßt hat. Weil der Kleine aber gar nicht gehen möchte, packen wir ihn am Genick und schütteln ihn kräftig; der Welpe jault vor Angst und uriniert womöglich. Vor lauter Zorn über dieses schlechte Benehmen sperren wir ihn in den Keller und erklären den Kindern: »Da unten bleibt er jetzt, damit er über seine Ungezogenheit nachdenken kann.« Der kleine Welpe schreit, kratzt vor Verzweiflung an der Tür und versteht gar nichts mehr. Er hat in diesem Moment Todesangst und versucht krampfhaft, zu seinen »Rudelmitgliedern« zurück und somit wieder in Sicherheit zu kommen. Was er falsch gemacht hat, wird der Hund in diesem Moment niemals verstehen können.

Meistens hat der Mensch dann später ein furchtbar schlechtes Gewissen und holt den Kleinen zu sich aufs Sofa, auf das er sonst eigentlich nicht darf, und tröstet ihn: »Du weißt doch, daß du mit schmutzigen Pfoten nicht an mir hochspringen darfst.« Und selbstverständlich muß der Welpe schon wenige Stunden später genau wissen, daß das mit dem Sofa nur eine Ausnahme war …

Wenn ein Mensch eine Ausbildungsmethode anwendet, die mit Schmerzen verbunden ist, stellt er sich selbst ein Armutszeugnis aus.

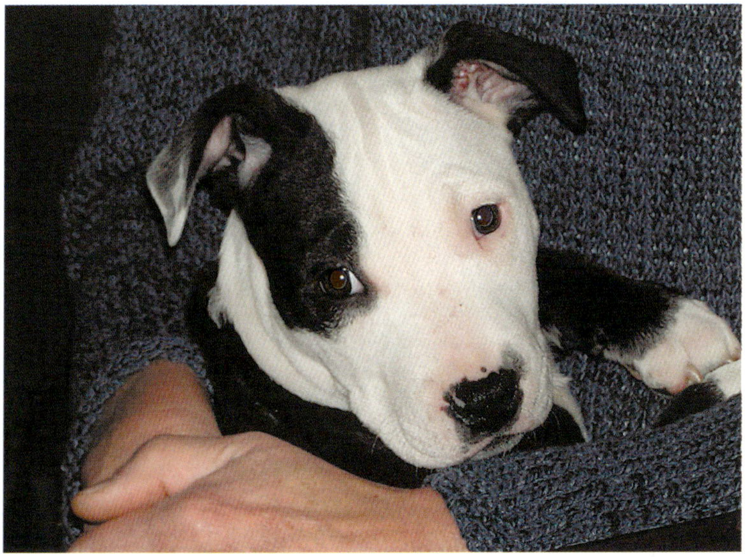

Gerade Welpen brauchen Nähe und Orientierung.

Nicht jeder Hund wird verhaltensauffällig, wenn sein Halter Fehler macht, aber mancher reagiert äußerst sensibel auf eine Behandlung, die er nicht begreifen kann. Viele Hundebesitzer »erziehen« ihren Hund mit Nachlässigkeit und Inkonsequenz, überschütten ihn dann aber in einem Maß mit Zuneigung, daß das Tier schier erdrückt wird. Klare Grenzen und persönliche Freiräume zur Entfaltung wären wesentlich besser – genau wie bei einem Kind.

Manche Menschen verhalten sich nicht nur gelegentlich undiszipliniert, sondern leben ihre Macht gegenüber Schwächeren ohne Hemmungen aus. Das sind Menschen, die ihre egoistischen Vorstellungen mit roher Gewalt und Herrschsucht durchzusetzen versuchen. Wer meint, einen Hund mit Gewalt und Prügeln erziehen und zum Lernen motivieren zu können, ist im Grunde ein sehr schwacher Mensch. Jede Ausbildungsmethode, die für den Hund mit Schmerzen verbunden ist, stellt ein Armutszeugnis für denjenigen dar, der sie anwendet; entweder handelt der Betreffende

Man sollte feinfühlig klare Grenzen setzen, solange ein Hund klein ist, denn einem älteren Hund verzeiht man Fehlverhalten nicht mehr so schnelll, und Geborgenheit braucht der Hund in jedem Alter.

Lilou reagiert äußerst sensibel. Sie zeigt deshalb häufig Beschwichtigungssignale.

unbewußt, ohne zu überlegen, oder – noch schlimmer – er weiß sich nicht anders zu helfen.

Die meisten Menschen, die Hunde ausbilden, tun dies in ihrer Freizeit und nicht von Berufs wegen. Es ist mir völlig rätselhaft, wie so mancher Hundeführer das Quälen seines Hundes quasi zu seinem »Hobby« machen kann.

Ich habe auch kein Verständnis dafür, wenn ein Hundehalter sich nicht die Zeit nimmt, die für die Erziehung des einzelnen Tieres einfach nötig ist, denn nicht jeder Hund lernt gleich schnell.

Beispiel: Wenn ein Welpe sich drollig benimmt und wir ihn »einfach goldig« finden, bringen wir es oft nicht übers Herz, ihn zu maßregeln. Wenn aber derselbe Hund dann im Alter von fünf Monaten hemmungslos auf den Tisch springt, immer noch nicht

Nicht jedes Tier lernt gleich schnell. Vor allem ängstliche Hunde haben oft Lernhemmungen. Umso wichtiger wird dann die Motivation.

stubenrein ist, uns beim Fressen anknurrt und nebenbei auch noch das Sofa anknabbert, ist es für viele Menschen endgültig genug. »Ab heute muß der Hund gehorchen, denn das kann ja kein Mensch aushalten!«

Sushi hatte ein sehr schönes Zuhause. Doch wenn ein Hund keine Grenzen aufgezeigt bekommt, weiß er nicht, was richtig und was falsch ist. Sushi hat zusammen mit ihrem Bruder eine Frau, die gestürzt war, sehr schwer verletzt. Die Hunde haben nach Bestätigung gesucht und sie sich selbst nach dem Motto verschafft: »Gemeinsam sind wir stark.«

Ein Junghund aber, der nie lernen konnte, wo ihm in in der Gemeinschaft mit dem Menschen Grenzen gesetzt sind, kann die Welt nicht mehr verstehen. Aus Frustration und Verzweiflung über möglicherweise abrupt einsetzende und teilweise unbeherrschte Erziehungsmethoden wird er nur noch mehr »Ärger machen«.

Es gibt Menschen, die mit einem von ihnen selbst verzogenen Tier in eine Hundeschule gehen, in der man ihm »ab sofort Manieren beibringt« – notfalls mit Gewalt. Aufgrund der so plötzlich wechselnden und extrem anders gearteten Behandlung entwickelt der Hund oft grundlegende Ängste und ein tiefes Mißtrauen. Diese Tiere leben ihre Frustrationen wiederum an Schwächeren aus, und wir meinen, sie seien quasi »aus heiterem Himmel« unkontrollierbar aggressiv geworden.

Ein abrupter Wechsel der Erziehungsmethoden ruft im Hund Ängste hervor.

Kinder sind oft die Opfer frustrierter Hunde. Aber wie man sieht, geht es auch anders …

Mißbrauch von Angstmechanismen

Nicht der Mensch ist vor dem Hund zu schützen, sondern der Mensch vor Menschen, die den Hund als Waffe benutzen.

Eine mißbräuchliche Verwendung von Angstmechanismen findet u. a. beim Steigern des Aggressionspotentials eines Hundes durch Konditionierung statt. Der Hund verbindet bestimmte Reize mit bestimmten Verhaltensweisen, und deshalb ist es dem Menschen möglich, beim Hund konditionierte Reflexe zu erzeugen.

Wenn ein Hund außer Kontrolle gerät …

Auf diese Weise wird das Verhalten des Hundes so lange deformiert, bis er sich als Waffe mißbrauchen läßt: Nicht der Mensch ist vor dem Hund zu schützen, sondern der Mensch vor Menschen, die den Hund benutzen.

Trennungs- oder Verlustängste

Besitzerwechsel

Hunde haben, wie alle in Sozialverbänden lebenden Geschöpfe, ein ausgeprägtes Harmoniebedürfnis und bemühen sich um ein geregeltes Zusammenleben. Deshalb ist es besonders bei einem Besitzerwechsel überaus wichtig, den Hund feinfühlig in sein neues Mensch-Hund-Rudel zu integrieren und ihm Orientierung zu geben; es darf nicht zu durch übertriebenes Mitleid hervorgerufenen Mißverständnissen kommen und ebensowenig dazu, daß der neue Besitzer glaubt, der Hund müsse eigentlich schon alles kennen und wissen.

Ein neuer Besitzer sollte immer feinfühlig auf den Hund eingehen.

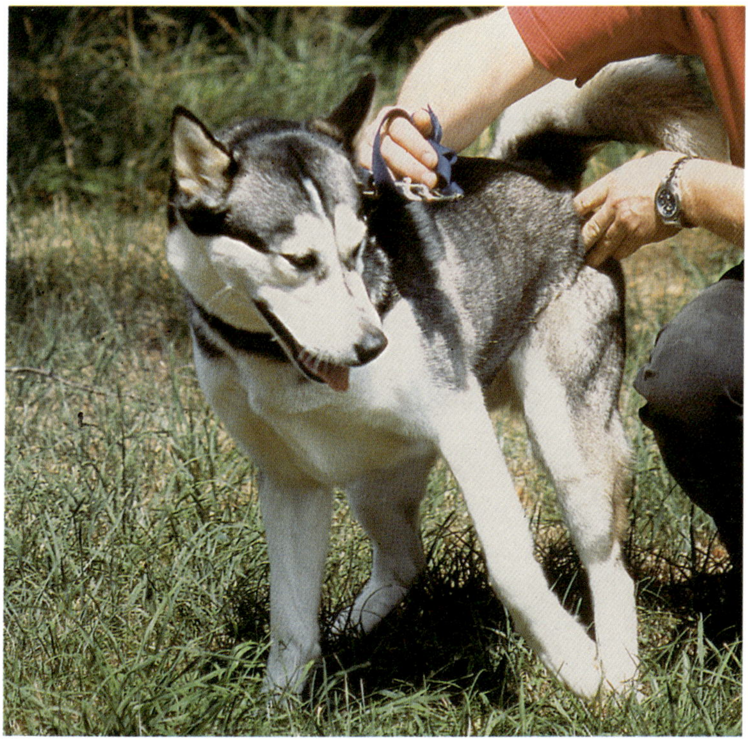

Man darf bei einem Hund, den man gerade erst zu sich genommen hat, weder etwas voraussetzen, noch irgendwelche Erwartungen an ihn haben. In der Phase des gegenseitigen Kennenlernens sind alle unsicher.

Caju hat schon viel Ungutes erlebt; er braucht nun Menschen, denen er vertrauen kann.

Lernen Sie deshalb »den Hund zu sehen«, wie ich es nenne, das heißt, lernen Sie den Neuankömmling als eigenständige Persönlichkeit kennen und achten. Nur dann sind Sie in der Lage, die wahren Ursachen für mögliches »Fehlverhalten« ausfindig zu machen – ohne die ungute Beimischung von gut gemeintem Mitleid und ohne daß Sie lediglich Symptome bekämpfen, wie es leider von so mancher Hundeschule gelehrt wird (wenn etwa einem Hund, der im Auto bellt, nur das Symptom Bellen abtrainiert, statt nach den Ursachen geforscht wird). Je mehr man über die Vergangenheit seines Schützlings weiß, desto einfacher ist es natürlich, die Ursachen für geprägtes Verhalten herauszufinden. Nur: Welcher (ehemalige) Besitzer erzählt Ihnen schon ehrlich, wann und in welcher Situation er seinen Hund mißverstanden, falsch bestätigt oder körperlich und viel zu rigoros bestraft hat?

Lassen Sie einen Welpen in den ersten Lebensmonaten niemals allein.

Wenn der Hund alleingelassen wird

Tiere, die in höheren Sozialverbänden leben, haben einen starken Drang zur Gemeinsamkeit. Während der ersten Monate seines Lebens in freier Natur wird der junge Hund niemals von den anderen Rudelmitgliedern völlig alleine gelassen. Auch ein Mensch läßt sein zweijähriges Kind bestimmt nicht allein im Haus zurück!

Das »Sehenlernen« ist einer der wichtigsten Bestandteile meiner Arbeit mit Tieren. Es gilt, die eigene Wahrnehmung zu verfeiner, und nicht nur den Körperausdruck in all seinen Facetten wahrzunehmen, sondern auch die Gefühle, den seelischen Hintergrund des Tieres zu erspüren, der über den gegenwärtigen Augenblick hinaus auch von Vergangenem Auskunft gibt.

Allein gelassene Welpen oder erwachsene Hunde können wegen ihrer Trennungsangst und dem damit verbundenen Streß in der Wohnung erheblichen Schaden anrichten.

Erst in einer späteren Phase des Erwachsenwerdens (je nach Rasse ab dem vierten oder fünften Monat) entwickeln Hunde die Fähigkeit, das Alleinsein bis zu einem gewissen Grad zu ertragen bzw. zu tolerieren. Deshalb ist es äußerst wichtig, daß der Welpe oder Junghund dann die Möglichkeit erhält zu lernen, wie er ohne Angst mit einer vorübergehenden Isolation umgehen kann.

Die Menschen fördern oft die Verlustängste ihrer Hunde, indem sie entweder übertriebene Schuldgefühle zeigen, wenn sie ihren Liebling allein lassen, oder aber indem sie völlig überzogene Strafmaßnahmen greifen, wenn der Hund aus lauter Streß und Verzweiflung die Wohnung verschmutzt oder Mobiliar angenagt hat; zu solchen Bestrafungen gehören das Anschreien oder Schlagen des Hundes beim Nachhausekommen. Durch derartige Aktionen wird das Tier die von ihm ursprünglich herzlich gemeinte Begrüßung irgendwann nur noch als Streß empfinden, und das Problem wird sich enorm verschärfen.

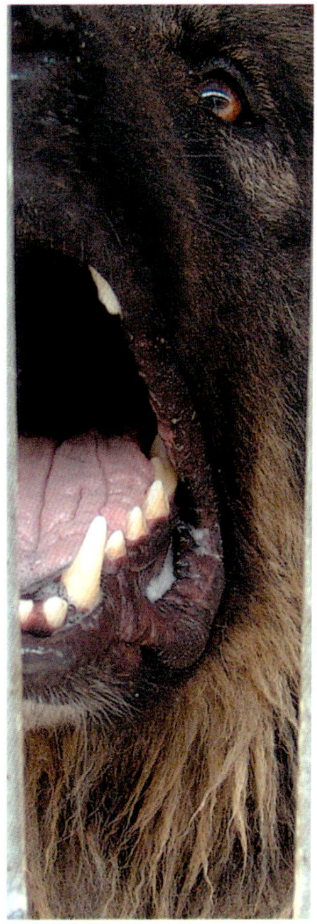

Zu große Einsamkeit bedeutet Verzweiflung.

Furcht vor der Rückkehr des Besitzers

Einen Hund, der sich vor Ihrem Heimkommen fürchtet, erkennen Sie daran, daß er krampfhaft darum bemüht ist, Ihnen alles recht zu machen. Für mich gibt es kaum einen traurigeren Anblick als einen unverstandenen Hund, der sich – aus Angst vor dem Verhalten seines Menschen beim Wiedersehen – vor lauter Beschwichtigungssignalen (laut jaulen, anspringen, zerstörte Dinge herbeitragen und zum Spielen auffordern) schier überschlägt, und meistens reagiert der Mensch erneut ungehalten.

Das Bellen, Jaulen und Anspringen sind natürlich auch Ausdrucksformen der Freude; aber wenn Ihr Hund sich zu sehr darum bemüht, Ihnen alles recht zu machen, zeigt er Ihnen damit seine Ängste. Das ist ähnlich wie bei einem Kind, das Angst davor hat, bestraft zu werden; häufig verwickelt es seine Eltern in ein Gespräch, bringt Spielzeug herbei und versucht, die Erwachsenen ganz ähnlich zu beschwichtigen, wie ein Hund es tut. Es ist niemals gut, solche Ängste durch eine Bestrafung auch noch zu bestätigen – weder beim Kind, noch beim Hund.

Das Heimkommen des Hundehalters sollte ein erfreuliches Ereignis sein und bleiben, etwas Selbstverständliches und Vertrautes. Auf keinen Fall darf es mit Anspannung und Unbeherrschtheit einerseits oder Sorge und Mitleid andererseits belastet sein. Derartige Gefühlsäußerungen sind menschlicher Natur und weisen

Das Heimkommen des Menschen sollte ein erfreuliches Ereignis sein und bleiben. Begrüßen Sie Ihren Hund daher immer liebevoll und ruhig.

für den Hund auf eine »unnormale« Situation hin. Begrüßen Sie Ihren Hund daher immer liebevoll und ruhig.

Tun Sie es nicht, entsteht ein Teufelskreis aus Mißverständnissen: Der Hund empfindet bereits Angst (und zwar jedes Mal stärker), wenn der von ihm geliebte Mensch die Wohnung verläßt; aufgrund seiner schlechten Erfahrungen erwartet der Hund dessen Rückkehr mit einer immer größer werdenden Unsicherheit.

Verabschiedungsrituale bringen den Hund in besonders heftige Gefühlskonflikte.

In einen besonders heftigen Gefühlskonflikt gerät der Hund, wenn sein Besitzer ihn vor dem Gehen auch noch extrem tröstet; aufgrund dieses »Verabschiedungsrituals« weiß der Hund, daß sein Besitzer ihn jetzt alleine läßt, verspürt sofort Angst und fühlt sich durch die wohlwollenden Worte in seiner Angst bestätigt. Er läuft unruhig hin und her, gerät immer mehr in Streß und beginnt, sich abzulenken: Er knabbert Möbel und Kleidungsstücke an oder kotet und uriniert vor lauter Aufregung in die Wohnung. Wie groß ist dann die Freude und Erleichterung, wenn der so sehr vermißte Mensch endlich wieder erscheint! Und wie gewaltig und niederschmetternd ist die Frustration des Tieres, falls der geliebte Halter gerade jetzt ärgerlich oder zornig reagiert und gar die Nase seines Hundes in die nicht beabsichtigten Häufchen drückt!

Es ist ein Ammenmärchen und ein leider immer noch weit verbreiteter Aberglaube, daß der Hund die Absicht habe, seinen Besitzer mit solchen »Untaten« zu »ärgern«, oder daß er »trotzig« rea-

So mancher Besitzer sollte hinter die geschlossene Türe schauen und sehen können, wie angespannt der Hund vor seiner Ankunft war. Der aufmerksame Blick zeigt zwar freudige Erwartung, aber die Maulwinkel und die Körperhaltung verraten Streß.

giere. Hier unterschiebt man dem Tier völlig zu Unrecht menschliche Motive. Kein Tier würde sich so verhalten! Der Hund kann ein Wiedersehen, bei dem er bestraft wird, nicht begreifen und verhält sich in Zukunft stets behutsamer, zurückhaltender und beschwichtigender – was von uns Menschen erneut und fälschlicherweise als »Schuldbewußtsein« interpretiert wird.

Was vom heimkommenden Menschen oft als »schlechtes Gewissen« interpretiert wird, sind Beschwichtigungsgesten eines ängstlichen Hundes.

Eine defensive Haltung hat nicht unbedingt etwas mit Schuldbewußtsein zu tun.

Wie oft muß ich mir Aussagen anhören wie: »Mein Hund weiß ganz genau, was er falsch gemacht hat!« oder: »Er macht das alles nur aus Trotz!« Die meisten Hunde wissen tatsächlich, daß das Wohnungsinventar nicht zerstört werden darf, und sind auch stubenrein; sie wissen also, »was sich gehört«. Aber: In Konflikt- und Streßsituationen entstehen große Hilflosigkeit und extreme Ängstzustände, und die Tiere können meist gar nicht mehr anders; ganz besonders stark gefördert werden solche Ängste, wenn der Hund mit Bangen auf die Rückkehr seines Menschen wartet. Diese Unsicherheit verstärkt jede Trennungsangst, und schon kommt es zu der unglückseligen Verkettung von Mißverständnissen und fehlgesteuerten Angstzuständen. Das Zurückkommen des Menschen darf niemals so ausfallen, daß der Hund es als Bestrafung empfindet: Das widerspricht jeglichem Naturgesetz. Ich habe tatsächlich Hunde kennengelernt, die aus lauter Angst vor Bestrafung ihre Exkremente aufgefressen haben.

Ein Schafhirte aus Frankreich sagte mir einmal: »Ein Mensch, der auf seinen Hund angewiesen ist, weiß genau, daß er nur mit einem Hund zusammenarbeiten kann, der ihm absolut vertraut und bedingungslos gehorcht. Und solch ein großes Geschenk der Gemeinsamkeit kann niemals erzwungen werden! Viele Menschen schlagen ihre Hunde, damit sie gehorchen; diese Hunde werden ihren Besitzern niemals Freunde sein und in der Not versagen. Was haben wir Menschen nicht alles erreicht! Aber wir haben dabei verlernt, was wahre Freundschaft bedeutet.«

Es gibt Situationen, in denen man sich aufeinander verlassen können muß.

Tashun, das »Phantom von Mochenwangen«

In Mochenwangen, einer kleinen Ortschaft unweit des Gnadenhofs, hatte es eine Schäferhündin geschafft, vier Jahre lang wild zu leben. Die Menschen nannten sie »Phantom von Mochenwangen«, weil weder die Jägerschaft noch die Polizei ihrer habhaft werden konnte, und natürlich waren diese Instanzen sehr daran interessiert, die Hündin nach ihrem langen Aufenthalt in Feld und Wald endlich einfangen oder erschießen zu können. Sie war jedoch besonders mißtrauisch und vorsichtig. Kaum jemand bekam sie je zu sehen. Nur am gestohlenen Katzenfutter konnten die Anwohner erkennen, daß die Hündin sie regelmäßig, natürlich nachts, besuchte. Tagsüber hielt sie sich geschickt verborgen und versteckte sich in den Wäldern. Doch niemand wußte, wo. Die Suche nach dem und die Jagd auf das »Phantom von Mochenwangen« wurde

Freiheit kann schlimmer sein als Gefangenschaft.

behördlicher- und privaterseits immer intensiver. Deshalb bat mich schließlich eine Anwohnerin, die mit dem Tier Mitleid hatte und befürchtete, es könne doch noch gefangen oder erschossen werden, um Hilfe. Die Frau erzählte mir, daß die Hündin nachts zum Fressen zu ihr käme, jedoch könne man sie kaum beobachten, weil sie sehr vorsichtig sei und jede Veränderung um das Haus herum sofort bemerken würde.

Gemeinsam mit einer guten Freundin fuhr ich eines abends zu dem Haus der freundlichen Anwohnerin. Unsere Absicht war, dort eine Zeitlang auf die verwilderte Schäferhündin zu warten. Wie jeden Tag stand ein gut gefüllter Futternapf im Hausgang für sie bereit. Ich konnte mir vorstellen, wie erfahren, intelligent und vorsichtig ein Hund sein mußte, um über vier Jahre lang von niemandem gefangen zu werden und, völlig auf sich allein gestellt, in freier Wildbahn trotz aller Gefahren und Strapazen zu überleben.

Als wir nach Stunden des Wartens schon aufgeben wollten, hörten wir plötzlich das leise klappernde Geräusch einer Blechschüssel. Ich wußte sofort, daß sich die Schäferhündin, die keinem Menschen mehr vertraute, auf jedes Geräusch achtend und sich behutsam auf leisen Pfoten vorwärtsbewegend in den Bereich des Hauseingangs geschlichen hatte, um dort das bereitgestellte Futter gierig zu verschlingen. Ich denke, die Schäferhündin ahnte, daß diesmal etwas anders war als sonst. Ich öffnete vorsichtig die Tür zum Hausgang, und als ich sie rasch wieder hinter mir schloß, war es völlig dunkel

um mich herum. Ich war allein in einem Gang mit einer Treppe, die nach unten in den Keller führte.
In Momenten wie diesem überlege ich nicht, was alles passieren könnte. Ich folge einzig und allein meiner Intuition. Ich konnte nichts sehen und seltsamerweise auch nichts hören. Mein Herz klopfte laut, und ich suchte erst gar nicht nach einem Lichtschalter. Die Dunkelheit ermöglichte es mir, einfach dazusein, ohne aufdringlich auf die Hündin zu wirken, denn im Dunkeln konnten wir beide nur fühlen.
Ich lauschte in die Dunkelheit hinein und konzentrierte mich völlig auf mein Gehör. Die Hündin mußte im Keller sein, denn ich hörte von dort leises Hecheln. Mir war aus vielen Begegnungen und Erfahrungen mit verwilderten Hunden klar, daß ich die Schäferhündin nun auf keinen Fall bedrängen durfte und daß es galt, ihr das Gefühl der Sicherheit zu vermitteln. Es mußte mir gelingen, den Hund in die Lage zu versetzen, Sicherheit und Geborgenheit bei mir zu suchen und zu finden.

Tashun – wieder bei Menschen und doch frei.

Ich fing an, mich leise mit der Hündin zu unterhalten. Mit ruhiger, aber bestimmter Stimme erzählte ich ihr, daß sie in Gefahr lebe und es besser sei, wenn sie mit mir käme. Natürlich war mir bewußt, daß der Hund meine Worte nicht verstehen konnte; doch mit dem lauten Sprechen wollte ich meine Haltung, Mimik und Gestik unterstützen. Wichtig war dabei nur, zwischen dem Klang meiner Worte und meinem körperlichen Ausdruck keine Differenzen zu offenbaren, denn die Hündin hätte dies trotz der Dunkelheit gespürt. Vorsichtig, Schritt für Schritt, schlich sie die Treppe herauf und auf mich zu. Schließlich stupste sie mich mit ihrer Nase an der Hand.
Seit dieser Nacht lebt sie, Tashun, nun bei mir, ohne jemals ein Halsband getragen zu haben oder angeleint worden zu sein.

Falsche Rollenverteilung
Ein weiterer Grund für Trennungsängste ist eine falsche Rollenverteilung innerhalb der Mensch-Hund-Beziehung, wenn nämlich der Hund »dominant gemacht« wurde und meint, er sei der Rudelführer. Hunde, die im Rudel eine ranghohe Stellung einnehmen, sind für den Schutz der anderen zuständig, und kein rangniedrigeres Tier würde selbständig die Gemeinschaft für längere Zeit verlassen. Der Haushund aber, der sich in einer Führungsrolle wähnt und deshalb meint, für die Sicherheit und Ordnung des Zusammenlebens zuständig zu sein, wird ungemein darum

Ein dominant gemachter Hund erlebt Verlustängste, wenn der vermeintlich rangniedrigere Mensch das Rudel verläßt.

Ein «dominant gemachter« Hund wacht übertrieben über seinen Menschen.

bemüht sein, sein Rudel wieder zu vereinen. Weil er es aber nicht schafft und der Mensch trotzdem geht, erlebt er die gleichen Verlustängste wie ein zu abhängiges Tier.

Aussetzen des Hundes

Ausgesetzt zu werden, löst beim Hund die wohl die verheerendsten Trennungsängste und Panikzustände aus, die man sich überhaupt vorstellen kann.

Das Aussetzen eines Hundes ist mit das Schlimmste, was man einem Tier antun kann. Es löst wohl die verheerendsten Trennungsängste und Panikzustände aus, die man sich überhaupt vorstellen kann. Ein Hund wird sein Verstoßenwerden nie begreifen können; er weiß, daß er ohne sein Rudel nicht überlebensfähig ist und wird in seiner Todesangst nur das Eine wollen – das ihm vertraute Rudel wiederfinden. Solch ein dramatisches Erlebnis wird ihn für sein restliches Leben prägen. Der Hund erlebt seinen Verstoß entweder als furchtbare Strafmaßnahme, deren Grund er nicht verstehen kann. Oder er glaubt möglicherweise, sein Rudel aus Unachtsamkeit verloren zu haben.

Das Schlimme an der Situation dieser Hunde ist, daß sie auch nach einer Plazierung wiederholt in Tierheimen abgegeben werden, denn nur wenige Halter schaffen es, diesen durch menschliches Verschulden zu Problemtieren gemachten Hunden dauerhaftes Vertrauen in den Menschen zurückzugeben.

Beispiel: Als ich an diesem Buch schrieb und nachts um 3.30 Uhr von meinem Verlag aus der Schweiz nach Hause kam, war ein Hund mit einer Leine an einem unserer Container vor dem Hof angebunden. Auf dem Container klebte ein handgeschriebener Zettel, auf dem, wie sich später herausstellte, in knappen Worten das Schicksal des Hundes festgehalten war.
Das Tier hatte offensichtlich große Angst und war wirklich verzweifelt. Weil der Container in unmittelbarer Nähe der Hauptstraße stand, wartete der Hund bei jedem vorbeifahrenden Auto sehnsüchtig darauf, daß es sich um seinen zurückkehrenden Besitzer handeln möge.
Ich stieg aus und ging langsam an dem Hund, richtiger der Hündin – wie sich herausstellte –, vorbei, um sie nicht zu bedrängen. Sie knurrte mich an, ohne sich jedoch ernsthaft um mich zu kümmern. Sie war völlig damit beschäftigt, den vorbeifahrenden Autos nachzuschauen.
Ohne ihr Knurren zu beachten, ging ich seitwärts auf den Container zu und sprach ruhig mit der Hündin. Dabei fiel mir auf, daß

Yucca meinte, sie würde von ihrem Besitzer wieder abgeholt werden. Sie wartete und wartete …

sie gar nicht mehr angebunden war, sondern ihre Leine durchgebissen hatte. Sie knurrte mich weiterhin an und wich mir seitwärts aus, ohne jedoch den Container zu verlassen. Ich war besorgt, sie würde auf die Straße rennen.
Nachdem ich den Zettel vom Container genommen hatte, hockte ich mich hin, und zwar mit dem Rücken zur Hündin. Hätte ich

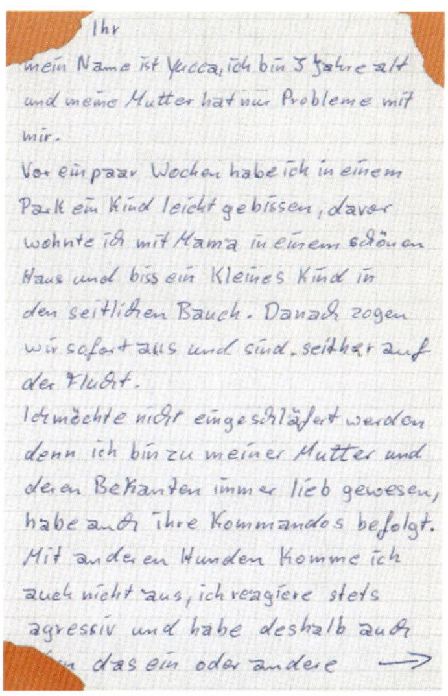

Ihr
mein Name ist Yucca, ich bin 3 Jahre alt
und meine Mutter hat nur Probleme mit
mir.
Vor ein paar Wochen habe ich in einem
Park ein Kind leicht gebissen, davor
wohnte ich mit Mama in einem schönen
Haus und biss ein Kleines Kind in
den seitlichen Bauch. Danach zogen
wir sofort aus und sind seither auf
der Flucht.
Ich möchte nicht eingeschläfert werden
denn ich bin zu meiner Mutter und
deren Bekanten immer lieb gewesen,
habe auch ihre Kommandos befolgt.
Mit anderen Hunden komme ich
auch nicht aus, ich reagiere stets
agressiv und habe deshalb auch
… das ein oder andere →

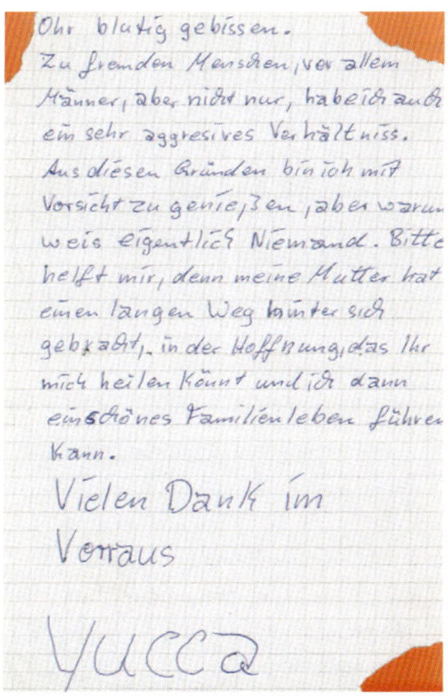

Ohr blutig gebissen.
Zu fremden Menschen, vor allem
Männer, aber nicht nur, habe ich auch
ein sehr aggresives Verhältniss.
Aus diesen Gründen bin ich mit
Vorsicht zu genießen, aber warum
weis eigentlich Niemand. Bitte
helft mir, denn meine Mutter hat
einen langen Weg hinter sich
gebracht, in der Hoffnung, das Ihr
mich heilen könnt und ich dann
ein schönes Familienleben führen
kann.
Vielen Dank im
Vorraus
Yucca

Ihr
mein Name ist Yucca, ich bin 3 Jahre alt und meine Mutter hat nur Probleme mit mir.
Vor ein paar Wochen habe ich in einem Park ein Kind leicht gebissen, davor wohnte ich mit Mama in einem schönen Haus und biss ein kleines Kind in den seitlichen Bauch. Danach zogen wir sofort aus und sind seither auf der Flucht.
Ich möchte nicht eingeschläfert werden denn ich bin zu meiner Mutter und deren Bekanten immer lieb gewesen, habe auch ihre Kommandos befolgt.
Mit anderen Hunden komme ich auch nicht aus, ich reagiere stets agressiv und habe deshalb auch schon das ein oder andere Ohr blutig gebissen,
Zu fremden Menschen, vor allem Männer, aber nicht nur, habe ich auch ein sehr aggresives Verhältniss.
Aus diesen Gründen bin ich mit Vorsicht zu genießen, aber warum, weis eigentlich Niemand. Bitte helft mir, denn meine Mutter hat einen langen Weg hinter sich gebracht, in der Hoffnung, das Ihr mich heilen könnt und ich dann ein schönes Familienleben führen kann.
Vielen Dank im Vorraus
Yucca

sie bedrängt oder gelockt, hätte ich dem verzweifelten Tier nicht genügend Sicherheit geben können.

Nach einer Weile kam die Hündin zu mir. Als sie mich erreicht hatte, stand ich auf, ohne sie zu berühren, und ging auf das Eingangstor des Gnadenhofs zu. Sie folgte mir, lief aber zweimal zum Container zurück: das erste Mal schon nach wenigen Sekunden, und das zweite Mal erst, nachdem sie mir schon ein gutes Stück auf meinem Weg gefolgt war. Deshalb ging ich ein kleines Stück zurück, auf die Hündin zu, blieb dann stehen, rief sie, drehte mich sofort wieder um und ging in Richtung Gnadenhof weiter. Dieses Mal folgte sie mir bis zum Wohngebäude.

Dort angekommen, setzte ich mich hin, nahm die Hündin, die sofort zu mir kam, in die Arme und tröstete sie. Dann nahm ich sie mit in meine Wohnung, um sie spüren zu lassen, daß sie nicht alleine war. Seither lebt Yucca bei uns auf dem Gnadenhof.

Inzwischen kann Yucca ihr Leben wieder genießen!

Weitere Gründe für Trennungs- oder Verlustängste

- Trennungsängste stellen sich ein, wenn ein Hund über einen gewissen Zeitraum hinweg daran gewöhnt war, immer jemanden in seiner Nähe zu haben. Das Tier muß das Alleinbleiben schrittweise und von Grund auf neu erlernen.

  Trennungsängste können etwa nach einem Erziehungsurlaub oder nach einer Arbeitslosigkeit des Besitzers entstehen, aber auch, wenn der Zweithund verstirbt oder der gewohnte Tagesablauf (regelmäßiges gemeinsames Mittagessen, feste Schulzeiten usw.) sich ändert.

- Eifersucht ist eine Form der Verlustsangst und oftmals eine Ursache für zum Teil heftige Aggressionen.
  Es kommt sehr häufig vor, daß der Hund sich zwischen zwei sich umarmende Personen drängt oder sich einmischt. Aber nicht jeder Hund, der dies tut, ist eifersüchtig oder besitzergreifend: Eine enge Umschlingung verunsichert viele Hunde, weil sie im Tierreich so nicht vorkommt, und sie meinen, einen Kampf schlichten zu müssen.

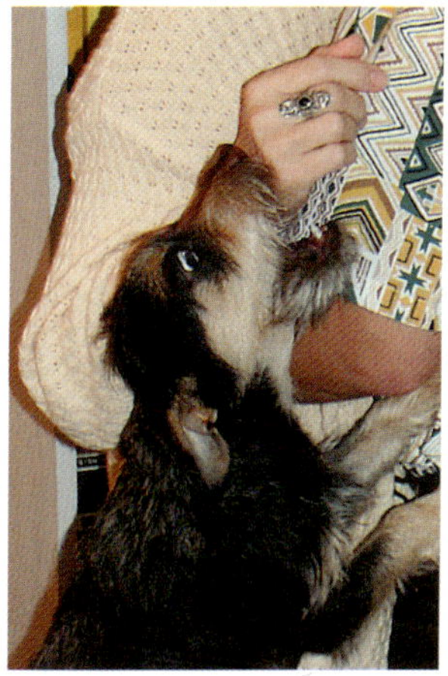

Was wie Eifersucht aussieht, ist oft reine Verzweiflung.

So mancher Hund bemüht sich sehr darum zu schlichten, wenn er meint, zwischen Menschen finde eine kämpferische Auseinandersetzung statt.

Eine enge Umarmung verunsichert viele Hunde, weil sie im Tierreich so nicht vorkommt; der Hund meint dann, einen Kampf schlichten zu müssen.

- Mancher Hund fühlt sich zurückversetzt, wenn ein neues Mitglied in die Lebensgemeinschaft einzieht (Baby, andere Tiere usw.) und er entweder weniger Aufmerksamkeit als zuvor oder weniger Aufmerksamkeit als der Neuankömmling erhält. Der

Hund ist dann krampfhaft darum bemüht, das Gefühl zu bekommen, wieder wichtig zu sein.
- Ständige familiäre Streitigkeiten fördern Unsicherheiten, die sich auf andere Ängste übertragen und sie verstärken.
- Ein Hund, der zu häufig allein ist, leidet unter Trennungsängsten. Kommen nun auch noch nicht einschätzbare, unkontrollierte Handlungen seitens seines Besitzers dazu (zum Beispiel neigen insbesondere suchtkranke Menschen zu einer kaum oder nur schwer verständlichen Körpersprache und zu einer für den Hund nicht nachvollziehbaren Ausdrucksweise und Launenhaftigkeit), werden die Konflikt- und Angstgefühle stark zunehmen.
- Laute Geräusche können Trennungsängste neu entstehen lassen. So ist es für die meisten Hunde schwierig, zum Beispiel bei Gewitter oder Feuerwerk einsam auf ihre Menschen zu warten. Bei geräuschempfindlichen Tieren können unvermittelt auftretender Lärm oder laute Geräusche (ein Autounfall vor dem Haus, ungewohntes Kindergeschrei, unerwartetes Klingeln an der Haustür) plötzliche Angstzustände auslösen, da dem Hund in solch einem Schreckmoment die Trennung von seinem Haltern besonders intensiv bewußt wird.
- Es gibt viele Hunde, die ihre Sicherheit in regelmäßigen Abläufen finden und unsicher werden, sobald sich in ihrem geordneten Umfeld etwas ändert (etwa durch den Verlust einer Bezugsperson nach einer Scheidung oder wenn ein erwachsenes Familienmitglied in eine eigene Wohnung umzieht usw.).
  Auch in einem Hunderudel gibt es Auseinandersetzungen und Unregelmäßigkeiten, und so manches untergeordnete Tier sucht irgendwann einen neuen Partner außerhalb des Gruppenverbands. Aber nur extrem sensible Lebewesen werden durch solche Veränderungen vor schier unlösbare Probleme gestellt.
- Trennungsängste stellen sich auch dann ein, wenn ein Hund emotional allzu abhängig von seinem Besitzer wird, weil der Mensch sein Tier zum Beispiel als Partnerersatz betrachtet und sich entsprechend intensiv mit ihm beschäftigt.

Hunde mit Trennungsängsten manipulieren gerne

Hunde lernen, die von ihnen ursprünglich aus Angst eingesetzten Körpersignale bewußt anzuwenden; sie hatten mit bestimmten Verhaltensweisen Erfolg und konnten sich Aufmerksamkeit und

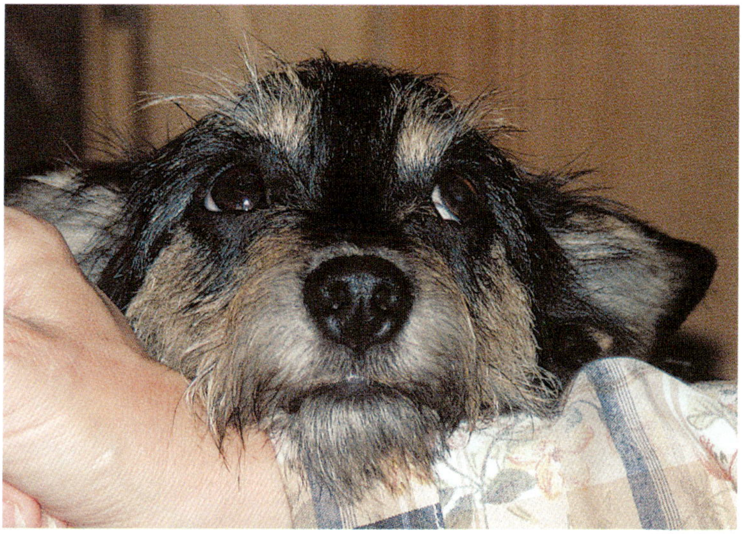

Ein herzerweichender Blick aus Hundeaugen.

Bestätigung verschaffen. Später beeinflussen sie ihre Menschen gerne, indem sie zum Beispiel versuchen, wann immer es ihnen gefällt, gestreichelt zu werden oder einen Leckerbissen zu erhalten. Diese Spitzbuben ertricksen sich regelrecht die Zuwendung ihrer Besitzer. Aus Unwissenheit um die möglichen Folgen finden die Menschen solche Attacken von »Ich will jetzt gestreichelt werden« in der Regel sehr belustigend. Es gibt Hunde, die ihren Halter regelrecht als Stuhl, Bett usw. benutzen; der Hund möchte mög-

Manche Hunde »ertricksen« sich mit bestimmten Körpersignalen die Zuwendung ihrer Menschen. Ignorieren Sie solches Verhalten in unregelmäßigen Abständen, um Ihren Hund nicht dominant zu machen.

Gemeinsamkeiten müssen allen Beteiligten Spaß machen! Weder darf der Hund den Menschen, noch der Mensch den Hund tyrannisieren.

Eine Ruhepause beim Training auf dem Schoß des Menschen ist völlig in Ordnung!
Doch je nach Situation will ein Hund auf dem Schoß oder Arm seinen Besitzer beschützen; Sie müssen spüren, was in Ihrem Hund vorgeht, und entsprechend handeln.

lichst engen Körperkontakt halten, indem er auf seinem Besitzer sitzt, liegt oder sich an ihn lehnt.

Hinterfragt man solche Verhaltensweisen, stellt man fest, daß es sich dabei um Besitzansprüche des Hundes handelt, die Sie nicht immer nur als etwas »Goldiges« hinnehmen dürfen. Ignorieren Sie deshalb solche »Befehle« des Tieres in unregelmäßigen Abständen, denn sonst sind Sie auf dem besten Weg, Ihren im Grunde unsicheren Hund (sonst würde er keine so große Nähe zu Ihnen suchen) dominant zu machen. In einem Rudel hat nur das Leittier das Recht, jederzeit Aufmerksamkeit zu verlangen.

Schimpfen Sie nun aber, aufgrund dieser Ihnen bislang vielleicht unbekannten Zusammenhänge, nicht plötzlich mit Ihrem Hund: Er kann nicht verstehen, warum er für etwas bestraft wird, das Sie so lange Zeit geduldet oder sogar belohnt haben. Gehen Sie einfach *nicht immer* auf die Forderungen Ihres Hundes ein, und streicheln Sie ihn nur dann, wenn auch Ihnen danach ist. Nehmen Sie ihn auch weiterhin auf den Schoß, wenn er es gerne möchte, aber nur dann, wenn es auch für Sie in Ordnung ist.

Falls Sie Ihrem Hund ständig und überall Leckerbissen geben, wird er dies zwangsläufig mißverstehen. Sie sollten also unbedingt damit aufhören. Einerseits sieht der Hund ein solches Verhalten als Erniedrigung des Menschen an und wähnt sich in der Führungsrolle gegenüber seinem Besitzer, und andererseits wird er die

Anspringen ist meistens sehr freundlich gemeint. Ist es Ihnen jedoch zu bedrängend oder einfach unangenehm, so drehen Sie sich weg, bevor der Hund an Ihnen hochspringt, und bestätigen Sie ihn, wenn er Sie »auf allen Vieren« begrüßt.

Happen irgendwann mit aufdringlichem Betteln ununterbrochen einfordern – und schon wieder sind Sie im Begriff, Ihrem Hund eine, aus seiner Sicht berechtigte, Dominanz zu überlassen. Natürlich kann man seinem Hund auch zwischendurch etwas zu fressen geben, aber Leckerbissen sollten doch eher die Funktion einer Belohnung behalten.

Ebenso verhält es sich mit Spielaktionen. Es gibt Hunde, die überschwenglich zum Spielen auffordern und wirklich stundenlang Bälle herbeitragen, und es gibt Menschen, die mit dem Werfen genausolange durchhalten wie der Hund mit dem Apportieren. Es ist jedoch Sache des Menschen, Grenzen zu setzen und die Dauer der Spielzeit zu bestimmen – nicht die des Hundes. Mit Ihnen zu spielen, sollte für das Tier immer motivierend bleiben.

Beim Spiel sollten Sie den Hund öfters gewinnen lassen, aber auch Grenzen setzen, wenn es Ihnen zu turbulent wird.

Streßabbau durch Ersatzhandlungen

Streßsituationen lösen Nervosität aus, und die Tiere flüchten sich in Ersatzhandlungen, um von ihrer Unsicherheit abzulenken. Diese Übersprungsaktionen bestehen bei Trennungsängsten oftmals in Verhaltensweisen, mit denen der Hund etwas Angenehmes verbindet. Er trägt zum Beispiel Kleidungsstücke des geliebten Menschen zusammen oder zernagt dessen Schuhe, einfach weil sie so vertraut riechen. Gerade das Kaugefühl bewirkt Befriedigung, auch beim Menschen: Wir verwenden Kaugummis nicht von ungefähr. Zernagt ein Junghund hingegen ständig irgendwelche Ge-

Leckerbissen und Spiele mit dem Menschen sollten für den Hund etwas Besonderes bleiben.

Der Mensch muß unterscheiden können, ob sein Hund sich wirklich beschäftigt oder ob er Ersatzhandlungen ausführt.

Ein Hund, der sich nach Aufmerksamkeit sehnt.

Dauerkläffen, -winseln oder -jaulen sind Ausdrucksformen des Hundes, mit denen er den Menschen auf seine Einsamkeit oder Hilflosigkeit aufmerksam machen möchte.

genstände, sollte man als auslösenden Faktor auch den Zahnwechsel in Betracht ziehen, denn er animiert das Tier instinktiv zum Knabbern.

Dauerkläffen, -winseln oder -jaulen sind weitere Ausdrucksmöglichkeiten des Hundes, mit denen er auf seine Einsamkeit und Hilflosigkeit aufmerksam macht. Die eigene Stimme zu hören gibt dem Tier ein Geborgenheitsgefühl und lenkt es von seinen Ängsten ab.

Jeder Hund ist ein einzigartiges Individuum mit eigenen, ganz persönlichen Wünschen, Ängsten, Stimmungen und Bedürfnissen. Auch wenn Ihr vorheriges Tier völlig zufrieden bei Ihnen war, erlebt der neue Hund das Zusammenleben mit Ihnen aus seiner Perspektive möglicherweise ganz anders und sucht seine Zuflucht in Ersatzbefriedigungen – ebenso wie ein Mensch in Streßsituationen oder unter Dauerbelastung zu Ersatzbefriedigungen neigt (Kettenrauchen, an den Fingernägeln kauen, sich am Kopf kratzen, seine Wunden aufkratzen, sich an den Haaren ziehen, dauernd das Fernsehen oder Radio laufen haben, sich ständig in Gesellschaft anderer Menschen aufhalten usw.).

Selbstverstümmelung

Auch Selbstverstümmelungen (wie das Wundlecken der Pfoten oder das Benagen der Lendengegend) haben ihre Ursache nicht immer in Allergien oder Ernährungsfehlern: Kann beides von einem Tierarzt ausgeschlossen werden, kommen Ängste, besonders Trennungsangst, Streß, Leistungdruck und Beschäftigungsmangel als häufigste Faktoren für derartiges Verhalten in Frage.

Es gibt zahlreiche Formen der Selbstverstümmelung bei Verlustangst. Manche Hunde erleben das Einsamkeitsgefühl bereits dann, wenn ihr Mensch nur etwas weniger Zeit für sie hat, jemanden anderen zu bevorzugen scheint oder öfters gestreßt und angespannt nach Hause kommt. Gerade die abhängigen und harmoniebedürftigen Tiere reagieren schon bei den kleinsten Veränderungen verunsichert; die Streßmomente können derart intensiv werden, daß es sogar zur Automutilation kommt. Es gibt Hunde, die sich in einer kinderreichen Familie einsam und vernachlässigt fühlen, weil ihnen zum Beispiel eine feste Bezugsperson und die damit verbundene Orientierung fehlen. Die Selbstverstümmelung wird für solche Tiere irgendwann zur Gewohnheit und kann von ihnen oftmals nicht mehr gesteuert werden.

Häufig ist Angst die Ursache für Selbstverstümmelungen.

Auch in Familien mit Kindern muß der Hund das Gefühl haben dazuzugehören.

Zerstörungswut und Verlustängste werden durch Langeweile ganz erheblich gefördert.

Symptombekämpfung

Ein weitreichendes Mißverständnis liegt darin, daß der Hund beim Zernagen von Gegenständen während der Abwesenheit des Menschen keinen Widerstand erlebt und so die Erfahrung macht, daß er dies wohl tun darf. Jeder Mensch und jedes Tier besitzt ein angeborenes Bedürfnis nach Beschäftigung und sucht gerade in angsteinflößenden Situationen nach Ablenkung, um die Zeit des Wartens abzukürzen. Das Gefühl der Langeweile fördert einerseits die Zerstörungswut und andererseits die Verlustängste ganz erheblich.

Bei dieser Form von Angst gibt es unendlich viele Möglichkeiten der Symptombekämpfung, die – oberflächlich betrachtet – mitunter auch Erfolg haben. Aber das ursächliche Problem löst man damit nicht. Im Gegenteil: Die Ängste des Tieres werden oftmals verschlimmert. So mancher Hundehalter scheut wirklich weder Mühe noch Kosten, ohne eine wirkliche Lösung zu finden.

Wenn ein Hund einfach mitkommen möchte und jemanden braucht …

Es gibt nichts Schöneres, als alles gemeinsam zu erleben, ohne aneinander gefesselt zu sein.

Beispiele für Symptombekämpfung:

- Aus Sorge um seinen Hund nicht mehr aus dem Haus gehen und keine Freunde mehr besuchen (ein solches Verhalten gefährdet das eigene Sozialleben).
- Seinen Hund immer und überall hin mitnehmen.

Für einen Hund ist es schön, überall dabeisein zu dürfen. Man darf ihn dann aber nicht ignorieren oder vergessen, denn er bekommt alles mit und wartet auf Entscheidungen des Menschen – sonst entscheidet er selbst.

- Seinen Hund anbinden, besonders über längere Zeit (dies ist oft lebensgefährlich für das Tier, weil es sich in Abwesenheit des Besitzers mit der Leine erdrosseln kann).

Angebundene Hunde müssen beaufsichtigt werden.

- Den Hund bestrafen, wenn man nach Hause kommt.
- Gegenstände, die zernagt werden könnten, mit widerwärtig schmeckenden Pasten einschmieren usw.
- Seinen Hund über Stunden in Flugboxen oder im Auto lassen. Viele Hunde empfinden dies als angenehm, weil sie so das Gefühl haben dabeizusein; außerdem wirkt ein Auto wie eine Höhle mit wunderbarem Ausblick. Nur: allen Geborgenheitsgefühlen zum Trotz sollte ein Auto niemals zum ständigen Wohnsitz eines Hundes werden.

Wenn der Hund im Auto bellt

Warum ist ein Hund im Auto oft so aufgeregt oder reagiert besonders aggressiv auf Personen oder Objekte, die dem Auto nahekommen?

Das Auto ist ein kleiner Raum, in dem eine große Nähe zum Besitzer geschaffen und für den Hund somit das Gefühl der Zusammengehörigkeit mit seinem Menschen intensiviert wird. Aus diesem Grund bietet ihm das Auto sehr viel Geborgenheit, und sein Territorialverhalten steigert sich entsprechend. So mancher Hund bestätigt sich jedoch selbst, weil er – aus seiner Sicht – viele Personen und Objekte vertreiben kann, wenn er im fahrenden oder stehenden Auto Verteidigungsverhalten zeigt.

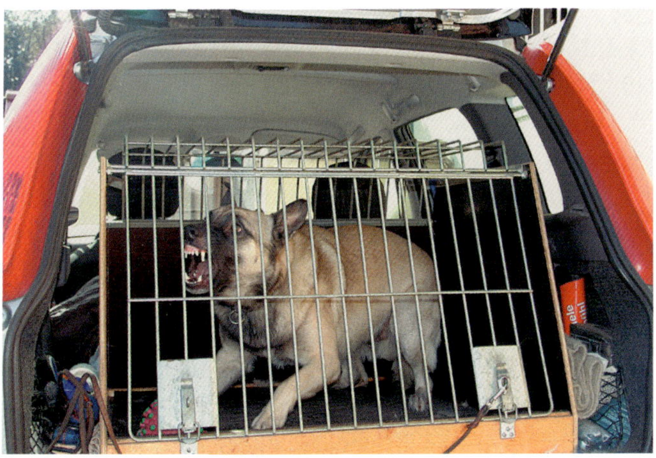

Manchmal wehrt sich ein Hund einfach nur, weil er nicht fliehen kann.

Ebenso kann aggressives Verhalten im Auto aber auch eine Notwehrreaktion auf die Tatsache sein, daß der Hund einge-

sperrt ist und nicht fliehen kann. Hohes Kläffen ist zum Beispiel ein stimmlicher Ausdruck der Aufregung, der nicht nur bei freudiger Erwartung, sondern – als Beschwichtigungssignal – auch bei Unsicherheit oder Angst und als Ersatzhandlung zur Streßbewältigung gezeigt wird.

Lösung:

In der einschlägigen Literatur findet sich eine Vielzahl unterschiedlicher Lösungsvorschläge, die aber entweder Risiken für den Fahrer beinhalten oder oftmals nur eine Symptombekämpfung darstellen.

Die Ursache für das Verhalten des Hundes liegt aber in der Tatsache begründet, daß der Hund (und nicht der Mensch) selbständig die Entscheidung trifft zu verteidigen. Das heißt, das Problem im Auto ist nur ein Symptom für ein grundsätzliches Beziehungsproblem zwischen Mensch und Hund. Ist die Beziehung intakt und geklärt, genügt ein deutliches »Aus!« oder ein kurzes »Klingeln« an der Leine (die man als Verbindung zum Hund, der zum Beispiel hinten im Auto liegt, benutzen kann), um das Tier zu beruhigen und ihm klarzumachen, daß sein Besitzer auch im Auto für seinen Schutz und seine Sicherheit sorgt.

Darüber hinaus empfiehlt es sich, dem Hund durch Suchspiele, Lob und Futter im stehenden Auto Vertrauen zu vermitteln.

Ganz besonders anhängliche Hunde sollte man ab und zu für kurze Zeit bei einem vertrauten Menschen lassen. So gewinnt der Hund etwas Abstand, ist aber nicht einsam.

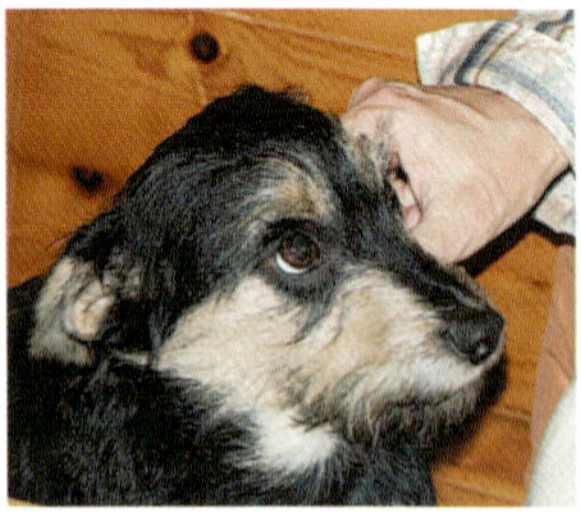

Ein Hund, der sich innig nach seinem Menschen sehnt und sich ganz besonders freut, wenn er endlich kommt, zeigt Beschwichtigungssignale: er blinzelt, zieht die Maulwinkel zu einem Lachen nach oben und legt die Ohren an.

Reaktionen des Menschen

Hunde, die unter Trennungsängsten leiden, sind meistens sehr sensibel und anhänglich, und ihre Besitzer sind auch besonders liebevoll und fürsorglich. Deshalb haben letztere des öfteren starke Schuldgefühle, wenn sie den Hund einmal allein lassen müssen; ihr Denken und Handeln ist stets auf das Wohlbefinden ihres Lieblings ausgerichtet. Dieses übertriebene Umsorgen fördert die gegenseitige Abhängigkeit, die jedoch von Fall zu Fall und aus subjektiver Perspektive betrachtet werden muß, denn jeder Mensch empfindet seine eigene Situation wieder anders.

Aber auch materielle Auswirkungen des Alleinlassens spielen eine Rolle. Ein Mensch reagiert ungehalten auf Beschädigungen (angenagtes oder zerstörtes Mobiliar) und Verunreinigungen seiner Wohnung. Einige Hundebesitzer suchen die Schuld in der Vorgeschichte des Hundes; sie kann zwar prägend gewesen sein,

Füreinander dazusein bedeutet nicht, in bedrängender gegenseitiger Abhängigkeit zu leben.

spielt aber in der aktuellen Beziehung zu dem neuen Halter keine übergeordnete Rolle.

Ich kann mir meist nur ein vages Bild vom Vorleben der auf den Gnadenhof aufgenommenen Tiere machen; oft liegen nur sehr dürftige Auskünfte vor, oft werde ich angelogen und oft fehlinterpretieren die Menschen das Verhalten und die damit verbundene Problematik ihres Tieres. Dennoch finden die Tiere und ich rasch zueinander, weil ich intensiv auf sie eingehe.

Einen Hund mit Trennungsängsten führen lernen

Strafen bewirken niemals eine Angstverminderung.

Wenn es um Ängste geht, nützen Strafen – welcher Art auch immer – nichts. Hat man damit »Erfolg«, handelt es sich um reine Symptombekämpfung, aber nicht um eine Angstverminderung. Im Gegenteil! Durch eine Strafe wird die ohnehin schon angespannte Situation dem Hund nur noch negativer erscheinen und immer mehr eskalieren.

Ein Hund, der sich vor Angst nicht mehr konzentrieren kann, ist hilflos und weiß nicht mehr weiter.

Ängste werden am besten mit normalem und selbstverständlichem Umgang abgebaut.

Es ist auch nicht gut, wenn Sie Ihren Hund in einem solchen Moment zu sehr bemitleiden oder Ihr ganzes Leben nach ihm ausrichten, denn das verstärkt Ihre gegenseitige Abhängigkeit nur immer mehr. Sie müssen Ihrem Hund vielmehr helfen, seine Ängste abzulegen und auch dann Vertrauen in die Situation zu haben, wenn Sie nicht anwesend sind.

Um dies zu erreichen, sollten Sie Ihren Hund an allererster Stelle innerlich ein wenig loslassen. Wenn Sie Ihren Liebling zum Beispiel aus einem Tierheim geholt haben, tragen Sie keine Schuld an seiner Vergangenheit, an seinen schlechten Erfahrungen (und es ist falsch, den Hund jetzt aus Mitleid zu verwöhnen). Im Gegenteil: Sie geben ihm die Chance zu einem besseren Leben, das mit seinem Einzug bei Ihnen begonnen hat. Auch wir Menschen sollten irgendwann damit aufhören, all unsere Ängste, Taten und Untaten mit unseren Kindheitserlebnissen zu rechtfertigen.

Mit »Loslassen« meine ich eine partnerschaftliche Unabhängigkeit – ganz im Gegensatz zu dem egoistischen Wunsch, der Hund solle sich dauernd in Ihrer unmittelbaren Nähe aufhalten und Sie wie ein Schatten sogar noch beim Toilettengang begleiten. Es gibt Menschen, die von ihrem Hund mehr oder weniger unbewußt erwarten, daß er ausnahmslos nur sie lieben solle; wenn er dann aber lieber einmal mit dem Nachbarn spielt oder sich gerne von ihm streicheln läßt, sind sie ernsthaft enttäuscht und werden eifersüchtig. An solchen Reaktionen des Menschen wird deutlich, daß er das Tier für seine eigenen Zwecke benützt, seine eigenen Ängste über den Hund kompensiert und vergißt, daß jedes Tier ein eigenständiges Lebewesen ist und ein Recht auf persönliche Entfaltung hat, soweit das im Alltagsleben möglich ist.

Oft haben sehr geregelt und »unfrei« lebende Menschen, die sich stets im Rahmen gesellschaftlicher Konventionen bewegen, einen besonders freiheitsliebenden Hund. Eigene unerfüllte Wünsche und Träume werden dann, unbewußt, über den Hund kompensiert und ausgelebt.

Im Gegensatz zu den natürlichen Lebensbedingungen der Hunde in einem Rudel beherrschen wir Menschen fast das gesamte Leben unserer Haustiere und nehmen meist keine Rücksicht auf deren Vorlieben oder Abneigungen.

Es ist nicht selbstverständlich, daß ein Hund warten kann.

Beispiel: Wenn wir auf dem Gnadenhof Hunde vermitteln, versuchen wir immer, die Entscheidung der Tiere anzuerkennen. Das bedeutet, daß wir es den Hunden überlassen, freiwillig auf »adoptionswillige« Menschen zuzugehen; die Hunde suchen sich also ihren neuen Besitzer aus – und nicht umgekehrt.

Wir Menschen beherrschen fast das gesamte Leben unserer Haustiere und nehmen meist keine Rücksicht auf deren Vorlieben oder Abneigungen.

Martin und Hund Paul haben sich gefunden. Paul hilft, wenn Martin ausrutscht, und Martin paßt ansonsten auf Paul auf.

Menschliche Nähe ist nicht nur für Kinder, sondern auch für Hunde wohltuend.

Mitunter versucht der Mensch, seinen Mangel an Zeit für den Hund als Problemfaktor zu verharmlosen: »Der Hund muß mich doch mögen, denn immerhin hat er bei mir jetzt ein viel schöneres Leben als vorher. Ich habe ihn gerettet!«, oder ihn anderweitig zu kompensieren: »Der Hund hat im ganzen Haus Körbchen und tausend Spielsachen.« Wie viele Kinder gibt es, die zwar vom Handy bis zur teuersten Markenkleidung alles besitzen, denen aber etwas Entscheidendes fehlt, nämlich das Gefühl, beachtet und verstanden zu werden, geborgen zu sein und Orientierung zu haben. Manchmal wäre ein bißchen mehr Nähe – aber natürlich keine übertriebenen, anklammernden und einengenden Liebesbezeugungen – die einfachste und zugleich beste Lösung.

Was nützt das größte Spielzeug, wenn man alleine ist?

Wir leben in einer Wohlstandsgesellschaft und haben das, was im Leben wirklich zählt, oft aus den Augen verloren. Daraus resultiert ein übersteigerter Drang nach Perfektion und Anerkennung, den wir auch auf unsere Kinder ausdehnen: Sie sollen uns Ehre machen, indem sie Ärzte, Rechtsanwälte oder Firmenchefs werden. Statussymbole, die unseren Erfolg und unsere Stärken nach außen sichtbar machen, sind uns überaus wichtig. Auch Hunde müssen herhalten, um Komplexe auszubügeln und Traumvorstellungen wahrzumachen. Aber die Sache hat einen Haken: Das wunderschöne, durchtrainierte, edle, mächtige und extrem folgsame Lebewesen an unserer Seite hat nämlich eigene Gefühle

Hunde müssen oft als Statussymbole herhalten.

und hegt ganz andere Wünsche als wir. Dieser Umstand wird uns oft erst dann bewußt, wenn sich das Tier gegen unsere egoistisch ausgerichtete Haltung wehrt.

Auch »Statussymbole« stellen eigene Überlegungen an.

Stärken Sie deshalb das Selbstbewußtsein Ihres Hundes, statt es zu untergraben: Bringen Sie Ihrem Hund bei, daß er eine eigene Persönlichkeit und nicht Ihr Schatten ist und getrost einmal Abstand zu Ihnen halten darf. Ein Schattendasein ist weder für den Menschen noch für das Tier erstrebenswert. Verbannen Sie den Hund jedoch nicht aus Ihrer Nähe, weil er dies als ein Verstoßenwerden empfinden würde. Bei schon vorhandenen Ängsten würde dadurch ein emotionales Klammern extrem stark gefördert. Nehmen Sie in solchen Fällen den Hund lieber in die Arme; wenn es ihm zuviel wird, geht er von selbst.

Wenn Sie einen Hund, der sich zu sehr an Sie klammert, wegschicken, wird er Sie noch mehr bedrängen.

Trennungsängste überwinden helfen

Jedes Lebewesen, das in Gruppenverbänden lebt, findet seine Sicherheit in der Gemeinschaft; auch wir Menschen fühlen uns oft weniger wohl, wenn wir allein sind. Stellen Sie deshalb zum Bei-

Helfen Sie Ihrem Hund bei der Überwindung von Trennungsängsten, indem Sie das Radio einschalten, wenn Sie fortgehen, oder ihm ein Kleidungsstück mit Ihrem Geruch überlassen.

spiel das Radio an, wenn Sie fortgehen, und geben Sie dem Hund dadurch das Gefühl, nicht völlig isoliert zu sein. Ein Hund weiß, daß ein Radio keine wirkliche Nähe eines Menschen bedeutet, aber ihn können die Stimmen und die Musik genauso beruhigen wie uns. Oder überlassen Sie ihm ein ihm vertrautes Kleidungsstück, das Ihren Geruch trägt – auch das wird dem Tier ein Gefühl von Geborgenheit vermitteln.

Jourok liebt es, ein Halstuch mit meinem Geruch zu tragen, wenn er eine Weile allein bleiben muß.

Es ist wichtig, daß ein Hund seine Ängste überwinden lernt. Dabei muß man ihm aber auf positive, liebevolle und konstruktive Weise helfen, denn mit Strafmaßnahmen kann man es nicht erzwingen. Zu letzteren gehören zum Beispiel bittere Sprays, die den Hund am Bellen oder am Zernagen von Gegenständen hindern sollen; man kann damit zwar Symptome bekämpfen und auch Erfolg haben, falls der Hund die Bestrafung tatsächlich mit seinem Handeln verbinden kann. Aber: Oft werden die Ängste nur oberflächlich, nur scheinbar behoben und kommen dann plötzlich auf eine andere Art verstärkt zum Ausdruck.

Wenn Sie das Haus verlassen wollen

Wenn Ihr Hund Sie verzweifelt am Weggehen hindern möchte, indem er zum Beispiel hektisch an Ihnen hochspringt, Sie anbellt oder sogar versucht, Sie festzuhalten, sobald er bemerkt, daß Sie den Raum verlassen wollen, so bleiben Sie bitte ruhig und gelassen. Trösten Sie ihn auf gar keinen Fall! Stellen Sie sich so vor die Tür, als ob Sie hinausgehen wollten und ignorieren Sie das Panikverhalten Ihres Hundes so lange, bis er ruhig bei Ihnen verharrt. Loben Sie ihn dann kurz. Wenn er bei Ihrer Berührung der Türklinke sofort wieder hektisch wird, reicht ein klares »Nein«, und falls er dann wieder kurz verweilt, loben Sie ihn erneut.

Die Möglichkeit, den Hund in solchen Momenten eine »Sitz«-Übung machen zu lassen, halte ich für problematisch. Zum einen kann sich der Hund in einer emotional belasteten Situation nur schwer auf erlernte Übungen konzentrieren, wird immer angespannter und führt die Übung deshalb mehr schlecht als recht aus, und zum anderen wird er, wenn Sie den Raum verlassen haben, kaum in seiner »Sitz und Bleib«-Übung ausharren, bis Sie wiederkommen. In beiden Fällen können Sie nicht konsequent sein. Verlangen Sie von Ihrem Hund daher lieber nur ein ruhiges Abwarten, und belohnen Sie es auch sofort.

Der Drang, beim Rudelführer zu bleiben, ist oftmals übermächtig.

Das Gefühl, geborgen zu sein, braucht der Hund, auch wenn er allein ist.

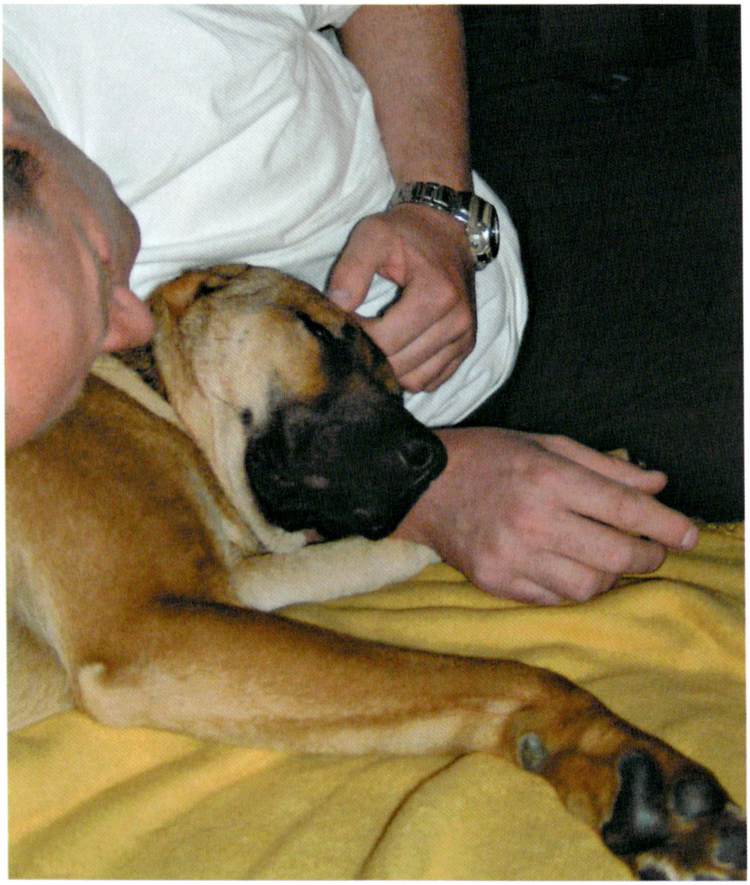

Nun öffnen Sie die Tür (einmal für eine etwas längere, einmal für eine etwas kürzere Zeitspanne), bleiben im Raum und schließen die Tür dann wieder. Ihr Hund sollte während dieser Aktionen möglichst hinter Ihnen abwarten oder sich mit einem Kauknochen oder ähnlichem beschäftigen. Wenn Sie Ihren Hund nicht zu einem ruhigen Zurückweichen bewegen können, nehmen Sie eine Leine zu Hilfe. Schimpfen, Schreien, Wegdrücken und ähnliches bewirken meist nur das Gegenteil und machen Ihren Hund noch hektischer.

Tragen Sie auch, wenn Sie zu Hause sind, immer mal wieder eine Jacke oder Schuhe, die Sie sonst nur beim Verlassen der Wohnung anziehen; auf diese Weise bekommt Ihr Hund nicht schon dann Streßsymptome, wenn er Sie in Ihrer »Ausgehkleidung« sieht.

Auch wenn ich male, muß Sien, die kleine Mischlingshündin, warten können.

Was Sie unbedingt beachten sollten: Krankheiten und damit verbundene Schmerzen fördern Trennungsängste, denn in der Natur befindet sich ein hilfloses, vereinsamtes Lebewesen in einer äußerst gefährlichen Situation. Auch ist das Alleinbleiben nachts furchterregender als tagsüber.

Erwarten Sie keine Wunder, was die Überwindung von Trennungsängsten bei Ihrem Hund betrifft; in der Regel braucht es seine Zeit.

Erwarten Sie nicht, daß die Überwindung von Ängsten ähnlich schnell erlernt werden kann wie etwa eine »Sitz«-Übung. Erlernte Kommandos auszuführen, ist für ein Tier etwas völlig anderes, als mit Panikzuständen zurechtzukommen. Bitte lassen Sie keinesfalls das persönliche Lern- und Konzentrationsvermögen Ihres Hundes außer acht.

Wie man den Hund langsam ans Alleinbleiben gewöhnt

Helfen Sie Ihrem Hund zu begreifen, daß es unsinnig ist, Ihnen ständig und überallhin nachzulaufen, und daß er in vielen Situationen selbständig entscheiden darf, wo er sich aufhalten will. Dies erreichen Sie so:

Geben Sie ihm in dem Raum, in dem auch Sie sich aufhalten, etwas, das er gerne mag – zum Beispiel einen Kauknochen –, ohne daß ein Leistungsdruck wie etwa eine Folgsamkeitsübung damit verbunden ist. (Würden Sie eine Leistung von dem Hund verlangen, müßten Sie ja ständig auf ihn achten, um konsequent handeln zu können.) Beschäftigen Sie sich im selben Raum nun völlig

Auf dem Gnadenhof geben wir den Hunden so viel Möglichkeiten zur Beschäftigung, wie wie nur können. Aber manchmal bleibt ihnen »nur« das Abwarten im Freilauf oder Zwinger. Gerade dann benötigt der Hund genügend Eindrücke, die ihn ablenken oder beschäftigen.

Auch ein Hund im Zwinger oder Freilauf braucht Abwechslung und Anreize.

selbstverständlich mit etwas anderem. Laufen Sie umher, und beachten Sie den Hund auf gar keinen Fall – auch dann nicht, wenn er Ihnen nachlaufen sollte. Irgendwann wird ihm das Hinterherlaufen zuviel werden, und er wird sich mit seinem Kauknochen beschäftigen. Loben Sie ihn jetzt kurz und ruhig mit ein paar Worten, ohne jedoch zuviel Aufhebens zu machen.

Laufen Sie weiter umher, und verlassen Sie irgendwann den Raum ohne Ihren Hund; schließen Sie die Tür hinter sich, und betreten Sie das Zimmer umgehend wieder, ohne den Hund im geringsten zu beachten. Wiederholen Sie diesen Ablauf immer wieder, bis Sie bemerken, daß Ihr Hund gelassen weiter an seinem Kauknochen nagt.

Also: hinausgehen, Türe schließen, wieder hineingehen, umherlaufen, abermals das Zimmer verlassen usw. Dem Hund muß Ihr Verhalten (natürlich nur in dieser Situation!) einfach unsinnig vorkommen. Dann fängt er unwillkürlich an, sich zu beruhigen. Sie müssen aber unbedingt so tun, als ob Ihr Verhalten völlig normal wäre. Falls Sie einmal schlecht gelaunt, hektisch oder angespannt sind, sollten Sie solche Übungen besser bleiben lassen.

Sien ist in Aufruhr, weil ich aus dem Zimmer gegangen bin und sie das Warten noch nicht gelernt hat.

Übertreiben Sie diese Übung aber bitte nicht, weil Sie sonst einen gegenteiligen Effekt erzielen. Ihr Hund wird dann nämlich nicht mehr verstehen können, was Sie eigentlich von ihm wollen.

Sien hat gelernt, ruhig auf mich zu warten – auch wenn es manchmal schwerfällt.

In einer zweiten Übungsphase können Sie das Zimmer für etwas längere Zeitspannen verlassen. Machen Sie irgendwelche Geräusche hinter der Tür, ohne jedoch den Hund damit beruhigen zu wollen. Treten Sie zum Beispiel etwas fester auf den Boden auf. Auch wenn Ihnen all dies umständlich und blödsinnig vorkommt: Ihr Hund wird seine Trennungsängste schrittweise überwinden lernen, weil er Sie nun zwar nicht mehr sehen, aber doch noch hören kann.

Dehnen Sie die Zeit, bevor Sie mit den absichtlich verursachten Geräuschen beginnen, in der Folge immer länger aus. Warten Sie danach kurz ab, und betreten Sie dann erneut den Raum, in dem sich der Hund aufhält.

Wechseln Sie nun mit Ihren Handlungen immer mehr ab, das heißt, gehen Sie mehrmals ohne Pause hinaus und hinein – eventuell später auch bei offener Tür –, und bleiben Sie dann wieder etwas länger still, bevor Sie mit den Geräuschen beginnen oder abermals den Raum betreten.

Wenn Ihr Hund keine Regelmäßigkeit in Ihrem Verhalten mehr registrieren kann, wird er auch nicht länger auf einen Zeitpunkt warten, an dem etwas Bestimmtes geschehen müßte. Allmählich fängt er an, Ihr für ihn recht unsinniges Handeln zu ignorieren. Weiten Sie die Zeitspannen, bis Sie wieder in den Raum treten, immer mehr aus, ziehen Sie sich gelegentlich auch eine Jacke oder Schuhe an, und loben Sie Ihren Hund, wenn er das ge-

Der Mühe Lohn: Irgendwann begreift der Hund, daß zeitweiliges Alleinbleiben kein Verlassensein bedeutet, und er wird sich auch alleine wohlfühlen, beschäftigen und entspannen können.

Hinter Gittern fühlt man sich zwar weggesperrt, aber manchmal geht es einfach nicht anders.

wünschte Verhalten zeigt. Ignorieren Sie mögliches Fehlverhalten. Achten Sie besonders in der ersten Zeit darauf, daß Ihr Hund immer etwas im Raum hat, mit dem er sich beschäftigen kann.

Irgendwann ist es soweit: Sie können das Haus verlassen, ohne daß Ihr Hund Panikattacken bekommt, denn über seinen Abstand zu Ihnen hat der Hund aus seiner Sicht (in Wirklichkeit aber aufgrund der Übungen) selbst entschieden.

Tun Sie immer so, als wären all Ihre Aktionen das Selbstverständlichste von der Welt. Beim Nachhausekommen müssen Sie den Hund unbedingt immer liebevoll, aber eher kurz begrüßen – unabhängig davon, was er angestellt hat. Tun Sie das nicht, werden nicht nur die Verlustängste des Tieres gefördert, sondern auch seine Angst vor Ihrer Rückkehr nimmt zu.

Weitere Möglichkeiten zur Bewältigung von Trennungsängsten

- Stellen Sie Gittertüren auf, damit Ihr Hund zwar im Raum bleiben muß, Sie jedoch immer hören und möglichst oft sehen kann. Damit ist allerdings ein gewisser Aufwand verbunden, und oftmals fühlt sich der Hund trotzdem weggesperrt.
- Das Vorgehen, den Hund in einen Raum einzusperren, in dem er nichts beschädigen kann und in dem viel Spielzeug für ihn bereitliegt, halte ich für reine Schadens- und Symptombekämpfung. Dennoch kann sich durch den Gewöhnungseffekt der von Ihnen gewünschte Erfolg einstellen; eine solche Gewöhnung erreicht man aber nur dann, wenn der Hund den Raum mit Angenehmem verbindet.
- Eine verbreitete Art zur Bewältigung der Angst während Abwesenheiten des Besitzers besteht darin, dem Hund Geborgenheit zu vermitteln, indem man ihn zum Beispiel in einer Flugbox unterbringt. Doch wie die Erfahrung zeigt, kann der Hund zusätzliche Ängste (etwa Platzangst) bekommen, dann nämlich, wenn er die Box mit dem Alleingelassenwerden verbindet. Dann wird er sich in einer solchen »Höhle« nicht geborgen, sondern einfach nur verlassen und eingezwängt fühlen und sich in Zukunft mit allen Mitteln gegen dieses Gefängnis wehren.

  Es gibt aber auch Hunde, denen mittels eines solchen Käfigs die Angst genommen werden konnte. Damit die Angstbewältigung möglich ist, muß die Box beim Hund stets das Gefühl von Schutz, Wärme und Sicherheit hervorrufen; das gelingt nur dann, wenn sie vom Hund trotz ihrer Enge immer als angenehm empfunden wird. Ein solcher Käfig darf folglich niemals zur Bestrafung dienen, sondern muß zu einem willkommenen, selbstverständlichen Bestandteil im Alltagsleben des Hundes werden. Dies erreichen Sie so:

Geben Sie ihm Leckerbissen und Kaugegenstände, wenn er sich in der Box aufhält. Dann wird diese »Höhle« allmählich zu seinem Schlafplatz, seinem Lieblingsort und seiner Rückzugsgelegenheit. Weil er hier Leckereien und Kaugegenstände bekommt, wird er sich nach einiger Zeit auch dann noch sicher fühlen, wenn er in der Box eingeschlossen wird. Dann, und wirklich nur dann, hilft die Box dem Hund, seine Ängste zu überwinden. Der Hund hat dann nicht mehr das Gefühl, auf jedes Geräusch im Haus oder in der Wohnung achten zu müssen, sondern er hat ein Versteck, in dem er auf die Rückkehr seiner Rudelmitglieder warten kann. Die Box sollte aber baldmöglichst auch während Ihrer Abwesenheit wieder offenbleiben können.

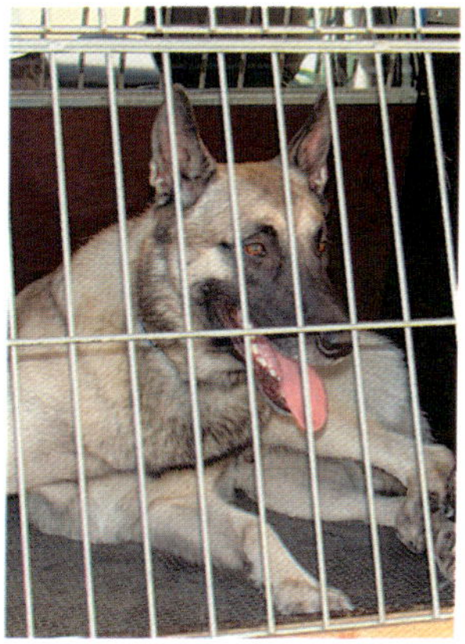

Eine Box kann sogar zum Lieblingsplatz Ihres Hundes werden!

- Ein zweiter Hund ist bei der Therapie von Trennungsängsten nicht unbedingt hilfreich: Mitunter haben nämlich plötzlich

Wenn zwei unsichere Hunde befreundet sind, können Sie gemeinsam recht aggressiv auftreten. Assin (links) ist der ängstlichere von beiden, aber derjenige, der extrem verteidigt. Amon ist der gelassenere, aber in der Gesellschaft von Assin reagiert er aggressiv.

beide Hunde die gleichen Ängste. Dazu kommt es, wenn der erste Hund seine Unsicherheiten auf den Neuankömmling überträgt.
Wenn von zwei Hunden einer verstirbt und der zurückgebliebene sehr unter dem Verlust seines Freundes leidet, ist es sicher von Vorteil, wieder einen Kameraden für ihn zu finden. Aber nicht nur Sie sollten den Neuankömmling mögen, sondern auch Ihr trauernder Hund sollte Sympathie für ihn empfinden. Nehmen Sie Ihren Hund am besten mit, wenn Sie sich dazu entschließen, ein weiteres Tier bei sich aufzunehmen.
Denken Sie bitte daran, das neue Tier nicht mit dem verstorbenen zu vergleichen und es niemals als eine Art »Ersatz« anzusehen und zu behandeln.

Nehmen Sie Ihren Hund mit, wenn Sie sich dazu entschließen, ein weiteres Tier bei sich aufzunehmen, und lassen Sie ihn mitauswählen.

Die Angst des Menschen

Der Mensch entfernt sich immer mehr von der Natur, alles Fremde macht ihn unsicher und fördert Ängste. Und je fremder uns die Natur wird, desto sehnlicher wird der Wunsch, der Natur wieder näherzurücken und umso stärker wird auch das Verlangen nach »Exotik«: Je bunter der Fisch und je ausgefallener die Tierart, de-

Wann ist ein Hund kurios genug? Wie auch immer ein Tier aussieht – liebenswert ist es allemal!

Nicht die Mütze verursacht dem Hund solches Herzeleid …
Wenn ein Tier dem Menschen nur deshalb etwas gilt, weil es besonders skurril, muskulös, klein, groß usw. ist, fehlt das Wichtigste – der Einblick in sein Wesen.

sto besser, am besten aber ein »handgefertiges Sonderexemplar«, um alle anderen auszustechen, was die Ausgefallenheit des Naturbezugs angeht. Inzwischen ist es soweit, daß der Mensch mit Maschinen besser umgehen kann als mit Lebewesen – eine wahrlich traurige Entwicklung.

Wiederholt werden Forderungen nach einem »Führerschein für Hundebesitzer« laut – zu Recht, bedenkt man die zahlreichen Beißvorfälle, die ja schon zur Tagesordnung gehören. Aber wie weit ist es mit unserer Gesellschaft gekommen, wenn wir so wenig von den Gefühlen unserer Hunde verstehen, daß sie immer verhaltensauffälliger werden?

Der Hund wurde durch selektive Zucht nach den Vorstellungen des Menschen geschaffen. Daher spiegelt er wie kein anderes Tier den jeweiligen Zustand der menschlichen Gesellschaft mit all

Der Hund spiegelt wie kein anderes Tier den jeweiligen Zustand der menschlichen Gesellschaft mit all ihren positiven Seiten, aber auch mit all ihren Abartigkeiten wider.

ihren positiven Seiten, aber auch mit all ihren Abartigkeiten wider. Unter den so gezüchteten Tieren befinden sich Hunde mit einem enormen Energiepotential, die sich in keiner Weise für ein Leben in einer Wohnung eignen, und ebenso Qualzuchten, bei denen die Tiere körperliche Defekte haben (Kurzatmigkeit, Skelettdeformationen usw.), die ihnen das Leben erschweren. Auch auf diesem Gebiet benimmt sich der Mensch wie Goethes Zauberlehrling, der Geister rief und nun verzweifelt versucht, sie wieder loszuwerden.

Unsere moderne Gesellschaft ist sehr einseitig konsumorientiert. Man ist daran gewöhnt, Dinge zu erwerben, die einem das Leben versüßen und erleichtern und die problemlos funktionieren. Ein Tier jedoch wird dem stolzen neuen Besitzer oftmals schon nach kurzer Zeit unbequem, weil er bemerkt, daß er es nicht nach Lust und Laune in die Ecke stellen kann, sondern daß es Bedürfnisse hat, die er befriedigen muß. Die ständige Hektik, Zeitnot, Ruhelosigkeit und der stetig anwachsende Leistungsdruck hat zu immer mehr Ungeduld und dazu geführt, daß der Mensch oft nicht mehr bereit ist, ernsthaft in Beziehungen zu investieren (ein absurder Auswuchs ist das Phänomen Tamagochi). In diesem Moment kommt eine weitere Zeiterscheinung zum Tragen: die »Wegwerfmentalität«. Was geschieht dann mit dem Tier?

Was tue ich, wenn ein Hund auf mich zukommt?

Dies ist eine Frage, die mir sehr häufig gestellt wird. Vorausschicken möchte ich, daß man als Hundehalter die Verantwortung für seinen Hund trägt und sich daher auch immer in die Lage von Personen versetzen muß, die einem auf dem Spazierweg begegnen. Jeder Hundehalter sollte also sofort reagieren, den Hund zumindest zu sich rufen und ihn je nachdem auch anleinen. Als Beruhigung gedachte Zurufe wie: »Der Hund tut nichts!« oder: »Er will nur spielen!« genügen nicht – insbesondere dann nicht, wenn es sich um einen großen Hund handelt – und sind auch keine Entschuldigung für einen unerzogenen Hund.

Als Beruhigung gedachte Zurufe wie: »Der Hund tut nichts!« oder: »Er will nur spielen!« genügen nicht und sind keine Entschuldigung für einen unerzogenen Hund.

Insbesondere in der heutigen Zeit, in der der Hund nicht mehr fraglos als »bester Freund des Menschen« gilt, sondern von den Medien auch als »gemeingefährliches Monster« dargestellt wird, ist es umso verständlicher, wenn immer mehr Menschen – ob zu

Bleiben Sie vor allem ruhig, wenn ein Hund auf Sie zugerannt kommt! Laufen Sie nicht davon, und starren Sie den Hund auch nicht an.

Recht oder zu Unrecht – auf fremde Hunde mit Unbehagen, Angst oder Ablehnung reagieren.

Kommt nun aber ein fremder Hund auf Sie zu, von dem Sie sich bedroht fühlen, so sollten Sie zunächst einmal ganz ruhig stehenbleiben. Versuchen Sie gar nicht erst, Ihre Angst zu verbergen oder sie zu überspielen, denn jeder Hund bemerkt dies sofort.

Je gelassener und ruhiger Sie bleiben können, umso besser. Sie können sich etwas von dem Hund wegdrehen, wenden Sie aber auf jeden Fall Ihren Blick von dem Tier ab, statt es zu fixieren. Schreien Sie nicht herum, fuchteln Sie nicht mit den Händen, und treten oder schlagen Sie auch nicht nach dem Hund. Im harmlosen Fall faßt er Ihr Verhalten nämlich als sonderbare Aufforderung zum Spiel auf, und Sie werden umso interessanter für ihn, und im ungünstigen Fall fühlt sich das Tier tätlich von Ihnen angegriffen und wird sich ensprechend zur Wehr setzen. Wenn es Ihnen gelingt, Ihre Muskulatur zu entspannen, ist dies von Vorteil, denn Anspannungen jeglicher Art wirken bedrohlich auf den Hund.

Je gelassener und ruhiger Sie bleiben können, wenn ein fremder Hund auf Sie zurennt, umso besser.

Rennen Sie keinesfalls davon, weil der Hund Sie dann als Beute betrachten könnte, sondern entfernen Sie sich in normalem Schrittempo.

Das Leben mit dem Hund

Grundlagen der Kommunikation von Mensch und Tier

Überall dort, wo Menschen und Tiere miteinander zu tun haben, ist die Art, wie sie miteinander kommunizieren, ausschlaggebend für eine wirkliche Verständigung. Der Begriff »kommunizieren« kommt aus dem Lateinischen und bedeutet »gemeinsam machen, vereinigen, teilen, mitteilen, sich besprechen«.

Miteinander zu sprechen setzt voraus, daß jeder die Sprache des anderen versteht.

Über die Kommunikation definieren sich Beziehungen und laufen komplexe soziale Mitteilungen ab.

Die Verständigung zwischen Mensch und Tier ist eine Informationsübertragung durch verbale und nonverbale Ausdrucksmittel. Der Austausch findet dabei mit Hilfe der Körpersprache, Gestik, Mimik und Tonlage statt. Der Hund ist ganz besonders auf ein in sich stimmiges Ausdrucksverhalten und konstante Disziplin des Menschen angewiesen. Nur eine ganzheitliche und ehrliche Ausdrucksweise – insbesondere was die Gefühle angeht – wird vom Hund verstanden.

Nur eine ganzheitliche und ehrliche Ausdrucksweise – insbesondere was die Gefühle angeht – wird vom Hund verstanden.

Zuneigung darf nicht nur oberflächlich sein. Ein Hund spürt die Ehrlichkeit der Gefühle sofort.

Die Worte für sich genommen sind der unwichtigste Teil der Mitteilungen des Menschen an den Hund.

Häufig glaubt der Mensch, für die Verständigung zwischen Mensch und Tier seien die Sprache bzw. die Worte oder Wortkommandos das Wichtigste. Das ist ein Irrtum. Die Worte allein sind der unwichtigste Teil der Mitteilungen. Wichtiger als alle Worte des Menschen sind andere Botschaften, nämlich seine Körpersprache, der Ausdruck seiner Stimme und seine Gefühle.

Die Körpersprache umfaßt die äußere Erscheinung eines Menschen, seine Haltung, seine Art zu laufen, seine Gestik und seine Mimik. Mit dem Ausdruck der Stimme sind die tonalen Aspekte der Sprache gemeint, das heißt Betonung, Lautstärke, Tonlage und Sprechgeschwindigkeit.

So strahlt eine klare, feste Stimme Selbstvertrauen, Sicherheit und Kraft aus, eine allzu laute oder schrille erweckt Furcht oder Antipathie, während eine sanfte, leise Stimme Vertrauenswürdigkeit und Verständnis vermittelt, und eine allzu leise, zaghafte signalisiert Unsicherheit und Ziellosigkeit – je nachdem, welche Gefühle in der Stimme mitschwingen.

Wegen der starken Wirkung der, meist unbewußten, Körpersprache kommunizieren wir immer – auch dann, wenn wir nichts sagen –, weil der Körper für uns spricht und seinen Zustand und seine Beziehung zur Außenwelt zum Ausdruck bringt, und zwar in jeder einzelnen Sekunde. Deswegen kann der Mensch seine Befindlichkeit und seine Einstellung zwar verschweigen, aber niemals wirklich verheimlichen.

Nicht allein das einzelne Wort ist wichtig, sondern die gesamte, durch das Gefühl und die Körpersprache übermittelte Zielvorstellung des Menschen.

Beim Hund hat unsere Körpersprache eine äußert starke Gewichtung.

Beim Hund hat unsere Körpersprache eine ganz andere Gewichtung, als uns bewußt ist, nämlich eine äußerst starke. Die Kommunikation zwischen Mensch und Hund geht folglich ununterbrochen vonstatten. Für den Hund ist es nicht schwierig, die von ihm erlernten Worte des Menschen zu verstehen; dieses Verständnis kann sogar ganze Wort- und Satzfolgen oder bis zu mehreren Hundert Wortzuordnungen umfassen.

Wortkommandos mit bestimmten Verhaltensweisen zu verknüpfen, ist für einen Hund weniger schwierig, als die Gesamtbotschaft des Menschen zu erfassen.

Sehr schwierig ist es hingegen für ihn, die *gesamte* Botschaft des Menschen richtig zu begreifen: Neben den verbalen erhält er immer auch nonverbale Informationen, und er muß sie alle zu einem sinnergebenden Ganzen zusammenführen. Um dies überhaupt leisten zu können, sind in allererster Linie eine vertraute Mensch-Hund-Beziehung und darüber hinaus ein bestimmtes Maß an Intelligenz und Konzentration notwendig. Der Hund hat eine anspruchsvolle Aufgabe zu bewältigen, und dabei kann es leicht zu Fehlinterpretationen und Mißverständnissen kommen.

Der Hund muß die verbalen und nonverbalen Informationen, die er vom Menschen erhält, zu einem sinnergebenden Ganzen zusammenfügen. Dabei kommt es häufig zu Mißverständnissen.

Mißverständnisse treten dann auf, wenn der Mensch sich widersprüchlich verhält, wenn Ängste und Hektik im Spiel sind, wenn der Hund nicht nur die verbale Mitteilung, sondern die Gesamtbotschaft des Menschen aufnimmt, wenn der Mensch inkonsequent ist usw. Zu den meisten Mißverständnissen kommt es da-

Wegen der oft widersprüchlichen Gesamtinformation des Menschen kommt es häufig zu Mißverständnissen und daraus resultierenden Unsicherheiten des Hundes.
Nelke ist hier äußerst angespannt und wägt zwischen Flucht und Angriff ab.

durch, daß der Mensch seine Gefühle nicht ehrlich und klar auslebt, wie der Hund es tut, sondern sie eher versteckt, aber trotzdem ganz plötzlich und unmittelbar, also sehr impulsiv reagieren kann. Der Hund muß daher immer die Gelegenheit haben, den Menschen, dessen Art und Emotionen in verschiedenen Situationen kennenzulernen, damit eine Verständigung möglich wird.

Die meisten Mißverständnisse entstehen dadurch, daß der Mensch einerseits seine Gefühle nicht offen zeigt, aber andererseits sehr plötzlich und impulsiv reagieren kann.

Hier kann man gut erkennen, daß Nelke sicherer geworden ist, weil ich auf dem Boden sitze.
Vorsicht: Dieses Verhalten führt nicht bei jedem Hund zur Beruhigung!

Der Mensch muß lernen, die Ausdruckselemente des Hundes richtig zu deuten. Dieser Schäferhund bellt nicht wirklich aggressiv, sondern erwartungsvoll und fordernd, weil er gerne Ballspielen möchte.

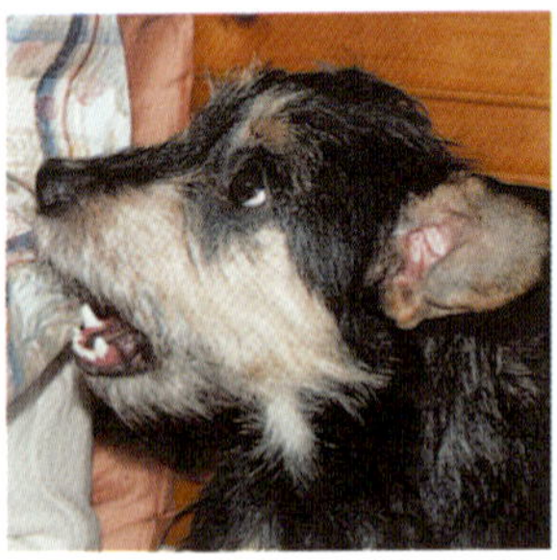

So kann ein forderndes Bellen auch aussehen… Sien möchte gern etwas vom Essen abbekommen.

Eine artübergreifende Verständigung erfolgt nur dann, wenn Mensch und Tier voneinander bzw. miteinander lernen.

Ein zu isoliert aufgewachsener Hund wird die Ausdrucksweise des Menschen deshalb nur sehr schwer begreifen lernen. Je weniger ein Hund die Möglichkeit hatte, die Menschen zu beobachten und zu verstehen, desto eindeutiger und unmißverständlicher sollte der Mensch mit einem solchen Hund kommunizieren.

Zwischen Mensch und Hund werden nicht nur sachliche, sondern auch persönliche Informationen ausgetauscht, denn jegliche Kommunikation vollzieht sich quasi auf zwei Ebenen gleichzeitig: auf der einen haben wir es mit den Inhalten zu tun und auf der anderen mit der Beziehung, mit der Art des Umgangs. Aus genau diesem Grund ist es wichtig, daß bei der Weitergabe von Informationen die Persönlichkeit des Kommunikationspartners respektiert wird. Und in diesem Zusammenhang muß der Mensch vom Hund lernen, der seine körpersprachlichen Aussagen mit Tonlauten unterstreicht, die der Mensch in ihrer Differenziertheit richtig erfassen muß. Wie das Lachen beim Menschen nicht nur freundlich, sondern auch hämisch, gereizt, überlegen usw. sein kann, kann zum Beispiel das Bellen beim Hund fordernd, warnend, spielerisch, bettelnd usw. oder das Winseln flehend, beschwichtigend, leidend, gelangweilt usw. sein.

Eine artübergreifende Verständigung erfolgt also nur dann, wenn Mensch und Tier sich gegenseitig kennen und voneinander bzw. miteinander lernen.

Mit Gefühlen kommunizieren

Mensch und Hund kommunizieren im täglichen Umgang fortwährend miteinander, auch wenn es dem Menschen weniger oder gar nicht bewußt ist. Insbesondere der Hund beobachtet seinen Menschen pausenlos; er agiert und reagiert dementsprechend und erwartet prompte Rückmeldungen, die er oft gar nicht oder viel zu spät erhält. Dies ist so, weil der Mensch bzw. die Bezugsperson den ganzen Lebensinhalt des Hundes bedeutet, während der Hund für den Menschen häufig nur einen kleinen Teil seines Lebensinhalts darstellt.

Der Hund beobachtet seinen Menschen unentwegt, weil diese Bezugsperson der ganze Lebensinhalt des Hundes ist.

Was die Kommunikation angeht, ist der Hund dem Menschen insofern überlegen, als er die Vielfalt und Feinheit der Signale schneller und besser verstehen kann, weil er nicht wie der Mensch auf die verbale Kommunikation fixiert ist.

Eine sachliche, emotionslose Kommunikation – wie etwa eine intellektuelle Gesprächsrunde oder eine nüchterne, »wertfreie« Information unter Menschen gibt es beim Hund nicht: Er ist immer als ganzes Wesen mit seiner ganzen Gefühlswelt präsent.

Doch die wichtigste Möglichkeit der Verständigung mit dem Tier sind die Gefühle. Leider klaffen gerade hier die Meinungen weit auseinander. Für manche sind Gefühlsempfindungen bei Tieren eine selbstverständliche Tatsache, für andere eine verwegene

Apache kennt die junge Frau nicht und versucht zu verstehen, was sie von ihr möchte. Die Frau hat keine eindeutige Körpersprache, sie lockt die Hündin zwar verbal, aber mit ihrem Körper bringt sie nicht zum Ausdruck, ob sie stehenbleiben will oder in welche Richtung sie laufen möchte. Deshalb bleibt die Hündin verunsichert stehen.

Auch bei gemeinsamen Höchstleistungen darf man die Gefühle des Hundes nicht vergessen.

Tiere haben Gefühle, und diese sind ebenso reich und vielfältig wie beim Menschen.

Vom Neuplatoniker Porphyrios (3. Jh. n. Chr.) über Darwin, Brehm und Haeckel im 19. Jh. bis zu Ethnologen unserer Zeit findet sich vielfach die Überezugung, daß zwischen dem menschlichen und dem tierischen Seelenleben kein prinzipieller Unterschied besteht.

oder gar unhaltbare Annahme und wieder andere sagen, Gefühle bei Tieren dienten ausschließlich der Arterhaltung.

Die Wahrheit ist: Tiere haben Gefühle, und diese sind ebenso reich und vielfältig wie beim Menschen und dienen keineswegs nur der Arterhaltung! Wer sich nur ein wenig auf Tiere einläßt, wird keine Zweifel an dieser Feststellung haben. Wem es hingegen schon schwerfällt, auch nur bei anderen Menschen Gefühle wahrzunehmen oder eigene Gefühle ehrlich zu zeigen, der wird wahrscheinlich auch keinen wirklichen Zugang zu Tieren bekommen.

Es ist wichtig, daß jeder Mensch, der mit Tieren zu tun hat, für sich selbst ihre Gefühlswelt erkennt und sich darauf einläßt.

Die Wissenschaft erläutert verschiedene Verhaltensweisen der Tiere als »über Instinkte gesteuert«. Doch geht nicht jeder Instinkthandlung ein Gefühl voraus?

Konrad Lorenz war es, der über Liebe, Wut, Verzweiflung, Mitgefühl und Trauer bei Tieren schrieb und dabei Gemeinsamkeiten mit dem menschlichen Gefühlsempfinden entdeckte.

Wie auch beim Menschen bilden sich die Gefühle bei einem Tier nach und nach aus, und zwar in Abhängigkeit von Alter, Reifegrad und sozialem Umfeld. Ein Gefühl wird selten in Reinform erlebt, sondern alle möglichen Gefühle verbinden und vermischen sich, hängen voneinander ab und bedingen einander.

Darüber hinaus hat jedes Gefühl eine Kehrseite (wie Freude und Leid), kann sich ein ursprüngliches Gefühl aufgrund anderer

Gina hat gemischte Gefühle (Freude, Unsicherheit und Aufregung), was man an den angelegten Ohren, dem nach unten gerichteten, wedelnden Schwanz und den leicht geschlossenen Augen erkennt.

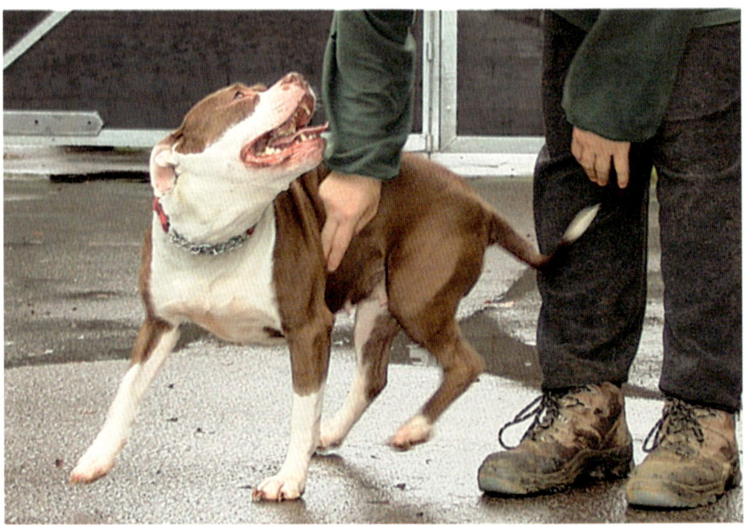

GANZ RECHTS: Zwei, die sich gefunden haben.

Empfindungen ins Gegenteil verkehren (durch Eifersucht wird aus Liebe Haß), durch eine Gefühlsverkettung ins Extrem steigern (durch Einsamkeit wird aus Unsicherheit panische Angst) oder in ein anderes Gefühl verwandeln (durch Verzweiflung entwickelt sich aus Angst Aggression).

Gefühle dienen bei Mensch wie Tier der Verständigung und damit der seelischen Entwicklung.

Gefühle dienen bei Mensch wie Tier zwar *auch* der Arterhaltung, insbesondere aber der Verständigung und damit der seelischen Entwicklung.

Intelligenz hat nichts mit der Intensität und Vielfalt der Gefühle zu tun, das heißt, ein Lebewesen muß nicht intelligent sein, um fühlen zu können. Im Gegenteil: Rationalität verdeckt oftmals die Wahrnehmung eigener Empfindungen und hemmt deren spontanen Ausdruck. Häufig geht dadurch der Zugang zu den Gefühlsregungen, eigenen wie fremden, sogar soweit verloren, daß sie dauernd hinterfragt, analysiert, überinterpretiert, überbewertet, ignoriert, falsch eingeschätzt, projiziert usw. werden.

Auf Unsicherheiten des Hundes muß man natürlich eingehen, aber man darf sie weder über- noch unterbewerten.

Will man wirklich kommunizieren, ist es äußerst wichtig, die Gefühle und die Stimmungslage des anderen Lebewesens wahrzunehmen und darauf einzugehen.

Wenn man wirklich kommunizieren will, ist es äußerst wichtig, die Gefühlswelt und die Stimmungslage des anderen Lebewesens wahrzunehmen und darauf einzugehen. Würde ich diese Erkenntnis bei meiner täglichen Arbeit mit gefährlichen und sogenannten verhaltensgestörten Hunden ignorieren, wären meine Bemühungen erfolglos und ich wäre höchstwahrscheinlich nicht mehr am Leben.

Wenn es ein Geheimnis für meinen Erfolg gibt, so ist es dieses:

- den momentanen Gefühlsausdruck bzw. die Stimmung eines Tieres wahrnehmen,
- die sich möglicherweise hinter diesem Ausdruck oder dieser Stimmung verbergenden, tieferen Gefühle erkennen,
- die Dinge aus der Perspektive des Tieres betrachten und auf diesem Weg die Ursachen für seine momentane Verfassung ausfindig machen.

Unglaublich, aber trotzdem wahr: Es gibt tatsächlich Hundesportarten, bei denen körpersprachliche Elemente nicht erlaubt sind, weil sie als Hilfen gelten!

Bei meiner Arbeit mit aggressiven Hunden ist es für mich lebenswichtig, die Dinge aus der Perspektive des Tieres zu betrachten.

Anders als der Mensch erlebt das Tier seine Gefühle wertungsfrei und unmittelbar. Es unterdrückt seine Emotionen und Stimmungslagen von sich aus nicht; allerdings kann es dazu gezwungen werden. Ein Tier erlaubt daher fast immer den offenen Zugang zu seinen Gefühlen. Trotzdem: Wer von uns weiß schon, ob oder wann ein Hund wirklich glücklich ist? Fühlt er sich wohl, weil er gut frißt, weil er gesund ist oder weil er gerne spielt?

Der Mensch ist oft gar nicht in der Lage, Gefühlsregungen, -handlungen oder Stimmungen des Hundes richtig zu erkennen.

Der Mensch ist gewohnt und hat gelernt, mit Gefühlen anders umzugehen als das Tier: Er kontrolliert, wertet, unterdrückt und verdrängt sie häufig. In unserer Gesellschaft gilt ungezwungenes Benehmen oft als unschicklich, und Gefühle offen zu zeigen als undiszipliniert. Aus Gründen des guten Tons und der Etikette sind wir daher nicht mehr in der Lage, unsere Ausdrucks- und Gefühlswelt gleich unbefangen wie ein Hund zu offenbaren. Gefühle, Zustände, Empfindungen und Worte dürfen, weil ungebührlich, nicht statuskonform oder der gesellschaftlichen Meinung entgegenstehend, nicht frei gelebt werden. Deshalb ist der Mensch oft nicht imstande, Gefühlshandlungen, Gefühlsregungen oder

Ein Mißverständnis mit schlimmen Folgen: Niemand konnte sich erklären, warum dieser Vizsla seine Besitzerin ohne Vorwarnung schwer im Gesicht und am Hals gebissen hat. Bei uns zeigt er sich, seiner Rasse entsprechend, unglaublich aktiv und reaktionsschnell.

Stimmungsbilder des Tieres richtig zu erkennen. Er bemerkt gar nicht, wenn der Hund von Gefühlen getragenes oder beeinflußtes Verhalten zeigt, und hält dessen Benehmen häufig für unerklärbar.

Ein Hund hingegen nimmt auf die gesellschaftliche Etikette des Menschen keine Rücksicht. Körpersprachliche Elemente des Hundes wie Gesichtsmimik, Beschwichtigungssignale, Zärtlichkeitsverhalten und Lautäußerungen sind momentane Gefühlsausdrücke im Hier und Jetzt, ohne Abstraktion des Gefühls- und Allgemeinzustandes, jedoch beeinflußt von seiner Vergangenheit, seinem individuellen Lebensweg, seinen persönlichen Erlebnissen und seinem Temperament.

Aus diesem Grund ist die Kommunikation des Menschen mit dem Hund oftmals unklar, verkrampft oder gar nicht mehr möglich; der Hund wird zum Befehlsempfänger und damit versachlicht. Je nach Schweregrad des Unverständnisses wird der Hund bzw. sein Verhalten als »nicht normal« bezeichnet, und das Tier

Nicht jeder Hund paßt zu jedem Menschen. Was mit dem einen Menschen wie selbstverständlich abläuft, klappt bei dem anderen noch lange nicht.

unter Umständen ignoriert, falsch therapiert, abgegeben oder noch schlimmer behandelt. Haben Sie nicht auch schon erlebt, daß ein Hund plötzlich »völlig normal« wurde, wenn ein anderer Mensch mit ihm umging?

Es ist wichtig, daß der Mensch den Hund an seinem Leben und an seinen Gefühlen teilhaben läßt. Hunde nehmen ihr soziales Umfeld intensiver, aufmerksamer und differenzierter wahr als der Mensch. Selten entgeht ihnen etwas, alle Eindrücke prägen sich ihrem Bewußtsein ein. Je besser es dem Menschen gelingt, den Hund an seinem Leben und Umfeld teilhaben zu lassen, desto besser und genauer können sich beide Seiten beobachten, vieles voneinander in Erfahrung bringen, voneinander lernen und sich verstehen.

Es ist wichtig, daß der Mensch den Hund an seinem Leben und an seinen Gefühlen teilhaben läßt.

Die Sprache der Gefühle ist universell. Sie ermöglicht uns, etwas über das Innere, die Seele unseres Hundes zu erfahren, sein Wesen zu erfassen und substanziell mit ihm zu kommunizieren.

Körpersprache

Das Sozialverhalten von Mensch und Hund bzw. Wolf weist sehr viele Ähnlichkeiten auf.

Das Sozialverhalten von Mensch und Hund weist sehr viele Ähnlichkeiten auf.

Beide leben in einem sozialen Gemeinschaftssystem, in dem es eine klare Ordnung bzw. Hierarchie für das Zusammenleben, das Auskommen mit Artgenossen gibt. Auch sind beide an bestimmte Kommunikationsformen und -regeln gebunden. Für den Menschen ist die Familie das Zentrum, für den Hund ist es das Rudel, das ursprünglich auch familiäre Grundzüge aufweist. Wie der Mensch bevorzugt auch der Wolf eine monogame Beziehung, trägt eine eigene, eng auszulegende Verantwortung für die Familie und kümmert sich über die familiäre Bindung hinaus um die gesamte Gemeinschaft und deren Nachkommen.

Ich kenne Hunde, die feste Partner suchen und brauchen. Auch in einer Rudelgemeinschaft bleiben sie sich treu – wie die beiden hier.

Gerade Mensch und Hund verständigen sich in mannigfacher Weise über körperliche Signale wie Bewegungen, Gestik, Mimik,

Geruch und verbale Laute. Dafür stehen Mensch und Hund die Stimme als verbales und die fünf Sinne (sehen, hören, riechen, schmecken, tasten) als nonverbale Kommunikations- und Informationsmittel zur Verfügung.

Der entscheidende Unterschied zwischen Mensch und Hund besteht in der unterschiedlichen Bedeutung, Gewichtung und Ausprägung der verschiedenen Signale. Der Hund kommuniziert in erster Linie körperbetont. Er unterstützt seine Körpersprache mit Begleitlauten wie zum Beispiel Winseln, Knurren oder Bellen.

Der Mensch hingegen teilt sich primär verbal mit, also über die Sprache. Er erläutert bzw. verstärkt die verbale Kommunikation mit seiner Mimik und Gestik sowie mit einer mehr oder weniger ausgeprägten und nur selten bewußten Körpersprache.

Wenn man sich gut kennt, weiß man, was der andere meint.

Hauptsache, man versteht sich!

Es ist also leicht zu erkennen, daß Mensch und Hund zwar über ähnliche Kommunikationselemente verfügen, sie aber in Reihenfolge, Bedeutung und Intensität anders anwenden. Man kann sich daher vorstellen, wie schwer es für einen Hund sein muß, einen Menschen richtig zu verstehen – und umgekehrt.

Erschwerend kommt hinzu, daß die Leistung und Ausprägung der fünf Sinne bei Mensch und Hund unterschiedlich sind. So hat etwa Erik Zimen festgestellt, daß das Hell/Dunkel-Sehvermögen des Hundes dem des Menschen ähnlich ist. Es ist jedoch bis heute nicht hinreichend geklärt, wie der Wolf und somit auch der Hund farblich sehen können. Die optische Wahrnehmung ist jedoch für

Mensch und Hund verfügen zwar über ähnliche Kommunikationselemente, wenden sie aber in Reihenfolge, Bedeutung und Stärke unterschiedlich an.

Rasche Bewegungen animieren zum Spiel, zur Jagd, zum Beutemachen, zur Verteidiung usw.

Sien freut sich, wenn sie mit schnellen Bewegungen zum Spiel motivieren kann.

Das Geruchsvermögen des Hundes ist viele Millionen Mal besser als das des Menschen.

Bei der Ausbildung zum Rauschgiftspürhund wird das Tier nicht drogenabhängig gemacht, wie oft fälschlicherweise behauptet wird.

Mensch wie Hund von großer Bedeutung. Erwähnenswert ist, daß der Hund auf rasche Bewegungsabläufe intensiver reagiert als der Mensch.

Was die akustische Wahrnehmung betrifft, so unterscheiden sich Mensch und Hund vor allem hinsichtlich der verschiedenen Frequenzbereiche. Das Hörvermögen des Hundes entspricht in den tieferen Tonlagen dem des Menschen. Höhere Frequenzen nimmt der Hund deutlich besser wahr als der Mensch. Im mittleren Frequenzbereich hören Mensch und Hund annähernd gleich gut.

Hinsichtlich der Wahrnehmung von Gerüchen unterscheiden sich die Sinnesleistungen von Mensch und Hund ganz erheblich: Hier ist der Hund »absolute Spitze«, hier liegen Welten zwischen ihm und uns. Das Geruchsvermögen des Hundes ist nicht nur um viele Millionen Mal besser als das des Menschen, sondern es wird vom Hund in der Kommunikation mit seinesgleichen und mit dem Sozialpartner Mensch auch wesentlich intensiver eingesetzt. Darüber hinaus kann ein Hund weit mehr Gerüche gleichzeitig aufnehmen als der Mensch und sie in ihrer Bedeutung weitaus exakter voneinander unterscheiden.

Gleiches gilt für das Geruchsschema: Eine Vielfalt von Gerüchen, für den Menschen völlig uninteressant oder übelriechend, ist für den Hund geradezu verlockend und zudem für sein umweltabhängiges Verhalten wichtig. Daß Mensch wie Tier vom Hund immer wieder intensiv berochen werden, hat seine Gründe: Hunde sind nicht nur in der Lage, optisch zu erkennen, sondern sie können über den Geruch persönliche Einzelmerkmale wie Alter, Geschlecht, gesundheitliche und emotionale Befindlichkeit des Gegenübers wahrnehmen, identifizieren und einordnen. Für uns Menschen wird es wohl nie wirklich nachvollziehbar sein, wie gut ein Hund riechen kann. Wer einen guten Mantrailing-Hund bei der Arbeit erlebt hat, weiß, zu welch enormen Leistungen ein Hund fähig ist, was Geruchsfährten betrifft.

Bei der Ausbildung eines Rauschgiftspürhundes beispielsweise wird das Tier nicht drogenabhängig gemacht, wie oft fälschlicherweise behauptet wird. Vielmehr nutzt der Mensch den Spiel- und Beutetrieb des Hundes für seine Zwecke, indem er den Hund zunächst Spielzeug suchen läßt, neben dem Rauschmittel deponiert sind. Der Hund speichert beim Suchen die Geruchskomponenten der ins Spiel gebrachten Rauschgifte ab. Es handelt sich folglich um eine Motivationsausbildung: Der Hund »will« sein Spielzeug anhand der Geruchskomponente auffinden und wird

Auf Drogensuche.

Durch sein »Platz« verweist der Hund auf die Stelle, an der er Drogen aufgespürt hat.

Es ist mehr als faszinierend, wie viele Gerüche ein Hund unterscheiden kann.

danach durch ausgiebiges Spielen mit seinem Hundeführer belohnt. Eine Ausbildung unter Zwang würde den Spieltrieb hemmen und wäre somit kontraproduktiv.

Auch ein Hund ist in der Lage, seinen Empfindungen und inneren Zuständen über die Berührung Ausdruck zu verleihen.

Der Tastsinn ist bei Mensch und Hund ähnlich ausgeprägt. Das Tast-, Druck- und Stoßempfinden ist übrigens bei allen Säugetieren in etwa gleich. Deshalb ist der Hund ebensogut wie der Mensch in der Lage, die Bedeutung einer sanften Berührung von der eines gröberen Stoßes zu unterscheiden. Entsprechend kann er auch seinen Empfindungen und inneren Zuständen über körperliche Kontakte Ausdruck verleihen.

Mit seinem spielerischen Beißen fordert Robell zum Spiel auf. Ein Hund, der richtig sozialisiert wurde, weiß genau, wie fest er zubeißt.

Alle Caniden (Hunde, Füchse, Wölfe, Schakale, Koyoten, Dingos usw.) fressen neben Frischfleisch und anderer Nahrung auch Aas. Aber nicht nur das, sie wälzen sich auch darin und in Exkrementen anderer Spezies. Viele Hundeexperten behaupten, daß sie dies täten, um ihren Eigengeruch zu überdecken, damit das Wild bei der Jagd ihre Witterung weniger gut aufnehmen könne. Dies trifft aber nicht zu: Es wurde noch kein Canide dabei beobachtet, daß er sich unmittelbar vor der Jagd in Aas wälzt. Hingegen wurde schon oft beobachtet, daß sich die Tiere im Mageninhalt eines kurz zuvor gerissenen Tieres wälzen.
Erklärung: Ein Canide wälzt sich in allem, was er als besonders wohlriechend und somit als angenehm empfindet; diese spezielle »Duftnote« macht ihn gleichzeitig für Artgenossen interessant.

So fordert ein leichter Stups mit der Nase zur Beachtung auf; das Lecken der Hand des Menschen ist enweder beschwichtigend gemeint oder bringt Wohlsein, Zufriedenheit und Vertrauen zum Ausdruck; ein Biß dokumentiert Maßregelung, Angst, Unsicherheit oder Aggression.

Ähnlich wie der Geruchssinn ist auch der Geschmackssinn des Hundes leistungsstärker als der des Menschen, doch hat er für die Kommunikation zwischen Mensch und Hund die geringste Bedeutung von allen fünf Sinnen.

Was die gesamte nonverbale Kommunikation mit ihrer Vielfalt von Ausdrucksmöglichkeiten angeht, unterscheidet sich der Mensch nur wenig vom Hund. Der Begriff »Körpersprache« be-

Bei oberflächlichem Hinschauen könnte man meinen, daß Robell beschwichtigt (angelegte Ohren). Doch sein fixierender Blick und seine aufgeblähten Lefzen (= fordernd-»aggressiv«) verraten ihn: Er möchte unbedingt den Ball, den sein Mensch (nicht sichtbar) in der Hand hält.

zieht sich auf das jeweilige subjektive Ausdrucksverhalten, mit dem eine Stimmung oder die Bereitschaft zu einer bestimmten Handlung optisch wahrnehmbar dargestellt wird.

In der Kommunikation mit dem Tier muß es dem Menschen gelingen, allerfeinste, aber für die Spezies typische Signale zu erkennen und ihre Bedeutung auch dann noch richtig zu interpretieren und zu verstehen, wenn sie ganz geringfügig voneinander abweichen.

Das Wedeln

Viele Menschen glauben, daß ein Hund, der mit der Rute wedelt, immer freundlich gestimmt sei.

Diese Annahme kann fatale Folgen haben, denn das Wedeln ist nur ein Zeichen der Erregung, ohne jedoch auf deren Grund hinzuweisen. Dieses Signal kann vielerlei bedeuten. Häufig wird damit Freude zum Ausdruck gebracht, aber auch Angst oder Aggression. Schwanzwedeln ist ein optisches Signal, das sich, abgesehen von den verschiedenen Möglichkeiten, die Rute zu halten, nur im Zusammenhang mit anderen körpersprachlichen Signalen des Hundes richtig deuten läßt. Anhand der folgenden Beipiele möchte ich das näher erläutern.

Ein Hund, der mit der Rute wedelt, ist keineswegs immer freundlich gestimmt!

Das Wedeln eines unsicheren Hundes.

- Ein unsicherer Hund, der beschwichtigt, biegt seine Rute ähnlich wie ein Fragezeichen und zieht sie leicht zwischen die Hinterbeine, wobei die Schwanzspitze nach hinten weist. Sein Wedeln hat unterwürfigen Charakter. Der Kopf ist leicht gesenkt, die Ohren sind angelegt, und die Hüfte ist nach unten gedrückt.

Ein aufgeregter, unsicherer Hund.

- Ein aufgeregter, unsicherer Hund zeigt eine steife, eher nach unten gehaltene, wedelnde Rute. Die Haltung des Hundes wirkt angespannt und so, als wolle er zurückweichen. Dieses Verhalten wird von einem starren Blick und oft auch von aufgestellten Nackenhaaren begleitet.

- Ein sich in Notwehr verteidigender, ängstlicher Hund hält die mehr oder weniger gebogene Rute zwischen den Hinterbeinen eingeklemmt und wedelt steif. Die Muskulatur ist extrem angespannt, und die Nackenhaare sind aufgestellt. Die Mimik ist von starren, weit geöffneten Augen geprägt, wobei die Maulwinkel wie gestreßt nach hinten und leicht nach oben gezogen sind. Der Hund tritt auf der Stelle oder bewegt sich unkoordiniert nach vorne oder hinten.

- Der dominierende aggressive Hund hält die steife Rute waagrecht bis senkrecht nach oben und wedelt heftig. Die Muskulatur ist aufs äußerste angespannt, die Nackenhaare werden häufig nicht aufgestellt. Die Augen fixieren ihr Ziel und wirken da-

Beide Fotos zeigen die Hündin Nelke in verschiedenen Phasen der gleichen Notwehrsituation. LINKS: Typische Haltung mit eingeklemmter Rute und unkoordinierten Bewegungsabläufen (»Soll ich flüchten, oder soll ich angreifen?«). OBEN: Etwas später zeichnet sich deutlich die Tendenz zum Angriff ab. Weil Nelke sich sicherer fühlt, geht ihre Rute nach oben und das aufgeregte Wedeln wird besser sichtbar.

bei dunkel. Die Ohren sind nach oben gerichtet und bringen höchste Aufmerksamkeit zum Ausdruck. Die Körperhaltung wirkt so, als wolle der Hund jeden Moment nach vorne preschen.

Dieser dominierende Hund ist trotz der angelegten Ohren aggressiv. An diesem Beispiel ist gut zu erkennen, daß man auch hinsichtlich der Körpersignale nie nach einem simplen Schema vorgehen darf.

Das »Zehenspitzenlaufen« eines dominierenden konkurrierenden Hundes ist hier gut zu erkennen.

- Der dominierende konkurrierende Hund trägt die Rute senkrecht steif nach oben und verharrt bewegungslos. Seine Körperhaltung ist insgesamt steif, die Muskulatur vollständig angespannt. Die angehobenen Schultern erwecken den Eindruck, der Hund laufe auf Zehenspitzen. Der Gesichtsausdruck des Tieres wirkt starr und wie eingefroren, die Augen fixieren das Gegenüber. Das Maul ist mitunter geöffnet, und die Lefzen sind manchmal nach oben gezogen. Ist ein anderer Hund der Kontrahent, löst sich in den meisten Fällen die angespannte Situation in dem Augenblick, in dem einer der Hunde beginnt, mit der Schwanzspitze zu wedeln. Der *überlegene* Hund wendet manchmal den Blick ab und zeigt in einer Art Überheblichkeit die Halspartie.

- Ein glücklicher Hund, der sich geborgen fühlt und sich freut, wedelt in aufrechter Körperhaltung mit waagrecht gehaltener Rute und erkennbar entspannter Muskulatur. Vor lauter Freude schwingt mitunter sein ganzer Körper durch die intensiven, aber weichen Rutenbewegungen mit. Die Ohren sind angelegt, meist ziehen sich die Maulwinkel zurück, was uns wie ein Lächeln erscheint. Der Blick ist freundlich und lebhaft, also keineswegs starr.

Ein Hund, der sich freut. Die aufgerichteten Ohren verraten aber zusätzlich eine Erwartungshaltung.

Die Heftigkeit und Dauer des Schwanzwedelns, aber manchmal auch das, was der Hund mit dem Wedeln zum Ausdruck bringen will, variieren von Tier zu Tier. Die Bedeutung des Wedelns ist zwar artspezifisch, aber dennoch gibt es kein Schema und auch keine Tabelle, anhand der man jede Stimmungslage des Hundes an seinem Schwanzwedeln ablesen könnte.

Wichtig ist jedoch zu wissen, daß die Ausdruckskraft der Körpersprache eines Hundes stets davon abhängt, wie seine Persönlichkeit beschaffen ist, wie gut oder schlecht er sich entfalten bzw. entwickeln konnte und »er selbst sein» darf, und natürlich auch von seiner Rassenzugehörigkeit.

Bei der Geruchskommunikation der Hunde ist die Rute immer aufgerichtet.

Die Kommunikation durch Gerüche spielt bei Hunden eine große Rolle.

Eine der wichtigsten Funktionen des Schwanzwedelns ist die sogenannte olfaktorische Kommunikation. Bei der Geruchskommunikation der Hunde ist die Rute immer aufgerichtet – ebenso in angespannten Situationen. Dabei werden die Duftdrüsen der Analregion zur Tätigkeit angeregt und der körpereigene Geruch intensiviert. Dieser Vorgang spielt bei allen Hunden für das gegenseitige individuelle Erkennen eine große Rolle. Ein Hund erkennt andere Hunde nämlich nicht nur an ihrer optischen Erscheinung, sondern vor allem auch an ihrem Eigengeruch und an ihren Markierungen und Spuren.

Ein ängstlicher Hund möchte möglichst unauffällig erscheinen und läßt dadurch, daß er die Rute gesenkt hält, wenig Individualgeruch austreten. Anders verhält es sich bei einem dominierenden Hund, bei dem aufgrund der erhobenen, angespannten Rute der körpereigene Geruch intensiviert wird.

Das Markieren

Die Absonderung von Urin dient auch zur Markierung.

Hunde markieren vor allem durch Kot und Urin, wobei letzterem die größere Bedeutung zukommt. Wenn ein Rüde das Hinterbein nach außen oder eine Hündin das Hinterbein etwas nach vorne hebt, dient die unmittelbar folgende Absonderung kleinerer Mengen Urin der Markierung. Verstärkt wird diese Markierung durch das Aufkratzen der Erde mit allen vier Pfoten.

Sinn und Zweck des Markierens ist eine möglichst spezifische Mitteilung an andere Hunde, was Territorium, Geschlecht, Alter, Rang und Dominanz des markierenden Tieres angeht. In Ballungsräumen sind selbstbewußte Tiere oft ständig damit beschäftigt, andere Markierungen zu »lesen« und sie dann zu überdecken.

Um seine Markierung zu verstärken kratzt der Hund die Erde mit allen vier Pfoten auf.

Es ist wichtig zu wissen, daß in einem Rudelverband nur die wirklich ranghohen Tiere markieren. Subdominante Rüden und Hündinnen urinieren meist in der Hockstellung, ähnlich den Welpen. Ein normal veranlagter Jungrüde beginnt zwischen dem siebten und neunten Lebensmonat mit dem Beinheben. Hündinnen heben das Bein erst wesentlich später und auch nur dann, wenn sie eine hohe Rangstellung haben.

Hündinnen markieren häufiger, als man meint, und heben dabei des öfteren ein Hinterbein. Allerdings wählen sie dafür eher selten senkrechte Objekte.

Hebt ein Rüde selbst im Erwachsenenalter noch kein Bein, sollte man Ursachenforschung betreiben. Vielleicht ist der Hund durch sein Wesen und sein Temperament stark gehemmt. Viel-

Das Beriechen und Markieren markanter, auffälliger Objekte dient dem Informationsaustausch unter Hunden.

leicht wurde er aber auch zu sehr vom Menschen unterdrückt und es mangelt ihm deshalb an Selbstvertrauen, oder vielleicht lebt ein dominanter Hund in der Nähe.

Ein Hund hingegen, der im Sozialverbund mit dem Menschen eine Führungsrolle eingenommen oder gar keine Beziehung zum Menschen hat, gibt sich selbstbewußt und beschäftigt sich wäh-

Senkrechte Objekte dienen markierenden Hunden als »Grenzpfosten« und »Informationssäulen«.

Hunde bevorzugen senkrechte Objekte für das Markieren, weil diese von anderen Hunden gut und rasch wahrgenommen werden können. Auch nimmt der Wind die Duftstoffe dann besser auf und trägt sie weit mit sich fort.

Ein Wolfshybride beim Markieren im Freigehege.

rend des Spaziergangs fast ausschließlich mit der Territorialabgrenzung bzw. mit dem Erkennen der Geruchsspuren anderer Hunde. Solch ein Hund ist nur schwer zu lenken, weil sein Interesse an den olfaktorischen Botschaften anderer Tiere deutlich größer ist als das an seinem Menschen. Gerade am Verhalten des Hundes beim gemeinsamen Spaziergang läßt sich sehr leicht ablesen, ob man es mit einem auf sich allein gestellten, mit einem wirklich dominanten oder einem dominant gemachten Hund zu tun hat, der ihm wichtig erscheinende Entscheidungen (Wegverlauf, Geschwindigkeit, Stops, Weitergehen usw.) selbst trifft. Auch wenn Sie Ihren Hund in seiner Selbständigkeit bremsen müssen, dürfen Sie niemals außer Acht lassen, daß es für ihn von enormer Bedeutung ist, in ausreichendem Maß von der Kommunikations- und Informationsmöglichkeit über die Markierung Gebrauch machen zu können.

Ein mit einer Führungsfunktion überforderter Hund hebt sein Bein unverhältnismäßig hoch, um besonders wichtig zu erscheinen, oder markiert in extrem kurzen Zeitabständen.

Unsichere Hunde, denen in ihrer Beziehung zum Menschen eine übergeordnete Funktion zugefallen ist, müssen die wichtigsten Entscheidungen (Territorialabgrenzung, Freund-Feind-Verhalten, beutetriebliche Stimulation) selbst treffen. Solche Hunde sind mit dieser Führungsfunktion meist überfordert und heben daher das Bein unverhältnismäßig hoch, um besonders wichtig zu erscheinen, oder sie markieren in extrem kurzen Zeitabständen. Dieses übertrieben demonstrative Markierverhalten ist aber lediglich das Symptom für eine falsche Rollenverteilung innerhalb der

Besonders unsichere Hunde neigen bei falscher Rollenverteilung zum übertriebenen Markieren.

Mensch-Hund-Beziehung. Der therapeutische Ansatz zur Lösung der Situation ist deshalb ursächlich in der Mensch-Hund-Beziehung zu suchen.

Freilich gibt es auch Hunde, die mehr sein wollen, als sie wirklich sind. Meist handelt es sich um Rüden, die von sich aus eine »Scheinrolle« gegenüber anderen Hunden übernehmen, aber nicht gegenüber dem Menschen. Man kann sie getrost als Hochstapler bezeichnen. Diesem Verhalten liegt ein Mangel an Selbstbewußtsein zugrunde; dazu kommt es durch ständigen (Leistungs-)Druck und durch Frustration, die sich einstellt, wenn der Mensch zu hohe Erwartungen an den Hund hat, ihm zuwenig Bestätigung bzw. Anerkennung zuteil werden läßt oder ihm zuwenig sinnvolle Beschäftigungen und Aufgaben gibt. Durch das übertriebene Markierverhalten wertet sich der Hund selbst auf. Je mehr er vom Menschen unterdrückt wird und je frustrierter er ist, desto eher flüchtet er sich in eine Scheinwelt (auch darin ist er dem Menschen ähnlich). Begegnet er dann zum Beispiel einem wirklich dominanten Hund oder ändert sich seine Lebenssituation, bricht diese Scheinwelt förmlich in sich zusammen.

Nicht jedes vermehrte Absetzen von Urin deutet jedoch gleich auf Markierverhalten hin; es kann ebensogut sein, daß der Hund aus Angst beschwichtigend uriniert.

Es ist Sache des Hundebesitzers, seinen Hund so gut zu kennen und zu beobachten, daß ihm die Gründe klar sind und daß er

Auch das Absondern von Kot dient der Markierung, besonders an senkrechten Objekten.

Mitunter wertet sich ein Hund durch übertriebenes Markierverhalten selbst auf.

Hier dient das Markieren dem Imponieren, aber gleichzeitig auch der Ablenkung.

Diese Herdenschutzhündin hebt zum Markieren das Bein wie ein Rüde. Besonders bei Rassen mit ausgeprägtem Territorialverhalten (wie etwa Herdenschutzhunden) ist dies bei dominanteren Hündinnen häufig zu beobachten.

Dieser Rüde geht zum Urinabsetzen immer in die Hocke, denn er hat zuwenig Selbstwertgefühl.

auch krankheitsbedingte Ursachen wie etwa eine Blasenentzündung in Betracht zieht.

Zusammenfassend läßt sich sagen: Markieren dient der Kommunikation, ist für das Selbstbewußtsein des Hundes wichtig, stellt eine Art der Aggressionsbewältigung dar und ist zugleich ein beschwichtigendes Ablenkungsmanöver. Deshalb sollte man das Markierverhalten seines Hundes niemals völlig unterbinden. Sonst könnte folgendes geschehen:

- Der Hund kann sich in Ersatzhandlungen hineinsteigern, um sich in einem anderen Bereich aufzuwerten.
- Der Hund kann in einen Markierungszwang kommen: Je stärker ein Trieb unterdrückt wird, desto größer wird der Drang, ihn auszuleben.
- Der Hund kann die Anweisung des Menschen falsch verknüpfen und meint, draußen nicht mehr urinieren zu dürfen; folglich tut er es in der Wohnung.
- Der Hund versteht möglicherweise überhaupt nicht, warum er nicht urinieren darf, weil er damit beschwichtigen oder ablenken wollte (um sich selbst oder andere zu beruhigen), und reagiert verunsichert.

Das Markierverhalten darf natürlich auch keine extremen Ausmaße annehmen, da sonst die Führungsrolle des Menschen vom Hund in Frage gestellt wird.

Diese zwei stecken eifrig Grenzen ab und tauschen Informationen aus.

Das Markieren dient der Kommunikation, ist für das Selbstbewußtsein des Hundes wichtig, stellt eine Art der Aggressionsbewältigung dar und ist zugleich ein beschwichtigendes Ablenkungsmanöver. Man sollte das Markieren seines Hundes deshalb niemals völlig unterbinden.

Gehen Sie mit Ihrem Hund beim Spaziergang nicht immer den gleichen Weg, sondern wechseln Sie häufig ab. Sonst wird er die Wegstrecke als Territoriumsgrenze interpretieren und das dazugehörige Gebiet als sein Revier betrachten. Beim ständigen und regelmäßigen Ablaufen dieser »Territoriumsgrenze« wird er natürlich immer wieder auf veränderte Situationen und vermeintliche Eindringlinge aufmerksam – was ihm eine Reaktion abverlangt. Auf diese Weise kann sich im Lauf der Zeit, unbemerkt vom Besitzer, ein nicht zu unterschätzendes Aggressionspotential gegenüber veränderten Situationen, anderen Hunden und auch Menschen aufbauen – vor allem dann, wenn der Mensch seine Führungsrolle nur unzureichend wahrnimmt.

Bei täglich gleichen Spazierwegen ist Vorsicht geboten: Übertriebenes Markieren kann auf einen sich anbahnenden Aggressionsstau hindeuten.

Die Mimik

Mit Mimik sind alle sichtbaren Bewegungen der Gesichtsoberfläche – das Mienenspiel und Ausdrucksbewegungen der Gesichtsmuskulatur – gemeint. An ihnen läßt sich das aktuelle seelische Geschehen (Gefühle, Stimmungen und Absichten) ablesen. Die verschiedenen mimischen Ausdrücke zusammengenommen ergeben einen Gesamteindruck, der vom Gegenüber erfaßt und interpretiert wird. Er gibt uns Auskunft über den emotionalen Gehalt einer Situation.

Dieser Hund ist freudig-erwartungsvoll gestimmt, aber auch unsicher.

Die zwischen Mensch und Hund stattfindende Kommunikation über die Mimik ist eng mit anderen Arten der Kommunikation (mittels der Stimme und vor allem der Gestik) verbunden und hat einen ganz besonderen Stellenwert: Der Hund interpretiert viele der menschlichen Signale in der Art einer Gebärdensprache. Aufmerksame und auch ältere Hunde verlassen sich sehr stark auf mimische und gestische Signale des Menschen. Die mimische Ausdrucksweise erfolgt durch zum Teil sehr einfache Schlüsselreize (wie etwa einen starren Blick) und kann deshalb vom Hund verstanden werden. Doch dieses Verstehen ist für ihn nicht immer einfach und muß von ihm erlernt werden, weil es wichtige mimische Unterschiede zwischen Mensch und Hund gibt. So kann der Mensch seine Ohren nicht anlegen oder aufrichten, ein längerer Blickkontakt ist von ihm meist nicht als Bedrohung gemeint, das Zähnezeigen, etwa beim Lachen, hat für ihn eine andere Bedeutung als für denHund (wobei es auch Hunde gibt, die lachen) usw. Dennoch gibt es viele Gemeinsamkeiten:

Vor allem aufmerksame und ältere Hunde verlassen sich stark auf Mimik und Gestik des Menschen.

Einem längeren Blickkontakt mit seinem Menschen standzuhalten und ihn als liebevoll zu empfinden, muß ein Hund erst lernen.

- das Gähnen als Zeichen von Müdigkeit, aber auch von Verlegenheit,
- das Zittern vor Aufregung,
- das Hochziehen der Augenbrauen als Zeichen der Neugierde oder des Erstaunens,

- das überhebliche Wegschauen als Zeichen der Überlegenheit,
- das Blinzeln in Momenten der Unsicherheit,
- der anrührende Blick von unten nach oben, um das Gegenüber milde zu stimmen,
- das Aufreißen der Augen als Zeichen der Angst und des Entsetzens,
- das Zusammenkneifen der Augen und das Runzeln der Stirn als Zeichen von Skepsis und Nachdenklichkeit usw.

Einen Menschen immer richtig zu verstehen, ist nicht so einfach.

Über was er wohl nachdenkt?

Auch der Hund teilt sich dem Menschen in großem Umfang und sehr differenziert über seine Mimik mit:

- das Anlegen der Ohren und das Lecken mit der Zunge über die Lefzen sollen beschwichtigen,
- das Aufrichten der Ohren signalisiert Aufmerksamkeit,
- das Hochziehen der Lefzen kann je nach Intensität warnen, drohen oder auf Aggressionsbereitschaft hinweisen,
- das Hochziehen der Maulwinkel kann Freude, aber auch Streß bedeuten,
- ein fixierender Blick bedeutet das Anvisieren des Gegenübers im Spiel, bei der Jagd, beim Hüten oder beim ernsthaften Drohen,

Hunde, die zu den Molossertypen gehören, haben Hängeohren, Falten und schwere Lefzen – also deutlich weniger Ausdrucksmöglichkeiten.

June hechelt hier nach ausgiebigem Herumtoben wegen Atemlosigkeit.

Wenn der Hund hechelt, weil er unter Streß steht, erkennt man dies an der insgesamt sehr angespannten Körperhaltung.

- eine gerümpfte Nase bedeutet Mißfallen oder Ekel, ist aber im Zusammenhang mit hochgezogenen Lefzen auch eine Drohung,
- das Hecheln ist Ausdruck von Atemlosigkeit, von Nervosität durch Streß oder Aufregung, kann aber auch einfach nur der Kühlung bei Hitze dienen.

Um die Stimmungslage eines Hundes richtig deuten zu können ist es wichtig, auf all seine körpersprachlichen Signale zu achten. Interessant ist, daß der Mensch bei der Zucht von Hunden bestimmte mimische Merkmale in den Vordergrund gestellt (Hängeohren, Kulleraugen, extreme Gesichtsfalten usw.) oder fast zum Verschwinden gebracht hat (schwere Hängelefzen, die fast nicht mehr hochgezogen werden können; angespannte Gesichtshaut, die den Anschein von Starre und Empfindungslosigkeit erweckt, usw.).

Je ursprünglicher eine Rasse im Aussehen geblieben ist, desto ausdrucksstärker und variationsreicher ist das Mienenspiel.

Die Mimik der Hunde ist so unterschiedlich und individuell, wie die Hunde selbst es sind, und deshalb nicht immer sofort zu erkennen und zweifelsfrei zu verstehen. Eine große Rolle spielt dabei die Rassenzugehörigkeit. Je ursprünglicher eine Rasse im Aussehen geblieben ist, desto ausdrucksstärker und variationsreicher ist ihr Mienenspiel. In dieser Hinsicht ist zum Beispiel der Schäferhund fast allen anderen Rassen überlegen. Der Bullterrier hingegen hat einen Gesichtsausdruck, der auf viele Menschen (wenn auch nicht auf mich) bedrohlich wirkt; sie empfinden ihn als va-

Bandit ist ein sechsjähriger Bullterrier-Mischling, der im Jahr 2000 bei den vielen Beschlagnahmungen in Hamburg aus einer Auffanghalle gerettet wurde.
Viele Menschen empfinden den Gesichtsausdruck von Bullterriern als unbeweglich und daher fremd und bedrohlich.

riationsarm und starr, weil die Gefühle des Hundes nicht deutlich erkennbar, sondern eher versteckt erscheinen. Zumindest der Halter sollte jedoch die Mimik seines Hundes kennen und in der Lage sein, sie richtig einzuschätzen.

Selbstverständlich wird die Mimik bei Mensch wie Hund immer von anderen körpersprachlichen Elementen unterstützt und begleitet.

Körperhaltung und Körperausdruck

Nur der Gesamteindruck, den ein Hund uns durch Körperhaltung, Bewegung, Mimik, Laute und Ausstrahlung vermittelt, gibt uns die Möglichkeit, die Stimmungs- und Gefühlslage des Tieres eindeutig zu erkennen. Die körperlichen Signale sind jedoch mitunter die wichtigste Informationsquelle, was den Gefühls- und Gemütszustand eines Hundes anbelangt. Sie orientieren den Menschen frühzeitig über sich verändernde, innere Zustände des

Cafus Mimik verrät Aufmerksamkeit (angehobene Ohren, wacher Blick, leichtes Hecheln). Die Körperhaltung und die aufgerichtete Rute lassen deutlich auf Anspannung schließen; die rechte erhobene Pfote ist hier kein Beschwichtigungssignal, sondern gehört zur »Vorstehhaltung«.

Tieres, denn diese wirken über den Körper nach außen und werden auf diese Weise sichtbar.

Die meisten körperlichen Ausdrucksweisen und Signale werden vom Hund in mehr als nur einem speziellen Kontext gezeigt; das heißt, die Grenzen verschwimmen, und man darf niemals simplifizieren und aus einzelnen Signalen voreilig pauschale Schlußfolgerungen ziehen, indem man ihnen ein gängiges Interpretationsmuster überstülpt. Zudem versteht es sich von selbst, daß es körperlich bedingte Unterschiede gibt (Ringelschwanz, kupierter Schwanz, Hängeohren usw.), die einzelne Ausdrucksweisen oder Signale verunmöglichen. Umso wichtiger ist es, immer auf den Gesamtausdruck und vor allem auf die Ausstrahlung, insbesondere die Gefühle des Hundes zu achten.

Die meisten körperlichen Ausdrucksweisen und Signale werden vom Hund in mehr als nur einem Kontext gezeigt.

Mit den nachfolgenden Zuordnungen bestimmter Merkmale zu einem bestimmten Gesamtkörperausdruck möchte ich Ihnen eine bildhafte Vorstellung von einem Tier in einer entsprechenden Verfassung geben. Solche Schilderungen sind aber immer abstrakt und schematisch; in der Praxis variieren die einzelnen Ausdruckselemente von Hund zu Hund und von Situation zu Situation.

Entspannter Körperausdruck

- Aufrechte, lockere Haltung,
- entspannte Muskulatur,

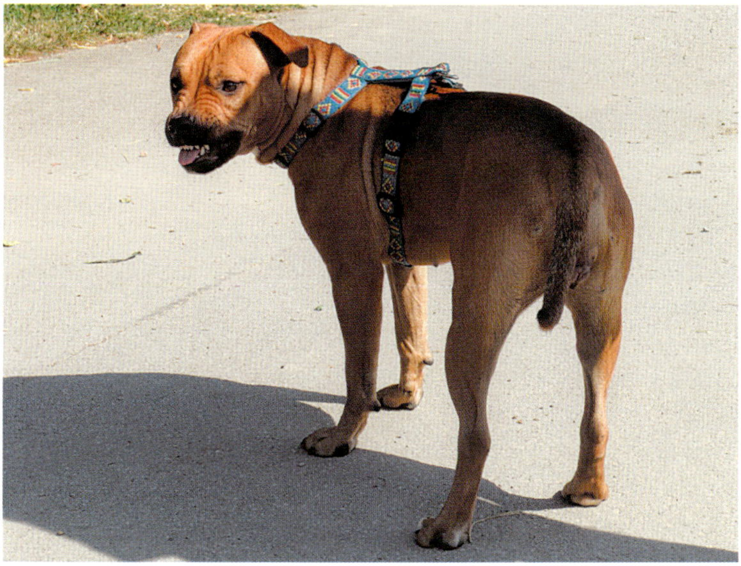

June zeigt eine drohende Mimik (gekräuselte Nase), die aber durch die entspannte Körperhaltung relativiert wird. Sie macht hier nur einem interessierten Rüden die Grenzen klar. Die Drohmimik ist maßregelnd gemeint, nicht wirklich aggressiv.

- fließende und durchgängige Bewegungen,
- eher nach unten abgesenkte Rute,
- entspannter, lockerer Gesichtsausdruck,
- normal geöffnete Augen mit lebhaftem, freundlichem, nicht fixierendem Blick,
- ruhiges und gleichmäßiges Spiel der Ohren, die unabhängig voneinander bewegt werden,

Entspannter Körperausdruck.

- ausgeglichene Atmung,
- normal anliegendes Fell.

Erwartungsvoller Körperausdruck
- Insgesamt aufrechte Haltung,
- leicht angespannte Muskulatur,
- lebhafter Augenausdruck mit Blick in die Richtung, aus der etwas erwartet wird,
- interessierter Gesichtsausdruck,
- aufmerksam nach vorn gerichtete Ohren,
- eher waagrechte Rute,
- normal anliegendes Fell,
- tendenziell angehaltener Atem,
- eventuell helles Kläffen,
- von steif bis schwingend variierende Bewegungen.

Je nach Rasse variiert hier die Körperhaltung. Ein Border Collie beispielsweise legt sich oftmals mit erwartungsvoll fixierendem Blick auf den Boden. Ein Pointer erstarrt vor lauter Erwartung mit angehobenem Vorderbein in Vorstehhaltung. Der Grad der Erregung ist je nach Situation und Temperament natürlich verschieden; so ist zum Beispiel das hohe Kläffen ein stimmliches Ausdruckselement der Aufregung (das aber nicht nur bei freudiger oder positiv gespannter Erwartung, sondern auch in einer Lage der Unsicherheit bzw. Bedrohung als Ersatzhandlung oder Beschwichtigung vorkommt).

Erwartungsvoller Körperausdruck.

Körperausdruck beim Spiel

Im Spiel kommen alle Ausdrucksweisen der Jagd, des Kampfes, der Verbundenheit, des Wetteiferns, der Dominanz, der Unterwerfung usw. vor.

- Lockere bis angespannte Haltung,
- langsame bis schnelle Bewegungen (Hund springt und hüpft seitlich hin und her),
- heftig wedelnde Rute, die das gesamte Hinterteil zum Wackeln bringt,
- abgesenkter Vorderkörper, der zum Spiel auffordert,
- zugekniffene bis große Augen mit unterschiedlichem Ausdruck,
- sich rasch bewegende Ohren mit wechselnder Stellung,
- freudiges, spitzes Bellen,
- teilweise spielerisch weit aufgerissenes Maul,
- spielerisches Knurren,
- spielerisches Umklammern, Schnappen, Festhalten,
- insgesamt freundlicher bis schelmischer und lebhafter Gesichtausdruck,
- normal anliegendes Fell,
- normale Atmung bis Atemlosigkeit.

Spielerisches Zähnezeigen (Dominanzgebärde).

June hat ihren Vorderkörper abgesenkt und wedelt – eine Haltung, die zum Spiel auffordert.

Nanuk macht einen runden Rücken und zeigt einen unkoordinierten Bewegungsablauf mit gleichzeitiger Tendenz nach vorne und hinten.

Körperausdruck bei Angst

Es ist wichtig zu wissen, daß Angst beim Hund blitzschnell in eine Notwehraggression umschlagen kann.

- Angespannte Haltung,
- oftmals abgesenktes Hinterteil,
- eingeknickte Hinterbeine,
- runder Rücken,
- zwischen den Beinen eingeklemmte Rute, oftmals bis zum Bauch gekrümmt,
- nach unten gesenkter, meist abgewendeter Kopf,
- geduckter Körper,
- aufgerissene Augen, meist ohne direkten Blickkontakt,
- dicht angelegte Ohren,
- plötzliches In-die-Luft-Schnappen,
- stockender Atem bis hin zu hektischem Hecheln,
- rückwärts tendierende Bewegungsrichtung,
- oftmals extrem gesträubte Nacken- und Rückenhaare,
- insgesamt verzerrter bis drohender Gesichtsausdruck,
- unkoordinierte Bewegungsabläufe zwischen Flucht und Angriff,
- verstärkte Speichelbildung (Schaum vor dem Maul oder Speichelfäden an den Lefzen),
- häufiges Urinieren und/oder Koten,
- hektisches, sich überschlagendes und schrilles Bellen,
- streßbedingter plötzlicher Haarausfall oder Schuppenbildung.

Körperausdruck bei Angst.

Dominierend-imponierender Körperausdruck

- Insgesamt angespannte Haltung mit der Tendenz, sich hoch aufzurichten,
- angespannte Muskulatur,
- steil nach oben gerichtete Rute,
- aufmerksam nach vorne gerichtete Ohren,
- erhobener, manchmal abgewendeter Kopf,
- hochgezogene Augenbrauen,
- fixierender bis abgewendeter Blick,
- oftmals gesträubte Nacken- und Rückenhaare,
- eher angehaltener Atem,
- langsame, stockend wirkende Bewegungen.

Dominierend-imponierender Körperausdruck.

Körperausdruck bei Drohung und Aggression

- Stark angespannte Haltung,
- eher steife, aber sehr kraftvoll wirkende Bewegungen,
- zusammengekniffene bis weit geöffnete Augen,
- starrer Blick, der das Gegenüber fixiert,
- hochgezogene Lefzen,
- gefletschte Zähne,
- steil aufgestellte, nach vorne gerichtete Ohren,
- tiefes, bestimmendes Knurren,
- lautes, selbstsicher wirkendes Bellen, teilweise mit weit aufgerissenem Maul,

Ein sehr seltenes Bild: Alec droht und beschwichtigt gleichzeitig! Alec und ich sind einander tief verbunden; deshalb befindet sich der vom Wesen her sehr dominante Hund durch meine Umarmung von oben in einem Zwiespalt zwischen Zuneigung und Maßregelung zur Wahrung seines persönlichen Distanzfeldes. Er warnt durch sein weit aufgerissenes Maul und sein deutliches Zähnezeigen. Gleichzeitig beschwichtigt er mit den zusammengekniffenen Augen und den nach hinten gezogenen Maulwinkeln.

Drohend aggressiver Körperausdruck.

- hektische Atmung,
- normal anliegendes bis gesträubtes (bei unsicheren Hunden) Fell, vor allem am Nacken, aber auch am gesamten Rücken,
- deutlich nach vorn orientierte Bewegungsrichtung.

Signale der Verbundenheit

Verbundenheit wird auf vielfältige Weise zum Ausdruck gebracht – in glücklichen Tagen ebenso wie in traurigen Momenten. Sie steht für eine ganz besonders tiefe Beziehung zwischen zwei Lebewesen. Es ist unbestreitbar, daß zwischen einem Menschen und seinem Tier große Verbundenheit herrschen kann. Nähe und Vertrautheit machen die Beziehung stark und schenken beiden Sicherheit und Geborgenheit.

Signale der Verbundenheit sind positive Botschaften, die eine gute Mensch-Hund-Beziehung dokumentieren. Sie beruhen auf Gegenseitigkeit, denn Mensch wie Hund senden diese Signale gleichermaßen aus. Sie sind kaum von Beschwichtigungssignalen zu unterscheiden, aber nicht beschwichtigend gemeint; vielmehr sind sie Ausdruck von Freundschaft, Zuneigung und Zärtlichkeit, ohne Beimischung von Rollenverhalten (Unterwerfung, Dominanz).

Auch wir Menschen versuchen, durch sanfte Berührung Körperkontakt herzustellen, wenn wir jemandem nahestehen.

Auch ohne sich zu berühren, kann man sehr große Verbundenheit ausstrahlen.

Verbundenheit zwischen Geschwistern.

Auf dem Gnadenhof steht die Freundschaft von Mensch und Hund an erster Stelle.

Signale der Verbundenheit können sein:

- mit der Nase anstupsen,
- ein liebevoller Blick,
- am Menschen hochspringen,
- den Menschen abschlecken,
- den Menschen mit dem Maul festhalten,
- die Hand des Menschen sanft ins Maul nehmen,
- sanft am Menschen knabbern,
- sich auf den Rücken legen,
- pföteln,
- sich auf Schuhe oder Kleidung des Menschen legen,
- ein kurzes Wedeln kombiniert mit Blickkontakt,
- zufriedene Lautäußerungen usw.

Legt sich der Hund auf Ihre Schuhe, so ist das ein wunderbares Zeichen der Zusammengehörigkeit und Verbundenheit: Ihr Hund liegt Ihnen sprichwörtlich zu Füßen. Er fühlt sich nicht nur sicher, sondern er weiß auch mit Bestimmtheit, daß ihm von seinem Menschen Anerkennung, Liebe, Verständnis, Vertrauen und Fürsorge zuteil wird. Seien Sie gewiß: Ihr Hund bringt Ihnen auf seine Weise das Gleiche entgegen.

Wissen sollten Sie aber unbedingt dieses: Bei Hunden mit ausgeprägtem, natürlichem Schutzverhalten kann das Abliegen vor dem Hundeführer eine Haltung des Aufpassens und der Verteidigung sein. Diese Rolle sollte der Hund nicht einnehmen.

Der Rüde (links) beschwichtigt spielerisch, indem er June (rechts) in die dominante Position bringt.

Haben Sie einen Hund, der abends bereits auf Ihre Rückkehr von der Arbeit wartet und bei Ihrer Ankunft wahre Freudentänze vollführt? Das ist einer der schönsten Beweise tiefer Verbundenheit!

Jourok sucht oft den Körperkontakt.

Anstupsen und enger Körperkontakt – Sinn und Ursprung

Warum genießt ein Hund das Gefühl, angestupst zu werden, oder Situationen, in denen der Mensch ihm auf die Schultern, die Seiten, den Rücken oder die Schenkel klopft?

Schon kurz nach der Geburt beginnen Säugetiere an ihrer Mutter zu stupsen, wenn sie nach Milch suchen oder den Milchfluß anregen wollen. In der Mutter erwecken diese Berührungen Gefühle der Zufriedenheit, des Beruhigt-Seins, der Fürsorge, der Rührung usw., solange das Anstupsen nicht zu fordernd oder aufdringlich ausfällt.

Umgekehrt bedeutet das Nasenstupsen der Mutter für die Jungen Geborgenheit, Sicherheit, Spiel, Zärtlichkeit, aber auch eine Grenzsetzung.

Klopfen wir dem Hund belohnend und anerkennend mit der Hand etwa auf die Schenkel, den Rücken oder die Körperseiten, so ist dies eine kindliche, beschwichtigende Verhaltensweise seitens des Menschen, die den Hund aufwertet und in ihm gleichzeitig (unbewußt) Erinnerungen an die Welpenzeit wachruft, an das Von-der-Mutter-behütet-Sein.

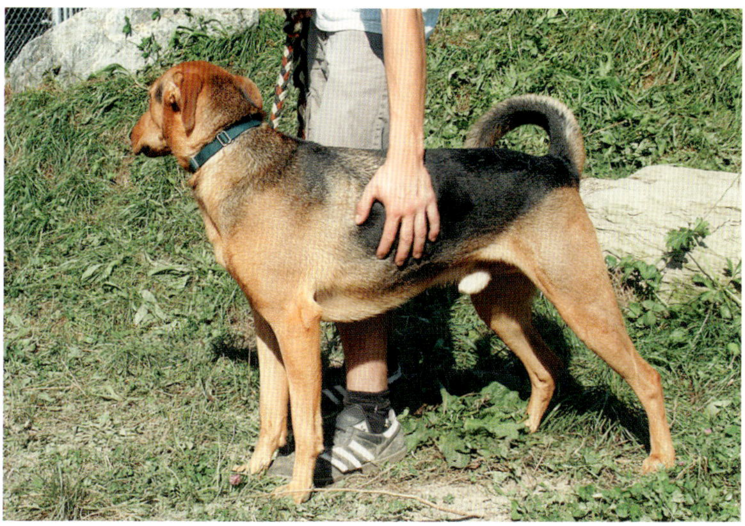

Chaplin beruhigt sich nur dann, wenn er zum richtigen Zeitpunkt mit Streicheln und Klopfen belohnt wird.

Zusammenhalt!

Weil es sich aus Hundesicht um eine freundschaftlich gemeinte Verbundenheitsgeste seitens des Menschen handelt, wächst der Zusammenhalt zwischen den Partnern Mensch und Hund. Übertreibt der Mensch hingegen mit diesen Berührungen, so nimmt der Hund sie als selbstverständlich hin und empfindet sie nicht mehr als Anerkennung; dann erniedrigt sich der Mensch vor dem Hund, und die Rangordnung verkehrt sich ins Gegenteil.

Auch kann der Hund ständiges Klopfen und Tätscheln als etwas Unangenehmes oder Aufdringliches empfinden und sich umhergestoßen oder eingeengt fühlen.

Ereignisunabhängiges Streicheln und Massieren des Hundes dokumentiert ebenfalls Verbundenheit und beruhigt das Tier ungemein, weil Geborgenheitsgefühle ausgelöst werden (Abschlekken des Welpen sowie Körper- und Fellpflege durch die Mutter).

Mit einem guten Freund zu kuscheln, bedeutet für die blinde Basira Nähe, Wärme und Geborgenheit!

Auch dichtes Zusammendrängen und -liegen mit dem Menschen läßt den Hund Nähe und Wärme spüren; ebenso vermitteln Kuscheln und Umarmen ein Gefühl der Sicherheit. Es dürfen aber keine Bedrängung und kein Festhalten im Spiel sein.

Mitunter trifft man jedoch auf selbstsichere Hunde, denen ein intensiver Kontakt zuviel ist. Je kindlicher oder unsicherer ein Hund ist, desto mehr Körperkontakt benötigt er; sie sollten ihm diese Zuwendung unbedingt geben, aber die Veranlagung des Hundes nicht fördern, indem Sie ständig auf ihn eingehen.

Forderndes Anspringen kann bedeuten, daß der Hund seine Grenzen testet. Die beiden hier spielen aber nur.

Kehrseite der Verbundenheitssignale

Wie bei allem, gibt es auch hier zwei Seiten, denn mitunter versucht der Hund, den Menschen durch Signale der Verbundenheit zu beeinflussen: Er fordert, klammert oder will Besitzergreifen. Sie müssen lernen, den Unterschied zu spüren.

Signale der Verbundenheit können, wird damit übertrieben, eine andere Bedeutung haben, nämlich die, seine Grenzen auszutesten, zu dominieren, zu beschützen; äußerlich ist der Unterschied kaum zu erkennen. Auch zwischen einer liebevollen Umarmung zweier Menschen und einem bedrängenden Festhalten besteht ein großer Unterschied, der mitunter zwar nur schwer sichtbar, aber sofort spürbar ist.

Ich mache mir keine Gedanken darüber, ob ich mich über einen Hund beuge, um ihn zu streicheln, oder ob er im Spiel an mir hochspringt. Man fühlt aber, ob sich der Hund dabei wohl und sicher oder bedrängt fühlt, und genauso spürt man, ob der Hund anfängt zu übertreiben. In Momenten der Dominanz oder des Übertreibens durch den Hund sollte man die Umarmung oder das Spiel ruhig und gelassen abbrechen.

Beugt man sich über einen Hund, so ist das für ihn eine Geste der Dominanz. In einer vertrauensvollen Beziehung empfindet der Hund sie jedoch nicht als etwas Bedrohliches; dennoch beschwichtigen die meisten Hunde in einem solchen Augenblick.

Das Maul bedeutet für den Hund in vieler Hinsicht das, was für den Menschen die Hände bedeuten.

Beispiel: Hält der Hund Sie mit seinem Maul an Ihrer Kleidung oder an Ihren Händen fest, kann dies Ausdruck seiner tiefen Zuneigung zu Ihnen sein; andererseits kann dies aber auch, je nach Stärke und Intensität des Festhaltens, bedeuten, daß er seine Grenzen austestet und feststellen will, wie weit er gehen kann. Ein vorsichtiges Festhalten der Hand empfinde ich als Verbundenheitsgeste. Alles, was darüber hinausgeht, empfehle ich mit einem sanften, jedoch bestimmten Schnauzengriff zu beenden.

»Schnauzenzärtlichkeit«.

Der Schnauzengriff

Das Maul bedeutet für den Hund in vieler Hinsicht das, was für den Menschen die Hände bedeuten. Es dient dazu, Gegenstände aufzunehmen, zu schlecken (das »Streicheln« des Hundes), zu maßregeln, zu fressen, zu töten, zu stupsen, Stimmungen auszudrücken und sich zu pflegen. Das Maul eines Hundes nur mit seinen Zähnen und mit Beißen in Verbindung zu bringen, hieße, seine Bedeutung stark zu reduzieren.

Die Schnauzenzärtlichkeit beruht einerseits auf dem ersten Akt der Zuneigung, den eine Hundemutter ihren Welpen unmittelbar nach deren Geburt entgegenbringt, indem sie ihre Welpen abschleckt, und zwar zuerst den Nasen-Maul-Bereich, damit die Welpen von Schleim- und Hautresten befreit werden und atmen können, und andererseits aus dem späteren bettelnden Stoßen der Welpen an den Maulwinkeln der Mutter, damit sie ihnen Futter

Ein Schnauzengriff, der Grenzen aufzeigt, aber keine ernsthaften Auswirkungen hat.

vorwürgt. Welpen versuchen oftmals, regelrecht ins Maul ihrer Eltern zu schlüpfen und fühlen sich dabei wohl und geborgen. Auch umfassen die Eltern immer wieder den Kopf ihrer Welpen liebevoll mit dem Maul.

Dem daraus entstandenen Schnauzengriff begegnet man in vielen Situationen, so auch beim Spiel. Er ist ein Signal der Verbundenheit, das ein Gefühl der Sicherheit vermittelt. Wie eine Mutter den Kopf ihres Kindes mit beiden Händen sanft umfaßt und durch den Druck der Hände zum Ausdruck bringt, ob sie es behüten oder aber auf sanfte, jedoch nachdrückliche Art ermahnen will, nimmt auch der Hund den Kopf eines Welpen oder die Schnauze eines submissiven Rudelmitglieds vorsichtig in sein Maul, um Zuneigung auszudrücken oder um liebevoll Grenzen aufzuzeigen und begreifbar zu machen.

Der Mensch kann diese Art von Begreifbarmachen imitieren, indem er den Schnauzengriff als Zärtlichkeitsgeste oder als erziehungsunterstützende Maßnahme bei seinem Hund anwendet und das Maul des Hundes mit einer Hand umfaßt. Sie sollten dabei jedoch folgendes beachten:

- Wenden Sie den Schnauzengriff immer sehr gezielt an. Das heißt, richten Sie Ihre gesamte Aufmerksamkeit auf diese Geste und die Intensität Ihres Händedrucks, und legen Sie auch Ihr gesamtes Gefühl hinein, damit dem Hund auf Anhieb deutlich wird, ob Sie ihm Zärtlichkeit schenken oder ob es sich um eine sanfte, aber nachdrückliche Ermahnung handelt.
- Wenden Sie den Schnauzengriff nicht allzu häufig an.
- Ob Sie den Griff von oben oder von unten anwenden ist unerheblich, sofern Sie die anderen hier aufgeführten Punkte berücksichtigen. Tendenziell ist der Schnauzengriff von unten eher ein Beschwichtigungssignal.
- Versuchen Sie, den Griff auf Anhieb richtig auszuführen (kein zögerndes Tasten oder pausenloses Greifen nach der Schnauze).
- Achten Sie darauf, daß die Lefzen nicht eingeklemmt werden.

Mitunter kann es geschehen, daß der Hund den Schnauzengriff als liebevoll-maßregelnd gemeintes Erziehungsmittel gegenüber Kindern oder schwächeren Personen ausführt, indem er den Kopf des Kindes mit seiner Schnauze umfaßt oder nach dem Kopf eines Menschen schnappt. Das wird vom Menschen meist mißverstan-

Innige Schnauzenzärtlichkeit.

Spielerische Schnauzenzärtlichkeit.

Der Schnauzengriff ist ein Signal der Verbundenheit mit maßregelndem Charakter. Signale der Verbundenheit können immer beides sein: Ausdruck von Zuneigung und/oder Ausdruck von liebevollem Grenzen-Setzen.

Inju beschwichtigt den Menschen mit einem Schnauzengriff. Daran wird deutlich, in wie vielfältiger Weise dieses Signal vom Hund verwendet wird.

Wenn der Hund den sanft maßregelnden Schnauzengriff beim Menschen anwendet, kann dies fatale Folgen haben.

den und kann leider fatale Folgen haben: Zum einen ist die Gesichtshaut des Menschen, und speziell die des Kindes, glatt und angespannt (im Gegensatz zur mit Fell bewachsenen und daher gut geschützten Haut eines Hundes) und zum anderen erschrickt der Mensch und zieht reflexartig den Kopf zurück: Kratzspuren oder Schlimmeres können zurückbleiben.

Denken Sie deshalb immer daran, welche Folgen es haben kann, wenn Sie ein Kind mit einem Hund – ob groß oder klein – allein lassen.

Signale der Beschwichtigung

Beschwichtigungssignale sind körpersprachliche Ausdrucksweisen des Hundes, die angespannten Situationen und aggressivem Verhalten vorbeugen und es verhindern sollen; sie sind aber auch Zeichen von Wohlgefühl.

Beschwichtigungssignale lösen im Gegenüber besänftigende Empfindungen und, damit einhergehend, Überlegenheitsgefühle, Fürsorglichkeit, Pflegeverhalten, Schutzfunktionen usw. aus, denn sie dokumentieren die einlenkende Unterwürfigkeit und somit Ungefährlichkeit des betreffenden Hundes. Sie dienen der Konfliktlösung und der Aggressionsbewältigung.

Beschwichtigendes Blinzeln.

Alle Beschwichtigungssignale sind ursprünglich kindliche Verhaltensweisen und werden je nach Situation und Hund mit verschiedener Intensität ausgeführt:

- die Oberlippe lecken,
- pföteln (vom nur leichten Anheben bis hin zum fordernden Auflegen einer Vorderpfote),
- anspringen,
- zum Spiel auffordern,
- mit der Schnauze anstupsen,
- eine eher geduckter Haltung einnehmen,
- leise winseln oder fiepen;
- sich langsam bewegen,
- eine Vorderpfote anheben;
- den Kopf zur Seite drehen,
- den Blick abwenden,
- mit gesenktem Kopf zum Gegenüber aufschauen,
- blinzeln,
- die Augen betont schließen.

Der Hund beschwichtigt dadurch, daß er pfötelt und sich die Oberlippe leckt.

Beschwichtigung durch Ducken und langsame Bewegungen.

Weil ich mich nach vorn beuge und Yuma fixierend anschaue, beschwichtigt er sehr deutlich. Ich möchte Ihnen mit diesem Foto aufzeigen, wie sehr die Körpersprache des Menschen den Hund beeinflußt.

Beschwichtigendes Anspringen.

RECHTS: Die Aufforderung zum Spiel als Beschwichtigungsgeste.

Hunde beschwichtigen, wenn sie von einem Lebewesen, einem Objekt oder einer Situation verunsichert oder bedroht werden, wenn sie sich fürchten oder wenn sie merken, daß jemand anders verunsichert ist. Sie versuchen also, mit dem Beschwichtigen sich selbst oder andere zu beruhigen, das bedrohliche Gegenüber milde zu stimmen und Streß, Ängste und Aggressionen abzubauen.

Oft erkennt der Mensch die Beschwichtigungssignale des Hundes nicht, so daß es in der Folge zu vielen Mißverständnissen, Frustrationen und schließlich zum Vertrauensverlust kommen kann.

Beschwichtigungssignale werden aber auch in völlig anderen Zusammenhängen eingesetzt, und zwar nicht nur von Rangnied-

rigen, sondern durchaus auch von Ranghohen: zum Schlichten, im Spiel, bei Kommentkämpfen, bei Ernstkämpfen, beim Wetteifern, im Konkurrenzverhalten, in Streß- und Angstsituationen, bei Überforderung usw.

Insbesondere beim Betteln läßt sich ein großes Repertoire an Beschwichtigungsgesten beobachten; im Unterschied zur Beschwichtigung, die meist (aber nicht immer) defensiven Charakter hat, werden sie jedoch sehr nachdrücklich und fordernd vorgetragen. So mancher Hund ist ein wahrer Meister in der Kunst, den Menschen mittels solcher Gesten zu beeinflussen.

Umgekehrt sendet auch der Mensch bewußt oder unbewußt viele Beschwichtigungssignale aus, die der Hund oft mißversteht, weil sie auf ihn möglicherweise so wirken,

OBEN: Yukon (rechts), der Ranghöhere, beruhigt Mohème.
DARUNTER: Mohème setzt eine Beschwichtigungsgeste als Signal der Verbundenheit ein.

- als erniedrige sich der Mensch (ständig vor dem Hund in die Hocke gehen; den Hund immerzu tätscheln; dem Hund häufig Leckereien geben; dem Hund oft ausweichen; sich zögerlich bewegen usw.) oder
- als wolle der Mensch dominieren (den Hund umarmen; sich über ihn beugen; ihn hochheben; ihm den Kopf von oben tätscheln; liebevoll auf den Hund einreden und ihn dabei anstarren usw.). Diese unbewußten Dominanzsignale des Menschen wirken auf den Hund oft bedrohlich.

Ein fixierender Blick, auch wenn er liebevoll gemeint ist, wirkt auf den Hund immer beunruhigend.

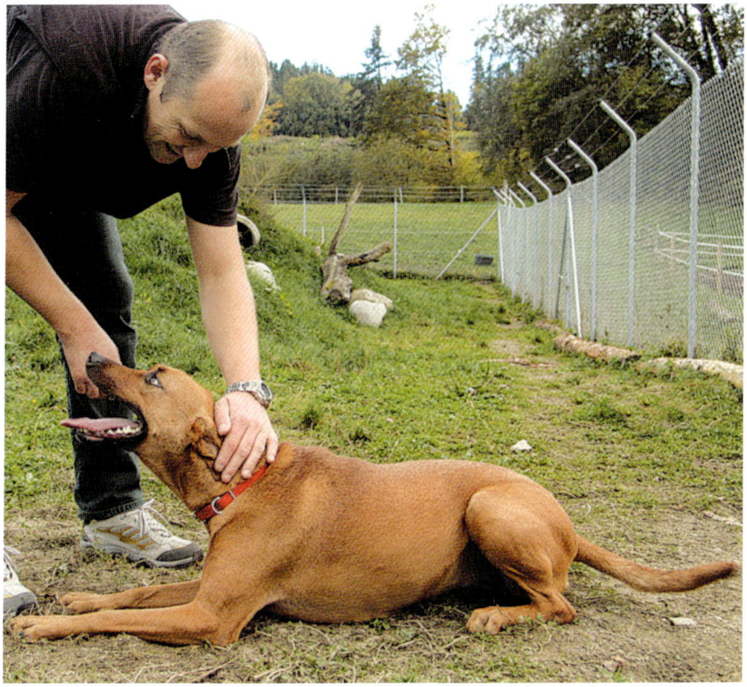

Yucca ist durch die zwar liebevoll gemeinten, aber dennoch dominanten Gesten (sich über den Hund beugen, die Hand in seinen Nacken legen) sehr verunsichert.

Signale der Unterwerfung

Signale der Unterwerfung werden nicht nur im Ernstfall eingesetzt, sondern auch, um Zuneigung auszudrücken. Im spielerischen Rollentausch kommen sie bei allen Hunden vor, unabhängig von ihrer Rangstellung. Doch im Unterschied zu Signalen der Beschwichtigung werden sie im Ernstfall nur vom rangniedrigeren Hund eingesetzt.

Aktive wie passive Unterwerfungsgesten stammen aus der Welpenzeit und setzen sich bis ins Erwachsenenalter fort. Sie haben

Gesten der Unterwerfung animieren zum Streicheln.

Zuneigung.

Signale der Unterwerfung wirken aggressionshemmend.

die stärkste aggressionshemmende Wirkung, wecken im Gegenüber den Brutpflegetrieb und sorgen für eine geklärte Rangposition, denn die Rollen von Eltern und Kind werden auf unmißverständliche Weise nachgeahmt.

Die aktive Unterwerfung

Dabei läuft der Hund schnell und eher geduckt auf das Gegenüber zu; gleichzeitig wedelt er leicht mit eingeklemmter Rute; der

Es kommt immer häufiger vor, daß Hunde sich selbst bestätigen, indem sie Macht über schwächere ausüben. Das ist so, weil viele Hunde zuwenig Sozialkontakte und zuwenig Beschäftigungs- und Spielmöglichkeiten haben.

Der Hund rechts im Bild unterwirft sich aktiv.

Kopf ist gesenkt und die Ohren sind angelegt. Häufig verliert der Hund einige Tropfen Urin und winselt manchmal vor Aufregung. Erreicht er das Gegenüber, so springt er an ihm hoch, versucht, dessen Maul bzw. Mund abzulecken (entspricht dem Futterbetteln beim Welpen), und ist eifrig darum bemüht, es dem anderen rechtzumachen – er möchte quasi in ihn hineinschlüpfen.

Die passive Unterwerfung

Sie zeigt sich, indem sich der Hund mit gespreizten Hinter- und oftmals mit angelegten Vorderläufen still auf den Rücken oder zumindest die Seite legt. Dadurch wird das Gegenüber stark in seinem Aggressionsverhalten gehemmt, und ein Pflegeverhalten setzt ein. Handelt es sich dabei um einen anderen Hund, so wird er jetzt im Genitalbereich schnuppern und lecken.

June ist gerade dabei, sich zwei Rüden spielerisch zu unterwerfen.

Unterwürfiges Verhalten dokumentiert sich somit in kindlichen Ausdrucksweisen; der Hund macht sich klein, erscheint völlig ungefährlich und bringt Abhängigkeit und Ergebenheit zum Ausdruck.

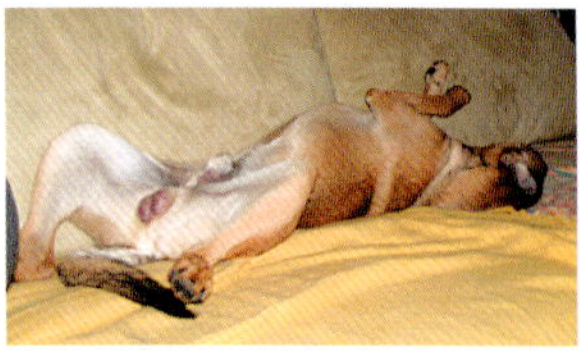

In der Haltung der passiven Unterwerfung kann man auch ganz entspannt schlafen.

Reagiert ein Hund gegenüber einem Menschen mit Gesten der passiven Unterwerfung, ist er häufig unsicher, oder er hat Angst vor Bestrafung usw. Es gibt aber auch Hunde, die es gelernt haben, den Menschen auf diese Weise dazu zu bringen, daß er sie streichelt und umsorgt. Manchmal kann man sie auch in dieser Stellung ganz entspannt oder schlafend beobachten.

Gina beschwichtigt mit passiver Unterwerfung.

Signale der Verlegenheit

Oftmals wird nicht zwischen Signalen der Beschwichtigung und Signalen der Verlegenheit unterschieden.

Zwar sind beide Arten von Signalen dazu da, angespannte Situationen zu entschärfen, aber während das Tier mit dem Beschwichtigungsverhalten aktiv auf seine Ungefährlichkeit oder Unterlegenheit aufmerksam macht oder das Gegenüber aktiv zu beruhigen versucht, möchte es mit Signalen der Verlegenheit von unangenehmen Momenten oder von sich selbst ablenken.

Um von seiner Unsicherheit abzulenken, schnüffelt ein Hund oft herum.

Zu Verlegenheitssignalen gehören Verhaltensweisen wie:

- gähnen,
- sich kratzen,
- sich strecken,
- schnell irgendwo markieren,
- intensiv herumschnüffeln,
- fiepen.

Ein Verlegenheitsgähnen: Jourok läßt sich nicht gerne anschauen, wenn er »hinter Gittern« sitzt.

Das Gähnen – ein typisches Verlegenheitssignal.

Ein Hund zeigt immer dann Ablenkungs- und Verlegenheitssignale, wenn eine Situation oder die von ihm erwartete Leistung ihn überfordert, er sich bedroht fühlt oder er etwas nicht versteht.

Vielleicht ist die Situation zweideutig, vielleicht ist Ihre Ausdrucksweise mißverständlich, vielleicht sind Sie besonders hektisch, oder vielleicht verlangen Sie einfach zuviel. Es gibt etliche Gründe, weshalb ein Hund von einer Situation ablenken möchte; manchmal ist sie ihm nur unbequem, manchmal macht sie ihm auch Angst.

Spielsignale

Im Spiel kann man beim Hund alle Formen kommunikativer Signale beobachten, weil der Welpe und später auch der erwachsene Hund so gut wie alles, was das Leben ausmacht (Verhaltensregeln, Rangordnung, eigene Stärken und Schwächen sowie die anderer, Aggressionsbewältigung, Schmerzgrenzen, Jagen und Beutemachen, Gejagtwerden, Rollentausch, Wetteifern), im Spiel lernt. Entscheidend für die Beurteilung der Ernsthaftigkeit einer Situation ist die Ausstrahlung des Hundes, denn sein innerer Zustand spiegelt sich äußerlich im Verhalten wider.

Oft blitzt dem Hund bei Spielattacken der Schalk förmlich aus den Augen. Es gibt verschiedenste Formen des Spiels (Rennspiele,

Ob dieses Anpirschen wohl ernst gemeint ist?

Hetzspiele, [Wett-]Kampfspiele, Jagdspiele, Kraftspiele usw.). In diesen Momenten werden alle nur denkbaren Ausdrucksformen der Angst, Aggression, Dominanz und Unterwerfung sichtbar. Die Rollenverteilung im Spiel ist variabel und wechselt von einem Augenblick zum anderen.

Durch das Vorspringen und Auflegen ihrer Vorderpfote nimmt die rangniedrigere Hündin im Spiel für einen Moment die ranghöhere Position ein.

Einander Spielzeug wegnehmen und mit der Beute davonlaufen macht besonders viel Spaß.

Der Hund fordert mit speziellen Signalen zum Spiel auf:

- abgesenkter Oberkörper mit nach vorn ausgestreckten und gespreizten Vorderbeinen und wedelndem Schwanz,
- den Spielgefährten anstupsen,
- vor dem Spielgefährten hin und her hüpfen,
- den Spielgefährten anspringen und an ihm hochhüpfen,
- spielerisches Schnappen nach dem Spielgefährten,
- spielerisches Festhalten oder Schütteln des Spielgefährten,
- helles Bellen oder Kläffen,
- demonstratives Knurren,
- showmäßig übertriebene Drohgebärden,
- clownhafte Gesichtszüge,
- wie beim Lachen die Lefzen etwas hoch- und die Maulwinkel nach hinten ziehen,

Spielerisches Festhalten. Das tut der Hund auch beim Menschen gern.

LINKS: Lachendes Spielgesicht.
RECHTS: Auf keinen Fall loslassen.

Übermütiges Umkreisen.

- Vorstehhaltung einnehmen,
- Spielzeug oder Gegenstände herbeitragen,
- Spielzeug oder Gegenstände demonstrativ präsentieren und nicht loslassen,
- Bocksprünge machen,
- durch übermütiges Hin- und Herrasen zum Mitrennen auffordern,
- spielerisches Fixieren und Anpirschen,
- schnelle Kopfbewegungen.

Signale der Dominanz

Als Dominanzsignale werden all jene Gesten bezeichnet, mit denen der Hund imponieren will oder Überlegenheit ausdrückt. Es ist dabei unerheblich, ob die Überlegenheit tatsächlich besteht oder nicht. Das Gegenüber soll jedenfalls in Handlung und Bewegung eingeschränkt und/oder verunsichert werden. Oftmals überspielen Hunde durch dominant erscheinendes Verhalten auch ihre eigene Unsicherheit.

June ist Robell gegenüber eigentlich unsicher; dennoch zeigt sie spielerisch eine Geste der Dominanz, indem sie sich mit den Vorderpfoten auf Robell abstützt.

Dominanzsignale haben symbolischen wie auch ernsthaften Charakter und dienen einerseits der Verdeutlichung und Sicherstellung der Rangordnung innerhalb eines Rudels und andererseits der spielerischen Übung heranwachsender Hunde. Auch testet der Hund mit diesen Signalen die Stärken und Schwächen seines Gegenübers.

Aufreiten als Imponiergeste.

Signale der Dominanz oder Imponiergehabe können leicht in ernsthafte Auseinandersetzungen münden. Beispiele für Dominanzsignale sind:

- steil aufgerichtete Rute,
- hoch aufgerichteter Körper,
- erhobener Kopf,
- starrer oder fixierender Blick,
- manchmal auch abgewendeter Blick, mit oder ohne abgewendetem Kopf (= dargebotener Hals),
- sich in aufgerichteter Haltung mit den Vorderpfoten auf dem Gegenüber abstützen,
- aufreiten,
- mit allen vier Pfoten scharren,
- Kopf in den Nacken des submissiven Hundes legen,
- sich dem Gegenüber quer in den Weg stellen,
- das Gegenüber in eine Ecke drängen,
- markieren usw.

Hier kann man deutlich erkennen, daß der Rüde mit seinem Markieren imponieren möchte.

Zusammenfassung

Alle Signale haben auch symbolischen Charakter und bewirken, daß körperliche Auseinandersetzungen in vielen Fällen überflüssig werden. Aus diesem Grund sind eine gute Beobachtung und das beiderseitige Verstehen der Bedeutung der Symbole für eine friedliche Kommunikation unerläßlich.

Ein Hund, der zu isoliert aufgewachsen ist, braucht viel Zeit und Gelegenheit, bis er lernt, die Signale von Menschen und anderen Hunden zu verstehen. Solch ein Hund empfindet oftmals eine hektische Bewegung oder eine ausgestreckte Hand bereits als Bedrohung.

LINKS: Yucca rennt freudig zum hockenden Menschen.
RECHTS: Nur schon die begrüßend ausgestreckte Hand bewirkt deutliche Beschwichtigungssignale (gesenkter Kopf, zusammengekniffene Augenlider, leichtes Ducken) seitens des Hundes.

Einzelne Signale kommen mitunter bei ganz unterschiedlichen Ausdrucksinhalten (Freude, Aggression, Angst, Neugierde, Sexualverhalten usw.) vor. Ihre jeweilige Bedeutung ist deshalb nur dann zu erschließen, wenn alle körpersprachlichen Elemente miteinander und insbesondere die Ausstrahlung des Hundes berücksichtigt werden.

Einzelne Signale werden vom Hund in ganz unterscbiedlicher Bedeutung verwendet.

Verständnis und Verständigung als Grundlagen der Erziehung

Erziehung ist nur dann möglich, wenn der Hund in einer geklärten Rangordnung und in einer von Verständnis geprägten sozialen Bindung an den Menschen lebt. Nehmen jedoch Rangordnungsprobleme, Verständigungsunfähigkeit, Mißverständnisse und daraus resultierende Unsicherheiten überhand, bis sie schließlich die Verarbeitungsfähigkeit des Hundes übersteigen, kann ein solcher streßauslösender Dauerzustand zu schweren Psychosen beim betroffenen Tier führen. Auch ein Schockerlebnis kann erhebliche Verhaltensstörungen hinterlassen, wenn der Hund beim Menschen keine Sicherheit findet. Was jedoch von einem Hund als traumatisch empfunden wird, ist sehr subjektiv. Was für den einen ein schreckliches Erlebnis ist, nimmt ein anderer kaum wahr.

Doch ob es generell um die Erziehung eines Hundes oder speziell um die Behebung von Auswirkungen traumatischer Prägungen geht:

Mitunter führen ganz unkonventionelle Lösungsansätze zum erwünschten Lernziel.

Ich wende häufig unkonventionelle (selbstverständlich sanfte) Lösungsansätze an, mit denen ich mich absolut von den gängigen Lehrmeinungen unterscheide. So bestätige ich zum Beispiel mitunter unerwünschtes Verhalten, um erwünschtes Verhalten herbeizuführen. Solche Methoden führen jedoch nur dann zum Erfolg, wenn es dem Menschen gelingt, sich mit sehr viel Feingefühl, Gespür und Wahrnehmungsvermögen mit dem Hund zu verständigen. Aber: Dort, wo große Gefühle angesprochen werden und

Gefühlvolles Miteinander.

ein durchschlagender Erfolg möglich ist, ist auch die Gefahr eines eklatanten Mißerfolgs nicht weit. Der kleinste Fehler des Menschen kann dabei die Beziehung zum Hund erheblich beeinträchtigen. Aus diesem Grund wäre es unverantwortlich, hier theoretische Anleitungen wie aus einem Rezeptbuch zu präsentieren.

Motivation

Hinter jedem Ausbildungs-, Übungs- oder Leistungsziel steht immer eine Ausgangssituation, eine Aufgabe, der Grund, dieses Ziel zu erreichen. Das ist das Motiv, das als Grundlage für die Motivation dient und aus dem die Motivation, der Wille oder Antrieb, ein Ziel zu erreichen, erwächst. So sind gerade bei jungen Hunden Neugier und Interesse, Belohnung und der Anreiz, der von der Gruppe ausgeht, wesentliche Motive in ihrem Präge- und Lernumfeld. Eine positive Grundmotivation bedeutet für den jungen Hund, »Lust auf etwas zu haben«; diese Lust zeigt sich an freiwilligen und freudigen Aktivitäten und dient unter anderem der Triebbefriedigung. Der Welpe leitet seine Motivation zur Handlung aus seinen momentanen Bedürfnissen ab. Neugier und Interesse bewegen ihn natürlicherweise ganz von selbst; die treibende Kraft kommt also nicht von außen, wird nicht vom Menschen hervorgerufen. Man bezeichnet sie deshalb als innere Motivation.

Die innere Motivation eines Hundes ist tragfähiger und dauerhafter als die Motivation von außen.

Der Spiel- und der Jagdtrieb sind meist starke Motivationen.

Anders verhält es sich bei bestimmten Belohnungen oder Abhängigkeiten. In solchen Fällen wird die Motivation von außen, zum Beispiel mittels einer Übung in der Hundeschule oder durch den Menschen erzeugt; man spricht dann von einer äußeren Motivation.

Suchspiele machen fast jedem Hund große Freude, und er ist von sich aus motiviert.

Ein wichtiger Teil der Motivation ist es, den Hund bei spielerischen Mensch-Hund-Wettkämpfen (etwa beim Tauziehen usw.) immer einmal wieder gewinnen zu lassen – so wie es auch unter Hunden beim spielerischen Rollentausch der Fall ist. Es versteht sich von selbst, daß der Ranghöhere in einer intakten Beziehung den Spielgegenstand jederzeit übernehmen kann.
Manche Hundefachleute raten dazu, das Tier nie gewinnen zu lassen – doch es darf nicht sein, daß aufgrund menschlichen Unvermögens und der daraus resultierenden Angst vor Dominanzproblemen der Hund künstlich niedrig gehalten wird und ein entspanntes Spielen vor lauter Bedenken und Ritualisierung gar nicht mehr möglich ist.
Hat man bereits Dominanzprobleme mit seinem Hund, sollte man den Hund motivieren, den Spielgegenstand gerne loszulassen.

Es hat sich erwiesen, daß die innere Motivation tragfähiger und dauerhafter ist als die Motivation von außen. Dies trifft insbesondere dann zu, wenn die Mensch-Hund-Beziehung auf einer festen, gefühlsbetonten Basis und auf Vertrauen aufbaut. Dem Menschen sollte es deshalb immer am Herzen liegen, die Freude, das Temperament und die Gesundheit seines Hundes zu fördern und vor allem eine gute Beziehung zu ihm zu pflegen. Das allein genügt jedoch noch nicht.

Deshalb sollten Sie darüber hinaus bestrebt sein, den täglichen Umgang mit Ihrem Hund, den Spaziergang, das Spiel, die Ausbil-

»Höhenflüge« sind nur möglich, wenn Hund und Mensch motiviert sind.

Obwohl Basira blind ist, macht ihr Ballspielen viel Freude.

Ziele müssen immer sehr klar definiert werden. Zweifeln Sie niemals am Erfolg Ihres Hundes!

dung und die einzelnen Übungen so abwechslungsreich wie möglich zu gestalten – am besten sind häufig andere Abläufe, verschiedene Aufgaben und variierende Spaziergänge.

Natürlich müssen die Aufgaben und Übungen gegebenenfalls auf das zu erreichende Ausbildungs- oder Übungsziel ausgerichtet sein. Dazu ist es erforderlich, das Ziel möglichst klar zu definieren. Nichts ist schlimmer, als wenn der Hund eine Aufgabe nicht erfüllen oder ein Übungsziel nicht erreichen kann, weil der Mensch selbst gar nicht in der Lage ist, die Aufgabe oder das Ziel klar zu kommunizieren.

Zweifeln Sie niemals daran, daß Ihr Hund das Ziel erreicht; wenn Sie zweifeln, wird auch Ihr Hund Zweifel bekommen.

Zur Erhaltung der inneren Motivation des Hundes ist es sicher geschickt, in kleinen Etappen und mit Zwischenzielen zu arbeiten; werden sie erreicht, hat der Hund immer wieder Erfolgserlebnisse. Dies wird seine Motivation verstärken. Denken Sie daran, Ihrem Hund und sich selbst die Zeit zu gönnen, sich auch über Teilerfolge zu freuen. Sie und Ihr Hund sind ein Team!

Wie bereits erwähnt, gibt es mehrere Arten von Motiven, die man für die Motivation des Hundes nutzen kann. Je mehr Motive

Der Hund muß sich auf etwas freuen können.

(das Interesse des Tieres an einem Gegenstand, sein Kampfgeist, sein Suchdrang usw.) Sie nutzen können, damit der Hund ein Ziel erreicht, desto stärker wird auch seine innere Motivation sein. An Abwechslung sollte es ohnehin niemals mangeln. Versuchen Sie deshalb, möglichst viele verschiedene Motive zur Verstärkung der Motivation einzusetzen!

Die Erhaltung und Förderung der inneren Motivation des Hundes ist für den Lernerfolg sicher am wichtigsten. Allerdings sollten Sie auch genügend äußere Anreize geben, um den Hund optimal zu motivieren, etwa durch Belohnung und deutliches Lob nach Erreichen eines Zwischenziels. Wichtig ist in diesem Zusammenhang ein vernünftiges Verhältnis zwischen der erbrachten Leistung und der Belohnung.

Vermeiden Sie unbedingt »Durststrecken« für den Hund. Nichts spornt ihn mehr an und ist für ihn motivierender als der Erfolg, und genau dazu sollten Sie ihm durch erreichbare Zwischenziele möglichst oft verhelfen. Wichtig ist auch, daß der Hund die Belohnung bewerten kann. Nur wenn er ihren Wert erkennt, wird sie zum Motivationsziel. Wird die Belohnung vom Menschen bewertet, kann es passieren, daß der Hund sie gar nicht als Belohnung wahrnimmt.

Ein Team sein.

Nichts spornt den Hund mehr an und ist für ihn motivierender als der Erfolg – und bei Menschen ist das nicht anders

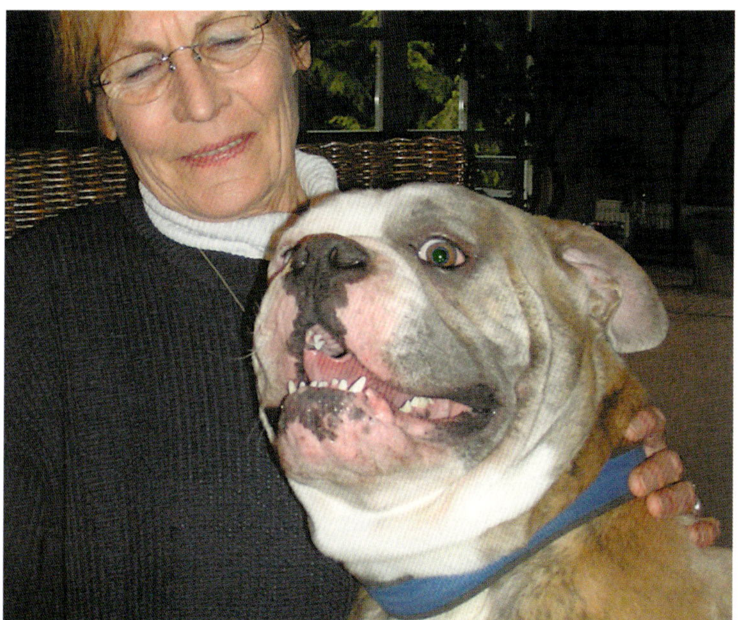

Der Hund braucht das Gefühl, wichtig zu sein.

Die Freude und Zufriedenheit des Menschen beglücken den Hund.

Beispiel: Der Mensch kauft besonders teure Leckerlis, die der Hund aber gar nicht mag.

Zudem fressen manchen Hunde weniger gern als andere, und manche spielen weniger gern als andere.

Die schönste Belohnung für den Hund sollte stets Ihre Freude sein. Emotionen werden vom Tier immer intensiv wahrgenommen. Die Freude des Menschen und sein Gefühlsausdruck, auf den Hund stolz zu sein, vermittelt dem Hund zweierlei: das Gefühl, in einer gefestigten, guten Freundschaft mit dem Menschen geborgen, sicher und darüber hinaus auch wichtig zu sein. Andere Arten der Belohnung, etwa Futter, sollten lediglich unterstützend wirken.

Die schönste Belohnung für den Hund ist die Freude und das Lob seines Menschen.

Mit das Schwierigste bei einer erfolgreichen Motivation ist es, Störungen zu vermeiden. Motivationsstörungen unterbrechen die Konzentration von Mensch und Hund und machen oftmals die Wiederaufnahme einer Aufgabe oder Übung oder ihren gänzlichen Neubeginn erforderlich.

Neugier und Spiel

Spielerisches Wetteifern.

Neugierde ist der natürliche Antrieb bzw. die innere Motivation des Hundes, Neues zu entdecken und Erfahrungen zu sammeln. Möchte man den Hund erziehen oder ihm Aufgaben übertragen, gilt es, diesen Aspekt zu beachten und miteinzubeziehen. Alles, was ihm Freude macht, ihm Spaß bereitet, ihm wie ein Spiel erscheint und ihn besonders interessiert, tut er mit Ausdauer, Begeisterung und Leidenschaft. Gerade hierbei werden seine besondere Fähigkeiten und Eigenschaften offenkundig, und man kann schnell und sicher erkennen, ob sich der Hund für die vorgesehene Aufgabe oder Ausbildung überhaupt eignet. Es wäre ein grober Fehler, wenn Sie den Hund in eine Richtung zwingen, obwohl Sie erkennen, daß er an etwas anderem wesentlich mehr Freude hätte.

Sofern ein Teil der Erziehung über das Spiel erfolgt – wozu grundsätzlich zu raten ist –, ist das sicherlich die beste Methode, um Lerninhalte zu vermitteln, ohne daß es dabei zur Abstumpfung oder zu Übertreibungen kommen darf.

Ganz rechts: Trotz ihrer 14 Jahre kämpft Tashun noch liebend gern mit mir um Stöcke.

Im Rahmen spielerischer Aktivitäten ergeben sich zudem zahlreiche Möglichkeiten für das Erlernen und den Austausch von

Buffalo

Nicht jeder Hund hat Freude am Hürdenspringen. Robell hingegen tut dies für sein Leben gern!

Häufiges Treppen- oder Bergsteigen, zu langes Laufen auf Asphalt usw. sollten Sie während der Wachstumsphase eines Hundes unbedingt vermeiden, und Sie sollten ihn in dieser Zeit gar nicht über Hürden springen lassen. Dies alles bedeutet für das Knochengerüst eine hohe Belastung, die Gelenkschäden nach sich ziehen kann.

Körpersignalen zwischen Ihnen und dem Hund. Bereits im Alter von nur wenigen Wochen erlernen die Hunde bestimmte Verhaltensweisen im Spiel. Dieser Lernprozeß hält ein Leben lang an; dies macht deutlich, von wie großer Bedeutung das Spiel mit dem Hund ist – insbesondere im Welpenalter, während der Prägephase, aber auch im späteren Leben.

Ehrgeiz

Ehrgeiz ist ein wichtiges Element in der Mensch-Hund-Beziehung. Man versteht darunter den Drang, ein Ziel unbedingt und möglichst rasch zu erreichen. Ist der Ehrgeiz übertrieben stark ausgeprägt, so kann er das Feingefühl betäuben und die Fähigkeit zur objektiven Wahrnehmung, den Bezug zur Realität, trüben.

Ehrgeiz ist immer von einer grundlegenden Leistungsmotivation geprägt, beispielsweise von Einsatzbereitschaft, Ausdauer oder dem Streben, besser zu sein als andere. Wie stark der Ehrgeiz ausgelebt wird, hängt ganz vom Einzelnen ab. Der eine legt Wert darauf, sich stets und immer durch herausragende Leistungen von allen anderen abzuheben, der andere möchte etwas einfach nur so gut wie möglich können und wieder ein anderer will sich nur in einem bestimmten Bereich vervollkommnen. Zuviel oder zuwenig Ehrgeiz ist gleichermaßen schädlich.

Der Hund hat den Drang, den Ball so schnell wie möglich zu bekommen (beutetrieblicher Ehrgeiz).

Die Leistungsmotivation eines Lebewesens ist zum Teil genetisch bedingt und zum Teil anerzogen. Bei Mensch und Hund gibt es große Unterschiede hinsichtlich der vom Ehrgeiz bestimmten Handlungsmotivationen (Zielorientierung, Streben nach Anerkennung, Angst vor Versagen, fehlendes Selbstwertgefühl, Konzentrationsvermögen usw.).

Man darf ein Tier niemals für seinen persönlichen Ehrgeiz benutzen! Aber zusammen mit einem leistungsmotivierten Tier kann man »Berge versetzen«. Wird in einem Mensch-Hund-Team zur Aufgabenbewältigung ein gemeinsamer Ehrgeiz entwickelt, läßt sich unendlich viel erreichen.

Niemals jedoch darf ein Mensch, vom Ehrgeiz getrieben, die eigenen geistigen und körperlichen Grenzen oder die des Hundes überschreiten. Erwarten Sie zuviel von Ihrem Hund, so steht er unter ständigem Leistungsdruck und Dauerstreß. Zudem bewegt er sich ununterbrochen im Grenzbereich seines Leistungsvermögens, so daß seine Angst zu versagen wächst. Druck und Angst vermindern seine Lernfähigkeit, seine Neugierde und seine Motivation und führen zu zunehmender Frustration des Hundes.

Dieser Hund hat Angst zu versagen.

Man darf ein Tier niemals dazu benutzen, um seinen persönlichen Ehrgeiz zu befriedigen!

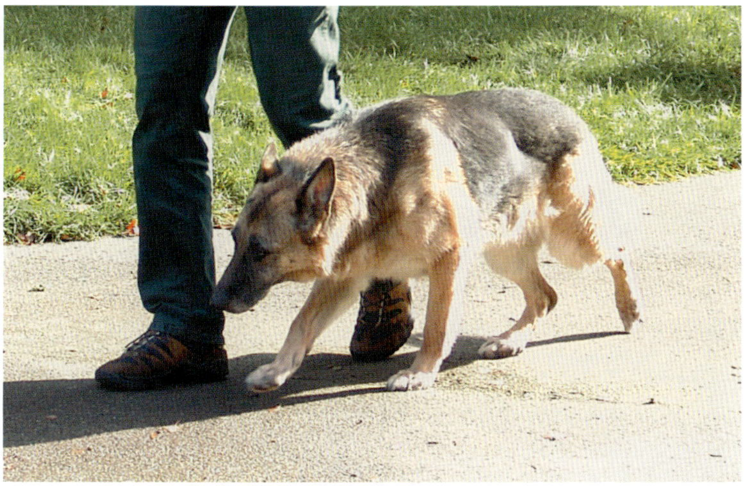

Viele Menschen überfordern ihre Hunde, indem sie sie zur Erfüllung ihrer Traumvorstellungen von Gehorsam benutzen. Glücklicherweise sieht heutzutage keine Art der Ausbildung mehr vor, daß ein Hund so wie hier »bei Fuß« läuft.

Menschen, die im Umgang mit dem Hund selbst unter ständigem Leistungs- und Konkurrenzdruck stehen, können sich nicht ausreichend auf den Hund konzentrieren; zudem handeln sie ohne emotionale Bindung an ihn. Andere beeindrucken zu wollen, führt schnell dazu, daß man den Hund instrumentalisiert und für seine egoistischen Zwecke benutzt. Die Sehnsucht nach Anerkennung darf daher niemals in falschen Ehrgeiz ausarten und mißbräuchlich umgesetzt werden. Die Folge wäre, daß die Basis der Mensch-Hund-Beziehung mit all ihren positiven Attributen wie Vertrauen, Respekt und Sicherheit verlorengeht.

Was bedeutet Streß für den Hund?

Körperliche Reaktionen

Tropfende Hundenasen und Schleimfäden, die aus dem Maul hängen, sind untrügliche Anzeichen für Streß.

Streß ist eine Bezeichnung für eine Belastung des Organismus durch äußere und innere Reize, die das normale Maß übersteigen, sowie durch die Gesamtheit aller dabei auftretenden körpereigenen Anpassungs- und Schutzreaktionen (allgemeines Anpassungssyndrom). Dieses Adaptationssyndrom wird unabhängig von der Art des verursachenden Streßfaktors im Organismus ausgelöst; es handelt sich um ein Wechselspiel zwischen höheren Hirnzentren, dem Hypothalamus, der Hypophyse und der Nebennieren sowie dem vegetativen Nervensystem.

Beim Streß unterscheidet man drei Stadien.

Streß wird ausgelöst, wenn innere oder äußere Reize das normale Maß übersteigen: Bei Bando ist es hier das Fotografiert-Werden.

Erstes Stadium (Alarmphase)

Das erste Stadium ist die unmittelbar einsetzende kurzfristige (Minuten bis Stunden) Alarmphase. Hier kommt es zu einer vermehrten Abgabe von Hormonen des Nebennierenmarks, insbesondere von Adrenalin, bei gleichzeitiger Aktivierung des Zwischenhirns und der Hypophyse. Das Hormon ACTH, das dabei ausgechüttet wird, hält die weitere Produktion von Adrelanin in Gang.

In der Alarmphase kommt es zu einer erhöhten Wachsamkeit des Hundes.

Während der Alarmphase kommt es vor allem zu einer Aktivierung des Kreislaufs, zum Ansteigen des Blutdrucks und der Körpertemperatur, zu einer Pupillenerweiterung, zur Steigerung des O_2-Verbrauchs (Hecheln) sowie zur Vermehrung von Leukozyten und Thrombozyten im Blut.

All dies führt zu einer Schärfung der Sinne und damit zu einer verbesserten Wahrnehmung sowie zu einer erhöhten Leistungsbereitschaft.

Zweites Stadium (Abwehrphase)

Es folgt die Abwehrphase mit diversen physiologischen Vorgängen. Die einsetzende Wasser- und Natriumretention, die durch die vermehrte Ausschüttung von Corticoiden aus der Nebennierenrinde verursacht wird, dient der Aufrechterhaltung des Kreislaufs und wirkt dem Eiweißabbau entgegen, der sonst zu einem bedrohlichen Wasserverlust führen würde. Durch den intensivierten Stoffwechsel kommt es zu einem gesteigerten Stoffabbau, der auch die Fettdepots angreift.

Bei länger andauerndem Streß kann also eine signifikante Gewichtsabnahme des Hundes stattfinden.

Körper und Verstand versuchen auf vielfältige Weise, Streß abzuwehren. Hier soll beschwichtigendes Verhalten (Lecken der Oberlippe, Anheben der Vorderpfote) den gewünschten Erfolg bringen.

Drittes Stadium (Erschöpfungsphase)

Das dritte Stadium des Anpassungssyndroms bezeichnet man auch als Reparationsphase, das heißt, der Körper »repariert« sich selbst. Er versucht also, die vorausgegangenen, den Organismus belastenden Vorgänge auszugleichen. Das rasche Einsetzen aller endokrinen Leistungen (= hormoneller Regelungs- und Wirkungsmechanismus) beweist die gute Anpassungsfähigkeit des Organismus (= gute Wiederstandskraft).

Bei länger anhaltendem Streß und bei mangelhafter Anpassungsfähigkeit kommt es zu einer Verringerung der Abwehrkräfte und in der Folge zu Adaptationskrankheiten wie Rheumatismus, Hypertonie, Magen- und Darmgeschwüren, Asthma bronchiale

Laura kann Streßsituationen nur schlecht bewältigen. Schnell wechselnden Situationen ist sie nicht gewachsen.

und anderen dauerhaften Schädigungen wie einer starken Schwächung des Immunsystems, Magen-Darm-Erkrankungen, Herz-Kreislauf-Erkrankungen, Nervosität, aber auch Lethargie, übersteigerter Aggressions- und Verteidigungsbereitschaft, Verhaltensstörungen usw.

Ursachen

Körperlicher Streß entsteht durch äußere und innere Faktoren, und der daraus resultierende psychische Streß entsteht aufgrund einer Diskrepanz zwischen den spezifischen Anforderungen, die an den Hund gestellt werden, und der individuellen Reaktion des Tieres, mit der es den Streß zu bewältigen versucht.

Mit anderen Worten: Die Belastung kann in einem bestimmten Moment oder auf Dauer so groß werden, daß dem Hund die Möglichkeit fehlt, mit ihr fertig zu werden. Die Fähigkeit, mit Streß umzugehen, ist bei jedem Lebewesen anders ausgeprägt. Streß ist somit situationsbedingt und persönlichkeitsabhängig.

Für Streß gibt es unterschiedliche Ursachen:

- mangelnde oder fehlende Befriedigung von Grundbedürfnissen (soziale Bindung, Schlaf, Nahrung, Beschäftigung, eingeschränkte Sauerstoffzufuhr),

Um dem Hund die Bewältigung von Streß zu erleichtern, muß der Mensch die Kunst beherrschen, dem Hund exakt das »goldene Mittelmaß« an Aufmerksamkeit zu geben – weder zuviel noch zuwenig.

- Leistungsdruck (Überanstrengung, Zwang, Erwartungen, Überforderung),
- seelische Erregungszustände (Ärger, Freude, Belastungen, Frustration, Angst),
- ständige Angst (Einsamkeit, Verlustängste, Schmerz usw.),
- Energiestau durch Unterforderung,
- soziale Auslöser (ungeklärte Rangordnung, isoliertes Aufwachsen usw.),
- körperlich bedingte Auslöser (Krankheiten, Verletzungen, Verbrennungen, operative Eingriffe, hormononelle Schwankungen durch Läufigkeit oder Trächtigkeit usw.),

Energiestaus und Verständigungsprobleme mit dem Menschen bewirken ein Vorwärtsdrängen des Hundes.

- lebensgeschichtliche Ereignisse (ungute Erfahrungen),
- Umwelteinflüsse (Hitze, Kälte, Lärm, Reizarmut oder Reizüberflutung, zu viele oder zu wenige Bezugspersonen),
- Orientierungslosigkeit (nicht wissen, was der Mensch erwartet oder wer die Bezugsperson ist, häufig wechselnde Besitzer, extreme Erziehungsmethoden usw.),
- Mißverständnisse in der Mensch-Hund-Beziehung, Verständigungsprobleme,
- Übertragung von Ängsten des Menschen auf den Hund.

Ein gewisses Quantum an Streß ist normal und gehört zum Leben: Streß kann niemals komplett ausgeschaltet oder vermieden werden. Deshalb ist es umso wichtiger, dem Hund möglichst viel Sicherheit und Halt zu geben, damit Sie einerseits mit ihm gemeinsam Streßsituationen bewältigen können und andererseits sein Selbstbewußtsein insoweit stärken, als er lernt, besser mit Streßsituationen zurechtzukommen.

Eine Grundregel für die Mitarbeiter auf dem Gnadenhof ist:
In Streßmomenten so gelassen wie nur möglich bleiben und den Hund hinter sich nehmen.

In Streßmomenten kann eine vertrauensvolle Beziehung, die dem Hund Orientierung gibt, unter Umständen lebenswichtig sein.

*Hunde weichen einander in <u>kleinen</u> Bögen aus und umgehen damit Konflikte.
Das weiträumige Ausweichen hingegen ist keine Konfliktlösung, sondern eine Symptombekämpfung.*

Mitunter ist es sinnvoll, Streßsituationen zu umgehen. Doch wenn Sie ihnen allzu oft ausweichen, werden Unsicherheiten des Hundes gefördert, die dann in anderen Situationen und Momen-

Wenn man Streßsituationen allzu oft ausweicht, fördert man damit die Unsicherheit seines Hundes.

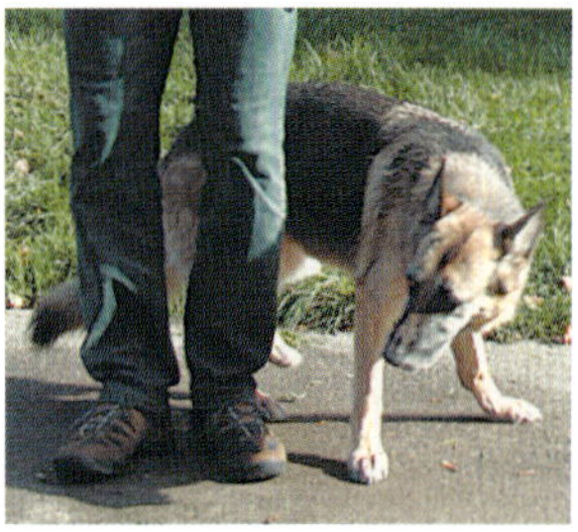

Manche Hunde geben auf, wenn sie ihrem Menschen nicht mehr trauen können, und andere wehren sich.

Ein Hund wird extrem verunsichert, wenn der Mensch für ihn unberechenbar ist.

ten doch wieder als Streßsymptomatik zutage treten. Das eigentliche Problem wird also nicht gelöst, sondern nur umgangen. Weiträumiges Ausweichen ist nur eine aufschiebende Symptombekämpfung, aber niemals eine klärende Ursachenbereinigung.

Streß in der Mensch-Hund-Beziehung

Generell stellen alle Ängste wesentliche Streßfaktoren dar. Doch den schlimmsten Streß erlebt ein Hund in der Beziehung zu seinem Menschen, dann nämlich, wenn keine Bindung entsteht und das Tier kein Vertrauen und keine Orientierung hat.

Sobald ein Mensch für den Hund unberechenbar wird, führt das zu einer extremen Verunsicherung, die sich in Streßmomenten (Angst vor Strafe, Angst vor Schmerzen, Überforderung aufgrund einer falschen Rollenverteilung) in mitunter heftigen Notwehrreaktionen äußern kann.

Verhaltensstörungen

Warum gibt es immer mehr Verhaltensstörungen bei Tieren?

Es gilt als erwiesen, daß die Entwicklung des Hundegehirns nicht nur der des Menschengehirns ähnelt, sondern bis zum dritten Lebensjahr eines Kindes mit ihr identisch ist; nur die Zeitabschnitte und die Reihenfolge der Entwicklungschritte sind anders. Untersuchungen in den USA haben ergeben, daß Verhaltensstörungen bei Kindern gleich häufig vorkommen wie bei Hunden (siehe Aldington, 1994).

In Deutschland gibt es nur sehr wenige wirklich grundlegende, wissenschaftliche Untersuchungen über Ursachen und Folgen schwerer Beißvorfälle, von denen Menschen betroffen waren. Erst in den letzten Jahren hat man hierzulande begonnen, solche Vorfälle vermehrt in Statistiken zu erfassen. Die Anzahl der von Hunden verursachten, schweren Schadensfälle in Deutschland ist seit Beginn der Aufzeichnungen ständig gestiegen. Es wird vermutet, daß jährlich weit über 10 000 Menschen gebissen werden. Besonders häufig sind Kinder betroffen (siehe Breitsamer, 2003).

Was mancher Mensch beruhigend meint, faßt ein Hund – vor allem ein eingesperrter – ganz anders auf.

Gefährlichkeit darf man nie mit einer Rasse in Zusammenhang bringen. Gefährlich werden immer nur einzelne Tiere – und so gut wie ausschließlich durch Fehler des Menschen.

Zu den meisten Beißvorfällen kommt es im unmittelbaren Beziehungsumfeld der Hunde (Besitzer, Familie, Besucher, Nachbarn). Auch deshalb ist die Dunkelziffer sehr hoch, denn innerfamiliäres Beißen wird in der Regel nicht amtlich registriert. Angesichts der mir bekannten »Problemfälle« staune ich dennoch, wie wenig im Verhältnis passiert, bedenkt man, wie viele Menschen Verständigungsschwierigkeiten mit ihrem Hund haben.

Während zu Beginn der 70er Jahre jährlich ein bis zwei Menschen durch Hundebisse tödlich verletzt wurden, sind heute bereits fünf bis sechs solcher Todesfälle pro Jahr zu beklagen. An den seit 1968 erfaßten 47 Todesfällen waren 25 Schäferhunde, sieben Rottweiler, fünf Doggen, vier Mischlinge und vier sogenannte »Kampfhunde« beteiligt (Breitsamer, 1984). Doch jede Statistik hat ihre Mängel: Da der Schäferhund mit Abstand der am meisten vertretene Rassehund in Deutschland ist, ist er nicht überproportional häufig in Beißvorfälle involviert.

Ein weiterer Faktor, der zu einer Verzerrung der Statistik führt, ist die vermehrte Darstellung von Beißvorfällen mit Hunden in den Medien. Die entsprechenden Beiträge sind oftmals übertrieben und reißerisch aufgemacht. Die Öffentlichkeit ist deshalb heute weit schneller bereit, Vorfälle mit Hunden – und insbesondere solche mit »Kampfhunden« – anzuzeigen. Obwohl Hunde

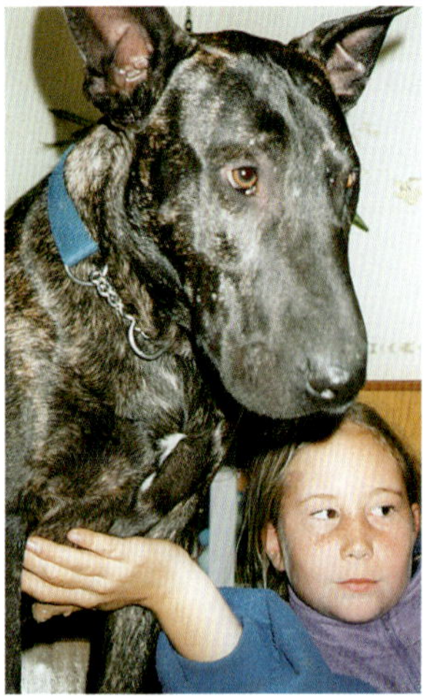

Bandit, ein Bullterrier-Mischling, geht besonders liebevoll mit Kindern um.

anderer Rassen wesentlich mehr Menschen verletzen als die sogenannten »Kampfhunde«, werden vor allem letztere an den Pranger gestellt, denn sie passen am besten in eine Feindbildrolle. Auch müssen diese Tiere Verhaltensprüfungen bestehen, von denen ich behaupte, daß sie fast kein sogenannter Gebrauchshund erfolgreich ablegen würde.

»Kampfhunde« wurden nicht zum Kampf gegen den Menschen gezüchtet, sondern zum Kampf gegen Hunde und andere Tiere.

Was viele Menschen nicht wissen: »Kampfhunde« wurden nicht zum Kampf gegen den Menschen gezüchtet, sondern zum Kampf gegen Hunde und andere Tiere. Wenn sie Verhaltensprobleme haben, so ist es meist gegenüber Tieren. Im Umgang mit Menschen sind sie sehr geduldig und friedfertig. In England werden Bullterrier sogar »Baby watching dogs« (»Hunde, die auf Babys aufpassen«) genannt – aber ich lehne es grundsätzlich ab, ein Kleinkind mit einem Hund alleinzulassen. Der stark bemuskelte Körper und das imposante Erscheinen dieser Hunde haben dazu geführt, daß manche Menschen sie mißbräuchlich für ihre Zwecke benutzen. Aus kynologischer Sicht gibt es jedenfalls keine Hunderasse, der grundsätzlich eine gesteigerte Gefährlichkeit zuzuschreiben ist (es sei denn, man wolle Körpergröße und Körperkraft mit Gefährlichkeit in Zusammenhang bringen – aber das ist weder bei Menschen noch bei Tieren sinnvoll und zulässig). Als gefährlich kann man einen Hund grundsätzlich nur nach einer Einzelfallprüfung einstufen.

Der Beutetrieb ist in jedem Hund aktiv. Er muß in Gemeinschaft mit einem verantwortungsbewußten Menschen im Spiel ausgelebt werden können.

Dennoch wurden deutschlandweit eiligst neue Verordnungen (die Kampfhunde- und die Gefahrenhundeverordnungen der

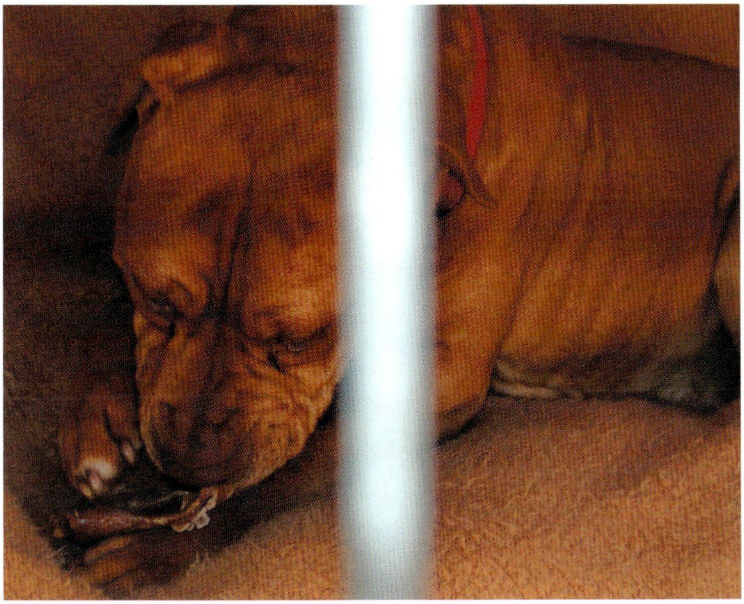

Auf dem Gnadenhof versuchen wir nach besten Kräften, es den Hunden schön zu machen. Aber ein richtiges Zuhause ist trotzdem das Beste für jedes Tier.

Bundesländer) erlassen und bestehende Verordnungen verschärft, nachdem bei einem tragischen Vorfals in Hamburg im Frühjahr 2000 ein Kind von zwei Hunden getötet worden war – obwohl die Tiere den Behörden bereits als auffällig bekannt waren! Seither sind nicht nur die Haltungsbedingungen wesentlich erschwert worden (Meldepflicht, Verhaltensprüfungen, Leinen- und Maulkorbzwang, erhöhte Steuern usw.), sondern die Hundehalter sind zahlreichen Anfeindungen ausgesetzt. Dabei ist es eine Tatsache, daß die meisten Menschen Hunde dieser Rassen nicht einmal erkennen und selbst auch noch nie eine schlechte Erfahrung mit einem solchen Hund gemacht haben.

Aus all diesen Gründen werden immer mehr Hunde ausgesetzt, abgegeben oder beschlagnahmt – und zwar auch solche, die nicht als »Kampfhunde« gelten. Diese Entwicklung ist mittlerweile für die meisten Tierheime zu einem großen Problem geworden.

Was sind Verhaltensstörungen?

Der Mensch ist mit dem Begriff »Verhaltensstörung« viel zu schnell bei der Hand. Ein Hund mit auffälligem Verhalten ist noch lange nicht verhaltensgestört.

»Verhaltenstörung« ist ein Begriff, der sehr unterschiedlich interpretiert wird. Was der eine als eine Verhaltenstörung bezeichnet, ist für den anderen noch keine Störung im Verhalten.

Wann ist ein Hund verhaltensgestört?

Hunde, die zuviel oder zuwenig Sozialkontakte hatten oder haben und sich deshalb selbst belohnen (wie Bando, der sich in seine Leine verbissen hat), sind völlig beziehungslos und introvertiert, das heißt, ihr Innerstes wird zu ihrer Welt, und das Körperempfinden existiert für sie nicht mehr. Solche Hunde gleiten in ein asoziales Verhalten ab, weil sie ihre Kommunikationsfähigkeit verlieren.
Will man ihnen helfen, so muß man ihnen über viel Berührung und Streicheln ein neues Körpergewahrsein geben, ihnen sehr viel Geduld entgegenbringen und ihnen vor allem mit großem Nachdruck Orientierung geben und konsequent sein.

Ein Lebewesen gilt für viele Menschen dann als verhaltensgestört, wenn sein Gesamtverhalten oder einzelne wichtige Verhaltensaspekte erheblich und dauerhaft von artspezifischen Normen und Maßstäben abweichen, wenn die üblichen Erwartungen des Menschen nicht erfüllt werden und wenn das Mißverhältnis zwischen den Ansprüchen der Umwelt und der Unfähigkeit, diesen Ansprüchen gerecht zu werden, immer wieder zutage tritt.

Als nicht normal gilt es zum Beispiel, wenn das Verhalten eines Hundes im Vergleich zu seiner Bezugsgruppe (Rasse, Alter, Ausbildungsstand, soziales Umfeld) oder in Relation zu gesellschaftlichen und rechtlichen Normen abweicht. Die Vorstellungen über das »normale« Verhalten im persönlichen Bereich sind individuell verschieden und von der Persönlichkeit des einzelnen Hundebesitzers abhängig. Das Problem hierbei ist, daß viele Hundehalter glauben, ihre persönliche Vorstellung sei das Maß aller Dinge. Dabei übersehen sie, daß Verhalten immer eine gewisse Bandbreite hat: Was für eine Person »normal« ist, ist für eine andere Person »noch hinnehmbar« und für eine dritte vielleicht schon »abnormal«.

Normales Verhalten besitzt also immer eine gewisse Variationsbreite. Die Abweichungen von gewissen, vom Menschen aufge-

stellten Normen können das allgemeine, soziale, psychische oder körperliche Verhalten betreffen; sie treten in der Regel in mehreren Bereichen gleichzeitig auf, und meistens ist auch die Beziehung zur Umwelt tangiert.

Von einer Verhaltensstörung beim Hund spricht der Mensch also immer dann, wenn das Verhalten des Tieres entweder für es selbst oder für seine soziale Umgebung (Familie, Umwelt) solche Probleme mit sich bringt, daß der Mensch nicht mehr weiter weiß, zu drastischen Erziehungsmethoden greift, den Hund abgibt oder ihn, im schlimmsten Fall, einschläfert.

Verhaltensstörungen sind also immer individuelle Problematiken, die zugleich Außenwirkung haben, weil das soziale Umfeld verunsichert ist und häufig negativ auf sie reagiert bzw. unter ihnen leidet. Bei der Einschätzung des Verhaltens muß folglich unbedingt beachtet werden, daß »normales« Verhalten keine absolut meßbare Größe ist. Welches Verhalten als »normal« und welches als »nicht normal« bezeichnet werden kann, hängt immer von verschiedenen Bezugsgrößen ab, die sich aus dem bekannten Normverhalten und dem erkannten, offensichtlich abweichenden Verhalten ergeben.

Lilou, eine fünfjährige Bull-Staff-Hündin, verteidigte ihren Besitzer bei seiner Verhaftung und biß zwei Polizeibeamte. Daraufhin erließ die zuständige Gemeinde einen Einschläferungsbefehl. Dank besorgter Menschen aus dem Tierheim, in dem sie von den Behörden verwahrt wurde, konnte sie auf den Gnadenhof gebracht werden.

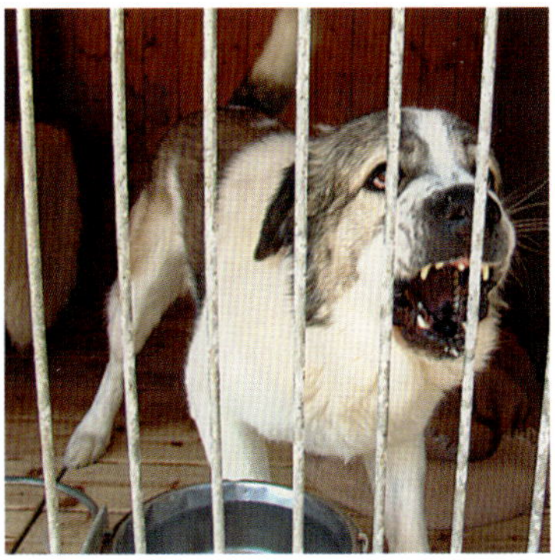

Links: Es ist völlig normal, daß sich ein Hund wehrt, wenn er nicht fliehen kann.
Rechts: Auch ein Hund hat das Recht, sich den Menschen auszusuchen, mit dem er gerne zusammensein möchte.

Beispiel: Ein sechs Wochen alter Welpe uriniert während des Spiels in die Wohnung. Für jeden Menschen ist dieses Verhalten aus verständlichen Gründen normal. Bei einem zweijährigen Hund gilt diese Verhaltensweise als nicht mehr normal.
Das tragische an solchen Sachverhalten ist, daß der Mensch ein von der Norm abweichendes Verhalten meist nicht hinterfragt. Es kann nämlich sein, daß

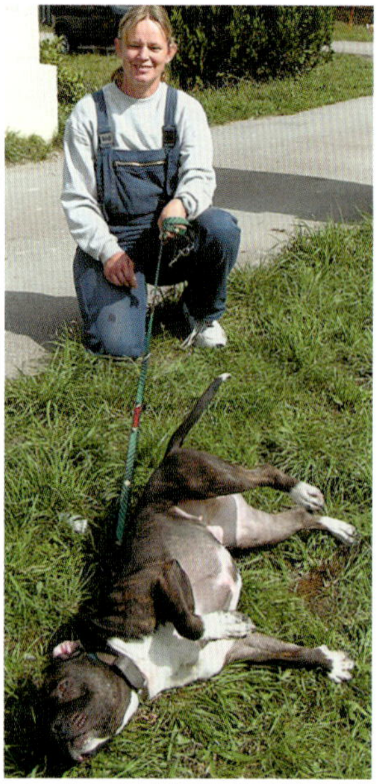

Auf dem Gnadenhof hat Lilou schon so manchem Menschen neue Lebensfreude geschenkt.

- *dem Hund nicht beigebracht wurde, stubenrein zu werden;*
- *andere Hunde im Raum waren oder sind und er markiert;*
- *der Hund aus Streß, aus Angst vor seinem Besitzer oder aus Angst vor dem Alleinsein Urin verliert;*
- *der Hund an Blaseninfektion erkrankt ist;*
- *es sich um eine Hündin handelt, die infolge einer Kastration die Harnflüssigkeit nicht mehr richtig halten kann, usw.*

Das Benehmen des Tieres wird als verhaltensgestört abgestempelt, obwohl die Ursache beim Menschen liegt oder – in sehr seltenen Fällen – auf Erkrankungen zurückzuführen ist, die der Mensch natürlich erkennen sollte.

Mir tut es immer wieder unendlich leid, wenn ich Zeuge werde, wie der Mensch seinen Hund wegen »Fehlverhaltens« beschimpft oder bestraft, das dem Hund jedoch überhaupt nicht bewußt ist und auch gar nicht bewußt sein kann. So sind im Grunde unerhebliche Kleinigkeiten häufig der Anfang einer belasteten Mensch-Hund-Beziehung.

Als besonders schlimm empfinde ich es, wenn Menschen völlig normale rassespezifische Verhaltensweisen (wie etwa das Fixieren eines Border Collies oder das Territorialverhalten eines Herdenschutzhundes) oder alters- und krankheitsbedingte Schwächen

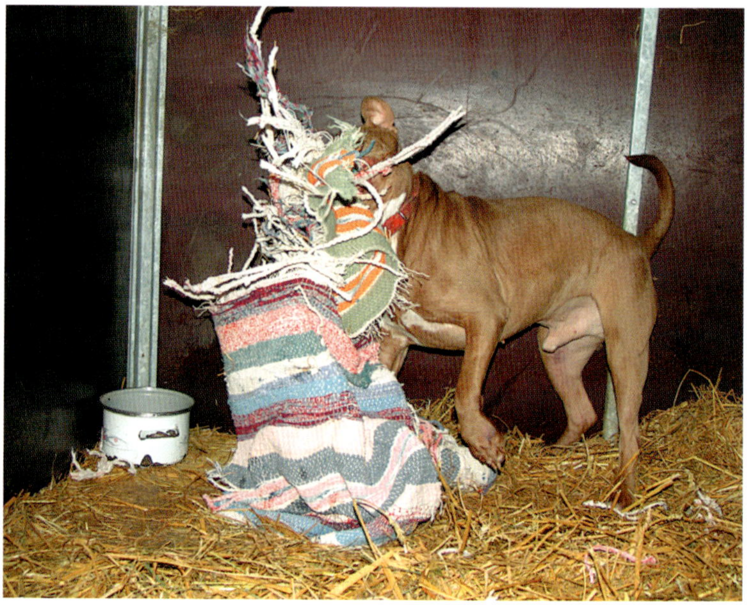

Dieser Hund bestätigt sich selbst, indem er Sachen zerfetzt.

(Taubheit, Skelettprobleme, Schmerzen usw.) als Verhaltensstörung deklarieren. Sie können sich gar nicht vorstellen, wie oft mir Hunde mit schlimmen Ohrenentzündungen, die allein aus Schmerz und aus Angst vor Berührung zuschnappten, als »gefährlich« vorgestellt wurden.

Hunde, die für ihre Arbeit (zum Beispiel das Aufspüren von verlorengegangenem Vieh) gezüchtet wurden, haben ein ausgezeichnetes Hörvermögen. Solche Hunde, etwa Collies, neigen deshalb zu einer gewissen Geräuschempfindlichkeit.

Viele Menschen bemerken oft lange Zeit nicht, daß ihr Hund taub ist. Taube Hunde spüren Vibrationen wesentlich deutlicher als ihre hörenden Artgenossen und fühlen deshalb sogar Schritte und Bewegungen. Folglich ist es nicht immer leicht, die Taubheit eines Hundes zu bemerken. Rufen Sie Ihren Hund mehrmals, wenn er schläft; ein hörender Hund wird Sie wahrnehmen.
Anubis, ein vierjähriger Kaukasischer Ovtcharka, hatte wegen seiner Taubheit schon mehrfach Verständigungsprobleme mit anderen Hunden.

Wie viele Hunde werden eingeschläfert, die aufgrund ihres gestreßten, hyperaktiven, stark ausgeprägten Verteidigungsverhaltens als äußerst aggressiv gelten! Dabei steht hinter ihrem Verhalten in Wirklichkeit eine völlige Desorientierung, weil ihnen in der Beziehung zum Menschen Sicherheit und Ordnung fehlen.

Für viele Hunde ist es wichtig, ihr Körperempfinden wieder neu zu entdecken – durch die Berührung des Menschen, durch die Berührung mit anderen Tieren und durch den Hautkontakt mit Gegenständen.

Ursachen

Kein Tier wird mit Verhaltensstörungen geboren: Wie auch die Dominanz entwickeln sie sich durch das Aufeinandertreffen von Individuum und Umwelt und sind immer auf Probleme in der Mensch-Hund-Beziehung, im sozialen Umfeld oder bei der Haltung und Versorgung des Hundes zurückzuführen.

Ich möchte jedoch der Vollständigkeit halber darauf hinweisen, daß sogenannte Verhaltensstörungen auch als Folgesymptome von Sinnes-, Körper- oder Intelligenzschäden auftreten können. Dann spricht man von »sekundären Verhaltensstörungen« (wie etwa bei einer angeborenen oder übertragenen Geräusch- oder Schmerzempfindlichkeit). Verhaltensstörungen, die unabhängig von Sinnes-, Körper- oder Intelligenzschäden entstehen, werden als »primäre Verhaltensstörungen« bezeichnet. Diese beiden Formen können anhand der Auswirkung auf den Umgang mit dem Hund oder anhand des Erscheinungsbildes nicht sofort unterschieden werden. Dies kann erst nach der Erforschung möglicher Ursachen erfolgen.

Unsere Gesellschaft ist zunehmend rational und technisch ausgerichtet. Deshalb haben die domestizierten Tiere, mit denen wir zusammenleben, im Lauf der Zeit eine andere Bedeutung für uns

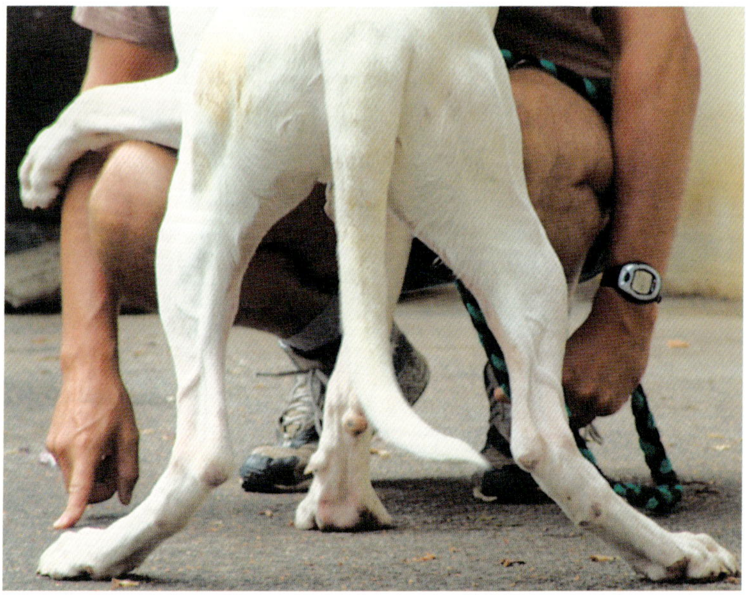

Es sind oft Kleinigkeiten, die einen Teufelskreis aus Mißverständnissen in Gang setzen – wenn man zum Beispiel nicht bemerkt, daß ein Hund nur beschwichtigt.

bekommen als früher. Speziell der Hund ist Partner- und Kinderersatz oder ein Statussymbol, und sein Aussehen wird immer mehr in den Vordergrund gestellt. Aus dieser oberflächlichen und vermenschlichenden Betrachtungsweise sowie aus fehlender Fach- und Sachkenntnis im Umgang mit dem Hund resultieren Fehlbehandlungen (wie zum Beispiel das fortgesetzte Maßregeln eines dominant gemachten Hundes oder das Nicht-Bemerken von Beschwichtigungsgesten des Tieres). In der Folge kommt es beim Hund zu Frustrationen und Unsicherheiten, aus denen gravierende Ängste werden können.

Angst und Panik sind die häufigsten Ursachen für Verhaltensauffälligkeiten beim Hund.

Mir wird oft gesagt, fehlerhaftes Verhalten des Hundes sei Ausdruck seines schlechten Charakters, seines bösen Willens oder ihm einfach angeboren, also vererbt … Wer ernsthaft eine solche Meinung vertritt, dem geht es nicht darum, die Verhaltensauffälligkeiten seines Tieres zu verstehen, sondern sie zu unterdrücken und/oder zu bestrafen.

Unbeholfene Hilferufe!

Ich schließe mich den gängigen Vorstellungen von dem, was eine »Verhaltensstörung« ist, jedenfalls nicht an. Im Umgang mit mehreren Tausend Hunden habe ich diese Erfahrung gemacht: In fast ausnahmslos allen Fällen resultieren die Verhaltensauffälligkeiten des Hundes aus Ängsten, fehlendem Vertrauen, Orientierungslosigkeit, mangelnder Sicherheit, zu großer Einsamkeit, eingeschränkter Bewegungsfreiheit, Leistungsdruck, Handlungsverlegenheit, Hilflosigkeit, Minderwertigkeitsgefühlen usw. – sie sind also auf den Menschen zurückzuführen.

Verhaltensauffälligkeiten sind wie verzweifelte, unbeholfene Hilferufe und Notsignale des Tieres, mit denen er dem Menschen seine Verfassung kundtun möchte.

Angst und Panik sind die häufigsten Ursachen für Verhaltensauffälligkeiten beim Hund.

In vielen Fällen werden Verhaltensstörungen regelrecht in einen Hund hineininterpretiert, und zwar mit äußerst fatalen Folgen für das Tier, das dann oftmals sehr schnell als nicht mehr therapierbar bezeichnet wird.

Beispiel: *Red Ben, ein kleiner rothaariger Mischling, war bis zum Alter von vier Jahren Tag und Nacht an seiner sehr kurzen Kette angebunden. Seine Besitzer hatten bzw. nahmen sich keine Zeit für ihn, weil sie berufstätig waren und den Hund nur als problematisch empfanden. Immer wenn Menchen vorbeikamen, wedelte*

Heute ist Red Ben ein selbstbewußtes, freundliches Kerlchen.

Red Ben sie aufgeregt an, und wenn sie dann näherkamen, biß er sie gezielt und heftig, u. a. auch den Briefträger. Der Hund sollte in ein Tierheim, doch als eine Mitarbeiterin des Heims ihn abholen wollte, ließ er auch sie nicht an sich heran und zerbiß ihre Hand. Nach mehreren Anzeigen stand die Beschlagnahmung des Hundes kurz bevor. Er wurde schließlich in einer Transportkiste zu mir auf den Gnadenhof gebracht.

Als ich ihn erstmals zu sehen bekam, führte er sich in der Transportkiste wie ein Wahnsinniger auf und tobte herum. Ich konnte seine Ängste, seine Hilflosigkeit und sein daraus resultierendes Aggressionsverhalten nur zu gut verstehen. Mein Aufgabe war es, ihm Grenzen zu setzen, die ihm Sicherheit geben konnten.

Mit den nachdrücklichen Worten: »Jetzt ist aber mal Schluß!«, öffnete ich sofort die Box, damit sich Red Ben frei bewegen konnte. Im übrigen verhielt ich mich ihm gegenüber gelassen, ignorierte ihn, indem ich mich mit etwas anderen beschäftigte, nahm aber eine Selbstsicherheit ausdrückende Körperhaltung ein.

Red Ben kam unverzüglich aus der Box heraus und lief schwanzwedelnd und freundlich auf mich zu. Ich habe ihm weder damals noch später je das Gefühl gegeben, ihn zu bedrängen, sondern ich habe immer abgewartet, bis er auf mich zukam. Ich hatte nie ein Problem mit ihm. Verhaltensauffälligkeiten zeigte er jedoch bei anderen Mitarbeitern, aber immer nur dann, wenn sie zu schnell und zu direkt auf ihn zugingen.

In vielen Fällen werden Verhaltensstörungen regelrecht in Hunde hineininterpretiert.

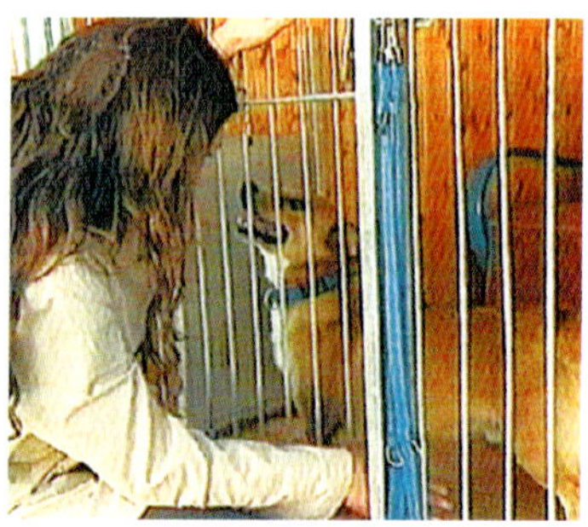

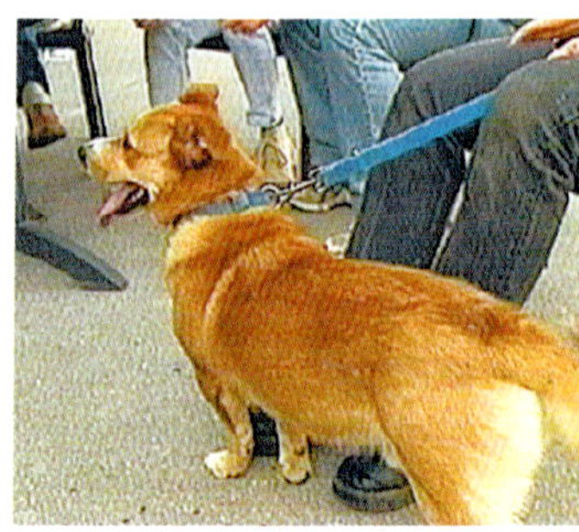

Red Ben freut sich über meine Zuwendung und über jegliche Abwechslung.

Der Hund war fast vier Jahre lang in seiner Bewegungsfreiheit stark eingeschränkt und hatte praktisch keine Gelegenheit, nennenswerte Erfahrungen zu machen, zu fliehen, auszuweichen, zu spielen, Neues kennenzulernen, Zärtlichkeiten auszutauschen und kannte auch keine Geborgenheit durch eine von Vertrauen getragene Bindung an einen Menschen.

Mit Sicherheit hat Red Ben irgendwann angefangen, aus einer Notwehrreaktion heraus nach Menschen zu schnappen, weil sie ihn einengten, indem sie auf ihn zukamen, für ihn aber etwas Fremdes waren. Er fühlte sich zwar zu ihnen hingezogen, aber dennoch wirkten sie auf ihn bedrohlich. Er lernte, daß er in dem Moment, in dem er nach jemandem schnappte oder ihn biß, im Mittelpunkt stand. Der Hund war völlig zwiegespalten: Einerseits verspürte er eine freudige Erwartung, endlich jemanden zu sehen, und andererseits hatte er Angst vor diesen unausweichlichen Situationen. Außerdem konnte er sich durch den Angriff selbst bestätigen, indem er die Menschen erschreckte und verjagte, und sich Anerkennung verschaffen, wenn er durch seine Bisse in den Mittelpunkt des Geschehens gerückt wurde, auch wenn es sich dabei um eine negative Bestätigung handelte.

Kettenhunde wie Red Ben gewöhnen sich oft ein krampfhaftes, klammerndes Hochspringen an. Sie konnten die Menschen nie erreichen, versuchten aber verzweifelt, ihnen näherzukommen. Auch schnappen Kettenhunde oft nach Menschen. Ein Grund dafür ist, daß sie sich schnell bedroht fühlen, weil sie nicht fliehen können, und dann in ihrer Panik zubeißen. Ein anderer Grund ist der, daß sie in ihrer großen Einsamkeit und Verzweiflung versuchen, den Menschen festzuhalten und auf sich aufmerksam zu machen.

An diesem Beispiel wird deutlich, daß das, was vielen Menschen unkontrolliert und hinterhältig erscheint und von ihnen deshalb als Verhaltensstörung interpretiert wird, eine durchaus verständliche und nachvollziehbare Reaktion auf eine falsche und qualvolle Haltung ist.

Hundeschulen und -therapeuten

Ich finde es erfreulich, daß es immer mehr Menschen gibt, die sich um das Wohl von Tieren kümmern – statt nur auf den Nutzen zu achten, den sie aus ihnen ziehen können – und die rücksichtsvoll mit ihnen umgehen. Solche Menschen scheuen auch nicht davor zurück, Geld für Schulungen, Beratungen usw. auszugeben. Diese Nachfrage bestimmt natürlich das Angebot, und das bedeutet, daß neben ausgezeichneten Hundeschulen auch solche wie Pilze aus dem Boden schießen, denen es nur darum geht, die Situation für ihren Profit auszunutzen.

Die schlimmsten Fälle von Verhaltensauffälligkeiten ergeben sich dann, wenn Menschen, die mit ihrem Hund nicht mehr weiterwissen, falsch beraten werden, weil zum Beispiel nur Symptome bekämpft werden, nur nach einem vorgegebenen Schema gearbeitet oder den Besitzern sogar barer Unsinn aufgetischt wird: In ihrer Not glauben die Besitzer nahezu alles und verlieren den gesunden Zugang zum eigenen Empfinden.

Die schlimmsten Fälle von Verhaltensauffälligkeiten ergeben sich dann, wenn Menschen, die mit ihrem Hund nicht mehr weiterwissen, falsch beraten werden, weil der Therapeut zum Beispiel nur nach einem vorgegebenen Schema arbeitet oder nur Symptome bekämpft.

Aber auch wenn ein Hundetrainer mit einem Tier zurechtkommt, bedeutet das noch lange nicht, daß dies auch dem Besit-

In Hundeschulen sollte es an allererster Stelle um wirkliche Verständigung mit dem Hund gehen und nicht um beeindruckende Perfektion beim Gehorsam, zum Beispiel bei der Leinenführigkeit.

zer gelingt. Solange der Halter unsicher ist und den Hundetrainer lediglich nachahmt, wird ein durchschlagender Erfolg auf sich warten lassen. Allein mit dem Besuch einer Hundeschule ist es eben nicht getan, denn der Besitzer muß im Alltag mit dem Hund zurechtkommen. Auf dem Weg zu diesem Ziel unterstützt und begleitet die Hundeschule Halter und Hund.

Eine gute Hundeschule hilft immer auf ganz individuelle Art und Weise:

- dem Menschen, Zugang zum Hund zu bekommen,
- dem Hund, den Menschen richtig zu verstehen,
- die Kommunikation zwischen Mensch und Hund zu verbessern,

- eine ehrliche Bindung zwischen dem Menschen und seinem Hund aufzubauen,
- Gehorsam als natürliche Folge der Beziehung und des gegenseitigen Vertrauens zu erwirken (statt den Hund nur zu konditionieren oder zu dressieren),
- ursächliche Problemlösungen zu erarbeiten (statt Symptome zu bekämpfen),
- geeignete Beschäftigungsmöglichkeiten für Hunde ausfindig zu machen,
- indem sie keine extremen Methoden anwendet,
- indem sie so wenig wie möglich Hilfsmittel einsetzt,
- indem sie niemals schmerzverursachende Hilfsmittel einsetzt,
- indem sie offen für die Meinung des Hundebesitzers oder die anderer Schulen ist,

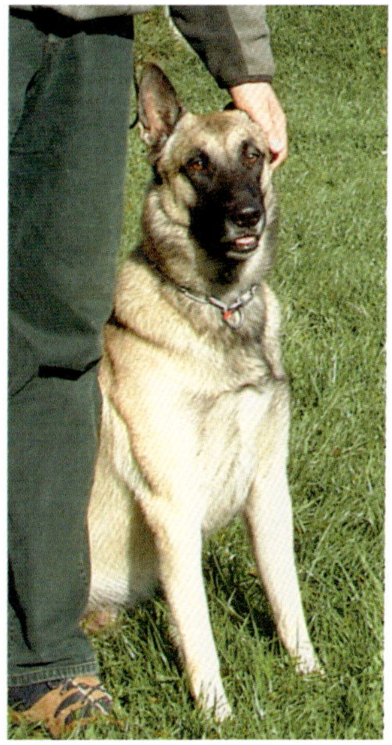

Gehorsam ist die natürliche Folge einer guten Mensch-Hund-Beziehung.

Im Alltag miteinander zurechtzukommen ist wichtiger als alles andere.

Theoretisches Wissen ist zwar wichtig, aber völlig unzureichend, wenn es um die Behandlung und Therapie von Hunden geht. Oft genug stellt die Praxis die Theorie auf den Kopf.

- indem sie alle Fragen des Hundebesitzers zuläßt und alle Fragen schlüssig beantwortet,
- indem sie zugibt, wenn sie eine Antwort nicht kennt oder etwas nicht weiß,
- indem sie jede Problematik immer von mehreren Seiten betrachtet, das heißt, die Vor- und Nachteile darlegt und gegeneinander abwägt.

Weil sich jedoch beim Hund wegen unsachgemäßer oder wirklich falscher Vorgehensweisen oft nichts verbessert, sondern sich das Problem meist verschlimmert oder an anderer Stelle ein neues auftaucht, zieht der Besitzer von einer Hundeschule zur nächsten. Und weil ich keine gewerbliche Hundeschule betreibe, lerne ich immer *die* Hunde kennen, die von anderen Schulen bzw. von ihren Besitzern mehr oder weniger aufgegeben wurden und für die der Gnadenhof die letzte Chance bedeutet.

Filou wurde durch Fehlberatung seiner Besitzer zu einem gefährlichen Hund! Danach biß er jeden, der ihn anfassen wollte, ohne Vorwarnung. Bis heute traut er nur noch ganz wenigen Menschen.

Wenn man sieht, wie viele Hunde von einem Besitzer zum nächsten abgeschoben, abgegeben, ausgesetzt oder sogar eingeschläfert werden, jahrelang in Tierheimen warten usw., muß man sich ernsthaft fragen, wie viele (richtiger: wie wenige) kompetente Hundeschulen es eigentlich gibt. Ein jahrelanger praktischer Umgang mit Hunden, Problemhunden und ihren Besitzern ist unerläßlich, wenn man effizient helfen will.

Mir ist das Handeln mancher Menschen mit Berufsbezeichnungen wie »Tiertherapeut« oder »Hundepsychologe« völlig unverständlich: Ihre Ausbildung war oft rein theroetischer Natur, sie besitzen keinerlei praktische Erfahrung im Zusammenleben mit Hunden und sind niemals einem *wirklich* aggressiven, weil verzweifelten Hund begegnet, erheben aber trotzdem den Anspruch, einem verhaltensgestörten Hund helfen zu können.

Solange all die Berufsbezeichnungen in Verbindung mit Hunden keine geschützten Begriffe sind, sind Mißständen und Fehlbehandlungen Tür und Tor geöffnet. Deshalb mein eindringlicher Rat:

Würden Sie den therapeutischen Fähigkeiten eines Menschen trauen, der sich Ihrem Hund in einer solchen Aufmachung und in dieser Weise (»Auf in den Kampf, Torero!«) nähert?

Jahrelange und vielfältige praktische Erfahrungen sollten auch für Hundetherapeuten zu einem Muß werden: Dies sind unabdingbare Voraussetzungen, will man Hund und Besitzer wirklich helfen.

Für jede ernstzunehmende therapeutische Arbeit sind Verbundenheit und Verständigung das Wichtigste.

- Wenden Sie bei Ihrem Hund keine Methoden an, die Sie nicht auch bei sich selbst einsetzen würden.
- Hören Sie auf Ihr Gefühl, wenn Ihnen eine Hundeschule oder ein Hundetherapeut Anweisungen geben, die Ihnen merkwürdig vorkommen.
- Wenden Sie keine Methoden an, die Ihnen lächerlich erscheinen.
- Lassen Sie sich nicht mit Hundetrainern oder -therapeuten ein, die Ihrem Hund nur in Schutzkleidung oder mit Maulkorb oder sonstwie distanziert begegnen wollen.
- Niemand außer Ihnen hat das Recht, Ihren Hund zu maßregeln!
- Lassen Sie sich Ihren Hund von keinem Trainer oder Therapeuten einfach »aus der Hand« nehmen, damit er Ihnen mit Ihrem Hund »etwas vorführen« kann: Die Folge wäre ein Vertrauensverlust bei Ihrem Hund.

Es gibt hervorragende Hundeschulen, aber niemand kann Ihnen die Verantwortung abnehmen, eine gute zu finden, die speziell auf Sie und Ihren Hund eingeht.

»Esoterische« Therapieformen

Immer mehr Menschen suchen bei Problemen mit ihrem Hund ihr Heil in sogenannten mystischen und spirituell verbrämten Therapieformen. Auf diesem Gebiet tummeln sich jedoch zumeist Scharlatane, die mit Heilsversprechungen alle möglichen Hoff-

So manches Beschwichtigungssignal könnte man auch anders interpretieren …

nungen und Erwartungen wecken. Ich will nicht abstreiten, daß es tatsächlich Menschen gibt, die wirklich besondere und vielleicht sogar übersinnliche Fähigkeiten besitzen; doch es sind nur wenige, und diese wenigen sind in der Regel bescheidene, zurückhaltende Menschen, die weder einen Kult um ihre Fähigkeiten machen, noch Kapital daraus schlagen.

Doch wie auch immer: Keine Therapie der Welt kann Ihre eigene gute Beziehung zum Hund und Ihre individuelle Kommunikation über Gefühle ersetzen. Diese Beziehung kann kein Dritter herstellen, sondern nur der Hundehalter selbst. Jeder gute therapeutische Ansatz wird deshalb darauf abzielen, die Ursachen für Probleme aufzudecken und Ihre Verbindung zum Hund zu stärken. Diese Verbindung ist der Kern, das Zentrum, um das sich alles dreht, und alles andere – Therapien, Konditionierung, Wortkommandos usw. – sind Beigaben.

Keine Therapie der Welt kann Ihre eigene gute Beziehung zum Hund und Ihre individuelle Kommunikation mit ihm ersetzen.

Erscheinungsformen

Verhaltensstörungen können in verschiedenen Bereichen (körperlich, psychisch, sozial, leistungsbezogen) jeweils in anderer Form in Erscheinung treten und unterschiedlich stark ausgeprägt sein, wobei sich die Bereiche überschneiden oder sogar gegenseitig bedingen können. Deshalb ist verständlich, daß ein unerfahrener Hundebesitzer die Ursachen von Verhaltensstörungen nur schwer erkennen kann.

Zu den Erscheinungsformen zählen:

- stereotype Bewegungsabläufe (sich im Kreis drehen; ständiges Hin- und Herlaufen),

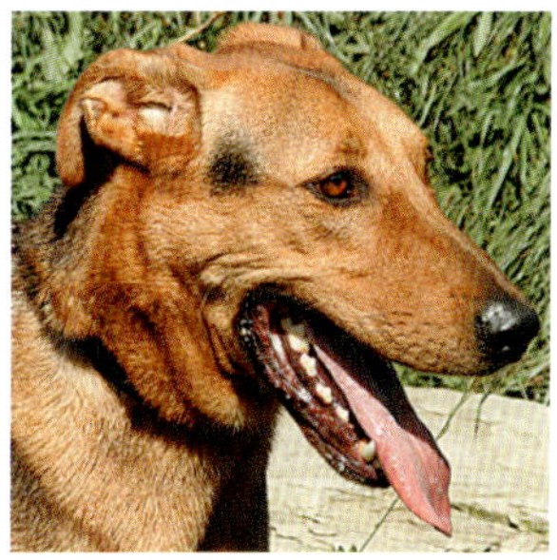

Chaplin neigt zu Streßempfindlichkeit: Er hechelt vor Aufregung.

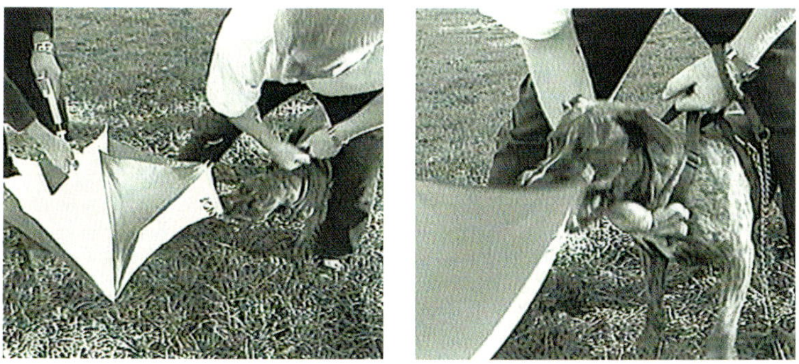

Tina, eine American Staffordshire-Hündin, wurde von Nachbarn ihrer Besitzer geärgert und reagiert nun sehr heftig auf alle möglichen Gegenstände, besonders auf Regenschirme.

Tina ist zwar noch aufgeregt, aber sie läßt sich wieder beschützen und geht wieder gelassener mit »bedrohlichen« Objekten um; sie kann bei ihrem Menschen bleiben.

- ständige Ersatzhandlungen (übertriebenes Aufreiten),
- Dauerbellen, -fiepen oder -winseln,
- andauerndes Hecheln (= ausgeprägte Streßsymptomatik),
- Hyperaktivität (manche Hunde sind manisch auf Aktivitäten aus, die die Freisetzung von Endorphinen anregen; solche Tätigkeiten sind: Gegenstände zerreißen oder zernagen, Objekten nachjagen, Schatten jagen usw.),
- Hysterie,
- verminderte Hemmbarkeit/niedrige Reizschwelle,
- extreme Angstzustände,
- Berührungsängste,
- sich in etwas verbeißen,
- Selbstverstümmelung
- asoziales Verhalten (Beißen ohne vorausgehende Drohgebärden) usw.

Echte Verhaltensstörungen bei Hunden schlagen sich immer in irgendeiner Art von Problematik im Kontakt zwischen Mensch und Hund nieder.

Bando ist es egal, in was er beißt. Für ihn ist nur das Festhalten wichtig.

Beziehungsprobleme

Durch eine Verhaltensstörung können selbst einfache Dinge des täglichen Zusammenlebens problematisch werden, sehr viel Zeit in Anspruch nehmen und weitere Maßnahmen erforderlich machen. Für den Hundehalter, der seine Mitschuld an den Umstän-

den meist nicht erkennt, bedeutet diese einen Mehraufwand, dessen Notwendigkeit er dem Hund anlastet.

Oft kommt es seitens des Menschen zu Unmutsäußerungen, zu ungeduldigen Reaktionen oder gar zu einer Bestrafung des Hundes, wodurch die ohnehin schon stark angegriffene Vertrauenbasis weiter destabilisiert wird. Aus totalem Unverstand heraus wird dem Hund sein Verhalten oft als »böswillig« angelastet, wird das Opfer tatsächlich als Täter abgestempelt.

Ich erlebe auch häufig, daß es Hundehaltern geradezu peinlich ist, wenn ihr Hund nicht mehr »funktioniert«. Die Folge ist, daß der Hund als »untauglich« und »untragbar« empfunden und noch mehr ausgegrenzt wird. Da der Hund seine Verhaltensauffälligkeit nicht kontrollieren kann, wird sie ihm als »Absicht« oder »Dummheit« angelastet.

Der Hund erfährt innerhalb des Sozialverbundes Mensch-Hund dann nur noch Ablehnung, Ignoranz, Gefühllosigkeit und

Es kann sehr gefährlich werden, wenn die Verbindung zwischen Mensch und Hund abreißt.

Dieser Hund hat aufgegeben …

wird von der Teilnahme an der Mensch-Hund-Beziehung dadurch ausgegrenzt, daß sich niemand mehr um ihn kümmert und er nur noch mit dem zu Erhaltung seines Lebens Notwendigsten (Futter und Wasser) versorgt wird. Er wird zum Sündenbock und gerät, was die Beziehung angeht, in völlige Isolierung – ein Teufelskreis, denn der Hund hat jetzt keine Möglichkeiten mehr (oder nur noch wenige), soziale Verhaltensweisen auszuüben.

Wenn der Hund keine Hilfe erhält, bleibt ihm nur, seine wahre Verfassung zu überspielen, von sich abzulenken, sich ganz in sich

Wann ist ein Hund krank?
- *Wenn er seinen Menschen nicht versteht?*
- *Wenn er sich wehrt?*
- *Wenn er Träume und unbewußte Wünsche seines Menschen in die Tat umsetzt?*
- *Wenn er alles tut, was sein Mensch ihm aufträgt?*
- *Wenn er als dressierte Marionette funktioniert?*

Jourok spürt sofort, was ein Mensch fühlt.

selbst zurückzuziehen oder aber aggressiv auf seine Umwelt zu reagieren.

Persönliche Probleme des Menschen

Manchmal werden in einen Hund persönliche Wunsch- und Traumvorstellungen hineinprojiziert, und er steht unter Leistungsdruck, weil er die Erwartungen seines Menschen erfüllen sollte. Solche Hunde werden vom Halter oftmals in übertriebener Weise umsorgt. Kommt es dann zu Verhaltensauffälligkeiten, wird der Halter häufig von völlig überzogenen Schuldgefühlen befallen und möchte deshalb noch intensiver für das Tier da sein und richtet sein gesamtes Leben nach ihm aus. Deshalb gerät der ohnehin schon belastete Hund immer noch mehr in Bedrängnis, und auch dieser Teufelskreis bleibt ohne Ausweg.

Mitunter erlebe ich auch Menschen, die ihr Tier unbewußt instrumentalisieren, insofern sie im Verhalten ihres Hundes nicht vorhandene Auffälligkeiten, Abweichungen und Krankheiten sehen (wollen) und von einer Hundeeschule zur anderen tingeln. Dahinter steht der tiefe Wunsch des Menschen nach Kontakt und Aufmerksamkeit. Das Fatale an der Sache ist, daß solche Menschen ihren Hund unbewußt für sein (insgeheim erwünschtes, weil ihnen als Vorwand dienendes) Fehlverhalten belohnen und daß das Tier, als Träger des Unbewußten seines Menschen, dieses Fehlverhalten im Lauf der Zeit dann auch tatsächlich entwickelt.

Besonders ältere Hunde durchschauen die Menschen schnell. Sie haben gelernt, die Menschen so zu nehmen, wie sie sind. Aber in ihrem Verhalten spiegeln sich die geheimen Wünsche ihrer Besitzer wider.

Beispiel: Ein Ehepaar suchte mich mit einem zweijährigen, sehr stattlichen Rottweiler namens Nero zur Beratung auf. Als erstes erläuterten die überstolzen Besitzer ausführlich den Stammbaum des Hundes, und dann wiesen sie nachdrücklich auf das prächtige Aussehen des Tieres hin. Nero war sich seiner herausragenden Rolle (= Wunsch der Menschen) augenscheinlich auch vollkommen bewußt, denn er war ständig damit beschäftigt, sich in den Mittelpunkt zu stellen.

Hunde wie Nero nehmen die versteckte Freude ihrer Menschen wahr und versuchen, ihre Sache besonders gut zu machen.

Der etwas schmächtige Mann erzählte, daß Nero im Garten versteckt lauere, bis jemand am Zaun vorbeigehe, um dann urplötzlich mit lautem Gebell aus seinem Versteck hervorzuschießen und die Menschen zu erschrecken. Beim Spazierengehen sei Nero fast nicht mehr zu halten und stürze wie rasend auf alles los, was sich bewege. Er, der Mann, wisse nicht mehr weiter.
Wie sich im nachfolgenden Gespräch sehr schnell herausstellte, hatte der Mann jedoch insgeheim große Freude und offen eingestandene Genugtuung daran, daß sein Hund die vorübergehenden Menschen und insbesondere bestimmte Personen (einen ungeliebten Nachbarn und »alte Weiber«) erschreckte und verbellte. Den Nachbarn dürfe der Hund getrost beißen, das sei ihm sehr recht, meinte der Mann. Und mit »den dummen alten Weibern« habe er auch kein Mitleid. Nur beim Spazierengehen solle der Hund sich

Einige Menschen erschrecken, wenn ich sie im Beratungsgespräch über ihre Mensch-Hund-Beziehung aufkläre. Aber es ist viel besser, den Tatsachen ins Gesicht zu sehen und an der Beziehung zu arbeiten, als es irgendwann mit Problemen zu tun zu haben, die man dann nicht mehr bewältigen kann, nur weil man sie nicht wahrhaben wollte, als noch Zeit für eine Verbesserung gewesen wäre.

lieber etwas disziplinierter aufführen, denn er bzw. seine Frau könnten ihn sonst nicht halten.
Ich machte den Mann darauf aufmerksam, daß sein Hund keineswegs verhaltensgestört sei, sondern sich wunschgemäß benehme, weil es ihm, dem Halter, ja insgeheim großen Spaß mache, wenn sein Hund einen derartig furchterregenden Eindruck erwecke. Weil er die Aktionen seines Hundes im Garten unverhohlen bewundere und gutheiße, seien alle Versuche, dies dem Hund abzugewöhnen, zum Scheitern verurteilt. (Der Hund nimmt die Freude seines Menschen natürlich wahr, und sie ist ihm wichtiger als nicht ernstgemeinte Wortkommandos zur Beruhigung der Situation.) Was das Spazierengehen angehe, sollten er bzw. seine wesentlich kräftiger gebaute Frau versuchen, den Hund richtig zu führen, ihn an der Leine behalten und ihn vor allem hinter sich nehmen bzw. sich zwischen ihn und eine potentielle »Beute« stellen. Selbstverständlich habe ich das Ehepaar darauf hingewiesen, sie seien auf dem besten Weg, ihren Hund so dominant zu machen, daß er sich irgendwann auch von ihnen nicht mehr maßregeln lassen würde (diese Tendenz zeichnete sich bereits deutlich ab) und es dann mit hoher Wahrscheinlichkeit zu Auseinandersetzungen innerhalb der Familie und später auch zu Beißvorfällen kommen werde.
In Fällen wie diesem ist die Beratung nur dann wirksam, wenn die Menschen ihre Grundeinstellung zum Problem ändern. Ansonsten werden wunderbare, feinfühlige Hunde wie Nero irgendwann unverschuldet zu einer Bedrohung für die Umwelt und entweder vom Besitzer abgegeben oder von den Behörden als gefährlich eingestuft.

Viele beschlagnahmte Hunde werden eingeschläfert, weil sie keinen neuen Besitzer finden. Gemessen an der Zahl der Beschlagnahmungen ist die Kapazität auf dem Gnadenhof sehr gering.

Bei einem anderen Besitzer würde Nero auf andere Weise versuchen, möglichst zu gefallen.Ein Hund, der von einem Menschen fasziniert ist, wird alles für ihn tun.

Weitere Ursachen für Aggressionsproblematiken

Mehrhundehaltung

Der Trend zur Mehrhundehaltung bringt zwangsläufig weitere, über die einfache Hundehaltung hinausgehende Probleme mit sich.

Es ist für einen Hund sicherlich am schönsten, wenn er innerhalb seiner Familie mit einem oder mehreren Artgenossen zusammenleben kann. Je nach Rasse und Aufgabe des Hundes ist diese Haltungsform geradezu ideal. Auch ich möchte meine Hunderudel im täglichen Zusammenleben nicht mehr missen.

Gemeinsame Übungsstunde auf dem Gnadenhof.

Für eine Mehrhundehaltung bedarf es allerdings anderer Überlegungen und Voraussetzungen als bei einer einfachen Hundehaltung – gilt es doch, mehrere Hunde ohne Probleme durch den Alltag zu führen.

Wenn der Mensch bei einer Rudelhaltung die Führung verliert oder die Hunde zu isoliert gehalten werden, schweißt der unzureichende soziale Kontakt zum Rudelführer Mensch die übrigen Rudelmitglieder enger zusammen. Dieses Zusammengehörigkeitsgefühl wächst ständig, und die Beziehung zum Menschen geht immer mehr, im schlechtesten Fall gänzlich verloren.

Wasser ist vor allem an heißen Tagen eine willkommene Abwechslung.

Hunde in Rudelhaltung, die auf Sozialkontakte zum Menschen weitgehend verzichten müssen, sind auf sich allein gestellt, leben sehr territorialbezogen, stehen unter haltungstypischen sozialen Spannungen und müssen untereinander zunehmend um die Nahrungsressourcen kämpfen.

In einem geschlossenen Sozialverband sind der persönliche Bindetrieb und das daraus entstehende Verbundenheitsgefühl stark ausgeprägt. Ich möchte nachdrücklich darauf hinweisen, daß alle Triebveranlagungen eines Lebewesens in solch einer geschlossenen Gruppe wesentlich stärker ausgelebt werden.

Es gibt nichts Schöneres, als wenn mehrere Hunde in einer Gemeinschaft beim Menschen leben können. Nur ist es weit schwieriger, ein Rudel richtig zu führen, als einen einzelnen Hund.

Manche Hunde entwickeln im Gruppenverband ein stärkeres Selbstbewußtsein. Generell haben sie in der Gruppe weniger Angst und sind schneller bereit, ein anderes Lebewesen (Mensch oder Tier) direkt anzugreifen.

Manche Hunde entwickeln daher im Gruppenverband ein stärkeres Selbstbewußtsein und haben bei ihren oftmals selbstgewählten Beschäftigungsmöglichkeiten in der Meute mehr Erfolg als einzeln (zum Beispiel beim Jagen – nicht nur von Wild, sondern auch von Autos, Radfahrern usw.). Dazu kommt, daß Hunde in der Gruppe weniger Angst haben und schneller bereit sind, ein anderes Lebewesen (Mensch oder Tier) direkt anzugreifen, während ein einzelner Hund, der nur auf sich gestellt ist, Konfliktsituationen eher aus dem Weg zu gehen versucht und, sollte eine Situation eskalieren, eher wieder von seiner »Beute« abläßt. Hunde im

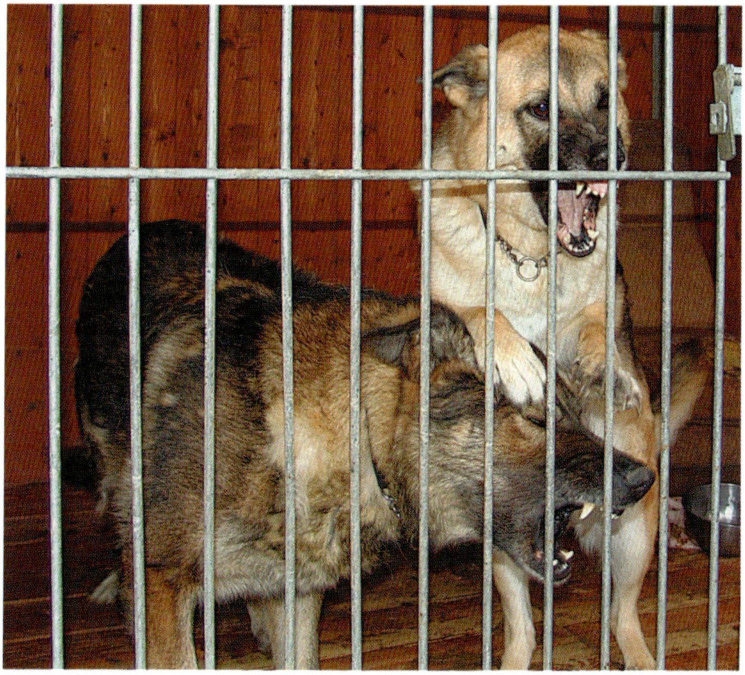

Gemeinsame Stärke verleitet …

Gemeinsam zu fressen und zu markieren und eng beieinander zu schlafen löst sehr starke Zusammengehörigkeitsgefühle aus.

Gruppenverband hingegen erleben durch ihre gemeinsame Stärke regelrechte Höhenflüge, und ihre Aggressionsbereitschaft ist um ein Vielfaches höher als die des Einzelhundes.

Statistische Auswertungen (Breitsamer, 2003) bestätigen, daß die meutetriebliche Stimulation die Hauptursache für viele schwere, teilweise auch tödliche Beißattacken gegen Menschen ist.

Interessant ist, daß bei mehreren gleichgeschlechtlichen Hunden die Gruppendynamik deutlicher ausgeprägt ist als bei Hunden unterschiedlichen Geschlechts. Das liegt daran, daß das Konkurrenzdenken und das damit verbundene Wetteifern in einem gleichgeschlechtlichen Rudel eine größere Rolle spielen.

Rangniedrigere Rudelmitglieder dienen den ranghöheren oftmals als Ventil für einen Aggressions- oder Streßabbau. Weil das ranghöhere Tier im Streit als solchem Befriedigung und Bestätigung findet, handelt es sich um eine Ersatzhandlung. Das rangniedrige Tier unterwirft sich in aller Regel, so daß keine ernsthaften Konflikte entstehen.

Das Zusammenleben von Mensch und Hund erfordert, was die Führung des Rudels angeht, ein konsequentes, aber trotzdem einfühlsames Vorgehen und – als Mindestvoraussetzung – einen auf Vertrauen aufgebauten Grundgehorsam der Rudelmitglieder gegenüber dem Menschen. Besonders wichtig sind eine ausgeprägte Wahrnehmungsfähigkeit (»im Ansatz erkennen …«), ein hohes Maß an Verantwortungsbewußtsein des Menschen und viele Aufgaben sowie gezielte Beschäftigungs- und Bestätigungsmöglichkeiten für die Hunde.

Der Tschechische Wolfshund (unten im Bild) und der Saarloos Wolfshund erfreuen sich immer gößerer Beliebtheit. Beide Rassen sind vom FCI anerkannt – und es sind keine Wolfshybriden (oben im Bild).

Exotik ins Haus

Zu allen Zeiten hat der Mensch Tiere gehalten und gezüchtet – sei es, um seine Nahrungsbedürfnisse zu befriedigen, oder sei es, weil er bestimmte Eigenschaften und Möglichkeiten der Tiere für sich nutzen wollte.

Sehr früh schon gehörten dazu die Hunde. Über die Jahrtausende hinweg hat sich die Zucht von Hunden gemäß ihren natürlichen Eigenschaften spezialisiert. Ob Treibhund, Hütehund, Jagdhund oder Schutzhund – sie alle besitzen Eigenschaften, die durch eine selektive, aufgaben-, bedarfs- und verwendungsorientierte Zucht verstärkt wurden. Die speziellen Eigenschaften der verschiedenen Hunderassen sind heute zwar bekannt und auch einschätzbar, weichen aber dennoch von Individuum zu Individuum voneinander ab. Was aber, wenn wir es mit besonderen, uns unbekannten genetischen Mischformen zu tun haben? Was, wenn im Umgang mit diesen Mischformen plötzlich Eigenschaften zutage treten, die uns unbekannt sind?

Ein besonders trauriges Kapitel meiner Arbeit stellen die Wolfshybriden (Wolf-Hund-Mischlinge) dar. Ich habe einige beschlagnahmte und von Privatpersonen aufgrund von Haltungsschwie-

Tschechische Wolfshunde haben ein sehr ursprüngliches Verhalten und fühlen sich in der Regel im Rudel wohler als nur bei Menschen. Sie lassen sich nicht mit Gebrauchshunden vergleichen.

Auch ein Tschechischer Wolfshund (ganz links im Bild) wird immer den Wunsch nach Freiheit in sich tragen.

rigkeiten abgegebene Tiere auf dem Gnadenhof aufgenommen und sie intensiv kennengelernt.

Diese Tiere sind wirklich sehr scheu und von starker innerer Zerrissenheit geprägt. Die daraus resultierende Vorsicht und Unsicherheit begleitet die Tiere ständig und zeigt sich besonders deutlich im Umgang mit Menschen. Ich habe das Gefühl, daß diese Mischlinge zwar den Kontakt zum Menschen und vor allem zu einer Bezugsperson suchen, ihre naturbedingte Scheuheit aber einem vertrauensvollen Umgang mit der Welt des Menschen entgegensteht.

Ich weiß nicht, welche Beweggründe ein Mensch hat, der meint, sich solch ein »wildes« Tier halten zu müssen. Ist es Unwissenheit? Ist es Prestigedenken? Will er sich von der Masse abheben? Ist es Stolz, das Gefühl, etwas Besonderes zu besitzen? Oder hat der Betreffende einfach nur das Bedürfnis, seiner eigenen Entfremdung von der Natur entgegenzuwirken?

Zwischen einem Wolfshybriden (wie hier abgebildet) einerseits und einem Tschechischen oder einem Saarloos Wolfshund andererseits besteht ein großer Unterschied.

Beispiel: »Es ist einfach etwas Besonderes, von einem Wolf begleitet zu werden, auch wenn es kein echter ist, sondern wenn er nur so aussieht!«, erklärte mir ein Familienvater. »Für mich ist mein Wolfsmischling ›Dakota‹ der Inbegriff von Stärke, Unabhängigkeit und Mut.«
Ich habe Dakota erlebt und fand in ihm alles andere als Stärke, Unabhängigkeit und Mut. Das Tier kroch, geduckt vor Angst und aufs Äußerste angespannt, unter dem Tisch hin und her. Es war deutlich, daß es einerseits meine Nähe suchte, aber andererseits durch die fremde Umgebung und die fremden Geräusche auf dem Hof – Gebell und Traktorenlärm –, die von draußen ertönten, völlig verunsichert war. Dakota beschwichtigte nervös, indem er mit eingezogener Rute wedelte und immer wieder über seine Nase leckte. Doch schon beim kleinsten Ruck seines Besitzers an der Leine drohte Dakota ihm gegenüber in Verteidigungsbereitschaft zu verfallen. Der Familienvater erzählte mir, Dakota habe seine beiden Kinder im Gesicht verletzt und auch ihn selbst mehrmals gestellt. Außerdem seien Spaziergänge mit dem Tier inzwischen unmöglich geworden, da es ohne Leine wegliefe und mit Leine ständig vor Angst in Büsche und Bäche springe.
Bei Dakota konnte man – anders als bei gewöhnlichen Hunden – höchstens von Zahmheit reden, aber bestimmt nicht von einer Prägung auf den Menschen. Aufgrund der offensichtlichen Bezie-

Wolfshybriden sind sehr scheu und von innerer Zerrissenheit geprägt.

Hin- und hergerissen zwischen der Sehnsucht nach der Nähe des Menschen und der Sehnsucht nach Freiheit.

hungslosigkeit zwischen Dakota und seinem Besitzer war mir sofort klar, daß der Halter viel zu wenig Zeit für seinen Wolfsmischling aufgewendet hatte und daß Dakota zu isoliert aufgewachsen war.

Wie ich aus Erfahrung weiß, gibt es auch nur eine plausible Erklärung für die Kratzer in den Gesichtern der Kinder: Sie stammten lediglich von »Erziehungsmaßnahmen« seitens des Mischlings. Hätte das Tier ernsthaft zugebissen, wäre weitaus mehr passiert.

Ich möchte diesen Vorfall keinesfalls verharmlosen, denn es ist eine Tatsache, daß solche »Maßregelungen« (siehe »Schnauzengriff«, S. 358) seitens eines Tieres oftmals die Vorboten weitaus schlimmerer Angriffe sind. Maßregelnde Tiere haben bereits eine zu starke Führungsrolle eingenommen, als daß sie sich ihrerseits maßregeln lassen würden. Der Vater hatte seine Kinder mehrere Stunden mit Dakota allein gelassen: Damit hat er seine Aufsichtspflicht verletzt und äußerst fahrlässig und verantwortungslos gehandelt.

Dakota war mit seinen zwei Jahren im Begriff, allmählich erwachsen zu werden. Er versuchte immer deutlicher und nachdrücklicher, seine Position innerhalb der Familie zu finden. Da der Familienvater häufig nicht zu Hause war, erkannte der Mischling dessen Führung kaum an. Aus diesem Grund nahm er seine eigene Beschützer- und Erzieherrolle gegenüber den Kindern immer ernster, und folglich verstärkte sich auch sein Streben nach Dominanz. Durch den fehlenden Kontakt mit der Außenwelt erlebte er alles ihm fremd Gewordene als immer erschreckender. Die durch den mangelnden Gehorsam seines Wolfshundes hervorgerufene Unzufriedenheit des Mannes äußerte sich in inkonsequentem Bestrafen des Tieres; dies wiederum führte dazu, daß Dakota dem Familienvater sehr mißtrauisch und verunsichert begegnete und ihn sogar als Bedrohung empfand.

Der Familienvater sah aufgrund seiner »beruflichen Auslastung« keine Möglichkeit, mehr Zeit für Dakota aufzubringen, und wollte sein Prestigeobjekt doch lieber bei mir abgeben …

Auch mit nur wenig mehr Zeit, die man dafür umso intensiver nutzt, kann die erforderliche starke Bindung zwischen Mensch und Tier aufgebaut werden.

Es ist praktisch unmöglich, für Mischlinge wie Dakota ein geeignetes Zuhause zu finden. Zoologische Anlagen können die Tiere nicht aufnehmen, weil sie sich nicht in eine schon existierende

Ein erlebnisreicher Spaziergang steht unmittelbar bevor …

Wolfsgruppe integrieren lassen und weil echte Wölfe für die Besucher interessanter sind. So bleibt als Konsequenz oftmals nur die Einschläferung – vor allem auch deshalb, weil sich die artgerechte Hybridenhaltung sehr schwierig gestaltet.

Ich habe Dakota bei mir behalten.

Zuwenig Kontaktpflege, zuviel Hygiene

Es ist vielen Menschen äußerst unangenehm, wenn ihr Hund sie anspringt oder ablecken möchte. Für den Hund ist dies aber eine Selbstverständlichkeit, eine grundlegende Form der Kommunikation, die in der Natur bestens zu beobachten ist. Der Hund bekundet damit in erster Linie seine Freude, seine Zuneigung, seine Vertrautheit, seine Loyalität und sein Wohlgefühl (siehe auch »Die aktive Unterwerfung«, S. 364).

Für den Hund sind Anspringen und Abschlecken selbstverständliche Formen der Kommunikation.

Die Abneigung des Menschen gegen das Ablecken und Anspringen kann der Hund nicht verstehen, denn aus seiner Sicht bringt er mit diesem Verhalten positive Gefühle zum Ausdruck. Ein Hund teilt sich immer frei und unbefangen über die ihm zur Verfügung stehenden Möglichkeiten mit und wird niemals nach der dem Menschen angenehmsten Art und Weise oder nach dem Hygienefaktor fragen.

Freudige Begrüßung.

Jeder Hund muß die Gelegenheit haben, seine Grundbedürfnisse auszuleben. Dazu gehört unbedingt, Gefühle wie Freude und Zuneigung ausdrücken zu dürfen.

Es ist für mich immer wieder ein trauriger Anblick, wenn ein Tier seine Freundschaft zeigen möchte, ihm dies jedoch verwehrt wird. Verbietet man dem Hund das sanfte Anspringen, das Am-Menschen-Hinaufklettern und das Abschlecken gänzlich oder unterdrückt man dieses Verhalten, so kann ein fataler Kreislauf entstehen.

Es führt nämlich zu vielen Mißverständnissen, wenn der Hund für sein positiv gemeintes und natürliches Verhalten bestraft wird. Das Verbot bzw. die Unterdrückung führt zu extremen Beschwichtigungssignalen, über die sich der Hund dem Menschen erneut mitteilen und mit denen er die angespannte Situation bereinigen möchte. Und schon ist die nächste, womöglich noch heftigere Reaktion des Menschen vorprogrammiert.

Man muß dem Hund daher genügend Zeit geben, langsam verstehen zu lernen, das Abschlecken oder Anspringen aufzugeben (sich wegdrehen; den Hund ignorieren; ihn freudig loben, wenn er es unterläßt).

Jeder Hund muß die Gelegenheit haben, seine Grundbedürfnisse auszuleben. Dazu gehört unbedingt, Gefühle wie Freude und Zuneigung ausdrücken zu dürfen; verbietet der Mensch ihm jegliche Art des Ausdrucks von Zärtlichkeit, so führt das beim Tier mit großer Wahrscheinlichkeit zu Frustrationen. Diese versucht der Hund unter anderem durch Aggression oder Ersatzhandlungen abzubauen.

LINKS: Willl man es vermeiden, angesprungen zu werden, sollte man sich teilnahmslos verhalten, wegschauen und sich wegdrehen. RECHTS: Schaut der Hund dann von unten zu dem Menschen, sollte man ihn loben, damit er lernen kann, welches Verhalten erwünscht ist.

Dem Hund ist es ein tiefes Bedürfnis, seine Zuneigung zu zeigen.

Natürlich spielt der Hygienefaktor in der Mensch-Hund-Beziehung eine wichtige und bedeutende Rolle. Gerade in Bezug auf Kinder und ältere Menschen darf dies niemals unterschätzt werden. Der Hund darf nicht an allen Menschen hochspringen oder ihre Gesichter ablecken, zumal dies gefährlich sein kann und mit Sicherheit eine Belästigung ist. Außerdem ist es unnatürlich, wenn ein Hund sich über jeden fremden Menschen derartig freut.

In solchen Fällen sollte der Hundehalter, und nur er, ruhig und konsequent einschreiten, indem er seinen Hund davon abhält und ihn zu sich ruft, schon bevor der Hund Gelegenheit hat, seine Überschwenglichkeit zum Ausdruck zu bringen; den entsprechenden Grundgehorsam muß der Hund zuvor erlernt haben. Lassen Sie aber niemals zu, daß fremde Personen ihren Hund maßregeln; das führt fast immer zur Verwirrung des Hundes – eine ungute Situation, die leicht in Notwehrreaktionen des Tieres eskalieren kann.

Lassen Sie niemals zu, daß fremde Personen Ihren Hund maßregeln.

Doch sollte man liebevoll gemeinte Gesten, insbesondere gegenüber der Bezugsperson, nicht grundsätzlich verbieten oder unterdrücken.

Kastration

Der Mensch entscheidet nicht nur über Leben und Tod von Tieren, sondern auch darüber, ob sie ein Sexualleben haben dürfen oder nicht.

Der Mensch entscheidet nicht nur über Leben und Tod eines Tieres, sondern er bestimmt mehr oder weniger über den gesamten Lebensinhalt seines Hundes und somit auch darüber, ob das Tier ein Sexualleben haben darf oder nicht.

Geschlechts- und andere Organe produzieren Hormone, die unter anderem für das physische und psychische Wohlbefinden des Hundes verantwortlich sind. Hormone sind Steuerelemente, die jedes Lebewesen braucht. Die uns wohl bekanntesten Hormone sind die Sexualhormone. Sie lassen ein Tier seelisch wachsen und reifen. Sexualhormone gehören nach ihrer Struktur zur Gruppe der Steroidhormone. Primär steuern und regulieren sie die Entwicklung und Funktion der Sexualorgane. Sexualhormone stehen jedoch nicht nur in direktem Bezug zur Fortpflanzung, sondern sie beeinflussen zum Beispiel die Funktion der Talgdrüsen. Gebildet werden sie in der Nebennierenrinde.

Gerade die Sexualhormone haben einen energiefördernden Einfluß auf alle Lebewesen und werden von beiden Geschlechtern wechselseitig produziert. So produzieren männliche Hunde auch weibliche Hormone und umgekehrt.

Wenn wir unsere Hunde kastrieren, dann nur, um einer unkontrollierten Vermehrung vorzubeugen …

Ein Hund, der ständig seinen Trieb spürt, ihn aber nie ausleben darf, ist in einer bedauernswerten Situation. Aber ist Kastration wirklich die einzige Lösung? Ein Mensch, der entscheiden muß, ob sein Tier kastriert werden soll oder nicht, sollte vor allem im Interesse des Tieres handeln.

Die Kastration hat bei männlichen und weiblichen Hunden zu verschiedenen Zeitpunkten unterschiedliche Auswirkungen auf das Wachstum, die Körperfunktionen, das seelische Gleichgewicht, die Persönlichkeit, die Gefühle und das Verhalten.

Insbesondere Hunde, die schon sehr jung kastriert werden, haben nicht die gleiche Lernfähigkeit wie gleichaltrige unkastrierte Hunde. Ursache hierfür ist die nach der Kastration abnehmende Reaktionsfähigkeit der Großhirnrinde, wodurch sich der Lernprozeß stark verzögert. Darüber hinaus fehlen ihnen sekundäre Geschlechtsmerkmale, das heißt, die männlichen oder weiblichen Züge, die das Erscheinungsbild prägen, bleiben aus, und es kommt zu einer verspäteten Epiphysenverknöcherung, was zu einer Verlängerung der Extremitäten führt.

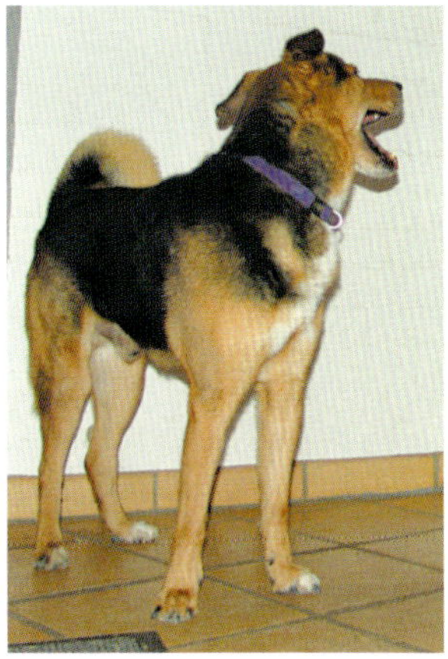

Ein Hund, der zu früh kastriert wurde, bleibt im Wesen kindlich und leidet folglich weit stärker zum Beispiel unter Trennungsängsten.

Ein Mensch, der entscheiden muß, ob sein Tier kastriert werden soll oder nicht, sollte vor allem im Interesse des Tieres handeln.

Mit anderen Worten: Zu früh kastrierte Hunde bleiben hinsichtlich der geistigen und körperlichen Entwicklung hinter ihren Artgenossen zurück. Oftmals werden diese Hunde nie richtig erwachsen. Die Kastration von Welpen führt also zu Entwicklungsstörungen; sie sind wiederum der Grund, weshalb sich ungewöhnliche oder übertriebene Verhaltensweisen entwickeln können und der Hund zu einem von Zweifeln und Unsicherheiten gebeutelten Sonderling werden kann. Zumindest der Zahnwechsel sollte abgeschlossen sein, bevor man den Eingriff durchführen läßt.

Besonders bei Rüden führt die Kastration zu einer Verminderung der Nervenaktivität der Großhirnrinde. Dies hat eine gewisse Beruhigung des Zentralnervensystems, eine aggressionshemmende Wirkung und eine Schwächung des Sexualtriebs zur Folge. Es ergeben sich aber auch gravierende Einschränkungen und Veränderungen in Bezug auf die Konzentrationsfähigkeit, die Wahrnehmungsfähigkeit und die Auffassungsgabe des Hundes.

Zu früh kastrierte Hunde bleiben hinsichtlich ihre geistigen und körperlichen Entwicklung hinter ihren Artgenossen zurück.

Auch bei Hündinnen zeigt die Kastration Nebenwirkungen, die jedoch weniger offensichtlich sind. Meist ist eine verminderte konditionierte Reflextätigkeit feststellbar.

Bei älteren Hunden fällt die Wirkung einer Kastration sehr unterschiedlich aus. Den einen ist weder im Verhalten noch in der Persönlichkeit etwas anzumerken, andere benötigen einige Zeit, um sich nach dem Eingriff wieder zu stabilisieren, und wieder andere »fallen in ein Loch« und entwickeln sogar Psychosen. Selbstverständlich wird die Belastung für den Hund durch eine gute Mensch-Hund-Beziehung merklich reduziert.

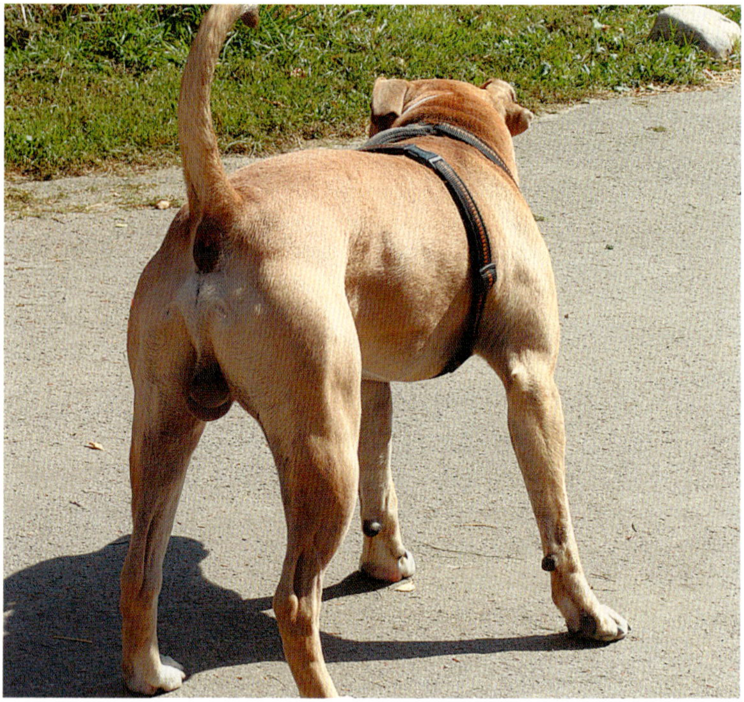

Durch eine Kastration wird zwar der Sexualtrieb geschwächt, aber Dominanzverhalten, Ängste oder andere Probleme lassen sich damit nicht beheben.

Immer häufiger wird den Hundebesitzern empfohlen, einen verhaltensauffällig gewordenen Hund zu kastrieren. Das geschieht häufig ohne den Nachweis hormoneller Einflüsse auf die »Verhaltensstörung«. Dadurch wird der medizinische Eingriff zur Ersatzhandlung des Menschen, zur vermeintlichen Lösung der Beziehungsprobleme von Mensch und Hund. Eine solche reine Symptombekämpfung löst niemals irgendein Problem und läßt auch nach der Kastration alle Möglichkeiten offen …

»Nehmen kastrierte Hunde an Gewicht zu?«, ist eine häufig gestellte Frage. Bei den zahlreichen kastrierten Hunden, die ich kenne, gab es keine Regelmäßigkeit dieser Art. Nur in ganz wenigen Einzelfällen kam es aufgrund mangelnder Eigenbewegung zu einer Gewichtszunahme.

Eine Kastration zeigt zum Beispiel keinerlei Wirkung bei aggressivem Verhalten, das entweder angst- oder territorial bedingt ist. Lassen Sie daher niemals eine Kastration vornehmen, um erzieherische Maßnahmen zu umgehen, um sogenannte Dominanzprobleme zu bewältigen und/oder um Ihren persönlichen Aufwand zu reduzieren.

Es gilt, die wahren Ursachen der Probleme festzustellen und zu beheben. Fehler bei der Sozialisation, im Umgang, übermäßige Anforderungen bei der Ausbildung oder in der Mensch-Hund-Beziehung usw. lassen sich durch eine Kastration des Hundes nicht ausgleichen. Ich habe auf dem Gnadenhof die Erfahrung gemacht, daß die Kastration von Hunden, die unter Angstzuständen litten, keinerlei Veränderung in deren Verhaltensmuster brachte.

Wenn Ihr Hund narkotisiert werden muß, bleiben Sie bitte bei ihm, bis er eingeschlafen ist und wenn er wieder aufwacht. Gerade in Momenten der Hilflosigkeit muß man ihm besonders viel Sicherheit und Geborgenheit geben. Damit können Sie möglichen Traumata vorbeugen.

Bei einer Rudelhaltung kann es mitunter Probleme zwischen unkastrierten Rüden geben – wenn zum Beispiel nur eine Hündin da ist, auf die sich das ganze Interesse konzentriert. Hündinnen haben im Vergleich dazu einen weit intensiveren Konkurrenzkampf untereinander. Hunde, die wir im Rudel halten, werden zur Vermeidung von Nachwuchs kastriert. Dies geschieht aber immer unter Beachtung ihres Alters, ihrer körperlichen Konstitution, ihrer Persönlichkeit und ihres Triebverhaltens.

Im Sinne des Tierschutzes sind Kastrationen unerläßlich, um einer unkontrollierten Vermehrung vorzubeugen.

Ernährung

Über die Ernährung des Hundes ist bereits vieles geschrieben worden. Auch hier ist es so, daß der Mensch das Leben des Tieres vollständig bestimmt. Nicht der Hund entscheidet darüber, was ihm schmeckt und guttut, sondern der Mensch bietet ihm das an, von dem er glaubt, es dem Hund zukommen lassen zu müssen. Manche füttern den Hund nur mit Resten vom Tisch, andere geben ihm jahrein, jahraus immer das gleiche Fertigfutter und wieder andere servieren ganze Menüs mit Dessert. All dies hat oft fatale Folgen. Bei der Ernährung des Hundes wird nämlich viel zuwenig berücksichtigt, was das Tier geleistet hat oder noch leisten muß und welcher Bedarf an wichtigen Stoffen und Elementen für die geistige und körperliche Leistungsfähigkeit des jeweiligen Organismus daraus resultiert.

Bei falscher Fütterung kommt es zu einer Schwächung des Immunsystems.

Immer mehr Hunde erkranken aufgrund falscher Fütterung, wodurch es zunächst zu einer Schwächung des Immunsystems kommt. Unmittelbar damit verbunden ist das vermehrte Auftreten von Allergien und Infektionen. Auch Stoffwechselerkrankungen sowie verschiedene krankhafte Veränderungen des Skeletts und der Gelenke sind Folgeerscheinungen einer falschen Ernährung des Hundes.

Ich habe mich sehr gründlich mit dem Thema Tierernährung beschäftigt. Durch bewußte und gezielte Ernährung der verschiedenen Tiere auf dem Gnadenhof habe ich die Tierarztkosten in erheblichem Umfang senken können.

Rund 80 Prozent aller Hunde werden heute mit industriell gefertigtem Futter ernährt. Die Hersteller dieses Fertigfutters müssen sehr viele Rohstoffe beschaffen, deren Qualität vom Verbraucher nicht oder nur sehr schwer überprüft werden kann. Außerdem kann sich die Futterzusammensetzung nur auf einen aus Statistiken abgeleiteten »Durchschnittshund« beziehen und wird daher den individuellen Bedürfnissen eines Hundes oft nicht gerecht. Zum anderen wird das Futter über Jahre hinweg in der gleichen Zusammensetzung hergestellt: dadurch treten gewisse Einseitigkeiten auf (wie zum Beispiel eine Übervitaminisierung), die sich ungünstig auf den Organismus auswirken kann. Umso wichtiger ist es, sich Gedanken darüber zu machen, ob das angebotene Futter der Gesundheit und Vitalität des Hundes wirklich immer zuträglich ist und ob es nicht mitunter auch Schaden anrichtet.

Wenn über Jahre hinweg immer das gleiche Futter verabreicht wird, treten gewisse Einseitigkeiten auf (wie etwa eine Übervitaminisierung), die sich ungünstig auf den Organismus auswirken können.

Viele Futtermittelhersteller appellieren an den Verbraucher, möglichst immer das gleiche Futter zu verwenden, um Magen/Darm-Problemen vorzubeugen; doch wenn der Organismus eines Hundes ausschließlich an ein bestimmtes Futter gewöhnt ist, gibt es natürlich Probleme, wenn eine Futterumstellung nötig wird. (Man überlege sich nur einmal, was passiert, wenn der Mensch immer nur die gleiche vorgekochte Fertigkost zu sich nimmt, und dann – nach vielen Jahren – plötzlich Obst ißt!)

Allein mit dem Thema »Ernährung des Hundes« könnte ich ein ganzes Buch füllen. Ich kann die Probleme hier nur anreißen und möchte Ihnen aufgrund meiner Erfahrung lediglich einige Anregungen zum Nachdenken mit auf den Weg geben. Über Richtig und Falsch müssen Sie jedoch selbst entscheiden, denn Sie kennen Ihren Hund, seine Aufgaben, sein Leistungsvermögen und seine Vitalität am besten!

Um durch falsche Fütterung entstehenden Erkrankungen (gleich welcher Art) beim Hund vorzubeugen, ist eine möglichst natürliche, chemiefreie und abwechslungsreiche Ernährung im-

Wenn es ums Futter geht, kommen Streitigkeiten häufig vor. Hier erhebt der deutlich jüngere Inju (rechts im Bild) durch Körperhaltung und Blick einen Besitzanspruch auf das Futter. Robell beschwichtigt daraufhin, indem er sich die Oberlippe leckt.

mens wichtig. Achten Sie deshalb, wenn Sie Fertigfutter verwenden, genau auf die Grundstoffe und darauf, ob dem Futter künstliche – und deshalb belastende – Zusatzstoffe beigemischt sind. Zusatzstoffe sind unter anderem:

- Konservierungsstoffe,
- Bindemittel,
- Farbstoffe,
- Geschmacksstoffe /Geschmacksverstärker,
- Lockstoffe usw.

Viele Hundebesitzer haben zudem keine Vorstellung davon, wie viele Tierversuche (mit Hunden) von manchen Firmen gemacht werden, bis ein Produkt auf dem Markt lanciert wird. Und eines trifft auch auf Tiernahrung zu: Nicht jedes teure Futter ist seinen Preis wert!

Um durch falsche Fütterung entstehenden Erkrankungen beim Hund vorzubeugen, ist eine möglichst natürliche, chemiefreie und abwechslungsreiche Ernährung immens wichtig.

Vitamine

Eine nicht zu unterschätzende Belastung für den Hund stellen die synthetischen Vitamine dar. Sie dienen nicht nur der Energieversorgung des Tieres, sondern sorgen auch für eine bessere Haltbarkeit des Futters.

Man erkennt solche Vitaminzusätze an Aufschriften wie »Zusatzstoffe je kg«. Extrem hohe Vitaminzusätze suggerieren dem Kunden, er habe es mit einem außerordentlich »gesunden« Produkt für seinen Hund zu tun. Die Werbestrategen nutzen dabei geschickt die Tatsache, daß zwar jedermann weiß, wie wichtig Vitamine sind, daß aber kaum jemand weiß,

- welche Vitamin-Mengen täglich unter welchen Voraussetzungen überhaupt vom Organismus benötigt werden und
- welche Vitamine überhaupt vom Körper aufgenommen und verarbeitet werden können,
- daß die synthetischen Vitamine großen Schaden anrichten können.

Vorsicht, wenn Vitamine zur Konservierung dienen!

Oftmals sind dem Fertigfutter Vitamine beigemischt, die ohne das Vorhandensein bestimmter natürlicher Elemente vom Körper gar nicht verarbeitet werden können. Insbesondere hohe Zusätze

Skeletterkrankungen haben oftmals etwas mit der Fütterung zu tun. Dieser Hund leidet an Arthrose und einer Deformation der Hinterhand.

der fettlöslichen Vitamine A, D, E und K können Schäden an Knochen und Haut sowie Stoffwechselerkrankungen verursachen.

Wasserlösliche Vitamine können in zu hohen Dosen zu einer indirekten Vitamin-Unterversorgung führen, weil sie bei Flüssigkeitsverlust (und der ist beim Hund immer gegeben) aus dem Körper ausgespült werden.

Meine praktische Erfahrung hat gezeigt, daß Klaus Dieter Kammerer mit seiner Behauptung, das Vitamin A beeinflusse das Längenwachstum und die Wachstumsgeschwindigkeit eines Welpen, recht hat: Bei einer Überdosierung wird die Skelettentwicklung negativ beeinflußt.

Proteine

Nach neuesten wissenschaftlichen Erkenntnissen sollte der Rohproteingehalt des Futters bei erwachsenen Hunden zwischen 20 und 25 Prozent und bei Welpen zwischen 25 und 30 Prozent liegen. Der Begriff Rohprotein umfaßt den gesamten Eiweißanteil der tierischen und pflanzlichen Futterinhaltsstoffe.

Die Hersteller müssen die Eiweißmengen aber nicht exakt deklarieren, sondern es genügt die Angabe der sogenannten »Rohproteinmenge«. Der Verbraucher erhält also lediglich Auskunft über die insgesamt enthaltene Eiweißmenge, aber er erfährt nicht, um welches Eiweiß es sich handelt oder woher es kommt.

Gerade hieraus ergibt sich eine Gefahr, nämlich dann, wenn das Futter einen hohen Rohproteingehalt aufweist, dieser aber aus minderwertigen Eiweißen besteht. Sie sollten deshalb unbedingt darauf achten, nicht die *Menge* des Rohproteins zu bewerten, sondern dessen *Qualität*. Nicht ein hoher Proteingehalt ist wichtig, sondern die Hochwertigkeit der im Futter enthaltenen Eiweiße.

Aminosäuren

Ein weiterer Bestandteil des fertigen Hundefutters sind die Aminosäuren. Aminosäuren sind organische Säuren, die im Körper das Rohmaterial für die Bildung körpereigener Eiweißstoffe (Peptide und Proteine) bereitstellen. Im Körper eines Hundes findet sich eine Vielzahl von Proteinen. Sie alle werden aus Verbindungen von rund 25 verschiedenen Arten von Aminosäuren gebildet.

Unter den Aminosäuren sind die zehn essentiellen Aminosäuren besonders wichtig. Essentielle Aminosäuren sind unter anderem Lysin, Isoleucin, Phenylalanin und Methionin. Sie sind für den Aufbau von körpereigenem Eiweiß unbedingt erforderlich.

Cholesterin

Neben hochwertigen tierischen Fetten sollte im Futter auch gutes pflanzliches Fett enthalten sein.

Es gibt rund 40 Arten von Pflanzen, deren Öl (aus Samen oder Fruchtfleisch) für die Ernährung des Hundes geeignet ist. Hauptsächlich werden Soja, Sonnenblumen, Ölpalme und Rapssaat verwendet.

Eine Unterversorgung mit mehrfach ungesättigten Fettsäuren kann zu schweren Hauterkrankungen und zur Schwächung des Immunsystems führen.

Pflanzliche Fette sind wegen ihres hohen Gehalts an mehrfach ungesättigten Fettsäuren zu empfehlen. Sie enthalten kein Cholesterin. Mehrfach ungesättigte Fettsäuren haben zwei oder mehrere Kohlenstoff-Doppelbindungen. Sie sind für den Organismus essentiell wichtig, werden von ihm aber nicht synthetisiert und müssen daher mit der täglichen Nahrung zugeführt werden. Eine Mangelversorgung mit diesen Fettsäuren kann zu schweren Hauterkrankungen und zur Schwächung des Immunsystems führen.

Kalzium

Achten sollten Sie auch auf den Kalziumgehalt der Hundenahrung. Kalzium ist für den Aufbau und die Erhaltung von Knochen und Zähnen, die Blutgerinnung, die normale Erregbarkeit von Nerven- und Muskelgewebe sowie die Muskelkontraktion (elektromechanische Koppelung) von entscheidender Bedeutung. Der Kalziumgehalt der Nahrung sollte keinen höheren Anteil als 0,9 Prozent ausmachen und immer in Verbindung mit Phosphor gegeben werden.

Dr. Herman A. W. Hazewinkel erforschte in der Zeit zwischen 1985 und 1991 die Wirkung einer Kalzium-Überdosierung an Deutschen Doggen. Er konnte dabei nachweisen, daß die dauerhafte Überdosierung zu einer mangelhaften Regeneration der Knochensubstanz bei gleichzeitiger Schädigung des Skeletts führt.

Eine Über- bzw. Unterversorgung mit Kalzium kann schon im Welpenalter eine Deformierung der Hüftgelenke bewirken.

Ein überhöhter Kalziumanteil im Hundefutter kann darüber hinaus auch Hormonstörungen und Allergien nach sich ziehen. Eine Unterversorgung hingegen verzögert das Wachstum der Hüftgelenke und der Knorpelplatte. So kann bei Überbelastung des Knochenapparates die Über- bzw. Unterversorgung mit Kalzium schon im Welpenalter eine Deformierung der Hüftgelenke bewirken.

Ballaststoffe

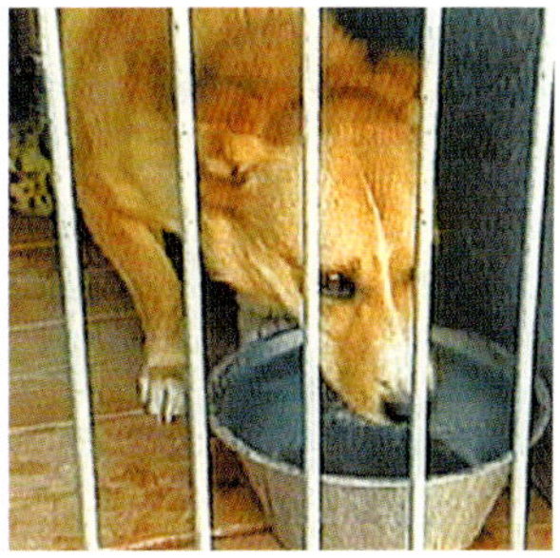

Jeder Hund sollte grundsätzlich immer frisches Trinkwasser zur Verfügung haben.

Ballaststoffe sind alle unverdaulichen Bestandteile des Futters, also alle Rohfasern (Zellulose, Keratin usw.), die durch ihr Volumen die Darmperistaltik anregen und den Transport des Darminhalts fördern. Ein Mangel an Ballaststoffen zieht verschiedene Erkrankungen des Magen-Darm-Trakts nach sich. Doch ein Rohfaseranteil von mehr als fünf Prozent in der Hundenahrung führt langfristig zu vermehrter Zahnsteinbildung und zu einer Schädigung der Nieren, denn es wird ein Sättigungsgefühl vermittelt, ohne daß der Organismus mit allen wichtigen Stoffen versorgt ist.

Allgemeines

- Beachten Sie bitte, daß das Hundefutter möglichst keine Tier- oder Kadavermehle (sie beinhalten medikamentös behandelte Nutztiere und euthanasierte Haustiere wie Hunde, Katzen, Meerschweinchen, Vögel usw.), Knochenfette, Geschmacksverstärker, Konservierungsstoffe, hormonhaltige Substanzen, pflanzliche Nebenerzeugnisse und Maiskleber enthalten sollte.

- Füttern Sie möglichst wenig »Light«-Produkte, die sehr ballaststoffhaltig sind. Die Verabreichung großer Mengen ballaststoffreichen Futters ist die ungesündeste Art, das Gewicht eines Hundes konstant zu halten oder zu reduzieren.

- Achten Sie auch darauf, den Hund nicht ausschließlich mit Dosenfutter zu ernähren. Das Naßfutter hat keine feste Konsistenz und führt deshalb im Lauf der Zeit zu Zahnstein, zu Folgeproblemen aufgrund des Zahnsteins und zu Zahnzerfall. Außerdem stimmt wegen des hohen Wassergehalts das Preis/Leistungs-Verhältnis meist nicht.

- Falls Sie Ihren Hund mit Frischfleisch füttern, sollten Sie unbedingt darauf achten, ihn nicht einseitig zu ernähren. In der Natur fressen Wölfe auch vom Mageninhalt eines gerissenen Tieres und versorgen sich auf diese Weise mit wertvollen pflanzlichen Stoffen. Geben Sie deshalb dem Hund mit dem Frischfleisch immer auch Gemüse, Reis, Quark oder Salat.

Behinderte und kranke Hunde

Durch meine Arbeit auf dem Gnadenhof habe ich immer wieder mit Hunden zu tun, die auf ganz unterschiedliche Weise behindert sind. Die Palette reicht von amputierten Gliedmaßen, über Blindheit und Taubheit bis hin zu altersbedingten Erkrankungen (Gedächtnisschwund, Schließmuskelschwäche usw.).

Viele Menschen können nicht verstehen, warum auch solchen Hunden geholfen wird, und sind der Ansicht, man solle sie besser einschläfern.

Auch behinderte Hunde entwickeln eine große Lebensfreude!

Wer jemals mit einem behinderten Hund zu tun hatte, weiß, eine wie große Lebensfreude er in aller Regel entwickelt und mit wie großer Leichtigkeit und Selbstverständlichkeit er mit seiner

Die blinde Basira und Sien beim Spielen.

Behinderung umgeht. Ich habe große Hochachtung vor den Tieren, die trotz einer Behinderung oder eines Leidens einen so starken Lebensdrang und Lebenswillen besitzen, daß wir einiges von ihnen lernen können. Solange diese »Lebensgeister« vorhanden sind, würde ich einem Tier niemals das Leben nehmen! Woher nimmt sich ein Mensch das Recht, einfach darüber zu urteilen, welches Leben lebenswert ist und welches nicht?

Dieser Dackelmischling kam im Alter von elf Jahren zu uns: Obwohl er an einer schweren Herzschwäche litt, bezirzte er jeden »Kampfhund« (denen seine besondere Liebe galt) mit seinem Charme.

Bei uns auf dem Gnadenhof leben behinderte Tiere völlig integriert mit den anderen Tieren zusammen. Falsches Mitleid, im Sinne von Bedauern, haben Tiere nicht – wohl aber ein Mitempfinden: Es ist immer wieder eine große Bereicherung zu sehen, wie selbstverständlich die Tiere zusammenhalten und füreinander da sind – indem zum Beispiel die kleine Hündin Sien die viel größere blinde Bordeauxdogge Basira führt und sie gemeinsam in ihrem Übermut einiges anstellen.

Das Halten eines behinderten Tieres wird natürlich dann nicht gutgehen, wenn der Mensch nicht die nötige Geduld und das nötige Einfühlungsvermögen besitzt, um auf die jeweilige Behinderung einzugehen; das gleiche gilt, wenn man übertreibt und ein Tier mit seiner Fürsorge geradezu erdrückt.

Ein völlig normaler, aber rücksichtsvoller Umgang ist das Beste. Ein tauber Hund ist zum Beispiel auf vermehrte Gebärden und Blickkontakte angewiesen, ein blinder Hund auf vermehrte Ton- und Stimmlaute sowie Berührungen usw.

In diesem Zustand kam Tiger, ein 13jähriger Jagdhundmischling, auf den Gnadenhof:
Er hatte am ganzen Körper Exzeme und aufgeschürfte wunde Stellen. Das Geschirr schnürte den Hals derart ein, daß es eingewachsen war und wir es vorsichtig herausschneiden mußten. Darüber hinaus litt der Hund an einer Altersdemenz (die sich mit ähnlichen Symptomen wie beim Menschen bemerkbar macht).
Gerade ältere Hunde faszinieren mich besonders stark, weil sie »über denDingen stehen« und aufgrund ihrer Erfahrungen Menschen rasch durchschauen können.

Hilfsmittel

Mit ganz wenigen Ausnahmen sind Hilfsmittel Krücken für Menschen, die nicht auf eigenen Beinen laufen können.

Was läßt sich der Mensch nicht alles einfallen, um mit einem Tier »besser« zurechtzukommen. Seiner Phantasie sind keine Grenzen gesetzt: Von sanften Hilfsmitteln (dazu zählt übrigens auch die Leine) bis hin zu solchen, die man als normal empfindendes Lebewesen nur noch als pervers bezeichnen kann, ist alles zu finden – meist für teures Geld.

Ganz nach dem Motto: »Hauptsache, mein Hund pariert so, wie ich mir das vorstelle, und Hauptsache, daß ich möglichst wenig Zeit darauf verwenden muß!«, greift der Mensch oft zu Dingen, die für das Tier eine Qual sind.

Doch allein schon die Vielfalt der Auswahl läßt den Menschen oft vergessen, daß er ein gefühlsbegabtes Wesen aus Fleisch und Blut an seiner Seite hat – ein Lebewesen, das nicht nur bei der Anwendung von Krallenhalsbändern, Elektroreizgeräten, Drahtschlingen und ähnlichen schmerzverursachenden Hilfsmitteln leidet, sondern auch durch ihm übers Maul gestülpte Leberwurstkongs, selbstauslösende Duftsprays, Leinen, die das »persönliche Gleichgewicht« des Hundes ausbalancieren sollen und Mini-Lautsprecher am Halsband, aus denen eine menschliche Stimme ertönt, irgendwann ernsthaft irritiert ist. Wie würden wir wohl reagieren, wenn jemand versuchte, uns zu instrumentalisieren, indem er aus uns ferngesteuerte Mechanismen machte?

Kein noch so harmloses Hilfsmittel wird zu einer guten Beziehung mit Ihrem Hund führen, wenn Sie es nicht lernen, die Ursachen der Probleme wahrzunehmen.

Kaum hat man ein neues Hilfsmittel kennengelernt, ist auch schon das nächste – selbstverständlich wesentlich bessere – auf dem Markt …

Chardash benötigt heute keinen Maulkorb mehr.

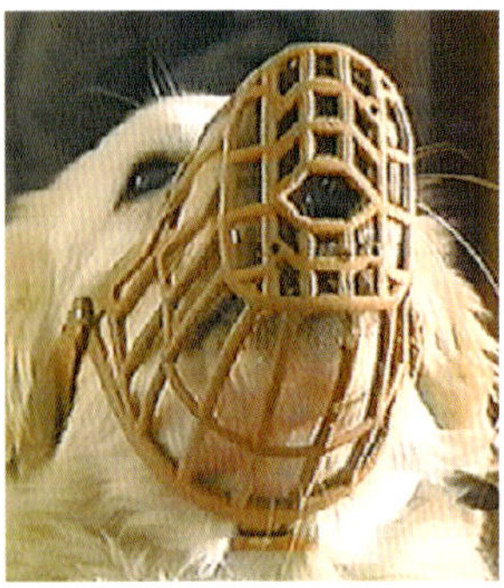

Manchmal kann, gerade bei gefährlichen Hunden, auf die Verwendung von Hilfsmitteln wie einem Maulkorb nicht gänzlich verzichtet werden, und mancherorts sind Leine und/oder Maulkorb sogar vorgeschrieben, wenn man sich mit dem Hund auf öffentlichem Terrain bewegt. Diese Hilfsmittel sind harmlos, wenn sie richtig eingesetzt werden.

Beim sogenannten Kopfhalfter wird die Sache schon etwas schwieriger. Zwar gehört es zu den »sanften« Hilfen – aber wie sehr schränkt es ein Tier doch in seiner Geruchs- und Bewegungsfreiheit ein! Darüber hinaus kann es, was viele Hundehalter nicht oder zuwenig bedenken, große Schäden an der Hals- und Rük-

Vorsichtig eingesetzt, kann ein Kopfhalfter dem Menschen dabei helfen, seinen Hund besser zu führen. Sie müssen sich aber immer der Tatsache bewußt sein, daß es sich um eine starke Beeinflussung des Tieres handelt und daß man das richtige Führen am allerbesten ohne solche Hilfsmittel lernt.

kenwirbelsäule hervorrufen, wenn der Hund losrennt und zurückgerissen wird oder wenn er ständig gezwungen ist, mit schräg gerichtetem Kopf neben dem Menschen herzulaufen.

Wenn der Mensch an der Leine herumreißt, kommen Wirbelsäulenschäden zwar bei Halsbändern weniger häufig vor als beim Kopfhalfter, aber dafür treten Kehlkopfquetschungen und -entzündungen auf. Brustgeschirre sind, was solche Schäden angeht, zwar immer noch das beste, aber wenn sie nicht gut angepaßt sind, hat der Hund häufig schmerzhafte, entzündete Aufschürfungen an den Achselhöhlen, weil das Geschirr scheuert und die Haut wund wird.

Mit Hilfe des Kopfhalfters kann der Hund zum Blickkontakt mit dem Menschen gezwungen und deshalb von anderen Objekten abgelenkt werden. Der Blickkontakt von Mensch und Hund ist zwar sehr wichtig, aber er sollte nicht erzwungen werden müssen, sondern vom Hund freiwillig hergestellt werden, was in einer guten Beziehung unwillkürlich geschieht.

Bestimmte Hilfsmittel gehören jedoch ausschließlich in die Hände von Fachleuten. Leider gibt es hinsichtlich des Einsatzes von Hilfsmitteln und des für ihre Anwendung qualifizierten Personenkreises keinerlei Verordnungen. Praktisch jeder kann sich als Hundefachmann oder Hundefachfrau bezeichnen und darf ohne Nachweis einer Qualifikation und ohne behördliche Erlaubnis mit allen Hilfsmitteln herumhantieren.

Leider liegt hier überhaupt einiges im Argen, weil viel Unverstand am Werk ist – auch bei sogenannten Fachleuten.

Niemals würde ich ein Tier, aus welchem Grund auch immer, fesseln oder knebeln. Einen Hund zu fesseln oder zu knebeln ist eine Erniedrigung sondergleichen für das Tier und ein Armutszeugnis für den Menschen, der so etwas tut.

Niemals würde ich ein Tier, aus welchem Grund auch immer, fesseln oder knebeln.

Alec mit einem Kunststoffmaulkorb.

Verwenden Sie niemals einen Maulkorb, ohne den Hund zuvor daran gewöhnt und ihm die Angst davor genommen zu haben.

Will oder muß man jedoch irgendwelche Hilfsmittel verwenden, so müssen die folgenden Voraussetzungen unabdingbar und zwingend erfüllt sein: Mensch und Hund müssen eine gemeinsame intakte Basis der Kommunikation, des Vertrauens und des Miteinander haben. Ich verwende *niemals* ein Hilfsmittel wie zum Beispiel den Maulkorb, wenn diese Basis mit dem Hund nicht vorhanden ist.

Nur auf der Grundlage von Vertrauen und Verständnis dürfen Hilfsmittel zum Einsatz kommen. Dafür gibt es zwei entscheidende Gründe:

- Das eingesetzte Mittel ist, wie das Wort besagt, ein Hilfsmittel und kann und soll deshalb auch nur helfend unterstützen, auf Grundlage der elemantaren Voraussetzungen.
  Das Hilfsmittel kann und darf daher niemals dazu verwendet werden, die grundsätzlichen Voraussetzungen im Verständnis überhaupt erst zu schaffen.
  Der Halter muß wissen, was er mit dem Einsatz eines Hilfsmittels erreichen will, und der Hund sollte verstehen können, was von ihm unter Zuhilfenahme des Mittels verlangt wird. Das Hiflsmittel dient allenfalls als Überbrückungshilfe auf dem Weg zum Erfolg.
- Der Mensch muß jederzeit in der Lage sein, auch ohne das von ihm eingesetzte Hilfsmittel vertrauensvoll mit dem Hund zu arbeiten. Entfällt das Hilfsmittel aus irgendeinem Grund, muß es ihm möglich sein, über die gemeinsame Basis mit dem Hund weiterarbeiten zu können. Bei Wegfall des Hilfsmittels darf der Hundeführer niemals in den Zustand der Hilflosigkeit geraten.

Der Mensch muß jederzeit in der Lage sein, auch ohne das von ihm eingesetzte Hilfsmittel vertrauensvoll mit dem Hund zu arbeiten.

Der Einsatz eines Hilfsmittels sollte deshalb zeitlich immer begrenzt werden. Hilfsmittel dürfen niemals eine Dauerlösung sein! Der dauerhafte Einsatz eines Hilfsmittels bringt keinen nachhaltigen Erfolg im täglichen Umgang mit dem Hund, weil er die Gefahr des Gewohnheitseffekts mit sich bringt. Der Hund verbindet das von ihm gewünschte Verhalten mit dem Hilfsmittel und nicht mit dem Menschen.

Beispiel: Einem Hundebesitzer gelang es nicht, das laute Bellen seines Junghundes zu reduzieren. Der Mann hatte aber bemerkt, daß sein Hund nach dem Aufsetzen eines Maulkorbes nicht mehr

bellte. Als es ihm über mehrere Tage hinweg nicht gelang, dem Hund beizubringen, auf Zuruf nicht mehr zu bellen, band er ihm fortan einen Maulkorb um.
Auch als der Hund schon vier Jahre alt war, hatte sich an dieser Situation nichts geändert: Der Hund bellte ohne Maulkorb unentwegt, mit dem Maulkorb aber nicht.
Wie ich im Beratungsgespräch erläuterte, war die Ursache für das Bellen bei diesem Hund, daß er auf sich aufmerksam machen wollte. Ich beschäftigte ihn mit Spielen, bei denen er sich konzentrieren mußte (Suchspiele, Fährten usw.) und durch die er sehr viel Bestätigung von seinem Besitzer bekam. Der Hund lernte, ihm gestellte Aufgaben ruhig, gelassen und konzentriert zu bewältigen; sein Selbstwertgefühl wurde gesteigert, und sein Verlangen nach Aufmerksamkeit verringerte sich erheblich. Das Bellen jedenfalls legte er in Kürze ab.

Grundsätzlich sollte der Maulkorb nicht als Mittel zur Erziehung herangezogen werden. Zudem muß man bei seiner Verwendung unbedingt beachten, daß der Hund in seinen Möglichkeiten der mimischen Kommunikation mit dem Menschen und mit anderen Hunden stark eingeschränkt wird und darüber hinaus auch nicht mehr in der Lage ist, zum Beispiel Gegenstände aufzunehmen, richtig zu hecheln, zu trinken oder zu fressen, zu schlecken, ungehindert zu schnüffeln usw. Daher ist es unerläßlich, den Hund an das Tragen eines Maulkorbes zu gewöhnen.

Das Tragen eines Maulkorbs muß gelernt werden, damit der Hund ihn als angenehm empfindet und sich durch ihn nicht allzu stark beeinträchtigt fühlt.

Beispiel: *Der Kangalrüde Omun kam aus dem Tierheim zu mir auf den Gnadenhof. Omun konnte im Tierheim nicht mehr versorgt werden, weil er das Pflegepersonal nicht mehr an sich heran und auch nicht mehr in seinen Zwinger ließ.*

Ich habe, als ich im Tierheim war, darum gebeten, den Gang vor Omuns Zwinger freizumachen, und die Türen zu schließen. Ich wollte dem Hund die Möglichkeit bieten, sich frei und ohne räumliche Einschränkung zu bewegen. Deshalb öffnete ich vorsichtig die Zwingertür.

Die passive Kommunikation ist ein sehr wichtiger Faktor, um das Vertrauen von verunsicherten und ängstlichen Hunden zu gewinnen.

Weil ich mich dem Hund aber nicht weiter näherte, mich ihm nicht zuwendete und auch keinen Blickkontakt herstellte, gab ich ihm das Gefühl, ihn nicht fangen oder bedrängen zu wollen; gleichzeitig war es aber wichtig, daß ich auf ihn nicht teilnahmslos wirkte. Deshalb habe mich ihm gegenüber durch die Beschäftigung mit einer Plastiktüte, die ich im Gang gesehen hatte, interessant gemacht. Jegliches Neugierdeverhalten Omuns habe ich sofort stimmlich durch positive Bestätigung erwidert. Es ist mir immer wichtig, daß Hunde mit einem »Meideverhalten« wie dem beschriebenen von sich aus die Initiative ergreifen und auf mich zukommen, das heißt, auf meine passive Kommunikation mit aktiver Kommunikation ihrerseits reagieren. So war es auch bei Omun. Der Kangal hatte den tiefen Wunsch nach Sicherheit und Geborgenheit und suchte sie nun bei mir. Dadurch, daß ich dem Hund Orientierung geben konnte, hat er innerhalb weniger Minuten Vertrauen zu mir gefaßt. Ich konnte ihn nun ohne Probleme streicheln.

Später, auf dem Gnadenhof, fing ich an, mit dem Kangal zu arbeiten. Zwar konnte ich Omun aus seinem Zwinger nehmen und mich mit ihm beschäftigen, aber er akzeptierte nur mich und keine anderen Personen. Um den Hund an andere Menschen zu gewöhnen, mußte ich Omun mit der Nähe von Menschen vertraut machen. Um dies ohne Gefahr für meine Mitarbeiter tun zu können, beschloß ich, während der Gewöhnungsphase mit einem Maulkorb zu arbeiten. Es war mir, wie immer, wichtig, den Hund dazu zu bringen, daß er den Maulkorb gerne trug und keine Angst dabei hatte. Ich habe Omun deshalb spielerisch – durch Streicheln mit dem Maulkorb, durch wiederholtes kurzes Aufsetzen des Maulkorbs, durch im Maulkorb für den Hund versteckte Leckerlis usw. – dazu gebracht, den Umgang mit dem Maulkorb als selbstverständlich und angenehm zu empfinden. Jedesmal wenn der Hund im Umgang mit dem Maulkorb Sicherheit signalisierte, habe ich ihn nachdrücklich gelobt und ihn belohnt. Innerhalb von drei Wochen hatte Omun gelernt, mit und ohne Maulkorb andere Menschen zu respektieren und sich von mir beschützen zu lassen.

Chardash hat gelernt, vor allem Kinder wieder zu respektieren – mit und ohne Maulkorb.

Was Sie bei der Verwendung eines Maulkorbs unbedingt beachten müssen, ist, daß der Hund genügend Freiraum zum Atmen und Hecheln hat. Ein Maulkorb darf also niemals zu eng anliegen – insbesondere dann nicht, wenn es sich um einen geschlossenen Nylon-Maulkorb handelt. Der Hund bekommt sonst zuwenig Luft, leidet an einer Sauerstoffunterversorgung des Gehirns mit all ihren unerwünschten Folgen und kann sogar ersticken.

Grundsätzlich ist ein Maulkorb aus Metall am sichersten. Er macht zwar einen äußerst bedrohlichen Eindruck auf Außenstehende, aber wenn er gut verarbeitet und gut gepolstert ist, ist er leicht, kann nicht durchgebissen werden und bietet dem Hund genügend Atem- und Bewegungsfreiraum.

Grundsätzlich ist ein Drahtmaulkorb am sichersten und, wenn er gut verarbeitet und gut gepolstert ist, auch am besten, weil er dem Hund genügend Atem- und Bewegungsfreiraum bietet.

Die Verwendung schmerzverursachender Hilfsmittel lehne ich völlig ab, ebenso die Anwendung von Hilfsmitteln, durch die der Hund unter Einsatz körperlicher Gewalt in eine Situation oder Haltung gezwungen wird.

Hilfsmittel sollten stets Mittel zur Hilfe bleiben! Je tiefgreifender sie sich auf ein Tier auswirken können, desto wichtiger ist es,

Drahtmaulkörbe sind sicher, leicht und lassen dem Hund genügend Freiraum zum Atmen und Schnüffeln. Achten Sie immer darauf, daß der Maulkorb gut gepolstert ist.

Sicherheit durch Vertrauen und Führung.

daß sie ausschließlich von ausgebildeten, verantwortungsbewußten Fachleuten angewendet werden.

Es widerspricht meinen Grundsätzen vom Umgang mit Lebewesen, einen Hund nur deshalb »folgsam« zu sehen, weil er durch seinen Gehorsam körperliche Schmerzen vermeidet. Darüber hinaus verursachen Schmerzen immer Angst, wodurch sich ein verhängnisvoller Kreislauf ergibt.

Wenig erfahrene und gewissenlose Ausbilder versuchen oftmals das, was sie als »Fehlverhalten« des Hundes interpretieren – etwa sein aggressives Angstverhalten – dadurch zu beheben, daß sie dem Hund immer noch mehr Schmerz zufügen. Solche Menschen sind im Grunde völlig hilfslos und total überfordert. Sie sind überhaupt nicht in der Lage oder nicht bereit, den Gefühlszustand eines Hundes zu erkennen und darauf einzugehen.

Der Mensch sollte in der Lage sein, sein Tier auch ohne schmerzverursachende Hilfsmittel zu erziehen. Ist er es nicht, sollte er sich lieber keinen Hund anschaffen. Wenn bei Ihnen Dinge wie etwa ein Krallenhalsband zum Alltag gehören, gewöhnt sich Ihr Hund irgendwann an den Schmerz und überwindet ihn; dann zieht er wie eh und je an der Leine. Was tun Sie jetzt? Sie nehmen vielleicht Zuflucht zu anderen mehr oder weniger schmerzverursachenden Hilfsmitteln, aber irgendwann werden Sie sie alle durchprobiert und verbraucht haben. Was dann?

Alles, was Sie ins Extrem treiben, hat meist irgendwann fatale Folgen, sonst gäbe es nicht immer mehr Probleme.

Wenn Sie sich ohne schmerzverursachende Hilfsmittel hilflos fühlen, sollten Sie also ganz schnell umdenken. Nur dann können Sie im Alltagsleben mit Ihrem Hund ein harmonisches Team bilden, eine Vertrauensgemeinschaft, die auf Bestätigung durch Belohnung im richtigen Moment aufbaut und nicht auf Strafe und Schmerz.

Ein Lebewesen mittels Konditionierung so zu beherrschen, daß es permanent und reflexartig auf akustische, optische oder verbale Signale reagieren muß, ist keine Methode, die ich anwenden würde; das Tier wird dabei zur Marionette degradiert und ständig gegängelt. Das ist eine einschneidende Manipulation seiner Persönlichkeit. Wenn jedoch ein Mensch es trotz bester Bemühungen auf andere Weise nicht schafft, sein Tier zu führen, mag dieses Vorgehen vertretbar sein – solange dem Menschen das Für und Wider bewußt ist. Dies gilt übrigens für alle Hilfsmittel, wenn sie verantwortungsbewußt eingesetzt werden.

Die Leine – Ihre Verbindung zum Hund

Ein Hund sollte auch ohne Leine in Ihrer Nähe bleiben und den Kontakt zu Ihnen suchen. Sie dürfen sich aber nicht ständig nach ihm richten, denn ein solches Verhalten des »Rudelführers« ist unnatürlich und wird vom Hund nicht verstanden. Ihre dauernde Beachtung würde ihn auf eine ranghohe Position heben, die er zum einen nicht haben sollte und der er zum anderen auch nicht gewachsen ist.

Sie sollten den Hund zwar unauffällig im Auge behalten, weil Sie ja die Verantwortung für ihn tragen, vorausschauend denken

Auch beim »Tauziehen« ist man miteinander verbunden …

Auch mit Leine kann man sich frei fühlen.

Ein ständiges Rucken oder Zerren an der Leine führt nicht nur zur Abstumpfung des Hundes, sondern es verhindert auch die Kommunikation mit entgegenkommenden Artgenossen, weil das Tier die Körpersprache (Beschwichtigungs- und Ablenkungssignale usw.) nicht mehr richtig zum Einsatz bringen kann. Das führt zu Mißverständnissen, zu Anspannung, Frustration und Streß und kann mit offenen Aggressionen enden.

und nötigenfalls agieren, auch ausgiebig mit ihm spielen und gemeinsam Aufgaben bewältigen, aber er darf nicht zum beherrschenden Mittelpunkt Ihres Spaziergangs werden; vielmehr sollte er Ihnen unaufgefordert und ohne Zwang folgen, wohin auch immer Sie gehen. Tut er es, so ist dies ein sicheres Zeichen für eine intakte und erfüllte Mensch-Hund-Beziehung.

Gerade in der heutigen Zeit geht es dennoch oftmals nicht ohne Leine (Vorschriften, Gefahren durch starken Verkehr usw.).

Einen Hund mit Hilfe einer Leine richtig zu führen, ist nicht immer so selbstverständlich, wie man meint, denn sie löst beim Hund sehr unterschiedliche Gefühle und Reaktionen aus:

- Der Hund weiß oftmals nicht, wer wen an der Leine führt, das heißt, ob die Führungsverantwortung bei ihm oder beim Menschen liegt.

- Der Hund hat oftmals das Gefühl, sein Mensch halte sich durch die Leine an ihm fest, und er müsse deshalb den Menschen beschützen.
- Mancher Hund verbindet die Leine mit Sicherheit und Geborgenheit, weil er weiß, daß er seinen Menschen dank der Leine nicht verlieren kann.
- Weil die Leine dem Hund mitunter ein starkes Sicherheitsempfinden gibt, kann er sich weit stärker und überlegenener fühlen oder zeigen, als er ist.
- Eine Leine bedeutet auch, daß der Hund in seinem körpersprachlichen Ausdruck (Beschwichtigung) eingeschränkt ist und er nicht fliehen kann, das heißt, der Hund ist, sobald er sich und/oder seinen Menschen als bedroht erlebt, gezwungen, Verteidigungsbereitschaft zu demonstrieren.
- Zerrt der Mensch dauernd an der Leine herum oder versucht er krampfhaft, den Hund »bei Fuß« gehen zu lassen, weiß der Hund nicht mehr, worum es geht, fühlt sich bedrängt, stumpft ab und versucht erst recht, auf Abstand zu gehen.

Eine Leine sollte weder zum Festklammern, noch zum ununterbrochenen Maßregeln dienen, sondern vielmehr ein Band der Verständigung zwischen Ihnen und Ihrem Hund knüpfen. Dies setzt voraus, daß der Hund bereits erlernt hat, was Sie von ihm erwarten, wenn er an der Leine geht, sich nämlich gemeinsam mit Ihnen im von Ihnen bestimmten Tempo vorwärtszubewegen und

Warum zieht ein Hund an der Leine?
1. Bewegungsmangel
Der Hund kann sich nicht auf die Wünsche des Menschen konzentrieren, weil er einen zu großen Energiestau hat, der abgebaut werden muß.
2. Zuwenig Anreize oder Neugierde
Der Hund möchte über die Gerüche bzw. Markierungen möglichst schnell möglichst viel erfahren (Reviergrenzen, Eindringlinge, Freunde usw.)
3. Rollenverteilung
Sie stimmt nicht, so daß der Hund über das Lauftempo entscheidet.
4. Abstand zum Menschen
Der Hund versucht, vom Menschen wegzukommen – aus Angst, Langeweile usw.

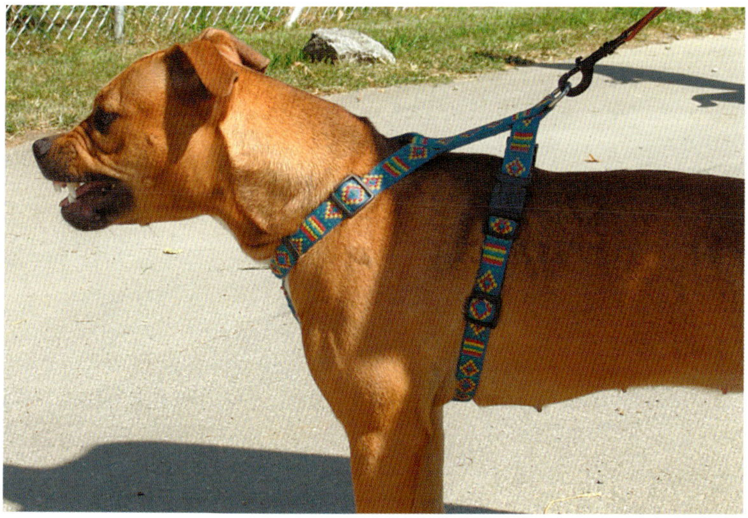

Manch ein Hund fühlt sich überlegen – mit dem großen Menschen am anderen Ende der Leine.

Ein Hund, der an der Leine zieht und vom Menschen ständig zurückgezerrt wird, ärgert sich über seinen Menschen genauso, wie dieser sich über den Hund.

Breite, nicht würgende und gut gepolsterte Halsbänder mit Stop eignen sich am besten, weil die Gefahr von Abschürfungen und daraus resultierenden Entzündungen sowie von Kehlkopfquetschungen weitestgehend ausgeschaltet ist.

in Verbindung mit Ihnen zu bleiben. Ist diese Verbindung nicht vorhanden, wird sie sich auch durch die Leine nicht herstellen lassen. Es folgt dann meist ein unsinniges Gezerre und Gerucke, durch das der Hund irgendwann das Gespür für Sie verliert, bis er schließlich seine Aufmerksamkeit von Ihnen abwendet.

Im schlimmsten Fall können Sie zu einer Bedrohung für den Hund werden und ihm sogar ernsthafte Schäden im Halswirbelbereich und am Kehlkopf zufügen. Deshalb ist, insbesondere für Welpen, immer ein Brustgeschirr oder ein breites, nicht würgendes Halsband zu empfehlen.

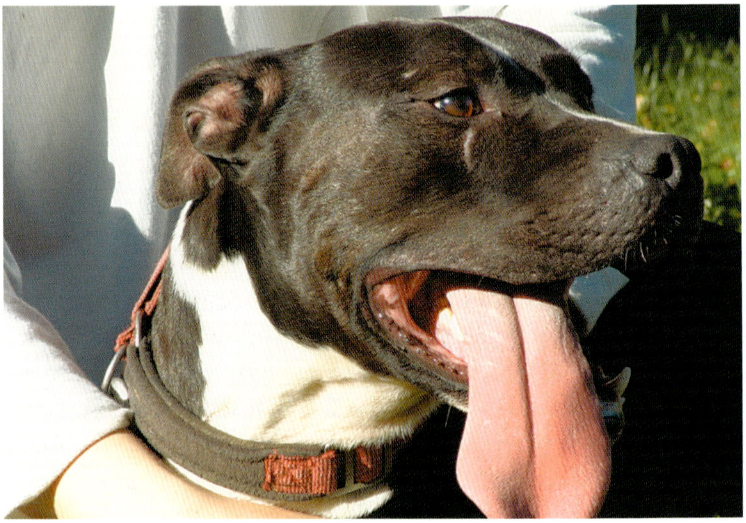

EIn gut gepolstertes Halsband.

Auf keinen Fall sollten Sie Würgehalsbänder verwenden, die sich zuziehen, wenn der Hund an der Leine zerrt; er ist dann in ständiger Atemnot, die nicht nur unangenehme Empfindungen, sondern auch gravierende Ängste auslöst und ihn zur Flucht nach vorn animiert. Viele Menschen nehmen fälschlicherweise an, daß ein Hund von sich aus störende Einwirkungen auf sein körperliches Befinden meide und deshalb langsamer laufe. Hier haben Sie aber den genau gegenteiligen Effekt: Der Hund versucht zwar, dem Unbehagen zu entkommen, aber nicht, indem er langsamer läuft, sondern indem er noch schneller von Ihnen wegdrängt.

Auch ist Ihre Einwirkungsmöglichkeit bei einem Würgehalsband um zwei bis drei Sekunden verzögert, denn genau so lange dauert es, bis es sich zuzieht.

Die Meinungen über das, was Freude macht, gehen manchmal auseinander …

Die Leine darf niemals ein Mittel zum Zweck der Bestrafung werden. Sie sollte ausschließlich eine Hilfe für eine feinfühlige Verständigung sein. Zieht Ihr Hund also an der Leine, so wechseln Sie einfach häufig die Laufrichtung oder Ihr Schrittempo. Reißen Sie bei einem solchen Wechsel aber nicht unverhältnismäßig hart an der Leine, sondern »ruckeln« oder »klingeln« Sie nur vor dem Umdrehen mit einem Finger ganz kurz und schnell daran, damit Ihr Hund aufmerksam wird. (Ich nenne diesen ganz sachten Ruck an der Leine »klingeln«.) Sobald der Hund Blickkontakt zu Ihnen aufnimmt oder Ihnen in Ihrer Richtung folgt, loben Sie ihn deutlich! Es kommt darauf an, daß Sie dem Hund immer suggerieren, Sie würden zielgerichtet und selbstbewußt handeln. Loben Sie

Die Leine sollte ausschließlich eine Hilfe für eine feinfühlige Verständigung sein.

LINKS: Sobald der Hund zu weit vorausgeht, »klingeln» Sie und ändern die Laufrichtung.
RECHTS: Wenn der Hund Blickkontakt zu Ihnen aufnimmt, sollten Sie ihn loben.

Laufen Sie auch ruhig einmal rückwärts, und loben Sie Ihren Hund zumindest mit Worten, sobald er Blickkontakt zu Ihnen aufnimmt und in Ihre Richtung läuft.

deshalb zunächst schon Kleinigkeiten, und verlängern Sie später Ihre Belohnungspausen, ohne dabei zu übertreiben.

Von einigen Hundeschulen wird u. a. auch diese Möglichkeit, dem Hund das Ziehen abzugewöhnen, empfohlen: Man bleibt immer dann stehen, wenn der Hund beginnt, an der Leine zu ziehen. Der Hund wird nur dann bestätigt, wenn er nicht zieht (weil der Mensch nur dann weiterläuft); deshalb legt er diese Verhaltensweise ab. Aber diese Art der Erziehung funktioniert nur dann, wenn Sie dem Hund nicht ziellos erscheinen und es nicht dazu kommt, daß er Ihr ständiges Stehenbleiben als Unsicherheit Ihrerseits auslegt und Sie deshalb bald nicht mehr ernst nimmt.

Ihr Ziel sollte immer sein, daß sich der Hund bei durchhängender Leine ohne Kommandos und ohne Zwänge irgendwelcher Art nach Ihnen richtet. Geben Sie dem Hund deshalb so viel Freiheit wie möglich und so viel Disziplin wie nötig: Ständiges »Bei Fuß«-Laufen zum Beispiel engt ihn nur unnötig ein und setzt ihn unter Leistungsdruck. Auch können Sie diese Übung nicht während eines ganzen Spaziergangs mit der nötigen Konsequenz durchführen: Kein Hund kann sich während eines so langen Zeitraums auf Sie konzentrieren, so daß sich unweigerlich Fehler einschleichen und schließlich Mensch wie Hund frustriert sind. Außerdem wäre eine solche Unternehmung für den Hund auch kein Spaziergang im eigentlich Wortsinn mehr, sondern eine unentwegte Unterordnung.

So wie auf diesem Bild darf kein Spaziergang für einen Hund ausfallen! Jeder Hund hat das Recht, seine Bedürfnisse in einem gewissen Rahmen auszuleben.

Im Alltag also lieber keinen falschen Perfektionismus anstreben, sondern praktischen Gehorsam, indem sich der Hund nach Ihnen richtet, was Laufrichtung und Tempo angeht. Gut ausgeführte Kommando-Übungen wie »Sitz«, »Platz« und »Fuß« sind zwar für die Ausbildung wichtig, doch für die Mensch-Hund-Beziehung sind sie völlig nebensächlich.

Ihr Ziel, Ihr Wille, Ihre Entschlossenheit sollten in Ihrer Körperhaltung und durch Ihre Stimme zum Ausdruck kommen, so daß Ihr Hund ein deutliches, ganzheitliches Bild von Ihnen hat; nur dann wird Ihre Absicht für ihn verständlich. Viel zu oft wissen wir selber nicht so richtig, was wir wollen, oder wir sind vielleicht in Gedanken und unsere Stimme übermittelt dem Hund einen anderen Eindruck als unsere Körpersprache: Auf den Hund wirken wir in solchen Momenten konfus und planlos. Denken Sie deshalb daran: Die Leine sollte lediglich ein Hilfsmittel sein, das Ihnen dazu dient, Ihre Anliegen verstärkt zum Ausdruck zu bringen und dem Hund eine deutlichere Orientierung zu geben, bis es auch ohne Leine klappt.

LINKS: Es wäre falsch, jetzt an der Leine zu ziehen, weil die Körpersprache des Menschen (Körperfront entgegengesetzt zur Laufrichtung) eindeutig sagt: »Jetzt laufen wir nicht weiter!«
RECHTS: Es ist richtig, wenn der Mensch aufsteht und durch eine Drehung seines Körpers die Bewegungsrichtung anzeigt: Der Hund folgt einem selbstsicheren Menschen, ohne daß die Leine überhaupt eingesetzt wird.

Für einen neugierigen, offenen und energiegeladenen Hund wird die Leine nur allzu oft zur Qual. Man darf nicht vergessen, daß ein Spaziergang, auf dem nichts weiter geschieht, für einen Hund äußerst langweilig ist und ihm sinnlos erscheint. Im Tierreich kommt es nicht vor, daß man einfach nur herumläuft, es wäre ja völlig nutzlos: Hinter jeder Handlung steckt ein Ziel, eine Aufgabe. Ein Tier in freier Wildbahn könnte sich eine derartige Verschwendung seiner Energiereserven nicht leisten, und sein Leben wäre ernsthaft in Gefahr.

Dennoch warten viele Hunde sehnsüchtig auf den Spaziergang, weil er in ihrem Alltag die einzige Abwechslung überhaupt ist. Für ein von Langeweile geplagtes Tier ist jede Kleinigkeit interessant, und voller Tatendrang zieht so mancher unbeschäftigte Hund seinen Besitzer an der Leine hinter sich her. Ich habe bereits Mittel und Wege beschrieben, um das Symptom »an der Leine ziehen« zu beheben. Aber warum sucht kaum jemand nach der Ursache solchen Hundeverhaltens? Zu wenig Sinn im Leben eines Hundes, zu wenig Beschäftigung, zu wenig Zeit, zu wenig Bewegungsspielraum und vor allem eine nicht geklärte Beziehung zum Menschen sind Beispiele für die wahren Ursachen.

Jeder Hund braucht genügend Bewegungs-, Spiel- und Beschäftigungsmöglichkeiten.

Geben Sie Ihrem Hund genügend Möglichkeiten, um sich auszutoben – im ausgelassenen Spiel mit Artgenossen oder im moderaten Spiel mit Ihnen –, und beschäftigen Sie Ihren Hund, indem Sie ihm körperliche und geistige Aufgaben stellen (siehe »Dogsense®«), und haben Sie immer ein Ziel vor Augen.

Wichtige Hinweise in Kürze

Wenn ein Hund in Ihr Leben treten soll. Wenn Sie sich dazu entschließen, Ihr Leben mit einem Hund zu teilen, sollten Sie nicht nach einem pflegeleichten, anspruchslosen, ruhigen und immer funktionierenden Etwas suchen, denn dann müßte Ihre Wahl auf ein Stofftier fallen, aber nicht auf ein lebendiges Wesen. Viele Hundebücher suggerieren zwar, oft in Tabellenform, daß eine bestimmte Hunderasse bestens zu einem bestimmten Menschen paßt. Doch ein Tier ist kein seelenloser Umtauschartikel, und – wie ich immer wieder betone – einzig und unverwechselbar in seiner Wesensart.

Wenn wir einen Hund zu uns nehmen, übernehmen wir damit die Verantwortung für das Wohl und Wehe eines eigenständigen Lebewesens. Wir können nicht einfach den »Aus«-Knopf betätigen oder die Batterien herausnehmen, wenn wir genug haben.

Vergebliches Rufen des Hundes. Rufen Sie Ihren Hund nicht, wenn für Sie von vornherein feststeht, daß er nicht zu Ihnen kommen wird, sonst wird der Hund Ihr Rufen irgendwann nicht mehr ernst nehmen. Wenn Sie aus Zorn oder Verzweiflung über sein Wegbleiben sogar hektisch werden und laut schreien,

- wird Ihr Hund entweder Angst vor Ihnen bekommen
- oder Sie als planlos oder submissiv empfinden (kein ranghohes Tier würde im Verhalten so entgleisen),
- oder er bezieht es gar nicht auf sich und meint, Sie würden vor einer Gefahr warnen; in diesem Fall wird er nach einer möglichen Bedrohung Ausschau halten und Sie verteidigen wollen.

Zeigt ein Rudelführer Aggressionen (Zorn des Menschen), so bedeutet das für alle Rudelmitglieder, daß sie Abstand halten müssen; kein Tier würde sich dann in seine Nähe wagen.

Wie dem auch sei: Es kann sein, daß Ihr Hund nur langsam und zögerlich auf Sie zukommt und dabei – je nachdem auf welche der oben beschriebenen Weisen er auf Ihr Rufen reagiert – verschiedene Beschwichtigungssignale (sich die Oberlippe lecken, geduckt laufen usw.) zeigt, falls er Angst hat. Oder er zeigt Verlegenheits- und Ablenkungssignale (herumschnüffeln, markieren usw.), wenn er die Situation nicht begreift und Sie und sich selbst beruhigen möchte.

Abhilfe: Sobald er zu Ihnen kommt, müssen Sie ihn loben. Sie dürfen ihn keinesfalls bestrafen. Rufen Sie Ihren Hund nicht nur zu Vorhaben, die er mit unangenehmen Erfahrungen, also mit Einschränkungen und Verboten verbindet (zum Beispiel ihn anleinen, ihn shampoonieren und baden, ihm die Krallen schneiden, ihn in ein Zimmer sperren, ihn alleine lassen usw.), sondern rufen

Greifen Sie auf keinen Fall nach einem Hund, der nur zögerlich zu Ihnen zurückkommt; es würde ihn noch mehr verunsichern, denn das Greifen ist ein sehr starker Ausdruck von Dominanz.

Sie ihn des öfteren zu sich, unabhängig von bestimmten Situationen oder Erfordernissen, und loben Sie ihn immer ausgiebig, wenn er kommt. Für den Hund sollte das Zu-Ihnen-Kommen immer ein freudiges Erlebnis sein.

Unangebrachte Bestrafung: Der Begriff Bestrafung hat immer einen negativen Beigeschmack. Das, was sich hinter diesem Wort verbirgt, ist zudem relativ und persönlichkeitsabhängig.

Der innerliche Zorn des Menschen und seine lauten Worte in Verbindung mit einer drohenden Körperhaltung sind mehr Strafe als genug.

Schmerzhafte Bestrafungen lehne ich völlig ab, aber auch solche, die erhebliches psychisches Leid verursachen. Der innerliche Zorn des Menschen und seine lauten Worte in Verbindung mit einer drohenden Körperhaltung sind in einer intakten Mensch-Hund-Beziehung mehr Strafe als genug. Eine solche Strafe hat aber nur dann Sinn, wenn sie sofort – also unter Beachtung eines räumlichen, zeitlichen und sachlichen Bezugs – erfolgt.

Im übrigen ist es wichtig, daß der Hund sich in Ihrer Nähe sicher fühlt; deshalb dürfen Sie ihn niemals ohne einen triftigen Grund ausschimpfen; der jeweilige Grund muß dem Hund zweifelsfrei bekannt sein – nicht, weil Sie meinen »es müsse ihm schon klar sein«, sondern weil er den Zusammenhang bereits zuvor konkret von Ihnen gelernt hat.

Sie sollten sich dessen bewußt sein, daß Ihr Hund die Bestrafung mit seinem unerwünschtem Verhalten in einen direkten, auch zeitlich unmittelbaren Zusammenhang bringen können muß. Die Nase eines Welpen beim Heimkommen in seine Exkremente zu tauchen, ist eine völlig nutzlose, unangebrachte und – angesichts des ausgeprägten Geruchssinns von Hunden – auch brutale Art der Bestrafung.

Zu häufige Belohnung oder Bestechung: Sobald Sie beginnen, Ihren Hund zu bestechen, indem Sie ihn zum Beispiel ständig mit Leckereien überhäufen, wird er seine Bewunderung Ihnen gegenüber in Frage stellen. Keine Leitfigur hat es nötig, um Bewunderung oder Gehorsam zu betteln. Unwillkürlich wird Ihr Hund irgendwann daran zweifeln, daß Sie ihm tatsächlich Schutz und Sicherheit geben können: Sie sind dauernd im Begriff, Ihrem Liebling alles recht machen zu wollen, und erniedrigen sich damit in seinen Augen. Ein überzeugendes und wahrhaft dominantes Lebewesen würde niemals ständig Futter oder Spielzeug verteilen oder überhaupt Bestechungsversuche unternehmen.

Werden Leckerbissen zu häufig verabreicht, verlieren sie die Bedeutung einer Belohnung. Die Leckerei ist nicht länger etwas Besonderes – im Gegenteil, Ihr Hund wird anfangen, sie dauernd von Ihnen zu fordern. Gehört der Leckerbissen für ihn aber zum Alltag, was wollen Sie ihm dann als Belohnung anbieten? Sie brauchen eine Steigerung, wenn dem Hund klar werden soll, daß er jetzt für gutes und richtiges Verhalten belohnt wird.

Wenn Ihr Hund Leckereien nicht mehr als Belohnung empfindet, so spielt er ja vielleicht noch gerne oder freut sich, wenn Sie Indianertänze aufführen. Aber was ist, wenn er sich durch nichts mehr beeindrucken, bestechen oder ablenken läßt, weil er Sie nicht mehr ernst nimmt und Sie nicht mehr als ranghöher anerkennt? Heben Sie sich also den Leckerbissen für besondere Momente auf, über die sich Ihr Hund freuen kann.

Diverses

- Ein Hund ist niemals zu alt, um etwas zu lernen.
- Denken Sie daran, daß eine Führungspersönlichkeit es nie nötig hat, Gewalt anzuwenden.
- Packen Sie einen Hund niemals *stark* maßregelnd im Genick, und schütteln Sie ihn nicht. Das Schütteln versetzt manchen Hund in Todesangst, da es eine extreme Geste der Dominanz ist und das Gefühl von Totgeschütteltwerden hervorruft.
- Drücken Sie die Nase eines Hundes niemals in Kot oder Urin.
- Lassen Sie einen Welpen niemals über längere Zeit allein.
- Reagieren Sie nicht erst, wenn Ihr Hund bereits agiert hat (mit fixierendem Blick, Bellen, Knurren, Nach-vorne-Gehen usw.), sondern kommen Sie ihm zuvor, indem Sie bereits auf seine kleinsten Körpersignale reagieren.
- Verwenden Sie niemals schmerzverursachende Hilfsmittel.
- Verwenden Sie keine Hilfsmittel, solange Sie nicht deren Vor- und Nachteile kennen. Auch ein Kopfhalfter, das als sanftes Korrekturmittel gilt, kann bei unsachgemäßer Anwendung zum Beispiel Wirbelschäden verursachen und schränkt zudem den Hund in seiner Bewegungsfreiheit deutlich ein.
- Schenken Sie weder jedem Hundetrainer, noch jeder Hundeschule, noch jedem Hundefachbuch usw. Glauben, sondern bilden Sie sich Ihre eigene Meinung, und hören Sie auf Ihr Gefühl.
- Wechseln Sie nicht ständig Ihre Erziehungs- oder Ausbildungsmethoden.

Schuldzuweisung
Ein Mensch hat im Umgang mit seinem Hund Fehler gemacht (war zu streng, hatte keine Zeit für ihn, hat ihn überfordert usw.). Das kann vorkommen, aber man muß es sich eingestehen.
Will ein Mensch seine Fehler jedoch nicht wahrhaben, führen das eigene Schuldgefühl oder der Zorn auf sich selbst dazu, daß man die Schuld dem Hund zuweist.

- Wenden Sie keine Erziehungsmethoden an, die beim Hund große Ängste hervorrufen. Dazu gehören der Entzug von Nahrung, ein längeres Wegsperren, die Ausübung von Starkzwang, der Wurf auf den Rücken (Alphawurf) usw.
- Richten Sie Ihr Leben nicht ausschließlich nach dem Hund aus; er sollte sich auch in Ihr Leben einfügen.
- Überfordern Sie den Hund nicht
  - indem Sie zum Beispiel die Ausführung eines Kommandos (Sitz, Bleib usw.) erwarten, wenn er so aufgeregt oder angespannt ist, daß er sich nicht konzentrieren kann,
  - körperlich, indem Sie ihn zum Beispiel beim Radfahren eine Stunde lang neben sich herlaufen lassen, wenn er nicht trainiert ist, oder mit ihm nur auf Asphalt laufen usw.
- Geben Sie Ihrem Hund immer ausreichend Beschäftigung, denn jedes Lebewesen braucht einen Sinn im Leben.
- Lassen Sie nicht zu, daß fremde Personen Ihren Hund maßregeln.
- Lassen Sie nicht zu, daß Hunde untereinander ernsthafte Kämpfe austragen.
- Beachten Sie die von den Hunden selbstgewählte Rangfolge, wenn Sie mehrere Hunde halten, das heißt, bevorzugen Sie nicht ständig den rangniedrigsten, sonst wird er von den anderen möglicherweise schikaniert und ist selbst in seiner Rolle zwiegespalten; behandeln Sie alle Tiere gleich.
- Wenden Sie den Schnauzengriff niemals ziel- und planlos oder zu häufig an, denn dann verliert er an Bedeutung.
- Bekämpfen Sie niemals nur Symptome (Bellen, Schnappen, Zwicken, Knurren usw.), sondern suchen Sie immer nach den Ursachen für das Verhalten Ihres Hundes.
- Laufen Sie niemals direkt auf einen Hund zu, den Sie nicht kennen, starren Sie ihn nicht an, und strecken Sie ihm nicht plötzlich Ihre Hand entgegen. All dies sind Eingriffe in sein persönliches Distanzfeld, und insbesondere unsichere Hunde reagieren rasch mit Notwehraggression.
  Warten Sie statt dessen lieber, bis der Hund auf Sie zukommt.
- Angst ist ein sehr schlechter Lehrmeister, insbesondere in der Mensch-Hund-Beziehung.
- Im Umgang mit Ihrem Hund sollten Sie Extreme nach dem Motto: »Auf dem Übungsplatz harter Drill, und zu Hause tut der Hund, was er will«, vermeiden.

- Die Tatsache, daß Ihr Hund keine Angst vor Ihnen hat, bedeutet noch lange nicht, daß er Ihr Freund ist.
- Kaum ein Hund, der droht, ist wirklich dominant.
- Das Rückwärtslaufen bedeutet entweder ein Ausweichen, ein Meiden, ein spielerisches Auffordern oder ein Beschwichtigen. Tut der Mensch dies, so fühlt sich der Hund dadurch oftmals zum raschen Herbeikommen aufgefordert, oder er meint, es stimme irgend etwas nicht, und sucht Schutz beim Menschen. Während des Rückwärtslaufens an der Leine zu ziehen, animiert einen unsicheren Hund hingegen zum Stehenbleiben. Wenden Sie sich in Laufrichtung, wenn Sie wollen, daß Ihr Hund mitläuft.

Es muß nicht jeder Hund gleich in Ihrem Bett schlafen, aber ganz aus Ihrer Nähe verbannen sollten Sie Ihr Tier auch nicht.

- Je näher der Hund beim Menschen schlafen kann, desto sicherer und geborgener fühlt er sich. In der Natur muß nur ein aus dem Rudel ausgegestoßener Hund großen Abstand halten. Das Leittier bestimmt, wie nahe die anderen Hunde an es herankommen.

Dogsense®

Grundlagen und Ziele der Dogsense®-Philosophie

Mit Dogsense® setze ich meine Gesamtphilosophie, in deren Mittelpunkt das Tier als eigenständige Persönlichkeit steht, in die Praxis um; meine Philosophie besagt, daß jeder Hund von seinen individuellen Eigenschaften, Fähigkeiten und Möglichkeiten geprägt ist, daß er Gefühle, eine intensive Wahrnehmung sowie ursprüngliche Lebensgewohnheiten besitzt, daß er geistig frei beweglich ist und daß die Beziehung zum Menschen sein wichtigstes Grundbedürfnis darstellt, das sogar Vorrang vor seinem Bedürfnis nach Nahrungsaufnahme hat.

Die intakte Beziehung zum Menschen ist die Grundlage von Dogsense®. Nicht wer Futter hat, sondern wer den Hund von sich überzeugen, faszinieren und ihm Sicherheit geben kann, ist bei ihm die Nummer Eins.

Die Erziehung und das Training eines Hundes nach Dogsense® basiert auf dem Lernen über Bestätigung und Belohnung. Das Lernen und die Vertiefung des Erlernten werden ausschließlich durch positive Verstärkung seines richtigen Verhaltens über die positive Reaktion des Menschen erreicht.

Gegenstände zu tragen und seinem Menschen dabei zu gefallen, erfüllt den Hund mit Stolz.

Ein besonders wichtiger Faktor für rasches und begeistertes Lernen ist die Förderung der natürlichen, inneren Motivation (Neugierde, verschiedene Triebanlagen usw.) des Hundes.

Ziel des Dogsense®-Trainings ist es, dem Hund zu einer erfüllten, sinnbringenden und von körperlicher wie geistiger Gesundheit begleiteten Existenz zu verhelfen, damit es gelingt, die mannigfachen Möglichkeiten der Mensch-Hund-Beziehung voll auszuschöpfen – sei es im innigen Miteinander oder sei es in der Erbringung sportlicher oder anderer Höchstleistungen.

Durch das Dogsense®-Training werden Auffassungsgabe, Wahrnehmungsfähigkeit, Intelligenz und Konzentrationsvermögen des Hundes deutlich gesteigert. Auf diese Weise entwickelt er wesentlich mehr Selbstbewußtsein, Entscheidungskraft und natürlich auch einen stärkeren Willen.

Jeder, der ein solches Training beginnt, sollte sich unbedingt bewußt machen, daß der Hund einerseits ein erfüllteres Leben führen wird, aber andererseits durch die gezielte Förderung seiner Fähigkeiten auch eine so starke Persönlichkeit werden kann, daß der Halter mitgefordert ist: Einen solchen Hund zu führen, verlangt dem Besitzer ein erhöhtes Maß an Feinfühligkeit und Wachsamkeit ab. Aus Mensch und Hund wird dann ein Team.

Die für meine Arbeit wichtigsten Elemente sind

- Respekt vor der Persönlichkeit des Hundes,
- Bewahrung seiner Authentizität,
- Erhaltung seines Vertrauens,
- Förderung seiner Intelligenz und seiner individuellen Fähigkeiten,
- Berücksichtigung seiner Gefühlswelt,
- Kommunikation durch Gefühle,
- Anerkennung seiner Leistungen,
- Förderung der Stärken des Hundes,
- Intensivierung und Förderung der Beziehung und Bindung von Mensch und Hund.

Der Hund lernt, unvorhergesehene Situationen gut zu bewältigen.

Niemals jedoch dürfen Ausbildung oder Erziehung eines Hundes zur bloßen Dressur ausarten, denn bei der Dressur geht es dar-

Ausgelasssen mit dem Menschen zu spielen, ist für die meisten Hunde das Schönste auf der Welt!

um, ein Tier gefügig zu machen, ihm den eigenen Willen zu nehmen und es zu einer bestimmten Leistung zu bringen. Es spielt dabei keine Rolle, ob die Folgsamkeit des Tieres einer Zurschaustellung von Kunststücken oder der Erfüllung einer ernsthaften Aufgabe dient. Allein ausschlaggebend ist die Tatsache, daß das Tier Anweisungen und Befehlen folgen muß, durch die der Mensch seine Macht auslebt und die das Tier zur bloßen Marionette degradieren.

Strafen, die physischen oder psychischen Schmerz verursachen oder Streß auslösen, sind in jedem Fall tabu. Es ist keine Kunst, einen Hund, der sich ohnehin nicht wehrt oder nicht wehren kann, zu drangsalieren und zu malträtieren. Bei einem *wirklich* aggressiven Tier (ob es aus Angst oder anderen Gründen aggressiv wurde), das in seiner Bewegungsfreiheit nicht durch Maulkorb, Krallenhalsband, Leine usw. eingeschränkt ist, Gewalt anzuwenden, wäre lebensgefährlich: Ein solcher Hund kämpft entweder aus Angst oder Panik um sein Leben, oder er ist so dominant, daß er sich diese Form von Maßregelung nicht gefallen läßt. In allen anderen Fällen bedeutet die Anwendung von Gewalt, den Willen des Tieres zu brechen. Hingegen soll mit dem Dogsense®-Training die Willensbildung des Tieres gefördert werden.

Dieser Hund ist dabei, selbständig eine Aufgabe zu lösen.

Dem Hund mittels Körpersprache und Worten Grenzen zu setzen ist natürlich zulässig und nötig, wenn es darum geht, die Rollenverteilung zwischen Mensch und Hund sowie die Ernsthaftigkeit der Ausbildung aufrecht zu erhalten.

Das Training im Überblick

Das Training selber ausführlich zu schildern, würde für sich genommen ein ganzes Buch füllen. Damit Sie sich aber ein Bild

Die Orientierung des Hundes an seinem Menschen muß nicht immer so perfekt sein, wie es hier zu sehen ist.

Wenn Menschen sich unterhalten, ist das ruhige Abwarten des Hundes keine Selbstverständlichkeit.

davon machen können, skizziere ich hier zumindest den stufenweisen Aufbau des Dogsense®-Trainings:

Der Umgang mit seltsamen Geräuschen und der Körperkontakt mit sich bewegenden Objekten wollen gelernt sein.

I Intakte Mensch-Hund-Beziehung (Vorstufe)

Sie ist die Basis, die gegeben sein muß, damit das eigentliche Training überhaupt beginnen kann. Sie umfaßt unter anderem:

- Orientierung des Hundes an seinem Menschen
  - mit Leine
  - ohne Leine
- Grundgehorsam des Hundes
  - herkommen
  - an einem Ort verweilen
  - in eine bestimmte Richtung geschickt werden
  - Laut geben
  - still sein
  - sich tragen lassen

II Gelassenheit im Alltag

- Umgang mit unvorhergesehen Situationen
- Umgang mit ungewohnten Geräuschen
- Umgang mit fremden Menschen, Artgenossen und anderen Tieren
- Umgang mit sich bewegenden Objekten

- Verhalten in großen Menschenmengen
- Verhalten in beengenten Räumen (Bus, Straßenbahn, Aufzug, Restaurant usw.)

III Geräteübungen und Trittsicherheit

- verschiedene Bodenbeläge
- verschiedene Geräte
- verschiedene Höhen
- bewegliche und schwankende Untergründe
- Gleichgewichtsübungen

Leitern zu begehen ist für den Hund schwieriger, als es aussieht.

Denken Sie beim Fährten auch immer an die Bodenbeschaffenheit, die Windrichtung und die Witterung.
Legen Sie zunächst nur eine kurze Fährte, und später, wenn der Hund die Übung mühelos beherrscht, längere und solche mit Winkeln und Ablenkungen.

IV Variantenreiches Fährten

- sich steigernde Schwierigkeitsgrade bis hin zum Fährtenlabyrinth®

Im Folgenden wird nur die klassische Grundübung (einfachste Stufe) kurz beschrieben. Wichtig ist dabei folgendes:

- Man darf den Hund nicht zu schnell suchen lassen.
- Es ist immer von Vorteil, gelassen zu arbeiten und den Hund nicht zu überanstrengen.
- Eine Fährtenübung pro Tag ist mehr als genug.

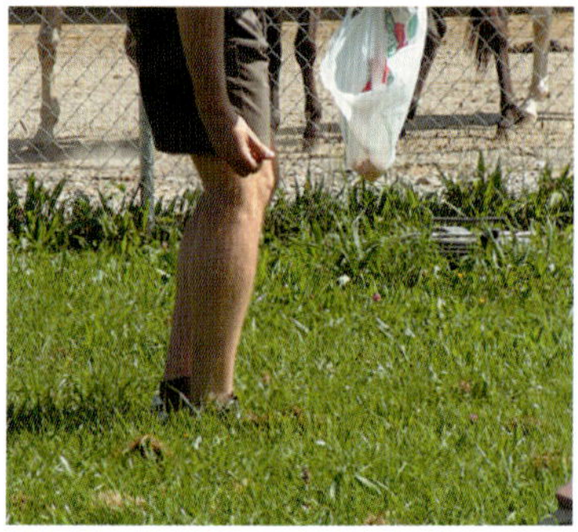

- Ein Stab hilft dabei, den Anfang einer Fahrte wiederzufinden.
- Der Fährtenleger legt, beginnend am Fährtenabgang, in kleinen Abständen Futter aus. Zunächst macht er nur kleine Schritte und schleift die Schuhe quasi über den Boden, damit der Hund die Bodenverletzungen riechen kann.
- Am Ende der Fährte deponiert man ein Spielzeug oder etwas mehr Futter.
- Anfänglich sollte man lieber kurze Fährten von höchstens 10 bis 20 Metern legen und auch lieber zwei kurze als eine lange.
- Man wartet anfänglich 2 bis 3 Minuten (später kann der Zeitraum beliebig verlängert werden) und führt den Hund dann an den Anfang der Fährte.
- Zunächst hilft man dem Hund beim Schnuppern. Man zeigt dem Hund den Boden, indem man seinen Zeigefinger dicht über dem Boden auf diesen richtet; das veranlaßt den Hund, seine Nase unten zu behalten.
- Wenn nötig, hilft man dem Hund auf diese Weise immer wieder, der Fährte nachzugehen.
- Wenn Sie bemerken, daß Ihr Hund tief Luft holt oder richtig schnuppert, loben Sie ihn.
- Lassen Sie ihn die gefundenen Futterbrocken fressen, und loben Sie ihn am Ende der Fährte besonders intensiv.

V Such- und Zuordnungsübungen

- zunehmende Schwierigkeitsgrade bis hin zum Object Linking

Die Bildfolge unten zeigt die einfachste Stufe einer Suchübung. Wichtig dabei ist folgendes:

- Der Hund muß verstehen, was von ihm erwartet wird.
- Er muß lernen, den gefundenen Gegenstand zu melden.

Viel Lob nach erfolgreicher Suche bestätigt und motiviert den Hund.

VI Dogsense®, das selbständige Arbeiten des Hundes

- Man versteckt das Lieblingsspielzeug eines Hundes, während der Hund abwarten muß, aber dabei zusehen kann.
- Der Hund lernt, auf das Wortkommando »Such« hin loszulaufen und das Spielzeug zu suchen.
- Mit der Zeit wird der Schwierigkeitsgrad erhöht: Man läßt den Hund nicht mehr zuschauen, wo man das Spielzeug versteckt, und wählt immer ausgefallenere Verstecke.
- Zunächst hilft man dem Hund beim Suchen, indem man ihn mit dem dicht über den Boden gehaltenen Zeigefinger führt (siehe Anleitungen auf nebenstehender Seite).
- Schön ist es, wenn der Hund zum Abschluß der Grundübung lernt, das versteckte Spielzeug nicht zu ergreifen, sondern nur darauf zu verweisen (indem er sich zum Beispiel vor dem Versteck hinsetzt oder hinlegt).
- Auch hier sind, je nach Suchdauer, eine oder höchstens zwei solcher Übungen pro Tag genug.

Der Gnadenhof

Der Tierschutz – mein ursprüngliches Anliegen

Was ist der Mensch ohne die Tiere? Wären alle Tiere fort, so stürbe der Mensch an großer Einsamkeit des Geistes. Was immer den Tieren geschieht, geschieht bald auch den Menschen. Alle Dinge sind miteinander verbunden …

Aus der Rede des Indianer-Häuptlings Seattle, gehalten im Jahr 1855

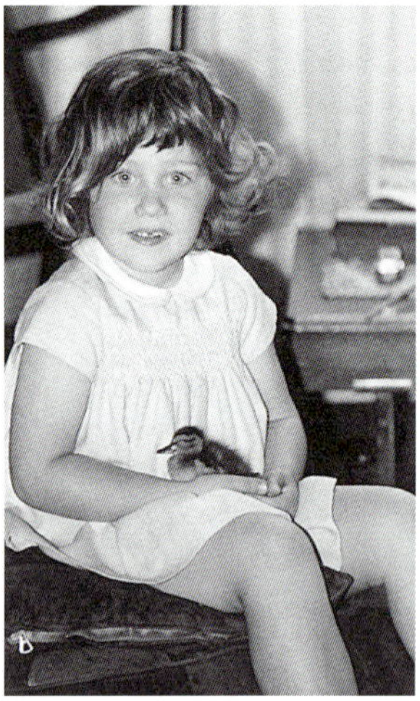

Im Alter von drei Jahren mit einer Ente von Konrad Lorenz auf dem Schoß.

Der heutige Gnadenhof »Lebenswürde für Tiere e. V.« bei Amtzell im Allgäu umfaßt ein Areal von etwa sieben Hektar Land, auf dem rund 300 Tiere leben, kleine und große. Angefangen bei Tauben, über Enten, Gänse, Pfauen, Katzen, Hunde, Schafe, Ziegen, Schweine, Esel, Mulis, Ponys und Pferde ist bis hin zu Lamas, Guanakos und sogar einem Kamel alles vertreten.

Doch wie kam es dazu?

Alles begann in meiner frühesten Kindheit und natürlich mit meinen Eltern, die mich seit jeher Achtung vor der Natur lehrten

Meine Schwester und ich waren mit großer Ernsthaftigkeit bei der Sache, wenn mein Großvater die von ihm geretteten Sumpfschildkröten fütterte.

Der Argenhof, der heutige Gnadenhof bei Amtzell im Allgäu.

und mir auch beibrachten, alle Mitgeschöpfe, sei es Mensch oder Tier, zu respektieren.

Auch meinen Großvater habe ich unendlich bewundert. Er war ebenso naturverbunden wie meine Eltern. Als Schildkrötenspezialist rettete er Sumpfschildkröten aus für diese Tiere viel zu engen Terrarien. Er hatte einen großen Teich angelegt, in dem die Schildkröten lebten, und er war einer der ersten, der es zuwege brachte, daß Sumpfschildkröten in Gefangenschaft Nachwuchs bekamen; es war ein wunderbares Ereignis, wenn die Schildkrötenbabys schlüpften. Aber auch Gänsen, Mardern und anderen Tieren schenkte mein Großvater ein Zuhause, und ich erinnere mich gut daran, wie insbesondere die Gänse meinem Großvater ständig hinterherliefen. All dies faszinierte mich als Kind natürlich sehr. Mein Großvater liebte die tausend kleinen Dinge, die niemand sonst wahrnahm, die aber das Leben lebenswert und schön machen, begeisterte sich für die leisen, oft ganz unspektakulären Wunder der Natur – und er liebte die Musik.

Meine Tante studierte Biologie mit Schwerpunkt Zoologie und arbeitete bei Konrad Lorenz, damals stellvertretender Direktor eines Forschungsinstituts der Max-Planck-Gesellschaft in Seewie-

Meine Tante, Imke Hodl, war ein großes Vorbild für mich.

Nachdem Mandy als Legehenne ausgedient hatte, kam sie mit vier weiteren Hennen und ohne Gefieder zu uns.

sen, in der Verhaltensforschung mit. Nach ihrem Studium hat sie das Forschungsprojekt »Fischotter« im Nationalpark Bayerischer Wald von Konrad Lorenz übernommen. In dieser Zeit – damals war ich ein Kind von vier Jahren – sah ich ihn mitunter und saß auf seinem Schoß, wenn er voller Enthusiasmus von seinen Tieren erzählte.

Am Vorbild all dieser Menschen erlebte ich immer die selbstverständliche Liebe zu allen Geschöpfen, den Respekt vor dem Leben und die Faszination der Kommunikation zwischen Mensch und Tier. Und noch nie habe ich einen Unterschied zwischen kleinen und großen Tieren gemacht; das Küken oder das Siebenschläferbaby verdienen meine Aufmerksamkeit und meine Zuwendung genauso wie das Lama oder das Kamel.

Ich wäre liebend gerne Bäuerin geworden, doch ich wollte nicht gezwungen sein, Tiere kommerziell zu nutzen.

Das Cello war ein wichtiger Bestandteil meines Lebens.

Als Jugendliche half ich in verschiedenen Tierheimen der Umgebung aus und hatte dort insbesondere mit Hunden zu tun. Bei dieser Arbeit fiel mir auf, daß sich sehr viele von ihnen nur deswegen so aggressiv verhielten, weil sie Angst hatten und versuchten, sich zu wehren. Viele von ihnen mußten sterben, weil es den Menschen nicht gelang, ihr Vertrauen wiederzugewinnen: Die Hunde hatten Angst vor dem Menschen und der Mensch vor den Hunden, und dieser Teufelskreis der Angst verhinderte, daß es zu einer Verständigung, zu einer Beziehung kommen konnte.

Niemand hat mich je wieder so gut gekannt wie meine Joy (links im Bild).

Aus dieser Erfahrung heraus beschloß ich, solchen gequälten, vereinsamten und verängstigten Tieren eine neue Beziehung zum Menschen zu ermöglichen und natürlich auch umgekehrt bei den Menschen Verständnis und Mitgefühl zu wecken – eine unabdingbare Voraussetzung für den Zugang zur Seele des Tieres. Ich fing also an, sogenannten verhaltensgestörten Tieren – die nur in den allerseltensten Fällen wirklich verhaltensgestört waren – ein neues Zuhause zu geben.

Schon immer wollte ich alles in Erfahrung bringen, was man über Mensch und Tier und ihre Beziehung zueinander herausgefunden und erforscht hatte. Vor allem wollte ich wissen, warum es nur so wenige echte, gute, partnerschaftliche und für beide Teile erfreuliche Beziehungen gibt. Ich lernte bei Schäfern, bei verschiedenen Ausbildern auf Hundeplätzen und in Hundeschulen aller Art, gehörte mehrere Jahre einer Rettungshundestaffel an und nahm mit einem meiner Hunde an einer Spezialausbildung zum Lawinensuchhund teil. Auch die verschiedenen Möglichkeiten der Diensthundeausbildung erlebte ich intensiv und aus nächster Nähe mit. Die jeweils angestrebten Ziele waren sehr unter-

Damit ein Rettungshund Situationen wie das Abseilen lernen kann, braucht er tiefes Vertrauen zu seinem Menschen.

Ob Hund oder Schwein oder was auch immer – alle Tiere sind mir gleich lieb.

schiedlich, aber eines zog sich wie ein roter Faden durch alle Ausbildungen: Ich konnte immer wieder zwei Extreme beobachten. Entweder erlebte ich großartige Menschen-Hunde-Teams, die sehr erfolgreich waren, oder der persönliche Ehrgeiz des Menschen führte dazu, daß nur wenig Rücksicht auf den Hund und seine Bedürfnisse genommen wurde.

Mir fiel auch auf, daß Hundebesitzer mit und ohne Fach- und Sachkenntnisse häufig zu Hilfsmitteln griffen, mit denen dem Tier erhebliche Schmerzen zugefügt wurden. Und mir wurde klar, wie hilflos der Mensch doch oftmals ist, wenn er im Umgang mit einem Hund sein Heil in derartigen Mitteln und Gerätschaften sucht.

Ursprünglich wollte ich natürlich einen Beruf ergreifen, der mit Tieren zu tun hatte. Doch je intensiver ich mich mit der Materie befaßte, desto klarer wurde mir, daß bei jedem Beruf, den ich hätte wählen können, der Nutzwert der Tiere im Vordergrund gestanden hätte. Weil – neben den Tieren – die Musik und die Malerei meine großen Leidenschaften waren, entschloß ich mich zu einem Studium der Freien Malerei und Steinbildhauerei an der

Mit meinen Eseln auf dem Hof Rohrweiher in Leupolz.

Diese Guanakos stammen aus einem Kleinzoo. Sie wurden von einer Tierschutzorganisation freigekauft, weil sie sonst geschlachtet worden wären.

Kunsthochschule in Stuttgart. Leider fand ich immer weniger Zeit für mein Cello, das ich mit Begeisterung spielte, seit ich fünf Jahre alt war. Weil ich in zahlreichen Konzerten mitgewirkt und als Solo-Cellistin konzertierte hatte, war ich lange hin und her gerissen, für welchen Lebensweg ich mich entscheiden sollte. Schließlich hat mir das Leben die Entscheidung abgenommen: Die Tiere und die Malerei sind gleichermaßen zu meinem Beruf und meiner Berufung geworden.

Als ich mein erstes Geld verdient hatte, begann ich damit, Hunde in meiner kleinen Wohnung aufzunehmen, die sich gegen die oberflächliche Art des Menschen zur Wehr gesetzt, die aufbegehrt und in ihrer Not zugebissen hatten – Tiere, die sich selbst nicht aufgaben. Andere jedoch hatten sich ganz in sich zurückgezogen. Tagtäglich erlebte ich sie alle aufs neue – als intelligente, bewundernswerte und einzigartige Persönlichkeiten.

Es sind genau diese »Randgruppen« unter den Hunden, die zu uns auf den Gnadenhof kommen und hier leben: verzweifelte, aufsässige, alte, kranke, ängstliche, aggressive, verunsicherte, wütende, scheue, introvertierte, lärmende und fast ganz verstummte. Mit ihnen allen – darunter auch etliche Vertreter der sogenannten »Kampfhunde«-Rassen, die in reißerisch aufgemachten Presseartikeln als »Killer« diffamiert werden – erlebe ich immer wieder sehr bewegende Momente.

Die Idee, einen Gnadenhof einzurichten, hatte ich im Alter von 21 Jahren, und der erste Hof entstand in Leupolz; dort lebten

Neugeborenes Leben ist jedesmal wieder ein Wunder.

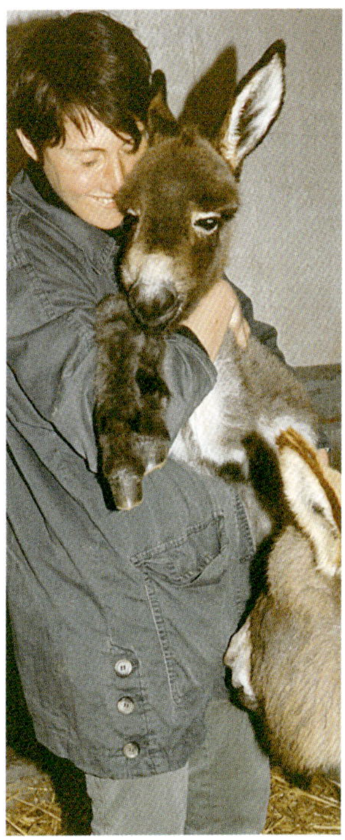

Die Zufahrt zum Argenhof.

Huhn und Hahn habe ich als halbtote Küken bekommen. Der weiße Hahn stammt aus einer Brutanstalt für Legehennen, in der für männliche Tiere keine Verwendung ist; er wurde als Küken vom Filmemacher M. Karremann gerettet und zu mir gebracht, bevor er – wie Tausende seiner Leidensgenossen – bei lebendigem Leib von einer Maschine zerquetscht worden wäre.

rund 70 Tiere, und alles wurde aus eigener Tasche und mit Hilfe meiner Familie und von Freunden finanziert. Wegen akuten Platzmangels pachtete ich im Sommer 1999 den Hof Lempen in Bodnegg im Allgäu. Für den Unterhalt dieses Hofes sagte mir eine Vielzahl von Freunden, Bekannten sowie aktiven und passiven Tierschützern ihre finanzielle Unterstützung zu. Der zu diesem Zweck von mir gegründete Förderverein »Lebenswürde für Tiere

Besucher auf einem Rundgang.

Von Anfang an habe ich auch mißhandelte oder verhaltensgestörte Esel, Mulis und Pferde aller Art auf meinen Höfen aufgenommen.

e.V.« wurde noch im Jahre 1999 von der Finanzbehörde als gemeinnützig und besonders förderungswürdig anerkannt.

Annähernd 200 Tiere waren gegen Ende des Jahres 2001 dort untergebracht, und der Gnadenhof war längstens zu einer bekannten Institution geworden. Behörden, Tierschützer und Privatleute fragten (und fragen) täglich an und wollten ihre Tiere bei mir unterbringen. Es war nur eine Frage der Zeit, bis ich erstmals die Aufnahme von Tieren mangels Möglichkeiten zur artgerechten Unterbringung ablehnen mußte.

Weil ich »meinen« Tieren ein dauerhaftes Zuhause geben wollte, ergriff ich im Jahr 2002 die Gelegenheit, ein ehemaliges Gestüt mitsamt Stallungen und einem Gelände von rund sieben Hektar außerordentlich günstig zu kaufen. Im Winter 2002/2003 erfolgte schließlich der Umzug auf den Argenhof – mit etwa 250 Tieren.

Obwohl wir fast alles selber machen, kostet die artgerechte Unterbringung viel Kraft und Geld.

Wenn die Tiere bei uns ankommen, sind sie fast immer körperlich und/oder seelisch malträtiert. Dieses lebensgefährlich verletzte Schwein zum Beispiel stammt aus einer Massentierhaltung, in der das einzelne Tier nichts mehr zählt. Die Gitterstäbe, zwischen denen eingeklemmt es leben mußte, waren verrostet, hatten sich gelöst und seinen Körper durchbohrt. Wir konnten das Schwein retten, und es lebt bis heute bei uns.

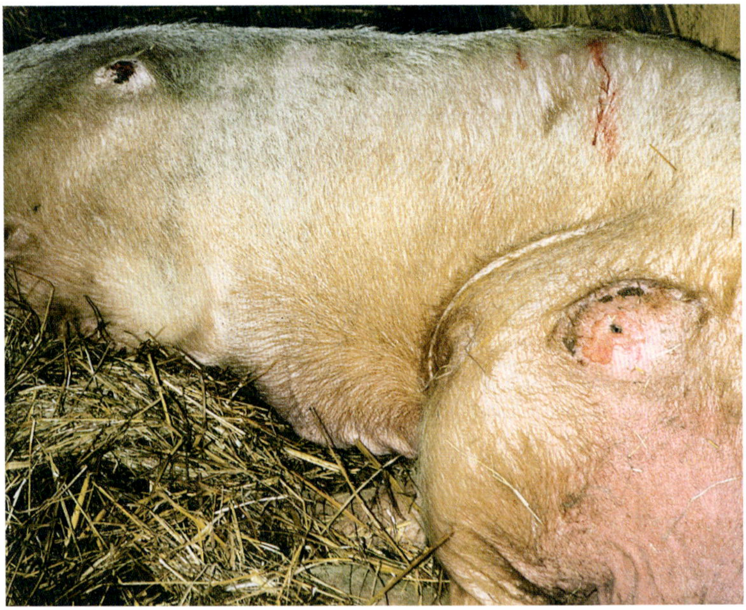

Wenn ich während des gemeinsamen Spaziergangs meinen Schweinen einen Vortrag halte, lachen manchmal nicht nur die Schweine …

Heute leben hier ständig zwischen 250 und 300 Tiere. Zumeist stammen sie aus amtlichen Beschlagnahmungen (aggressive, schwer mißhandelte oder nicht artgerecht gehaltene Tiere), aus Tiertransporten (meist verletzte und verhaltensgestörte Tiere), aus aufgelösten Zirkussen (oft halbverhungerte und verwahrloste Tiere) und aus privater Hand (meist unerwünschte oder aggressive Hunde). In Einzelfällen wurden sie vor der Schlachtung gerettet, manche sollten von ihren Besitzern als »nutzlos« ausrangiert und eingeschläfert werden. Sogar einem preisgekrönten Turnierpferd erging es nicht besser: Nachdem es seinem Besitzer große Geldsummen eingebracht hatte, hatte es eben ausgedient.

Links: Man sieht, in welch elendem Zustand Kamel Sabu und Dromedar Sulei bei uns ankamen. Die Tiere stammen aus einem Zirkus, in dem sie nicht mehr richtig versorgt wurden. Beide litten an extremer Muskelschwäche, hatten Krampfanfälle und viele Exzeme sowie sonstige Hauterkrankungen, so daß sie – obwohl der Fellwechsel längst vorüber war – fast keine Haare mehr hatten.

Oben und unten: Sabu und Sulei, nachdem sie sich erholt haben.

Auf dem Gnadenhof können sie sich erholen und in Würde leben. Sie werden von Angestellten und freiwilligen Helfern gefüttert, gepflegt und intensiv umsorgt und erhalten selbstverständlich tierärztliche Betreuung. Sie bekommen soviel Zuwendung wie nur irgend möglich; deshalb hat jedes Tier eine Bezugsperson, zu der es Vertrauen fassen kann.

Der Gnadenhof versteht sich aber nicht als Verwahranstalt für ausrangierte Tiere. Deshalb bemühen wir uns intensiv darum, möglichst viele der sogenannten verhaltensgestörten, von uns wieder beziehungsfähig gemachten, resozialisierten Tiere an verständnisvolle und verantwortungsbewußte Menschen zu vermitteln.

Sarah (links), Leonie (auf dem Pferd) und Sylvia (mit Katze) verbringen seit vielen Jahren jede freie Minute auf dem Gnadenhof, um für die Tiere dazusein. Ihr Einsatz ist einfach unbeschreiblich.

Leonie bei den Ziegen.

Kinder auf dem Gnadenhof

Neben der Tiervermittlung ist mir die Weitergabe von Erfahrungen und Erkenntnissen ein großes Anliegen. Vor allem sollten schon Kinder an ein unverkrampftes, natürliches Verhältnis zu Tieren herangeführt werden. Gerade in der heutigen Zeit, wo so viele Kinder unter Leistungsdruck stehen, einseitig mit unrealen Computerwelten zu tun haben, von Klassenkameraden diskriminiert werden, weil sie keine Markenartikel tragen, und soziale Kontakte und die Verbindung zur Natur immer mehr in den Hin-

Wie jeder Hund ist auch ein sogenannter Kampfhund immer nur das, was der Mensch aus ihm macht.

tergrund treten, ist es dringend nötig, ihnen den Respekt vor allem Lebenden beizubringen und den Wert von Gefühlen und von sozialem Miteinander begreifbar zu machen. Deshalb heißen wir kleine und größere Kinder, Schulklassen und Jugendgruppen gerne auf dem Gnadenhof willkommen. Es besteht auch die Möglichkeit, den Umgang und die Arbeit mit verschiedenen Tieren im Rahmen eines Praktikums zu erleben und zu erlernen.

Den Kindern macht es große Freude, ihre Erlebnisse mit den Tieren im Bild festzuhalten.

Auf dem Gnadenhof sind wir wie eine große Familie – jedenfalls ist das unser Ziel.

Der Esel nimmt ganz selbstverständlich Kontakt mit dem autistischen Kind auf. Er hat es angestupst, woraufhin der Junge – erstaunlicherweise? – nach dem Esel gegriffen und ihn angelächelt hat. Für das Kind war dies ein entscheidendes Erlebnis, und es hat sich in der Folge seiner Umwelt gegenüber wesentlich mehr geöffnet.

Tiere helfen heilen

Auf dem Hof arbeiten immer wieder straffällige Jugendliche und behinderte Menschen, denen der Kontakt mit den Tieren oftmals dabei hilft, wieder Verantwortung übernehmen, ein geregeltes Leben führen und Freundschaften schließen zu können.

Insbesondere hyperaktive Kinder lernen durch den Kontakt mit Tieren, sich wieder zu konzentrieren, ihre Umwelt wieder bewußt wahrzunehmen und wieder auf andere einzugehen. Auch lernen sie ihre Grenzen kennen, denn die Tiere wenden sich ab, sobald die Kinder hektisch, grob usw. auftreten.

Bei autistischen Menschen erlebt man oft, daß die Tiere auf die Betreffenden zugehen und zwar behutsam, aber nachdrücklich

Die Angebotspalette von Bedarfsartikeln, Freizeitbeschäftigungen, Therapien usw. für Hunde wächst ins Unermeßliche. Es wäre zu wünschen, wenn die schwächeren Mitglieder unserer menschlichen Gesellschaft ähnlich viel Aufmerksamkeit erhielten.

Das Argenhof-Hauptgebäude mit Galerie, Seminarraum und Stallung.

Kontakt mit ihnen aufnehmen. Die hier gezeigten Fotos sprechen für sich. Mir fehlen die Worte, um meine Gefühle in Momenten zu schildern, wenn die Tiere mit den Menschen »sprechen« und nicht wir die Tiere therapieren, sondern die Tiere uns.

Für die Tiere ist dies die selbstverständlichste Sache der Welt: Für sie sind die von uns als verhaltensauffällig angesehenen Menschen völlig normal, und genau so gehen sie auch mit ihnen um, jedoch etwas geduldiger als wir es oft tun – und zeigen uns damit, daß es gar nichts zu »therapieren« gibt, sondern daß wir es sind, die sich anders einstellen müssen!

Der Pfau wurde, bevor er zu uns kam, in einer Ein-Zimmer-Wohnung gehalten, und die Katze wurde im Alter von acht Wochen verletzt am Straßenrand gefunden. Niemand schien sie zu vermissen.

Tiere nehmen die Menschen so, wie sie sind, und haben deshalb schier unglaubliche Heilerfolge – nicht nur bei Autismus, sondern auch bei allen möglichen anderen psychischen Erkrankungen.

Dieser Bearded Collie-Mischling kam in völlig verwahrlostem Zustand zu uns. Aus Angst hatte er mehrfach gebissen.

Der Gnadenhof »Lebenswürde für Tiere e.V.« – oftmals die letzte Chance für gefährliche Hunde

Das Besondere an unserem Gnadenhof besteht darin, daß wir sehr viele aggressive und schwer mißhandelte Hunde aufnehmen, die sonst eingeschläfert werden müßten. Viele werden uns von Tierschutzorganisationen anvertraut. Die meisten unserer Hunde stammen jedoch aus behördlichen Beschlagnahmungen, und zum Teil wurden sie als gefährlich eingestuft; deshalb werden meine Arbeit und der Hof behördlicherseits regelmäßig überprüft.

Für verhaltensauffällige Hunde, deren Beziehung zum Menschen problembelastet ist, kommt es sehr darauf an, daß sie durch das Spiel mit Artgenossen und Menschen sowie durch tägliche Beschäftigungs- und Bewegungsmöglichkeiten wieder neue, intakte Bindungen (zunächst an einen Betreuer als Bezugsperson und später auch an andere Menschen) aufbauen können.

Viele der Hunde dürfen gemäß den gesetzlichen Bestimmungen nur weitervermittelt werden, nachdem sie eine offizielle Verhaltensprüfung bestanden haben. Bei diesem Test wird nach genau

Chardash hat seinen Betreuer erspäht und freut sich auf den gemeinsamen Spaziergang.

An Arbeit mangelt es auf dem Gnadenhof nie.

festgelegten ministeriellen Vorgaben »das Verhalten des Hundes unter den Reizlagen des täglichen Lebens« (wie es im Amtsdeutsch heißt) von Fachleuten überprüft; man stellt fest, ob der Hund auch in Ausnahmesituationen (plötzlicher Lärm, unbekannte Personen, Radfahrer, andere Hunde, Bedrohungen usw.) kontrollierbar bleibt.

Was macht der Mensch in meiner Höhlenwelt?

Auslauf

Für die Tiere, die nicht vermittelbar sind oder aufgrund behördlicher Auflagen nicht vermittelt werden dürfen und permanent auf dem Gnadenhof leben, wurden geeignete Einrichtungen geschaffen: Gehege, Offenställe, Boxen, Zwinger, Suhlplätze, Koppeln. Und entsprechend den Bedürfnissen der Tiere wird für Auslauf und Beschäftigungsmöglichkeiten gesorgt.

Eine Besonderheit des Gnadenhofs sind die verschiedenen »Erlebniswelten« für Hunde. Das sind eingefriedete Areale mit unterschiedlicher Austattung, die für Abwechslung im Leben der Tiere sorgen. Geplant sind u. a. sieben verschiedene Erlebniswelten (die Höhlen-, Wasser-, Kletter-, Spuren-, Wald-, Spiele- und Abenteuerwelt), ein großes Freigehe für die Wolfshybriden u.v.a.m.

Der Ausbau geht aber nur langsam voran, weil es an allen Ecken an Geld mangelt. Da die Versorgung der Tiere mit allem Lebenswichtigen absoluten Vorrang hat, bleibt für unsere Bauvorhaben nur sehr wenig übrig.

Bei uns ist jeder für jeden da – auch die Hundemutter für das Katzenbaby.

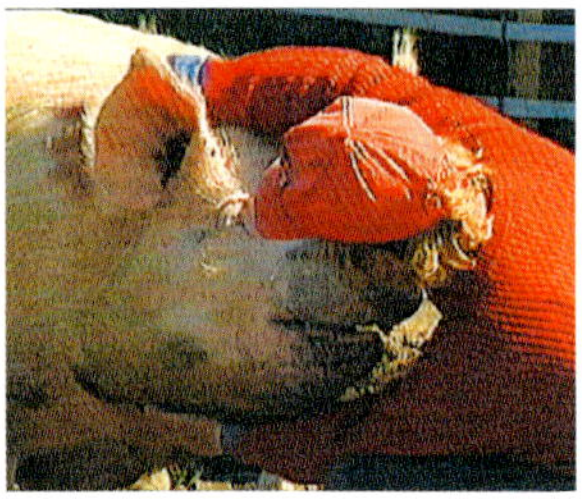

Tierimpressionen.

Aufnahmeablehnungen

Tag für Tag erhalten wir rund zehn bis zwanzig Anfragen, bei denen es darum geht, daß wir weitere Tiere, meist mit schrecklichen Schicksalen, aufnehmen sollen. Eine solche Vielzahl von Schützlingen (es wären immerhin rund 5000 Neuzugänge pro Jahr) bei uns zu beherbergen, zu versorgen und zu betreuen, übersteigt schlicht und einfach unsere Möglichkeiten und unsere finanziellen Mittel, und zwar bei weitem.

Aber natürlich wiegt es mir jedesmal wie eine Zentnerlast auf dem Herzen, wenn ich solche Anfragen ablehnend beantworten muß. Häufig werde ich von verständlicherweise enttäuschten Anrufern dann auch noch beschimpft – vermutlich, weil sich die Betreffenden zuwenig oder gar nicht vorstellen können, wie sich die Situation aus unserer Sicht darstellt und wie enorm groß die Nachfrage nach einem Platz für gequälte, unerwünschte oder verhaltensgestörte Tiere ist.

Es bleibt mir nichts übrig, als solche Anrufer um Verständnis zu bitten, und mich bei den Tieren, die nach meiner Aufnahmeablehnung oft todgeweiht sind, innerlich zu entschuldigen. Wir

Ich frage mich manchmal, warum es für uns Menschen so schwierig ist, artübergreifend zu kommunizieren, während es für die Tiere untereinander ganz einfach zu sein scheint.

tun wirklich unser Bestes, um durch die Vermittlung resozialisierter Tiere Platz für Neuzugänge zu schaffen.

Warum wir dringend Hilfe brauchen

Der Gnadenhof ist ein aus privater Initiative entstandenes Unternehmen und, was die Finanzierung anbelangt, völlig auf sich selbst gestellt. Jeden Monat wird für Futter, tierärztliche Betreuung, die Instandhaltung von Gebäuden und Maschinen sowie Lohnkosten eine Summe von etwa 35 000 Euro benötigt. Diese Mittel aufzutreiben, erfordert einen unablässigen Kampf: Wir erhalten keinerlei öffentliche Gelder und keine Förderbeiträge irgendwelcher Art. Auch mußten wir für den Kauf des Gnadenhofs und seinen nutzungsgerechten Ausbau Kredite aufnehmen.

Das Interesse der Medien an der Arbeit des Gnadenhofs und an der »Hundeflüsterin« ist ein erfreuliches Faktum, weil so meine Arbeit und damit das Schicksal der Tiere der Öffentlichkeit bekanntgemacht werden. Auch Radio- und Fernsehsender haben das Thema inzwischen entdeckt (eine Auswahl von Artikeln und Hinweisen auf aktuelle TV-Sendungen findet man auf unserer Website »www.der-gnadenhof.de«).

Allerdings bleibt die wirtschaftliche Zukunft des Hofes trotz der zunehmenden Bekanntheit im Ungewissen, und ich kann nur hoffen, daß sich mehr Menschen für das Schicksal unserer Tiere interessieren und uns dabei unterstützen, den Schaden, der diesen

Immer wieder ziehen wir Tiere mit dem Fläschchen groß – so auch das Lama Schmock (ganz oben links).

Das Wohnzimmer des ehemaligen Argenhof-Besitzers dient heute als Galerie sowie als Seminar- und Vortragsraum, aber – wie man sieht – mitunter auch als Wohnraum für Neuankömmlinge.

Tieren gerade durch die Menschen zugefügt wurde, wiedergutzumachen. Dafür tragen wir alle eine Verantwortung. Tiere sind keine Wegwerfartikel, die man nach Belieben beschädigen und dann entsorgen darf.

Die Sorge um das Leben und das Wohlergehen der von uns aufgenommenen Tiere ist zu meinem ständigen Begleiter geworden. Einerseits ist aus meinem Traum eine Realität geworden, die meinen ganzen Sinn im Leben bedeutet, mir die ergreifendsten Momente schenkt und mir täglich die Gelegenheit gibt dazuzulernen, die mich aber andererseits auch immer wieder vor schier unlösbare Schwierigkeiten und Probleme stellt.

GANZ RECHTS: In meinen Bildern möchte ich die Gefühle und das Seelenleben von Mensch und Tier einfangen. Ich wende verschiedene Mischtechniken an und benutze vor allem selbstgemachte Farben.

Durch den Verkauf meiner Bilder habe ich die Möglichkeit, zum Unterhalt des Gnadenhofs beizutragen. Aber weil meine Tage derartig ausgefüllt sind, daß ich keine Muße zum Malen habe, muß ich nachts, wenn alles schläft, die eine oder andere Stunde dafür abzweigen.

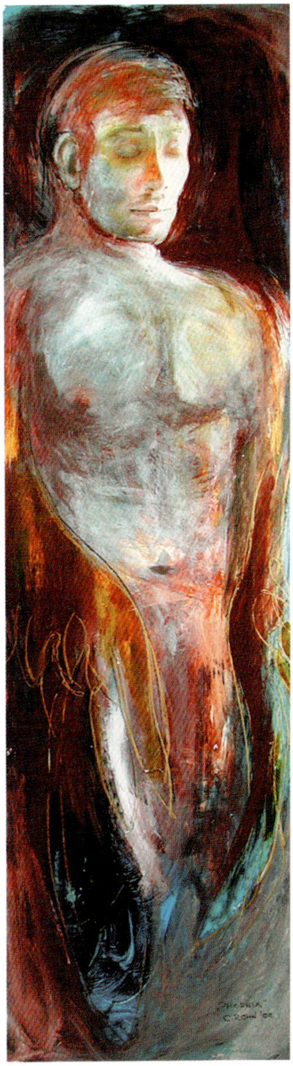

Die Seminare finden in persönlicher Atmosphäre statt, und die Teilnehmer bringen ihre Hunde mit.

Früher habe ich auf dem Gnadenhof auch Malkurse gegeben – doch wegen akuten Zeitmangels ist mir dies schon seit längerem nicht mehr möglich.

Eine weitere, wenn auch in Anbetracht der benötigten Mittel recht bescheidene Einnahmequelle sind die privaten Beratungen und die Seminare, die ich für Menschen mit Problemhunden – besser gesagt: mit Hundeproblemen – gebe. Auch die Polizei nimmt Kurse bei mir, um den Umgang mit gefährlichen Hunden zu erlernen.

Auf Anforderung von Behörden, Tierärzten, Tierschutzorganisationen, Tierheimen und Privatpersonen begutachte ich Hunde und andere Tiere. Ich beurteile ihren Gesundheitszustand, ihr Verhalten, ihre künftigen Möglichkeiten der Haltung in einer familiären Umgebung usw.

Jeder, der den Gnadenhof unterstützt, kleinere oder größere Beträge spendet, eine Patenschaft für nicht vermittelbare Tiere übernimmt oder Fördermitglied unseres Vereins wird, leistet einen wertvollen Beitrag. Diverse Läden in der Umgebung gestatten uns, unverkäufliche Lebensmittel, bei denen das Verfalldatum erreicht ist – Gemüse, Obst, Brot – abzuholen; wir sortieren das

LINKS UND OBEN: Meine Eltern unterstützen mich täglich, sowohl bei der Betreuung von Haus, Hof und Tieren als auch durch das Abholen von Futterspenden.

Brauchbare aus und verfüttern es an die Tiere. Auch Jugendliche und ehrenamtliche Helfer arbeiten unentgeltlich auf dem Gnadenhof mit. Ihnen allen – den Spendern, den Paten, den Vereinsmitgliedern, den freiwilligen Helfern und natürlich all meinen Mitarbeitern danke ich von ganzem Herzen und im Namen der Tiere, denen diese Großzügigkeit das Leben erleichtert oder erst ermöglicht!

Spendenkonto
Gnadenhof »Lebenswürde für Tiere e. V.«
Konto Nr. 137 241
Kreissparkasse Ravensburg
BLZ 650 501 10

Neben einigen Graskoppeln verfügen wir auch über Hartplätze und eine sogenannte Matschkoppel. Sie dient der Gesundheit der Hufe und ist vor allem auch bei toxischen Erkrankungen vonnöten.

Gnadenhof
»Lebenswürde für Tiere e.V.«
Argenhof
D - 88279 Amtzell
+49 (0)7522 707 96 70 Tel.
+49 (0)7522 707 96 77 Fax
www.der-gnadenhof.de

Zum Ausklang

Zwei Tiergeschichten von Manfred Kyber

Professor Bohrloch und die Paviane

Professor Dr. Bohrloch, Ritter pp., stand mit seinem Assistenten vor dem Affenkäfig. Es war noch früh am Morgen, und im Zoologischen Garten waren nur wenige Besucher. Professor Bohrloch hatte das mit reiflicher Überlegung so eingerichtet. Er wollte möglichst ungestört sein, besonders von solchen Leuten, die als nichtakademisch anzusehen waren.

Denn die frühe Morgenstunde sollte eines der unerhörtesten Experimente wissenschaftlicher Forschung bringen.

»Dank den profunden Resultaten der Vivisektion«, sagte Professor Bohrloch, »aus denen sich unsere herrliche Gehirnlehre von heute entwickelt hat, bin ich auf den erhabenen Gedanken gekommen, diese zwei Exemplare von *cynocephalus babuin* nach sorgfältiger phrenologischer Untersuchung von den anderen Affen zu isolieren. Nach fleißiger Fütterung mit gehirnbildenden Nährstoffen werde ich heute in der Lage sein nachzuweisen, daß das Gehirn des *cynocephalus babuin* bei entsprechender Behandlung nicht nur menschliche Ausdrücke den Begriffen nach richtig zu erfassen vermag, sondern sogar fähig ist, dieselben in adäquaten Gutturallauten sinngemäß wieder von sich zu geben.«

Der Assistent verbeugte sich stumm. Ihm war weihevoll.

»Sie haben doch fleißig mit Bananen gefüttert«, wandte sich Professor Bohrloch an den Wärter. »Ist Ihnen eine Zunahme der intellektuellen Funktionen aufgefallen?«

»So wat is mich nich uffjefallen«, sagte der Wärter.

»Dem Mann fehlt der geschulte Blick«, sagte Professor Bohrloch.

Die Paviane kamen ans Gitter.

»Wer ist denn das?« fragte der eine, und sein Fell sträubte sich.

»Ich finde ihn eigentlich ganz nett«, sagte der andere, »er erinnert mich so an meinen verstorbenen Onkel.« Der Pavian hatte viel Familiensinn.

Professor Bohrloch kramte erregt in seinen Taschen und suchte nach seinem Notizbuch.

»Er laust sich«, sagte der erste Pavian mit Sachverständnis.

»Jetzt hat er was«, sagte der zweite voller Interesse.

»Wir müssen uns natürlich auf stark akzentuierte Gutturallaute beschränken«, sagte Professor Bohrloch; »beginnen wir mit einfachen Vokalen!«

Professor Bohrloch setzte sich in kauernder Stellung vor dem Gitter hin.

»E-e-e-Es-sen-Es-sen«, sagte er und machte schnappende Bewegungen mit den Kiefern.

»He-he«, grinsten die Affen.

»Es ist erstaunlich«, sagte Professor Bohrloch zu seinem Assistenten. »Beachten Sie bitte die Schädelbildung!«

»Sieh bloß mal dem seinen Kopf an!«, sagte der eine Pavian.

Professor Bohrloch horchte aufmerksam auf die soeben erfolgten Gutturallaute und machte sich eifrig Notizen. »Nun einen etwas komplizierten Begriff, der vom reinen Instinkt ins Vorstellungsvermögen übergreift. O-o-o-Vo-gel-Vogel-Vo-gel!«

Professor Bohrloch hob den Lodenmantel und stelzte sonderbar vor dem Käfig auf und ab. Er flatterte mit den Ärmeln und schnatterte dabei in einer noch nicht dagewesenen Weise.

Der Wärter näherte sich. Ihm schien, er wäre nötig.

»Ho-ho«, grinsten die Affen und schmissen mit Bananenschalen.

»Es ist erstaunlich«, sagte Professor Bohrloch. »Wir gehen nun zu einem Umlaut über. Ö-ö-ö-Grö-ße-menschliche Grö-ße.«

Professor Bohrloch reckte sich im Lodenmantel zu voller Höhe auf.

Die Affen hatten es satt. Der Vogel hatte ihnen noch Spaß gemacht. Das hier nicht mehr. Sie wandten sich um und zeigten dem Professor ihre Hinterseite. Es waren ansehnliche, nicht mißzuverstehende Körperteile.

»Es ist erstaunlich«, sagte Professor Bohrloch. »Das Tier verkriecht sich vor der menschlichen Größe. Das ist mehr als Verständnis. Hier liegt bereits eine psychische Reaktion vor. Wir nehmen nun zum Schluß unserer phänomenalen Untersuchung einen Doppellaut«, wandte er sich an seinen Assistenten. »Beachten Sie, bitte, die vielen kleinen Steine im Käfig! Ich habe sie aus experimentellen Gründen scheinbar achtlos verteilen lassen ...«

Professor Bohrloch nahm einen Stein auf und preßte die Brillengläser ganz dicht ans Gitter. »Ei-ei-ei-Stein-Stein-Stein«, sagte er.

Die Affen hatten sich am Ende des Käfigs schlafen gelegt und rührten sich nicht.
»Stein-Stein-Stein«, sagte Professor Bohrloch meckernd. Er sagte das einhundertunddreiunddreißigmal.
Da flog ihm ein Hagel von Steinen ins Gesicht!
»Es ist erstaunlich«, sagte Professor Bohrloch.

Am anderen Tage stand Professor Bohrloch auf dem Katheder.
»Wir kommen nun zum Schluß unserer interessanten Ausführungen«, sagte er, »und können mit Stolz konstatieren, daß es der menschlichen Wissenschaft gelungen ist, ihre leuchtenden Funken sogar bis in die stumpfe Tierwelt zu senden!«
Die Affen im Käfig spielten »Professor Bohrloch«. Sie stelzten sonderbar auf und ab und schnatterten in einer noch nicht dagewesenen Weise.

Das Faultier

Das Faultier hing an einem Ast und duselte vor sich hin.
»A-i«, sagte das Faultier und seufzte.
Es seufzte herzbeweglich. Seufzen hielt es für schlafbefördernd.
Unten am Stamme des Baumes saß ein kleines Pinseläffchen und las in einem Buch. Das Buch war auf Baumrinde geschrieben und in Lianengeflecht gebunden. Den Entwurf dazu hatte eine Giftspinne gezeichnet – eigenbeinig. Darum war der Einband giftgrün geworden. Das Buch hieß: »Wie werde ich energisch?« Solches hatte das Äffchen sehr nötig. Denn Pinseläffchen sind zarte und schüchterne Geschöpfe.
Das Faultier seufzte herzbeweglich.
»Was fehlt Ihnen denn eigentlich?« fragte das Äffchen teilnehmend und guckte nach oben. »Ist Ihnen nicht wohl?«
»A-i«, sagte das Faultier und seufzte.
»Sie sind gewiß krank«, sagte das Äffchen und kletterte hilfsbereit nach oben.
Das Faultier rührte sich nicht.
»Ich bin hungrig«, sagte es und seufzte.
»Aber dicht über Ihnen hängen ja die schönsten Früchte und Blätter«, sagte das Äffchen erstaunt.

Das Faultier blinzelte nach oben.
»Ich bin zu faul«, sagte es und seufzte.
»Sie müssen das Buch lesen ›Wie werde ich energisch?‹«, sagte das Äffchen eifrig und zeigte auf den giftgrünen Einband. »Eine Tante von mir hat das Buch gelesen und ist so energisch geworden, daß kein Affe mehr mit ihr leben kann. Meine Tante fletscht die Zähne und schmeißt mit Steinen. So energisch ist sie geworden.«
»Daß ich ein Buch lese, ist vollständig ausgeschlossen«, sagte das Faultier.
»Ja, was machen wir denn da?« sagte das Äffchen ratlos. »Sie können doch nicht einfach verhungern vor den reifen Früchten!
»A-i«, sagte das Faultier und seufzte.
Das Pinseläffchen hatte ein sehr weiches Herz. Es konnte das Seufzen nicht mehr anhören. Es nahm ein Bündel Blätter und stopfte es dem Faultier ins Maul. Das Faultier kaute schwer und mühsam, mit geschlossenen Augen. Das Äffchen stopfte und half mit den Füßen nach.
»So geht es aber nicht weiter«, sagte das Pinseläffchen nach dem eingestopften Diner. »Sie müssen energisch werden. Ich werde Ihnen das Buch ›Wie werde ich energisch?‹ vorlesen, da Sie schon zu faul sind, es selbst zu lesen. Aber Sie müssen aufmerksam zuhören.«
»Daß ich zuhöre, wenn ein Buch vorgelesen wird, ist vollständig ausgeschlossen«, dachte das Faultier. Es sagte das aber nicht mehr. Es war zu faul dazu.
Das Äffchen setzte sich neben das Faultier und nahm den giftgrünen Einband zur Hand. Es las das ganze Buch mit lauter Stimme von Anfang bis zu Ende.
»Sind Sie nun energisch geworden?« fragte das Äffchen und sah das Faultier erwartungsvoll an.
Das Faultier rührte sich nicht. Es war eingeschlafen.
Da nahm das zarte Pinseläffchen das Buch »Wie werde ich energisch?« und warf es dem Faultier wütend an den Kopf. So energisch war es geworden – beinahe wie seine Tante, die mit Steinen schmiß und die Zähne fletschte.
»A-i«, sagte das Faultier und seufzte.

Man sagt, daß die Faultiere aussterben. Das glaube ich nicht. Wenn sie aber wirklich aussterben, so sind sie der beste Beweis für die Seelenwanderung.

Anhang

Dr. Helga Eichelberg zum Thema »Kampfhunde«

(Wiedergabe mit freundlicher Genehmigung der Verfasserin)

Stellungnahme von Dr. Helga Eichelberg zum Entwurf eines Hundegesetzes NRW

An den Präsidenten des Landtages NRW
Herrn Ulrich Schmidt
Postfach 10 11 43, 40002 Düsseldorf

10. April 2002

Sehr geehrter Herr Schmidt,

zum 19. April 2002 bin ich zu einer öffentlichen Anhörung vor den Ausschuss für Ernährung, Landwirtschaft, Forsten und Naturschutz des Landtages Nordrhein-Westfalen geladen und gleichzeitig um die Abgabe einer Stellungnahme zum Entwurf eines Hundegesetzes für das Land Nordrhein-Westfalen gebeten worden. An der Anhörung kann ich leider aus terminlichen Gründen nicht teilnehmen. Eine detaillierte Stellungnahme ist von mir ebenfalls nicht zu erwarten und zwar aus zwei Gründen:

1. Das Gesamtkonzept, das diesem Gesetzentwurf zu grunde liegt, halte ich für so grundlegend falsch, dass ich es bei dieser Aussage belassen möchte. Es macht wenig Sinn, den verzweifelten Versuch zu unternehmen, hier und da ein wenig nachbessern zu wollen, wenn die Grundaussage nicht stimmt, dass sich nämlich die Gefährlichkeit eines Hundes aus seiner Rassezugehörigkeit bzw. aus seinem Körpergewicht oder seiner Widerristhöhe ergibt. Ich möchte dies nicht ein weiteres Mal detailliert darstellen, lege aber diesem Schreiben eine meiner zahlreichen Veröffentlichungen zu diesem Thema bei.
2. Es ist inzwischen so unübersichtlich viel und gebetsmühlenhaft sich wiederholend zu dem Problemkreis des »gefährlichen Hundes« geschrieben und gesagt worden, dass ich es für ausgeschlossen halte, hier noch irgend eine neue Idee entwickeln oder einbringen zu können. Das einzige, was mir hierzu noch einfällt, ist der Vorschlag, alles bisher Geschriebene in Ruhe zu lesen, sachbezogen zu diskutieren und dann einen zweckdienlichen Entwurf zu erstellen. Jede wei-

tere Stellungnahme, die immer wieder zu einer Wiederholung vorhergehender Stellungnahmen gerät, ist verlorene Zeit.

Einige Fragen, die mich nicht nur beschäftigen, sondern irritieren und vielleicht sogar ängstigen, möchte ich dennoch ansprechen:

Wie ist es möglich, dass sich in einer Zeit, in der wirklich grosse Probleme anstehen, Menschen, die Verantwortung für die Gesellschaft tragen, jahrelang und offenbar unverdrossen mit einem Randproblem beschäftigen, dass angesichts des täglichen Wahnsinns, der unser Leben begleitet, überhaupt nicht bemerkt würde, wenn wir es nicht künstlich bemerkenswert machten? Es möge niemand den Vorwurf erheben, mich liessen von Hunden getötete Kinder kalt. Aber wir bewegen uns hier in einem Gefährdungsbereich, der nicht einmal in Promille zu berechnen ist. Wie wäre es, wenn die durch diese lächerlichen Hundeverordnungen gebundenen Schaffenspotentiale freigesetzt würden und für den Schutz von Tausenden misshandelter, missbrauchter und im Strassenverkehr getöteter Kinder eingesetzt werden könnten?

Wie ist es möglich, dass allen Ernstes Wissenschaftler aufgefordert werden, zu dem vorliegenden Gesetzentwurf Stellung zu nehmen, der nach wie vor die Gefährlichkeit eines Hundes an falschen Kriterien fest macht, obwohl in sämtlichen wissenschaftlichen Gutachten, die Ihnen vorliegen, dieses als falsch dargestellt und begründet wurde? Weshalb werden wir gefragt, wenn die Antwort gar nicht interessiert und wenn die weltweit einhellige Meinung zu dieser Frage keinerlei Entscheidungshilfe darstellt? Dieser Vorwurf ist nicht die Reaktion eines beleidigten Menschen, der seine Meinung nicht durchsetzen konnte. Es ist vielmehr das Entsetzen darüber, mit welcher Ignoranz Lehrmeinungen bei der Entstehung von Gesetzesvorlagen ausser Acht gelassen werden.

Wie ist es möglich, dass niemandem auffällt, wie unnötig ein Landeshundegesetz ist, da das gesetzliche Instrumentarium unseres Staates ausreicht, um Menschen vor dem gefährlichen Paar Mensch-Hund zu schützen. Tun wir doch bitte nicht so, als sei diese Gesellschaft plötzlich vor Hunden zu schützen, denn die Hunde sind noch genau so, wie wir sie seit Jahrhunderten kennen. Zu schützen ist die Gesellschaft vor dem völlig durchgeknallten Menschentyp, der seinen Hund zum Killer deformiert hat. Ein »Hundegesetz« brauchen wir nur dann, wenn wir weiterhin am eigentlichen Problem vorbei arbeiten wollen, wenn wir den normalen Hundehalter kriminalisieren wollen und wenn wir Hunderassen oder Hundetypen diskriminieren wollen.

Wie ist es möglich, dass zur Verteidigung dieses Gesetzentwurfes argumentiert wird, es sei nicht richtig, dass ein Hund erst beissen müsse, um seine Gefährlichkeit zu zeigen. Ja, wie denn anders? Wenn er nicht beisst, ist er auch nicht gefährlich. Im übrigen ist vernünftigerweise gerade dieser Grundsatz die Basis sämtlicher Bestrafungen in unserem Staat: Ein Mörder muss erst morden, um als Mörder wahrgenommen zu werden und ein Vergewaltiger muss erst vergewaltigen, um als Vergewaltiger erkannt zu

werden. Käme den verantwortlichen Politikern der Vorschlag, alle Männer hinter Gitter zu bringen, nur weil sie potentielle Vergewaltiger sind, nicht auch etwas absonderlich vor?

Im übrigen stellt sich die Situation im Falle des Hundes als Verursacher von Unfällen noch differenzierter dar, als dies beim menschlichen Kriminellen der Fall ist: Natürlich stellt ein Hund ein grundsätzliches Gefahrenpotential dar, denn er hat Zähne. Gleiches gilt aber auch für das Auto, denn es besitzt einen Kraftmotor, und gleichermassen für das Küchenmesser, denn es weist eine scharfe Klinge auf. Alle drei Werkzeuge, und der Hund ist ein solches, werden aber erst gefährlich, wenn der eigentliche Täter, nämlich der Mensch, sie zweckentfremdet verwendet und ihr Gefahrenpotential missbraucht. Wir werden also begreifen müssen, dass wir uns zur Abwendung von Gefahren für den Menschen viel mehr auf den Hundepartner »Mensch« zu fokussieren haben, als auf den Menschenpartner »Hund«.

Im übrigen ist die Behauptung, dass ein Hund erst getötet oder schwer verletzt haben müsse, um als gefährlich ausgemacht zu werden, in den weitaus meisten Fällen falsch, denn Recherchen zeigen immer wieder, dass ein Hund nicht von einem Moment zum anderen vom lieben Streicheltier zur tötenden Bestie mutiert. Schwere Unfälle mit Hunden haben in der Regel eine Vorgeschichte. Ich hielte es aus diesem Grunde für extrem wirksam im Sinne einer Schadensvermeidung, wenn Beamte der Ordnungsämter sich zukünftig an den Treffpunkten zweifelhafter Mensch-Hund-Paare umsähen, statt ganz normale, aber grosse, schwere oder bestimmten Rassen zugehörige Hunde zu verwalten. Derartige Treffpunkte gibt es in allen grösseren Kommunen. Mit Ausnahme der Ordnungsämtler kennt sie jeder Bürger.

Wie ist es möglich, dass ein Landtagsausschuss, in dessen Zuständigkeit auch der Tierschutz gehört, einen Gesetzentwurf vorlegt, der ohne Zweifel tierschutzrelevante Massnahmen enthält? Wie, frage ich mich, nun nicht mehr nur ängstlich, sondern voller Angst, mag es wohl in anderen Sparten der Politik zugehen, von denen ich nichts verstehe; und das sind die meisten? Sind etwa die aufgestellten Spielregeln, nach denen mein Leben in der Gesellschaft abläuft, ausnahmslos durch Ignoranz und Sinnlosigkeit gekennzeichnet?

Wie ist es möglich, dass sich niemand auf die einfachsten und realisierbaren Wege besinnt, um die Gefahr, die für Menschen von Hunden ausgehen kann, zu minimieren? Hierzu gehörte ein recht unkompliziertes Instrumentarium, nämlich

- die Kennzeichnungspflicht für sämtliche Hunde,
- die Haftpflichtversicherung für sämtliche Hunde,
- der Sachkundenachweis für Hundehalter
- das frühe Einschreiten der Ordnungsämter bei relevanten Auffälligkeiten und schliesslich im Falle des schweren oder gar tödlichen Unfalles

- das Töten des Tieres
- eine Freiheitsstrafe für den Halter, denn bezahlen kann er in der Regel ohnehin nicht und
- ein lebenslanges Haltungsverbot für Hunde.

Natürlich wird es auch mit diesen Massnahmen nicht gelingen, jedes Unglück abzuwenden. Es ist aber unschwer vorhersagbar, dass die Wirksamkeit im Gegensatz zu dem vorliegenden Gesetzentwurf um ein Vielfaches erfolgversprechender sein wird.

Das Land Nordrhein-Westfalen war mit seiner alten »Gefahr-Hunde-Verordnung« beispielhaft und führend, wenn man im Kanon der Hundeverordnungen der Länder eine Scala mit einer Graduierung von »angemessen und vernünftig« bis »unangemessen und unvernünftig« angelegt hätte. Nun führt es wieder, aber jetzt von der hinteren Seite!

Das Bemühen, die Bürger vor gefährlichen Hunden zu schützen, ist inzwischen zu einem durch und durch peinlichen Selbstläufer degradiert worden. Mit diesem Gesetzentwurf ist es gelungen, ein an sich ernstes Problem ins Lächerliche umzukehren. Und das ist der Sache sicher nicht dienlich. Ich besitze genügend politische Erfahrung, um zu wissen, dass diese momentane Schieflage nicht mit einem Handstreich in vernünftige Bahnen gelenkt werden kann. Es sollte aber um der Sache willen unser aller Bestreben sein, in vertretbaren Schritten zu einem Weg zurück zu kehren, der realisierbar und dem Problem angemessen ist. Ich werde mich sehr freuen, wenn ich dem Landtagsausschuss bei dieser sicher nicht leichten Aufgabe helfen kann.

Mit freundlichen Grüssen, Dr. Helga Eichelberg

Gutachten von Dr. Helga Eichelberg (gekürzte Fassung)

Kampfhunde – Gefährliche Hunde

Dtsch. Tierärztl. Wschr. 107, Heft 3/200, S. 91–93

Zusammenfassung

Seit Jahren wird in der Bundesrepublik eine angeblich zunehmende Gefährdung des Menschen durch Hunde diskutiert, die den sog. Kampfhunden zugeordnet werden. Eine kritische Betrachtung der Auflistung dieser »Kampfhunderassen« zeigt, dass eine Rassendiskriminierung ungeeignet ist, Unfälle mit Hunden zukünftig zu vermeiden, denn aus zoologischer Sicht kann ein Hund nicht allein aufgrund seiner Rassezugehörigkeit als Gefahr eingestuft werden, zum anderen zeigen Untersuchungen, dass die sog. Kampfhunderassen in der Statistik der Unfälle mit Hunden keine oder nur eine sehr marginale Rolle spielen. Es wird vorgeschlagen und begründet, dass es nutzbringender wäre, bei zukünftigen Maßnahmen zur Vermeidung

von Unfällen mit Hunden den Begriff des »Kampfhundes« durch den »gefährlichen Hund« ohne Rassezuordnung zu ersetzen und stärker als bisher den Hundehalter in die Beurteilung der Gefährdung einzubeziehen. (...)

Seit etlichen Jahren wird In Deutschland die Haltung von Hunden äußerst kontrovers diskutiert. ... Es ist aber der Sache wenig dienlich, wenn aus reinem Aktionismus und ohne sachlich fundierte Begründung Maßnahmen gegen die Gefährdung durch Hunde festgelegt werden, die in keinem Verhältnis zur wirklichen Gefährdung stehen und die ohne positive Wirkung bleiben müssen, weil sie im Ansatz falsch sind. Vor allem zwei Fehler spiegeln sich in Verordnungen zum Schutz der Bürger in einigen Bundesländern und vielen Kommunen wieder, nämlich

- die Auflistung von Hunderassen, von denen angeblich aufgrund rassespezifischer Merkmale eine besonders hohe Gefährdung für Mensch und Tier ausgehen soll und
- das Versäumnis, den Einfluß des Menschen auf den Hund stärker zu beachten, denn im Regelfall geht die Gefahr nicht allein vom Hund, sondern von dem Paar Mensch-Hund aus, sei es der Züchter, sei es der Hundehalter.

... Da aber das Verhaltensmuster der Hunde Selektionsmaßnahmen nicht so zugänglich war wie ihre morphologischen Merkmale, ist die Verwendungspotenz einer Rasse im allgemeinen auch viel größer als ihr Verwendungszweck. Aus dieser Tatsache resultiert unter anderem, dass ein guter Hundeausbilder nahezu jeden Hund zu einem Fährtenhund, Hütehund, Jagdhund oder eben auch gefährlichen Hund zu trainieren vermag. Dieser Lernerfolg wird sich bei allen genetisch »normalen« Hunden einstellen; lediglich der Weg zum Erfolg ist rassespezifisch unterschiedlich lang. D.h. bestimmte Hunderassen sind aufgrund ihrer morphologischen Eigenschaften und ihrer angeborenen Talente für spezielle Aufgaben geeigneter als andere, sie sind aber nicht a priori »gebrauchsfertig«, sondern müssen für ihren Verwendungszweck trainiert werden. Dies gilt natürlich auch für den sog. »Kampfhund« und es sollte nicht aus den Augen verloren werden, dass sein Trainer der Mensch ist.

Tabelle 1 gibt nun eine Auflistung der Hunderassen wieder, von denen ganz besondere Gefahren für Menschen und Tiere ausgehen sollen. Diese Liste liegt den meisten vorhandenen Verordnungen zum Schutze der Bürger vor gefährlichen Hunden zugrunde. Sie wird neuerdings in einigen Ländern und Kommunen durch zwei weitere Rassen ergänzt, nämlich durch den Dobermann und den Rottweiler.

Bei der Betrachtung der Liste fällt auf, dass es sich hier um eine vollkommen willkürliche Zusammenstellung von Hunderassen handelt, deren Historie, also ihr ursprüngliches Zuchtziel, keine durchgängige Gemeinsamkeit aufzeigt. Gemeinsam ist ihnen lediglich, dass sie Hunde sind und das sie somit ausnahmslos auch beissen können. Wenn dies aber das Kriterium der Auswahl ist, dann ist diese Liste auch beliebig zu erweitern.

... Die Vorfahren anderer aufgelisteter Gruppen wurden vom Menschen bis vor etwa 100 Jahren elend missbraucht, nämlich zu Hundekämpfen. Hierzu gehört zum Beispiel der Pit-Bull und der Staffordshire Terrier. Hunde dieses Typs hatten zur Zeit der Pits tatsächlich eine übersteigerte Aggressivität, die sich aber gegen Artgenossen, also gegen Kampfgenossen richtete. Von Menschen ließen sie sich dagegen im Kampf mühelos sekundieren. Heutige Vertreter dieser Hundetypen stellen sicher ein recht geeignetes Potential dar, um ihnen Unverträglichkeit anzutrainieren. Bei einer vernünftigen Haltung sind sie aber völlig »normale« Familienhunde.

Andere der aufgelisteten Rassen wiederum mussten geeignet sein, den Menschen und seine Viehherden vor Großwild zu schützen bzw. bei dessen Bejagung zu helfen, wie etwa der Rhodesian Ridgeback, der Fila Brasileiro und der Bullterrier. Natürlich war für ihre erfolgreiche Verwendung eine angeborenen Bereitschaft zu mutigem Einsatz Voraussetzung. Doch Mut an sich ist nicht gefährlich, nur dessen falsche Kanalisierung.

... Welche Hunde spielen nun eigentlich in der Realität die aufgelisteten Hunderassen bei Zwischenfällen mit Menschen oder anderen Tieren? Ich stütze mich hier vor allem auf zwei wissenschaftliche Untersuchungen, nämlich auf ein Forschungsprojekt von HAMMAN (1992), der in Zusammenarbeit mit dem Deutschen Städtetag die Situation in 282 Städten der Bundesrepublik überprüfte und auf eine Arbeit von UNSHELM, REHM und HEIDENBERGER (1993), die sich in ihrer Untersuchung auf den Großraum München konzentrierten. Es sind nach meiner Kenntnis die umfangreichsten Erhebungen zu diesem Thema (Tab.2).

Die Tabelle weist aus, dass in beiden Untersuchungen die Auflistung derjenigen Hunde, die auffällig wurden, vom Deutschen Schäferhund angeführt werden, dem recht unmittelbar der Mischling folgt. Die Reihenfolge der aufschließenden Rassen variiert. Allerdings befinden sich unter den ersten fünf Rassen stets der Dobermann und der Rottweiler. Als einheitlich für sämtliche Erhebungen erweist sich weiterhin, dass Vertreter der Rassen, die behördlich als besonders gefährdend zusammengestellt wurden, entweder überhaupt nicht oder, wie im Falle des Bullterriers und des Pit-Bulls, äußerst marginal auftreten. Abgesehen von den »Neuzugängen« Dobermann und Rottweiler, bei denen es ratsam wäre, ein stärkeres Augenmerk auf die Hundehalter zu richten, ist die behördliche Auflistung der Hunderassen, von denen angeblich eine gesteigerte Gefahr ausgehen soll, also sowohl unter zoologischen als auch unter ordnungsrechtlichen Gesichtspunkten nicht haltbar. Diese Liste ist ein aus Unkenntnis entstandener Irrtum, der dringend einer Revision bedarf, denn es gibt zwischen diesen Rassen kein gemeinsames Bindeglied, das sie ähnlich wie dies für den Jagd- oder Hütehunden zutrifft, zu »Kampfhunden« macht. HAMMAN (1992) resümiert: »Wenn aber über Hunde diskutiert wird, die selten auffällig werden, und andererseits über Hunde (m.E. zu Recht) nicht diskutiert wird, die bundesweit die ersten Plätze belegen, dann hat die Umfrage gezeigt, dass häufig über Gefahren gemutmaßt wird, die sich nicht belegen lassen.«

Tab.1: Alphabetische Reihung der Hunderassen, von denen nach Ansicht der Behörden »besondere Gefahren« ausgehen.

American Staffordshire Terrier
Bandog
Bullmastiff
Bullterrier
Dogo Argentino
Dogue de Bordeaux
Fila Brasileiro
Mastiff
Mastin Espaniol
Mastino Napolitano
Pit-Bul
Rhodesian Ridgeback
Staffordshire Bullterrier
Tosa-Inu.

Neuerdings:
Dobermann
Rottweiler

Tab. 2: Reihenfolge der ersten 10 Hunderassen oder Mischlinge, die durch Zwischenfälle mit Menschen oder anderen Tieren auffällig wurden.

Nach Hamann (1992)
Deutscher Schäferhund
Mischling
Rottweiler
Dobermann
Dogge
Bullterrier
Boxer
Dackel
Jagdhund
Pitbull

Nach Unshelm et al. (1993)
Schäferhund
Schäferhundmischling
Boxer
Rottweiler
Dobermann
Dogge
Bullterrier
Jagdhund
Dackel
Schnauzer

Wie aber könnte eine Revision der momentanen Situation aussehen? Das vordringlich Wichtigste wäre, den Begriff des »Kampfhundes« im Zusammenhang mit Gefährdung durch den Begriff des »gefährlichen Hundes« zu ersetzen. ... Es bleibt schließlich die Frage zu beantworten, welche prophylaktischen Maßnahmen zur zahlenmäßigen Minimierung »gefährlicher Hunde« geeignet sind. Ich denke, hier müsste gleichzeitig auf drei Ebenen gewirkt werden:

Zum einen beim Hund selbst: Das wichtigste Trainingsprogramm ist seine frühe Sozialisierung etwa in Form von Welpenspieltagen. Des weitern braucht er eine gute Einbindung in seine Familie und schließlich muß er mit dem selbstverständlichen Umgang aller Dinge seiner Umgebung vertraut sein.

Zum anderen bei seinem Partner »Mensch«: Hundezüchter und Hundehalter sollten gehalten sein, ihre Kenntnisse über die physischen und psychischen Bedürfnisse des Hundes zu erweitern. Auch hier kann das Tierschutzgesetz helfen, indem es einen Sachkundenachweis des Halters verlangt. Allerdings gibt es, wie gesagt, hier noch keine Patentlösung, wie dieser Sachkundenachweis zu vermitteln sei. Dankenswerterweise bietet der Verband für das deutsche Hundewesen eine Fülle von Fortbildungsveranstaltungen an, die zwischenzeitlich zu einer »Fortbildungsakademie« avanciert sind. Aber der Verband erreicht natürlich in erster Linie seine eigenen Mitglieder und nicht das Gros der Hundehalter. Ich denke, dass hier die Tierärzteschaft eine ganz wesentliche Rolle übernehmen sollte, nämlich Aufklärung über bedarfsgerechte Haltung und verhaltensgerechten Umgang mit den Hunden zu vermitteln, denn der Tierarzt ist im Grunde derjenige, dem der Hundehalter und -züchter vertraut.

Und schließlich sind auch die Ordnungsämter gefordert. Es wäre ratsam, wenn sie bei Auffälligkeiten energischer durchgriffen, wenn sie bestehendes Recht konsequenter anwendeten, um unvernünftige Hundebesitzer zu disziplinieren, denn gerade schwere Unfälle mit Hunden haben häufig eine Vorgeschichte.

Die abschließende Überlegung, wie wir mit dem Problem der „Gefährdung durch Hunde" umgehen sollten, wirft ein im höchsten Maß beunruhigendes Bild auf unsere Gesellschaft: Es fehlt jede Verhältnismäßigkeit zwischen den eigentlichen Gefahren und dem, was wir daraus machen, es werden Delinquenten angeprangert, die gar keine sind und menschliches Fehlverhalten, die eigentliche Wurzel des Übels, wird bagatellisiert oder gar nicht in Betracht gezogen. Das alles könnte der Ausdruck einer bedenklichen Entwicklung sein, dass uns nämlich die Natürlichkeit und die Selbstverständlichkeit im Umgang mit Tieren bereits abhanden gekommen ist.

—

Vollständiger Text erschienen in *Deutsche Tierärtzliche Wochenschrift,* 107. Jahrgang, Heft Nr. 3/2000, S. 91 – 93 (im Internet unter der Webadresse: **www.hund-und-halter.de/aktuell/material/seiten/meldungen/meldung-003.html**

Glossar

ACTH: Hormon (Corticotropin), das bei Streß die Produktion und Freisetzung der Hormone der Nebennierenrinde steuert

Adaptation: Anpassung

Adaptationssyndrom: die durch Streß hervorgerufenen Abwehrreaktionen des und Anpassungsvorgänge im Körper

Adrenalin: Hormon, das in Streßsituationen freigesetzt wird und die Körperfunktionen anregt

adult: erwachsen

Affekt: erregter Gemütszustand

Aggression: Angriff, angriffslustiges Verhalten

Alpha-Tier: das dominante Tier eines Rudels, der Rudelführer

Automutilation: Selbstverstümmelung (zum Beispiel das An- oder Abnagen von Gliedmaßen, Schwanz usw.)

Behaviorismus: psychologische Richtung, die das gesamte Verhalten unter Ausschluß anderer Faktoren auf Umweltreize und -einflüsse zurückführen will

Bindung: enge soziale Beziehung zwischen zwei oder mehr Einzelwesen

Calming signals: Beschwichtigungssignale und -gebärden

Caniden: Hundeartige (dazu gehören Haushunde, Wölfe, Füchse, Goldschakale, Kojoten usw.)

defensiv: abwehrend, auf Verteidigung bedacht

Deprivation: Mangel, Verlust, Entzug von etwas Erwünschtem oder Notwendigem (zum Beispiel Schlaf, soziale Kontakte)

Dogsense®: ein von Christiane Rohn entwickeltes Training für Hunde, in dessen Verlauf das Tier lernt, selbständig und intelligent zu arbeiten

Domestikation: Zustand der Haustiere im Gegensatz zu wildlebenden Arten, Haustierwerdung, Heranzüchten von Haustieren (mit spezifischen Merkmalen) aus Wildarten

dominant: ranghöher, tonangebend, führend, anleitend

endokrin: in das Blut absondernd, e. Drüsen: Drüsen mit innerer Sekretion (= Ausscheidung, Absonderung)

Endorphine: körpereigene, schmerzstillend wirkende Peptide (Eiweißstoffe)

Epiphyse: Zirbeldrüse

Ethologie: Verhaltensbiologie; untersucht Entwicklung und Ursachen des Verhaltens

Evolution: allg.: Entwicklung, biol.: Hervorgehen höherer Organismen aus primitiveren Vorstufen, Entwicklungsgeschichte

Euthanasie: Tötung durch Einschläferung, »Gnadentod«, auch Sterbehilfe (griech.: »der schöne Tod«)

Figurant: »Statist« bzw. Hilfsperson bei der Ausbildung von Hunden, Schutzdiensthelfer; der Figurant übernimmt verschiedene Rollen, indem er angreift, flüchtet, verteidigt, sich versteckt, am Platz verharrt usw.

Genetik: Vererbungslehre, Erbbiologie, untersucht die Weitergabe von Merkmalen bei Pflanzen, Tieren und Menschen (Humangenetik) durch Vererbung an die Nachkommen

Hormone: körpereigene Wirkstoffe (Botenstoffe), die in endokrinen Drüsen, im Zwischenhirn und in einzelnen Zellverbänden gebildet und ins Blut abgegeben werden und – zusammen mit dem Nervensystem – biochemische Abläufe steuern und In- formationen an Organe übermitteln

Hypophyse: Hirnanhangdrüse; lebenswichtige, hormonbildende endokrine Drüse

Instinkt: angeborene Verhaltensmuster, die in bestimmten Situationen – und durch bestimmte Reize ausgelöst – unreflektiert in Gang gesetz werden

Invidualdistanz: individuell variierender Abstand, der nicht überschritten werden darf, weil sich das betreffende Lebewesen sonst bedrängt fühlt

introvertiert: verschlossen, in sich gekehrt, kontaktscheu

Kampfhund: fälschlich gebrauchter Sammelbegriff für gefährliche Hunde verschiedener Rassenzugehörigkeit; in zoologischer Hinsicht gibt es »den Kampfhund« nach übereinstimmender Expertenaussage nicht; »Kampfhund« bezeichnet lediglich einen vom Menschen definierten Gebrauchszweck

Kommentkampf: Scheinkampf

Kommunikation: Verständigung, Austausch und Mitteilungen unter Lebewesen mittels verbaler und/oder Körpersprache und/oder Signalen

– aktive K.: der Kommunizierende stellt aktiv einen unmittelbaren Kontakt zum K.-Partner her (Blickkontakt, Worte usw.)

– passive K.: der Kommunizierende stellt nur einen indirekten Kontakt zum K.-Partner her, indem er sich von ihm abwendet, sich aber durch seine Tätigkeit für ihn interessant macht und abwartet, bis der K.-Partner selbst aktiv Kontakt aufnimmt

Konditionierung: die gezielte Heranbildung eines Reflexes

Konflikt: widerstreitende, gleichzeitig auftretende Handlungstendenzen (zum Beispiel Angreifen und Beschwichtigen) oder Triebe; Zwiespalt führt häufig zu Übersprungshandlungen

Kybernetik: wissenschaftliche Disziplin, die Gesetzmäßigkeiten im Ablauf von biologischen Informations-, Steuerungs- und Regelungssystemen untersucht

Kynologie: Lehre von Verhalten, Zucht, Dressur und Krankheiten von Hunden

manisch: krankhaft übersteigert

Motivation: Summe der bei einer Aktion wirksamen Einzelmotive

olfaktorisch: den Geruch betreffend (*nervus olfactorius:* Riechnerv)

Ontogenese: Individualentwicklung

Phylogenese: Stammesentwicklung, Entwicklung der Art

Physiologie: Wissenschaft von den normalen Lebensvorgängen und Funktionen innerhalb eines Organismus

Psychose: seelische Krankheit, Verhaltensstörung, Beeinträchtigung normaler psychischer Funktionen

Reflex: ein auf einen bestimmten Reiz hin regelmäßig auftretendes, unwillkürliches, nicht vom Bewußtsein gesteuertes Verhalten (z.B. Speichelfluß)

Reiz: Stimulus; innerer oder äußerer Auslöser von Empfindungen oder Reaktionen eines Lebewesens

Reparationsphase: Phase der Regeneration, der Erholung nach Streß

Ressourcen: materielle und psychische »Quellen«, die zur Befriedigung elementarer Bedürfnisse (Bindung, Nahrung, Schlaf, Sozialkontakte usw.) notwendig vorhanden sein müssen

Selektion: Auslese, entweder durch natürlich Vorgänge (z.B. Mutation) oder durch Zucht

Sozialisation: Anpassung eines aufwachsenden Individuums an Artgenossen und Integration ins Lebensumfeld

Streß: Alarmreaktion des Körpers bei außergewöhnlicher Belastung des Organismus und bei extremer psychischer Anspannung (nach H. Selye)

Territorium: das eigene Gebiet, das von Rudelmitgliedern gegen Eindringlinge verteidigt wird

Trieb: körperlicher oder psychischer Handlungsantrieb, unreflektierter und spontan auftretender Drang, oft lebenserhaltend oder lustbetont

subdominant: rangniedriger

submissiv: unterwürfig, untertänig

systolischer Blutdruck: Blutdruck bei Zusammenziehung des Herzmuskels

Bildnachweis

Fotograf	Seite (Anzahl der Fotos)
Bodenmüller, Monika	97 (1), 150 (1), 161 (1), 396 (1)
Gonsior, Tom & Zuckschwert, Arne	135 (1), 203 (1), 398 (2), 405 (2), 406 (1), 429 (1), 432 (1), 484 (2)
Höld, Markus	147 (1)
IMSI's MasterPhotos	IMSI, 1895 Francisco Blvd. East, San Rafael, CA 94901-5506, USA 252 (1), 309 (1)
Krebs, Thomas M.	52 (2), 56 (1), 69 (1), 78 (1), 84 (1), 85 (1), 95 (1), 101 (2), 103 (1), 105 (1), 109 (1), 113 (1), 114 (1), 116 (1), 131 (1), 144 (1), 148 (1), 149 (1), 156 (1), 158 (1), 172 (1), 175 (1), 176 (1), 178 (1), 182 (1), 186 (1), 197 (1), 198 (1), 208/209 (1), 210 (1), 215 (1), 221 (1), 228 (1), 257 (1), 263 (1), 267 (1), 268 (1), 275 (1), 289 (1), 290 (1), 294 (1), 312/313 (1), 317 (2), 318 (1), 331 (1), 332 (2), 333 (3), 334 (2), 335 (1), 339 (1), 344 (1), 351 (1), 359 (1), 362 (1), 364 (2), 365 (1), 366 (1), 367 (1), 368 (1), 369 (2), 370 (2), 371 (1), 374 (1), 395 (1), 396 (1), 398 (1), 399 (1), 408 (1), 414 (2), 415 (1), 416 (1), 417 (1)
Krug, Bernd	26 (1), 81 (1), 125 (1), 130 (1), 141 (1), 172 (2), 205 (1), 217 (1), 219 (3), 270 (2), 358 (1), 363 (1), 404 (1), 418 (1), 459 (1), 465 (1), 479 (1), 480 (1), 481 (1)
May, Uschi	77 (1), 98 (1), 112 (1), 291 (1)
Rohn, Christiane	15 (1), 21 (1), 36 (1), 37 (1), 38 (1), 40 (1), 44 (1), 48 (1), 49 (1), 50 (1), 51 (1), 52 (1), 54 (1), 59 (1), 62 (1), 64 (1), 65 (1), 70 (1), 73 (1), 74 (1), 75 (1), 76 (1), 82 (1), 83 (1), 84 (1), 86 (1), 87 (1), 88 (1), 89 (2), 90 (1), 97 (1), 99 (1), 100 (1), 109 (1), 110 (1), 111 (1), 113 (2), 115 (1), 117 (1), 119 (1), 126 (1), 127 (1), 128 (1), 129 (1), 132 (1), 150 (1), 153 (2), 154 (1), 164 (1), 169 (1), 170 (2), 171 (2), 173 (1), 177 (1), 179 (1), 185 (1), 188 (1), 189 (1), 190 (2), 194 (1), 195 (2), 199 (1), 200 (5), 203 (1), 206 (1), 210 (1), 212 (1), 212 (1), 213 (1), 214 (2), 216 (1), 218 (1), 220 (1), 222 (1), 223 (1), 225 (1), 226 (3), 228 (1), 231 (2), 232 (1), 233 (1), 238 (1), 239 (1), 240 (2), 242 (1), 245 (3), 246 (2), 249 (3), 257 (1), 258 (1), 259 (1), 261 (1), 269 (2), 278 (1), 285 (1), 287 (1), 288 (2), 289 (1), 292 (1), 297 (1), 298 (1), 299 (1), 300 (1), 302 (1), 305 (1), 307 (1), 315 (1), 320 (1), 328 (1), 329 (3), 341 (1), 343 (1), 348 (1), 349 (1), 350 (2), 356 (1), 358 (1), 359 (1), 360 (1), 361 (2), 362 (2), 366 (2), 367 (1), 368

(1), 369 (2), 371 (1), 375 (2), 377 (1), 378 (1), 381 (1), 386 (1), 389 (1), 390 (1), 393 (1), 394 (1), 401 (1), 402 (1), 403 (1), 412 (1), 419 (1), 420 (1), 425 (1), 431 (2), 435 (1), 438 (1), 446 (1), 467(1), 471 (1), 472 (1), 473 (1), 474 (2), 475 (3), 476 (1), 477 (1), 478 (1), 479 (3), 481 (1), Nachsatz

Rohn, Wulf Einband (2), 22 (1), 24 (1), 25 (1), 30/31 (1), 32 (1), 52 (1), 63 (1), 66/67 (1), 79 (1), 91 (1), 93 (1), 94 (1), 111 (1), 122 (1), 136 (2), 137 (1), 138 (2), 139 (1), 143 (1), 152 (1), 155 (1), 161 (1), 162 (1), 167 (1), 174 (1), 181 (1), 191 (4), 192 (1), 193 (1), 196 (1), 201 (1), 204 (1), 211 (1), 224 (2), 229 (1), 234 (1), 235 (1), 236 (1), 237 (1), 238 (1), 241 (1), 243 (1), 247 (1), 250 (2), 251 (1), 258 (1), 260 (1), 262 (1), 264 (1), 266 (1), 267 (1), 272 (2), 273 (1), 274 (1), 276 (1), 277 (1), 279 (2), 280 (1), 291 (1), 292 (2), 293 (1), 295 (1), 296 (1), 297 (1), 301 (1), 303 (1), 304 (1), 305 (1), 307 (1), 308 (1), 314 (1), 319 (1), 320 (1), 321 (1), 322 (1), 323 (1), 325 (1), 326 (1), 327 (2), 328 (1), 336 (1), 337 (2), 338 (1), 340 (3), 342 (1), 343 (2), 344 (1), 346 (1), 347 (2), 349 (1), 352 (1), 353 (2), 354 (2), 355 (1), 356 (1), 357 (1), 360 (1), 362 (1), 363 (1), 372 (2), 373 (1), 376 (1), 377 (1), 378 (1), 379 (1), 381 (1), 382 (1), 383 (1), 384 (1), 385 (1), 386 (1), 387 (2), 388 (1), 389 (1), 390 (1), 391 (1), 392 (1), 393 (2), 394 (1), 397 (1), 400 (1), 401 (1), 404 (1), 406 (1), 407 (1), 408 (1), 409 (1), 411 (1), 413 (1), 418 (2), 421 (1), 422 (1), 426 (1), 438 (1), 439 (1), 440 (1), 441 (1), 442 (1), 443 (3), 444 (2), 451 (1), 454 (1), 455 (1), 456 (1), 457 (1), 458 (1), 460 (6), 461 (1), 462/463 (1), 464 (2), 466 (2), 468 (2), 469 (1), 470 (3), 471 (1), 472 (1), 473 (1), 477 (1), 481 (1), 483 (3), 490//2/4/6 (1), 498 (1), 500/501 (1), 502/4/6 (1)

Schueppel, Holger Vorsatz, 28 (1), 42/43 (1), 54 (1), 68 (1), 106 (1), 108 (1), 124 (2), 151 (1), 163 (1), 165 (1), 168 (1), 227 (3), 236 (1), 255 (1), 263 (1), 274 (1), 302 (1), 338 (1), 352 (1), 361 (1), 407 (2), 411 (1), 434 (1), 437 (1), 445 (2), 455 (1), 480 (1), 485 (1)

Schuhmacher, Klaus 96 (3), 123 (1), 133 (1), 183 (1), 264 (1), 485 (1)

Silvester, Hans Agentur Focus, Hamburg: 253 (1), 254 (1)

Wengerek, Marianne 480 (1), 482 (1), 484 (1)

Wengerek, Norbert 17 (1), 18 (1), 19 (1), 32 (1), 36 (1), 46 (1), 71 (1), 92 (1), 120 (1), 121 (1), 129 (1), 140 (1), 142 (1), 146 (1), 157 (1), 159 (1), 180 (1), 187 (1), 192 (1), 211 (1), 213 (1), 223 (1), 229 (1), 230 (1), 241 (1), 244 (1), 248 (1), 252 (1), 255 (1), 256 (1), 261 (1), 265 (1), 271 (1), 281 (1), 283 (1), 284 (1), 287 (1), 294 (1), 306 (1), 315 (1), 316 (1), 318 (1), 324 (1), 330 (1), 336 (1), 339 (1), 345 (1), 355 (1), 376 (1), 380 (2), 403 (1), 405 (1), 430 (1), 433 (1), 452/453 (1), 457 (1), 458 (1), 461 (6), 469 (1), 471 (1), 473 (1), 477 (2), 478 (1), 480 (3), 482 (1), 486 (1), 488 (1)

Literaturverzeichnis

Die Auflistung eines Titels bedeutet lediglich, daß die Autorin Kenntnis von dem betreffenden Werk hat und ist deshalb nicht automatisch eine Empfehlung.

ADLERCREUTZ, CARL-JOHAN: *Hunderassen aus aller Welt.* Cham, 2. Aufl. 2003.

ALDERTON, DAVID: *Der Hund – Am Anfang war der Wolf.* Cham, 1999.

ALDINGTON, ERIC H. W.: *Von der Seele des Hundes.* Weiden, 1984.

–: *Was tu ich nur mit diesem Hund?* Weiden, 1994.

BAUMANN, THOMAS: *Neue Wege der Polizeihundausbildung.* Mürlenbach, 1996.

BAILEY, GWEN: *Sprich die Sprache deines Hundes.* Cham, 1998.

BENTHAM, JEREMY: *A Fragment on Government and An Introduction to the Principles of Morals and Legislation.* Oxford–London, 1960 [zit. nach Störig].

BEUTE-FABER, ROEL UND PIT: *Atlas der Hunde-Anatomie.* Mürlenbach, 2000.

BLOCH, GÜNTHER: *Der Wolf im Hundepelz.* Berlin/Bonn/Bad Münstereifel, 7. Aufl. o.J. Neue Ausgabe: Stuttgart 2004.

–: *Der Familienbegleithund im modernen Hausstand.* Berlin/Bonn/ Bad Münstereifel 2001.

BÖGELEIN, ANETTE / SCHUBERT, KAI: »Gesund mit Katz' und Hund», in: *Die Sprechstunde*, Bayerischer Rundfunk, 29. September 2003, 20.15 – 21.00 Uhr..

BOPP, JUDIE, U. A.: *Der heilige Baum. Ein indianisches Weisheitsbuch.* Olten, 1990.

BREITSAMER, FRANZ: *Wenn Hunde Menschen töten. Naturbedingtes Fehlverhalten oder vorwerfbares Schuldverhalten der Menschen?* Typoskript, 2003.

–: »Jede Rasse hat Macho-Typen«, in: *Süddeutsche Zeitung,* 12./13. April 2003, S. 55.

Bürgerliches Gesetzbuch vom 18.8.1896, zuletzt geändert durch Gesetz vom 5.5.2004 (BGBl. I S. 718) m.W.v. 1.7.2004.

BUZZI, GERHARD: *Krafttiere. Wie sie stärken, schützen, heilen.* Kreuzlingen/München, 3. Aufl. 2001.

BYKOV, K. M. / VLADIMIROV, G. Y. / DELOV, V. Y. / KONRADI, G.P. / SLONIM, A. D.: *Text-Book of Physiology.* Moskau, 1958.

CAMIN, PAOLO, U. A.: *Der Wolf in Italien – Erfahrungen sammeln und Vergleiche mit der Schweiz ziehen.* (Schweizerischer Forstverein) Zürich, 2001.

– *Die Frage nach den Tieren. Für eine erweiterte Theorie der Menschenrechte.* Erlangen, 2002.

Coppinger, Ray / Coppinger, Lorna: *Hunde. Neue Erkenntnisse über Herkunft, Verhalten und Evolution der Kaniden.* Bernau, 2003.

Coren, Stanley: *Die Intelligenz der Hunde.* Reinbek 1995.

Denhard, Martina (Hrsg.): Begegnung mit Tieren. Köln, 1966.

Dostojewskji, Fjodor Michailowitsch: *Die Brüder Karamasow.* Übers. von Valeria Lesowsky. Hamburg–Zürich, ca. 1930.

Drewermann, Eugen: *Über die Unsterblichkeit der Tiere.* Düsseldorf und Zürich, 8. Aufl. 2001.

–: *Die Spirale der Angst.* Freiburg im Breisgau, 3. Aufl. 1992.

–: *Der tödliche Fortschritt.* Freiburg im Breisgau, 2. Aufl. 1992.

Dröscher, Vitus B.: *Sie töten und sie lieben sich. Naturgeschichte sozialen Verhaltens.* Bergisch Gladbach 1984.

Ebner-Eschenbach, Marie von: *Krambambuli und andere Erzählungen.* Stuttgart, 1996.

Eibl-Eibesfeldt, Irenäus: *Liebe und Haß.* München, 1970.

–: *Grundriß der vergleichenden Verhaltensforschung.* München/Zürich, 1987.

Eichelberg, Helga: »Kampfhunde – Gefährliche Hunde?«, in: *Deutsche Tierärztliche Wochenschrift.* 107. Jahrgang, 3/2000, S. 91–93.

–: *Schreiben an den Präsidenten des Landtages NRW* vom 10. April 2002.

–: *Schreiben an den Präsidenten des Bundesverwaltungsgerichtes Berlin* vom 8. November 2000.

Ekman, Paul / Friesen, W. V.: *Unmasking The Face: A Guide To Recognizing Emotions From Facial Clues.* New Jersey, 1975.

Evans, Nicholas: *Der Pferdeflüsterer.* München, 1997.

Feddersen-Petersen, Dorit Urd: *Hundepsychologie.* Stuttgart, 4. Aufl. 2004.

–: *Hunde und ihre Menschen.* Stuttgart, 1992.

–: *Gefährliche Hunde.* Typoskript (© Mir san Hund e.V.), 2003.

Fennel, Jan: *Mit Hunden sprechen.* München, 5. Aufl 2003.

Feyerabend, Paul Karl.: *Erkenntnis für freie Menschen* (veränderte Ausgabe). Frankfurt, 1980.

Fichtlmeier, Anton: »Die Fichtlmeier-Hundeschule 1 & 2«, in: *Wild und Hund,* 2003.

Fischer-Rizzi, Susanne: *Tierverbündete. Die Seelenverwandschaft von Mensch und Tier – Fährtensuche im Reich von Mythos und Biologie.* Baden und München, 2004.

Fisher, John, u. a.: *Verhaltensstörungen bei Hund und Katze.* Mürlenbach, 1996.

Fleig, Dieter.: *Kampfhunde … wie sie wirklich sind.* Mürlenbach, 1999.

Frank, Niklas: »Das deutsche Mistviech«, in: *Stern,* 14. 3 1985.

Freud, Sigmund: *Abriß derPsychoanalyse.* Frankfurt/Hamburg, 3. Aufl. 1955.

Gruen, Arno: *Der Wahnsinn der Normalität. Realismus als Krankheit.* München, 1987.

Grundgesetz für die Bundesrepublik Deutschland vom 23.5.1949, zuletzt geändert durch Gesetz vom 26.7.2002 (BGBl. I S. 2863) m. W. v. 1.8.2002

Gutzwiler, Felix (Hrsg.): *Zufrieden und gesund mit Katz und Hund. Formen gesundheitsfördernder und sozialer Wirkungen von Heimtieren auf den Menschen.* Zürich, o. J.

Hazewinkel, A. W.:, siehe Kammerer.

Heitler, Walter: »Ist ein lebender Organismus eine Maschine? – Oder eine Maschine ein denkender Organismus«, in: *Naturphilosophische Streifzüge.* Braunschweig, 1970.

Hempfling, Klaus Ferdinand: *Mit Pferden tanzen.* Stuttgart, 1993.

–: *Frau und Pferd: Tanzen zwischen den Welten.* Stuttgart, 1999.

Holland, James G. / Skinner, B. F.: Analyse des Verhaltens. München, 1971.

Hundegesetz für das Land Nordrhein-Westfalen.

Jammes, Francis: *Der Hasenroman. Das Paradies der Tiere.* Berlin, 1958.

Janes, Christian / Steccanella, Angelo: *Französische Schäferhunde.* Cham, 1998.

Johnson, Buffie: *Die große Mutter in ihren Tieren. Göttinnen alter Kulturen.* Olten und Freiburg, 1990.

Jones, Renate: *Aggressionsverhalten bei Hunden.* Stuttgart, 2003.

Kammerer, Klaus Dieter: *Der Jahrtausendirrtum der Veterinärmedizin.* Karlsruhe, 2. Aufl. 2002.

Kaplan, Astrid: *Zum Verhältnis von Mensch und Tier unter Berücksichtigung der hierbei auftretenden rationalen und emotionalen Widersprüche* (Diplomarbeit). Salzburg, 2000.

Kaplan, Helmut F.: *Tiere haben Rechte. Argumente und Zitate von A–Z.* Erlangen, 1998.

Kessler, Erwin: »Die Zustände sind extrem, nicht ich«, in: *VgT-Nachrichten* (Verein gegen Tierfabriken), 12. Jg. Nr 1, Mai 2004.

Kinkade, Amelia: *Tierisch gute Gespräche.* Weilersbach, 2. Aufl. 2004.

Kurz, Friedrich: »Maulkorb-Erlass«, in: *Frontal21,* ZDF, 7. Mai 2002.

Landry, Jean-Marc: *Le loup. Biologie, mœurs, mythologie, cohabitation, protection …* Paris, 2. Aufl. 2004.

–: *Der Einsatz von Herdenschutzhunden in den Schweizer Alpen: Erste Erfahrungen.* Muri 1999 (kora@swissonline.ch).

Lichtenthaeler, Charles: *Geschichte der Medizin. Die Reihenfolge ihrer Epochen-Bilder und die treibenden Kräfte ihrer Entwicklung,* Bd 1: Vorgeschichte, Antike und Mittelalter. Köln, 1982.

Linnemann, Manuela (Hrsg.): *Brüder – Bestien – Automaten. Das Tier im abendländischen Denken.* Erlangen, 2000.

London, Jack: *Wolfsblut.* München 1992.

–: *Ruf der Wildnis.* München 1991.

LORENZ, KONRAD: *So kam der Mensch auf den Hund.* Wien, 17. bis 20. Aufl. 1960.

–: *Die Rückseite des Spiegels. Versuch einer Naturgeschichte menschlichen Erkennens.* München, 4. Aufl. 1980.

–: *Er redete mit dem Vieh, den Vögeln und den Fischen.* München, 23. Aufl. 1983.

–: *Die acht Todsünden der zivilisierten Menschheit.* München, 22. Aufl. 1990.

–: *Das sogenannte Böse. Zur Naturgschichte der Aggression.* 17.–20. Aufl. Wien 1996.

MAGGIONI, BORIS ›MARS‹: *Kampf-Hunde – Wie eine Nation für dumm verkauft wird.* Niedernwöhren, 2003.

MAYER-TASCH, PETER CORNELIUS (Hrsg.): *Natur denken. Eine Genealogie der ökologischen Idee.* Frankfurt, 1991.

MASSON, JEFFREY M. / MCCARTHY, SUSAN: *Wenn Tiere weinen.* Reinbek, 1996.

MORRIS, DESMOND: *Dogwatching. Die Körpersprache des Hundes.* München, 1987.

MUGFORD, ROGER: *Hunde auf der Couch. Verhaltenstherapie bei Hunden.* Mürlenbach 1991.

MÜLLER, MANFRED: *Der erfolgreiche Hundeführer.* Reutlingen, 3. Aufl. 1995.

–: *Die Spezialausbildung des Schutzhundes.* Reutlingen, 3. Aufl. 1998.

NEUMANN, ERICH: *Tiefenpsychologie und neue Ethik.* Frankfurt, 1985.

–: *Krise und Erneuerung.* Zürich, 1961.

OCHSENBEIN, URS: *Die Hundeausbildung nach Urs Ochsenbein.* Cham, 2004.

–: »Mißverständnisse um den sogenannten ›Kampfhund‹«, in: WILD, ROSEMARIE: *Terrier – Hochläufer. Usprung, Aufzucht, Erziehung, Pflege.* Cham, 1997.

PAWLOW, IWAN PETROWITSCH: *Die bedingten Reflexe. Eine Auswahl aus dem Gesamtwerk.* München 1972.

–: »Die Lehre von den Typen«, in: *Ausgew. Werke.* Berlin, 1953.

–: *Auseinandersetzung mit der Psychologie. Eine Auswahl aus dem Gesamtwerk.* München 1973.

PORTMANN, ADOLF: *Zoologie und das neue Bild des Menschen.* Reinbek, 2. Aufl. 1958.

RÄBER, HANS: *Enzyklopädie der Rassehunde.* Stuttgart, 1995.

RANDOLPH, ELIZABETH: *Vom Welpen zum Hund.* Rüschlikon, 1988.

REHAGE, FELICIA / WEIGAND, EIKO: *Lassie, Rex & Co. Der Schlüssel zur erfolgreichen Hundeerziehung.* Mürlenbach, 2000.

RIEMANN, FRITZ: *Grundformen der Angst.* München/Basel, 12. Aufl. 1977.

ROSEN, STEVEN: *Die Erde bewirtet euch festlich. Vegetarismus und die Religionen der Welt.* Satteldorf, 1992.

ROTHSCHUH, KARL: »Geschichte der Medizin I«, in: *Das Fischer-Lexikon A–Z.* Frankfurt, 1959.

ROUSSEAU, JEAN-JACQUES: *Schriften zur Kulturkritik.* Hamburg, 1955 [zit. nach MAYER-TASCH].

RUGAAS, TURID: *Calming Signals – Die Beschwichtigungssignale der Hunde.* Grassau, 4. Aufl. 2001.

– : *Calming Signals – The Art of Survival.*

SCHELS, WALTER / SCHWABENTHAN, SABINE: *Die Seele der Tiere. Gesichter, Gefühle, Geschichten.* München, 2002.

SCHRADER, DIRK: *Cave canem – Cave hominem politicum.* Ansprache auf der Hunde-Demo am 5. 6. 2004 in Hamburg.

SCOTT, JOHN PAUL: *Animal Behavior.* Chicago 1963.

– / FULLER, JOHN L: *Genetics and the Social Behavior of the the Dog.* Chicago 1965.

SEATTLE: *Wir sind ein Teil der Erde. Die Rede des Häuptlings Seattle an den Präsidenten der Vereinigten Staaten von Amerika im Jahre 1855.* Olten und Freiburg i.Br., 21. Aufl. 1990.

SERPELL, JAMES: *Das Tier und wir. Eine Beziehungsstudie.* Zürich/ Stuttgart/Wien, 1990.

SILVESTER, HANS: *Hunde unter südlicher Sonne.* Cham 1999.

SKINNER, B. F.: *Die Funktion der Verstärkung in der Verhaltenswissenschaft. Contingencies of Reinforcement.* München 1974.

SLONIM, A. D, *siehe BYKOV.*

STÖRIG, HANS JOACHIM: *Kleine Weltgeschichte der Philosophie* (Erw. Neuausgabe). Frankfurt, 1992.

Tierschutzgesetz der Bundesrepublik Deutschland, zuletzt geändert durch Art. 153 V v. 25.11.2003 I 2304.

Tierschutz-Hundeverordnung vom 2. Mai 2001.

TOELLNER, RICHARD: *Illustrierte Geschichte der Medizin.* Salzburg, 1986.

TÖNJES, THORSTEN: »Undercover im Tierversuchslabor«, in:*Albatros,* Nr. 5, April 2004.

TRUMLER, EBERHARD: *Der schwierige Hund.* Mürlenbach, 8. Aufl. 1999.

–: *Hunde ernst genommen.* München, 7. Aufl. 2002.

–: *Mensch und Hund.* Mürlenbach, 3. Aufl. 1998.

WIESNER, EKKEHARD / WILLNER, SIEGFRIED: *Lexikon der Genetik der Hundekrankheiten.* Basel–München, 1983.

WATSON, JOHN B.: *Psychology as the Behaviorist Sees It.* O.O., 1913.

–: *Behavior: An Introduction to Comparative Psychology.* New York 1914.

»Zerfleischt auf Befehl alles«, in: *Der Spiegel,* Nr. 8/1986.

ZIMEN, ERIK: *Der Wolf – Verhalten, Ökologie und Mythos.* Augsburg, 2000.

Register

Zusammengesetzte Worte sind in der Regel nicht einzeln aufgeführt, sondern unter den jeweiligen Wortteilen zu finden. *(Beispiel:* »Notwehraggression« ist unter den Stichworten »Aggression« und »Notwehr« zu finden.) Verben, Adjektive usw. sind unter den entsprechenden Substantiven aufgeführt. *Kursive* Seitenzahlen verweisen auf Bildlegenden. Hauptkapitel, die sich mit einem Thema beschäftigen, sind durch **Fettdruck** hervorgehoben; auf zugehörige Bildlegenden wird nicht einzeln verwiesen.

Bei ComArt erschienen (erhältlich im Buchhandel, beim Verlag & über den Gnadenhof):

Sarah Bach / Ursula Abplanalp

Suni Sonnenkind und die große Finsternis

36 Seiten, gebunden, fadengeheftet
durchgehend reich und farbenprächtig illustriert
21 x 28 cm, für alle Altersstufen geeignet
ISBN 3-905319-00-4

Tiefe Dunkelheit hat sich über die Erde gelegt. Frau Sonne kann sie mit ihren Strahlen nicht mehr durchdringen. Sie schickt Suni – eines ihrer Kinder – aus, um nach dem Rechten zu sehen. Das Sonnenkind muss Schreckliches erleben. Auf der Erde herrschen Lieblosigkeit, Bosheit und Gewalt. Das Licht der Sonne fehlt allen Lebewesen, und die Pflanzen drohen zu sterben. Schon bald streckt die Finsternis ihre Fänge auch nach Suni aus. Kann sich das Sonnenkind aus dieser bedrohlichen Lage befreien? Wird es den Kampf mit der Finsternis aufnehmen? Und hat es überhaupt eine Chance, die Dunkelheit zu besiegen? Das Buch schildert eindrücklich, wie wichtig es ist, mutig für die Werte des Lebens einzustehen: So wendet sich schließlich alles zum Guten.

Brigitte Gertschen / Ursula Abplanalp

Stellina – Vom Sternlein, das nicht mehr funkeln konnte

28 Seiten, gebunden, fadengeheftet,
durchgehend farbenprächtig illustriert
28 x 21 cm, für alle Altersstufen geeignet
Das Buch wurde mit großem Erfolg in zwei Schulklassen getestet.
ISBN 3-905319-03-9

Aus einer trotzigen Stimmung heraus gehorcht das Sternlein Stellina dem Mond nicht mehr. Das hat Folgen, denn es verliert seinen Glanz, und sein Strahlenkleid wird ganz grau.
Im Bemühen, wieder funkeln zu können, begibt sich Stellina auf die Reise, sucht Hilfe beim Regenbogen, bei den Wolken und beim Wind. Doch kein noch so gut gemeinter Rat hilft dem Sternlein weiter. Schließlich macht es sich auf den Weg zur Sonne. Es muss einen steilen Gipfel erklimmen und droht zu scheitern. Da begegnet Stellina einer wahren Freundin, die dem Sternlein treu zur Seite steht und ihm auf dem beschwerlichen Weg hilft …

In Planung

- Tiergeschichten, illustriert von Christiane Rohn.
- Besinnliche Kunst: Bilder von Christiane Rohn mit Texten zum Nachdenken.

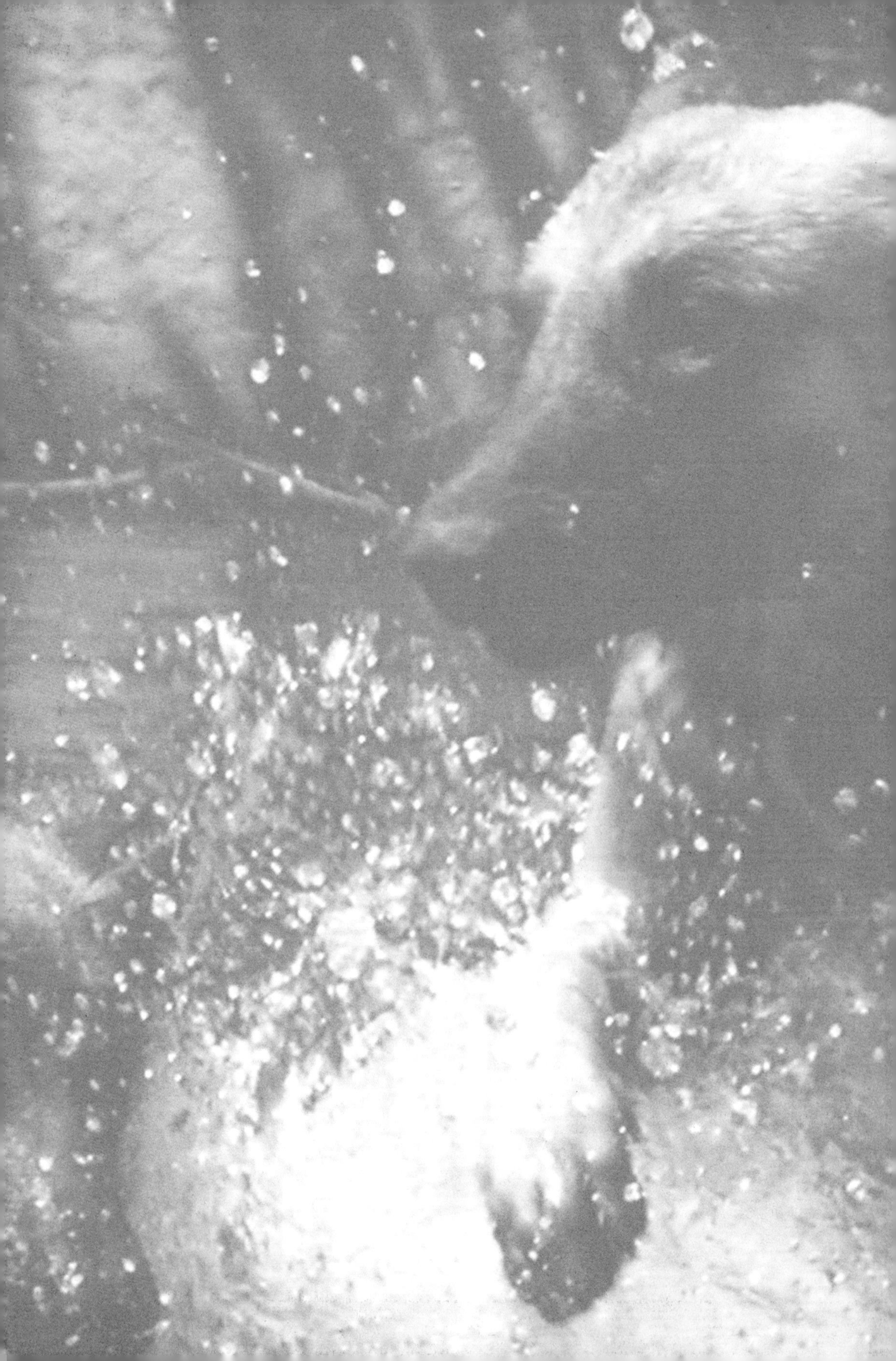